高等院校"十三五"规划教材——经济管理系列

会 计 学

赵 盟 付 艳 王 欣 孙家能 编著

清华大学出版社
北 京

内 容 简 介

本书以我国现行会计准则为依据，紧跟最新修订和发布的《企业会计准则》以及税法改革的变化，以提升学生应用能力培养为目标，帮助学生从管理的角度去学习会计。全书共分为十二章，内容主要包括：总论，账户和复式记账，会计循环，货币资金与应收款项，存货，投资，固定资产和无形资产，负债，所有者权益，收入、费用和利润，财务会计报告，财务报表分析。

本书可作为高等院校会计学专业的教材，也可作为其他相关专业以及会计从业人员的参考书。

本书封面贴有清华大学出版社防伪标签，无标签者不得销售。
版权所有，侵权必究。举报：010-62782989，beiqinquan@tup.tsinghua.edu.cn。

图书在版编目(CIP)数据

会计学/赵盟等编著. —北京：清华大学出版社，2018（2023.8重印）
（高等院校"十三五"规划教材——经济管理系列）
ISBN 978-7-302-50018-6

Ⅰ. ①会⋯　Ⅱ. ①赵⋯　Ⅲ. ①会计学—高等学校—教材　Ⅳ. ①F230

中国版本图书馆 CIP 数据核字(2018)第 081986 号

责任编辑：刘秀青　陈立静
封面设计：刘孝琼
责任校对：王明明
责任印制：丛怀宇

出版发行：清华大学出版社
网　　址：http://www.tup.com.cn, http://www.wqbook.com
地　　址：北京清华大学学研大厦 A 座　　邮　编：100084
社 总 机：010-83470000　　邮　购：010-62786544
投稿与读者服务：010-62776969, c-service@tup.tsinghua.edu.cn
质量反馈：010-62772015, zhiliang@tup.tsinghua.edu.cn
课件下载：http://www.tup.com.cn, 010-62791865

印 装 者：三河市龙大印装有限公司
经　　销：全国新华书店
开　　本：185mm×260mm　　印　张：21.25　　字　数：500 千字
版　　次：2018 年 8 月第 1 版　　印　次：2023 年 8 月第 5 次印刷
定　　价：58.00 元

产品编号：074460-01

前　言

"经济越发展，会计越重要"，随着经济社会的不断发展，会计在经济管理中的地位越来越重要。要想做好经济管理工作，必须了解和掌握会计的基本理论、基本技能和方法。本书为会计学专业在应用型人才培养过程中与企业联合开发的一本特色教材，适合会计学及相关经济管理类专业本科学生的教学使用，同时也可供企业经济管理人员，尤其是会计人员培训和自学之用。

本书以我国现行会计准则为依据，紧跟最新修订和发布的《企业会计准则》以及税法改革的变化，以提升学生的应用能力培养为目标，帮助学生从管理的角度去学习会计。在内容安排上遵循适度、新颖、强化基础、突出应用性的原则，总体上具有简明实用、侧重应用性和实践性的特点；本书内容系统，重点突出，循序渐进，不求细而全，只求少而精，力争由浅入深、通俗易懂，帮助学生掌握会计的基本理论与方法，使其了解会计信息的加工过程，理解各项会计指标的经济含义，并能够熟练地运用各项会计政策和阅读会计报表。为了增强读者学习的趣味性，提高专业知识面的广度与深度，本书设置了"讨论与思考"和"知识链接"等专栏。此外，为了帮助学生更好地掌握会计学的重要知识点、提升学生的实务操作能力，在各章后配有相应的复习思考题和自测与技能训练。

本书具体写作分工如下：第一章至第四章、第十二章由赵盟副教授编写，第五章由孙家能讲师编写，第六章、第七章由王欣讲师编写，第八章至第十章由付艳副教授编写，第十一章由丹东东发(集团)股份有限公司财务总监李雪静高级会计师编写。赵盟负责拟定写作大纲、组织编写、总纂和审阅定稿。

由于编者水平有限，本书在内容安排和语言表述上可能还存在不恰当之处，敬请读者批评指正，以便日后不断修改完善。

编　者

目 录

第一章 总论 1
  第一节 会计的产生与发展 1
    一、会计产生的动因 1
    二、会计的发展历程 1
    三、我国会计的发展 3
  第二节 会计的含义、目标及职业 5
    一、会计的含义 5
    二、会计的目标 6
    三、会计职业 8
  第三节 会计基本假设和会计信息质量要求 9
    一、会计基本假设 9
    二、会计信息质量要求 12
  第四节 财务报表和会计要素 15
    一、财务报表 15
    二、会计要素 16
  第五节 我国的会计法规体系 20
    一、我国会计法规体系的构成 20
    二、我国会计准则体系的演变 21
  本章小结 23
  复习思考题 24
  自测与技能训练 24

第二章 账户和复式记账 27
  第一节 会计等式及其所受影响 27
    一、会计等式 27
    二、经济业务的发生对会计等式的影响 28
  第二节 会计科目和账户 30
    一、会计科目 30
    二、会计账户 34
  第三节 复式记账 35
    一、复式记账法 35
    二、借贷记账法 37

本章小结 45
复习思考题 46
自测与技能训练 46

第三章 会计循环 50
  第一节 会计循环概述 50
    一、会计循环的含义 50
    二、会计循环的基本步骤 50
  第二节 会计凭证 52
    一、会计凭证的含义和作用 52
    二、原始凭证 53
    三、记账凭证 57
  第三节 登记账簿 62
    一、会计账簿的含义和种类 62
    二、会计账簿的格式与登记方法 63
    三、会计账簿的登记规则 66
    四、错账更正的方法 67
  第四节 试算平衡与账项调整 69
    一、试算平衡 69
    二、账项调整 69
  第五节 结账与编制财务报表 72
    一、结账 72
    二、编制财务报表 74
  第六节 会计循环示例 75
    一、取得或编制原始凭证 76
    二、编制记账凭证 76
    三、登记账簿 77
    四、编制调整前的试算平衡表 79
    五、编制期末调整分录并过账 80
    六、编制调整后的试算平衡表 83
    七、结账 84
    八、编制结账后的试算平衡表 88
    九、编制会计报表 88
  本章小结 90

复习思考题 90
自测与技能训练 91

第四章 货币资金与应收款项 94

第一节 货币资金 94
一、库存现金 94
二、银行存款 97
三、其他货币资金 104

第二节 应收款项 107
一、应收票据 107
二、应收账款 110
三、预付账款 112
四、其他应收款 113
五、坏账准备 114

本章小结 116
复习思考题 116
自测与技能训练 116

第五章 存货 119

第一节 存货概述 119
一、存货的概念与分类 119
二、存货的确认条件 119

第二节 存货取得 120
一、存货的初始计量 120
二、存货取得的会计处理 121

第三节 存货的发出 125
一、发出存货成本的计价方法 125
二、存货数量盘存制度 129
三、发出存货的核算 130

第四节 存货期末计量 133
一、存货的期末计量原则 133
二、存货减值迹象的判断 134
三、存货跌价准备的账务处理 134

第五节 存货清查 135
一、存货清查的种类 135
二、存货清查的方法 135
三、存货盘盈盘亏的账务处理 135

本章小结 137
复习思考题 138

自测与技能训练 138

第六章 投资 141

第一节 交易性金融资产 141
一、交易性金融资产的含义 141
二、交易性金融资产的初始计量 141
三、交易性金融资产持有期间持有收益的确认 142
四、交易性金融资产的期末计量 143
五、交易性金融资产的处置 144

第二节 持有至到期投资 144
一、持有至到期投资的含义 144
二、持有至到期投资的初始计量 145
三、持有至到期投资的后续计量 146
四、持有至到期投资的处置 148

第三节 可供出售金融资产 149
一、可供出售金融资产的含义 149
二、可供出售金融资产的初始计量 149
三、可供出售金融资产持有期间持有收益的确认 149
四、可供出售金融资产的期末计量 150
五、可供出售金融资产的处置 150

第四节 长期股权投资 152
一、长期股权投资概述 152
二、长期股权投资的初始计量 153
三、长期股权投资的后续计量 155
四、长期股权投资的处置 159

本章小结 159
复习思考题 160
自测与技能训练 161

第七章 固定资产和无形资产 164

第一节 固定资产 164
一、固定资产概述 164
二、固定资产的确认与初始计量 165
三、固定资产的后续计量 168
四、固定资产处置 174

五、固定资产清查的核算..................176
　　六、固定资产减值准备..................177
第二节　无形资产..................178
　　一、无形资产概述..................178
　　二、无形资产的内容..................178
　　三、无形资产的确认与初始计量.....180
　　四、无形资产的后续计量..............183
　　五、无形资产的处置..................185
　　六、无形资产减值准备..................186
本章小结..................186
复习思考题..................186
自测与技能训练..................187

第八章　负债..................190

第一节　负债概述..................190
　　一、负债的概念与特征..................190
　　二、负债的分类..................190
第二节　流动负债..................191
　　一、短期借款..................191
　　二、应付票据..................192
　　三、应付账款..................193
　　四、预收账款..................195
　　五、应付职工薪酬..................196
　　六、应交税费..................205
　　七、应付利息..................218
　　八、应付股利..................218
　　九、其他应付款..................219
第三节　非流动负债..................220
　　一、长期借款..................220
　　二、应付债券..................222
　　三、长期应付款..................224
本章小结..................226
复习思考题..................227
自测与技能训练..................227

第九章　所有者权益..................230

第一节　所有者权益概述..................230
　　一、企业组织形式..................230
　　二、所有者权益的含义与构成.....231

第二节　实收资本..................232
　　一、实收资本(或股本)概述.....232
　　二、实收资本的账务处理..........233
第三节　资本公积和其他综合收益..........238
　　一、资本公积概述..................238
　　二、资本公积的账务处理..........240
　　三、其他综合收益..................241
第四节　留存收益..................242
　　一、留存收益概述..................242
　　二、留存收益的账务处理..........243
本章小结..................246
复习思考题..................246
自测与技能训练..................247

第十章　收入、费用和利润..................249

第一节　收入..................249
　　一、收入的概念、特征与分类.....249
　　二、收入的确认和计量..............250
　　三、收入业务的会计处理..........253
第二节　费用..................255
　　一、费用概述..................255
　　二、费用的确认与计量..............257
　　三、生产成本..................258
　　四、营业成本..................261
　　五、税金及附加..................262
　　六、期间费用..................262
第三节　所得税费用..................265
　　一、所得税费用概述..................265
　　二、所得税会计的一般程序..........265
　　三、资产、负债的计税基础与暂时性
　　　　差异..................266
　　四、递延所得税负债及递延所得税
　　　　资产的确认..................268
　　五、所得税费用的确认和计量.....270
第四节　利润..................272
　　一、利润及其构成..................272
　　二、直接计入当期利润的得利与
　　　　损失..................273
　　三、利润的结转与分配..............274
本章小结..................276

复习思考题 277
　　自测与技能训练 277

第十一章　财务会计报告 280

第一节　财务会计报告概述 280
　　一、财务会计报告的含义及意义 280
　　二、财务会计报告的构成 281
　　三、财务会计报告的种类 282
　　四、财务报告列报的基本要求 282
第二节　资产负债表 284
　　一、资产负债表的含义和作用 284
　　二、资产负债表的内容格式 285
　　三、资产负债表的列报方法 286
第三节　利润表 294
　　一、利润表的含义和作用 294
　　二、利润表的内容和格式 294
　　三、利润表的列报方法 295
第四节　现金流量表 298
　　一、现金流量表的含义和作用 298
　　二、现金流量表的编制基础 299
　　三、现金流量的分类 299
　　四、现金流量表的格式 300
　　五、现金流量表主要项目填列
　　　　说明 301
　　六、现金流量表的编制方法及
　　　　程序 305
第五节　所有者权益变动表 306
　　一、所有者权益变动表的含义及
　　　　作用 306
　　二、所有者权益变动表的格式 307
　　三、所有者权益变动表的列示
　　　　方法 308
第六节　会计报表附注 309
　　一、会计报表附注的意义 309
　　二、会计报表附注的内容 310

本章小结 311
复习思考题 311
自测与技能训练 312

第十二章　财务报表分析 315

第一节　财务报表分析概述 315
　　一、财务报表分析的意义 315
　　二、财务报表分析的程序 316
第二节　财务报表分析基本方法 318
　　一、比较分析法 318
　　二、比率分析法 319
　　三、因素分析法 319
　　四、趋势分析法 319
第三节　偿债能力分析 320
　　一、短期偿债能力分析 320
　　二、长期偿债能力分析 322
第四节　营运能力分析 323
　　一、总资产周转率 323
　　二、应收账款周转率 323
　　三、存货周转率 324
第五节　盈利能力分析 324
　　一、销售毛利率 325
　　二、销售净利率 325
　　三、资产报酬率 325
　　四、净资产报酬率 326
第六节　综合分析 326
　　一、综合分析的意义 326
　　二、杜邦财务分析法 326
本章小结 327
复习思考题 328
自测与技能训练 328

参考文献 331

第一章 总 论

学习目标

通过本章的学习,应了解会计产生与发展的过程、会计的职业、会计报表的基本内容和我国会计法规体系的构成,掌握会计的概念、会计的目标、会计的基本假设和会计信息的质量要求;重点掌握会计要素的含义、特征与分类。

第一节 会计的产生与发展

一、会计产生的动因

社会物质资料的生产是人类社会得以存在和发展的物质基础。人类的生产活动一方面创造出社会生存和发展所需的物质资料,另一方面要发生劳动时间和生产资料的耗费。人们在生产活动中,为了合理地安排劳动时间,减少生产资料的消耗,生产出尽可能多的物质资料,必然要对劳动时间、生产资料的耗费和所取得的劳动成果进行观察、计量、记录和比较,以便取得必要的数据及其变化的资料,借以了解和控制生产活动,力求以较少的生产耗费获得较多的生产成果,满足人们和社会日益增长的需要。

会计是人类社会生产发展到一定阶段的产物,它起源于人类的早期生产实践活动,最初只是作为生产职能的附带部分,在生产实践之外记录收支行为。当社会生产力发展到一定程度之后,会计才逐渐从生产职能中分离出来,形成特殊的专门独立职能,成为专职人员从事的经济管理工作,并为适应经济管理的客观需要而不断发展、完善。可见,会计是适应生产活动发展的需要而产生的,会计产生的根本动因是对生产活动进行科学、合理的管理。

二、会计的发展历程

在会计发展的历史长河中,主要经历了古代会计、近代会计和现代会计三个阶段。

(一)古代会计

古代会计一般是指复式记账法出现以前的漫长时期。原始社会的"结绳记事""刻契记事",可看作会计的萌芽阶段。进入奴隶社会和封建社会时期,生产力的发展取得了实质性的进步,私有制逐步繁盛,会计的特征逐渐显现出来。古代会计有官厅会计和庄园会计两种主要形式。据史料记载,我国早在西周时期就有了为王朝服务的官厅会计,当时所设立的"司会"一职,负责主管王朝财政经济收支的核算。而庄园会计则出现在欧洲,此时的奴隶主庄园和地主庄园成为经济的基本组织形式,奴隶主和地主为了管理和控制自己的财产,设立账目,记录进出仓库的生产资料和消费品的种类和数量,进而产生了会计的雏形——单式簿记。在这一阶段,会计以实物和货币作为计量单位,是生产职能的附带部分,以官厅会计为主,采用"单式记账法"进行记账。

(二)近代会计

近代会计阶段是从运用复式簿记开始的。随着商品经济的发展,特别是资本主义生产方式的产生和发展,社会生产规模日趋扩大,会计也有了进一步的发展。这一阶段,会计的核算体系和核算方法不断充实、完善,以借贷记账法为代表的复式记账方法得到广泛应用,使会计独立行使管理职能的特征逐渐显现。

近代会计阶段有两个重要的里程碑:一是复式簿记的产生,13世纪后,地中海的一些城市成为世界贸易中心,佛罗伦萨、热那亚、威尼斯等城市的商业和金融业特别繁荣,日益发展的商业和金融业要求不断改进和提高原来的复式记账方法。1494年,被誉为"现代会计之父"的意大利数学家卢卡·帕乔利(Luca Pacioli)的著作《算术、几何、比与比例概要》在威尼斯出版,书中的"簿记论"对借贷复式记账方法进行了系统的理论说明,标志着现代会计的开端。二是英国爱丁堡会计师公会的成立。随着18世纪末19世纪初的产业革命的发展,生产社会化程度提高,股份制公司相继涌现,从而对会计提出了更高的要求,引起了会计内容的变化,会计服务对象不断扩大,会计的内容从记账、算账、发展到编制和审查报表,并且企业会计还需要接受外界的监督。因此,1854年英国成立的世界上第一个会计师协会——英国爱丁堡会计师公会的成立,被认为是近代会计发展史上的第二个里程碑,其意味着会计开始作为一种专门的职业而独立存在。

近代会计阶段,会计以货币作为主要计量单位,作为独立的管理职能,以企业会计为主,会计核算采用"复式记账法",形成一套完整的会计核算方法,使会计成为一门学科。

(三)现代会计

进入20世纪以来,科技的迅猛发展、生产力的空前提高、企业规模的不断扩大、跨国公司的不断出现,使得对会计的要求不断提高,现代会计逐步分化成财务会计和管理会计两大分支。此外,随着信息化社会的不断发展,互联网技术的普遍应用,会计电算化也得以产生并被广泛应用。现代会计的形成,主要可以概括为以下几个方面。

1. 财务会计规范的创建

20世纪30年代发生的经济大危机,使人们真正认识到财务会计规范的重要性。1933年和1934年,美国立法部门制定并颁布了《证券法》和《证券交易法》。此外,美国会计师协会特别委员会开始针对财务会计准则的制定和发布工作,1932年,《基本会计准则》研究报告发布,使得美国会计学进入一个根据会计实务处理规律制定准则的崭新阶段。财务会计准则体系的形成,不仅奠定了现代会计法制体系的基础,也奠定了现代会计理论体系的基础。

2. 现代财务会计、管理会计的形成和现代审计的建立

进入20世纪50年代后,在会计规范变迁的基础上,逐步实现了由传统财务会计向现代财务会计、由传统管理会计向现代管理会计的转变。两个转变的完成和管理会计在公

管理中的实际运用及其在管理中功能作用的发挥，最终使现代会计的全新面貌显现出来。作为现代会计重要组成部分的现代审计，也是在 20 世纪 50 年代由传统审计转变而来的。现代会计与现代审计的有机结合，不仅奠定了现代会计进一步发展的基础，也奠定了审计学这一分支学科进一步发展的基础。

3. 宏观会计的建立与多种专业会计的产生

20 世纪 50 年代后，学科的交叉、综合已成为势不可挡的潮流。现代会计先后受到行为科学、系统论、信息论、控制论、决策论、宏观经济理论以及计算机科学等的影响。一方面，微观会计向宏观领域扩展，导致宏观会计的产生；另一方面，微观经济管理领域的渗透和融合，导致多种专业化会计的产生。

4. 计算机会计系统的建立

20 世纪 40 年代计算机的发明以及 20 世纪 70 年代计算机在商业领域的广泛运用，使得会计手段发生了根本性的转变，会计开始由手工向电算化发展。进入 20 世纪 90 年代以后，互联网的出现和广泛运用，使会计信息的加工和传播方式发生了根本性的变化，会计又由电算化向信息化发展。因此，会计经历了由单项会计事项处理到会计综合实务事项处理的阶段，而后又经历了由计算机会计信息系统到计算机会计管理系统的阶段。

5. 会计国际协调格局的形成以及国际会计的产生

随着 20 世纪 50~80 年代的市场、金融、投资、生产、消费的国际化程度日益提高，会计逐步成为国际经济事务中至关重要的组成部分。国际会计的协调工作及其研究逐步展开，形成了国际会计协调的格局。国际会计协调既开辟了现代会计在未来发展的新领域，为国际会计这一新学科的产生和发展创造了条件，又建立了跨越国界的会计工作，促进了不同国家的会计交流，把会计的影响不断扩大到国际范围，从而使现代会计的未来发展得以适应经济全球化发展的要求。

三、我国会计的发展

我国早在原始社会末期，就出现了简单的原始计量、记录行为。到了 3000 年前的周王朝时代，官厅会计得到长足发展，西周已设有"司会""大宰"等官职，掌管朝廷的钱物赋税。到了唐朝，"账簿"二字连用，报表和账簿已普遍使用纸张。我国唐宋年间还发明了一种被称为"四柱清册"的结账与报账方法，将一定时期内财物收付的记录，通过"旧管+新收=开除+实在"这一平衡公式加以总结，既可以检查日常记录的正确性，又可以分类汇总日常会计记录，使我国传统的单式收付簿记提高到了较为科学的层次。到了明末，出现了比"四柱清册"更加完备的"龙门账"，相较于"四柱清册"只能应用于不计盈亏的官厅会计的特点，"龙门账"则能满足商业核算对盈亏的需要，"龙门账"的创建，为复式记账原理的运用做出了巨大的贡献。清代以后，我国资本主义经济关系逐渐发展，产生了"天地合账"。

■ 知识链接 1-1

四柱清册

四柱清册也称四柱结算法,所谓"四柱",即"旧管""新收""开除""实在",其含义分别相当于现代会计中的"期初结存""本期收入""本期支出""期末结存"。"四柱"之间的结算关系可用会计方程式表示为"旧管+新收-开除=实在"。"四柱结算法"的创造和运用是我国古代会计工作者对会计技术的一项重大贡献。

■ 知识链接 1-2

龙门账

"龙门账",是把全部经济事项划分为"进"(各项收入)、"缴"(各项支出)、"存"(各项资产)、"该"(各项负债和资本)四大类,"进""缴""存""该"之间的结算关系可用会计方程式表示为"进-缴=存-该",并按"有来必有去,来去必相等"的记账规则处理账目。"龙门账"用"进-缴"和"存-该"双轨核算盈亏,并编制"进缴表"和"存该表"。当"进-缴=存-该"时,称为"合龙门"或"龙门相合",否则为"龙门不合"。"龙门账"中的"进缴表"和"存该表"分别与现代会计的"利润表"和"资产负债表"的意义和作用相似。由此可以看出,"龙门账"是我国复式记账方法的起源。

■ 知识链接 1-3

天地合账

天地合账,也称"四脚账"或"来去账",它要求所有账项(包括现金收付和转账事项)都要在账簿上记录两笔,同时登记"来账"(收方)和"去账"(付方),来反映一笔业务的来龙去脉。其账簿采用垂直格式分为上下两格书写,上格记收,称为"天",下格记付,称为"地",上下两格所记数额必须相等,称为"天地合"。该记账方法把中式会计推向了一个新的发展阶段。

中华人民共和国成立后,逐渐建立了社会主义的会计理论和会计方法体系,并创立了一套适应不同经济管理体制需要的财务会计制度体系。中华人民共和国成立之初,我国会计虽然全盘照搬苏联模式,但基本上适应了当时经济恢复和发展的需要。1958 年的"大跃进",对会计工作进行改革,推行"无账会计",使会计工作出现混乱。1962 年开始贯彻"调整、巩固、充实、提高"八字方针,会计工作也得到恢复。1963 年 1 月 30 日,国务院发布《会计人员职权试行条例》,对加强会计监督,维护财经纪律,促进国民经济发展起到了很大作用。"文革"期间,会计工作遭到严重破坏,直至党的十一届三中全会后,会计工作才得以恢复,并出现了以提高经济效益为中心的会计工作,充分发挥了会计核算和管理的作用。1985 年第六届全国人大常委会制定并实施《中华人民共和国会计法》,标志着我国的会计工作走上了法制轨道。在建设有中国特色社会主义理论的指导下,我国制定颁布了一系列会计法规政策,使会计改革得以深化。例如,1990 年 12 月 31 日,国务院发布《总会计师条例》;1992 年 11 月 30 日,财政部发布《企业会计准则》

和《企业财务通则》；随之制订了行业会计制度和企业财务制度，由此开创了我国特有的"两则、两制"局面，使会计工作更好地适应了市场经济发展的需要。然而随着时间的推移，经济形势不断变化与发展，原有的制度已不能适应我国多种经济成分并存和企业多元化经营的情况，会计工作亟须改革。因此，1999年10月31日第九届全国人大常委会第十二次会议对《会计法》进行了第二次修订。与新的《会计法》相配套，2000年6月国务院发布了《企业财务会计制度》，2004年颁布了《小企业会计制度》。近年来，经济环境的变化，使得中国会计准则的重心从过去简单的规范会计行为转为范围广阔的市场经济发展和国际经贸合作提供服务上。为顺应我国经济快速市场化和国际化的需要，2006年2月15日，财政部发布了《企业会计准则——基本准则》和38项企业会计具体准则，自2007年1月1日起在上市公司内实施，2014年新增和修订了8项具体准则[①]，2017年，财政部又对14号、16号、22号、23号、24号、37号企业会计准则进行了修订，并印发了42号企业会计准则，使我国会计工作和会计理论建设进入了新的历史阶段。新会计准则的指导思想与国际财务报告准则"趋同"，最大限度地缩小了中外会计标准的差异。

第二节　会计的含义、目标及职业

一、会计的含义

尽管会计源远流长，但会计的定义是什么，国内外会计界历来存在着不同的认识，至今尚未统一。其主要原因在于，对会计的本质有不同的看法，从而导致对会计作出不同的定义。综观我国会计界对会计本质的不同认识，主要有三种观点。

(一)管理工具论

管理工具论认为会计是经济管理或经济核算的工具，强调的是会计在经济活动中的核算作用。这种观点是苏联会计学者马卡洛夫在20世纪50年代初提出后传入我国的，相当长时期在我国会计界占主导地位。他把会计看作一个方法体系，强调了会计的服务性，主要在微观经济领域应用。这种观点认为会计的职能就是被动地反映，忽视或不承认会计的监督、预测、控制、分析等其他职能。进入20世纪80年代以后，随着改革开放的进行，人们的视野得以扩大，对会计的本质有了新的认识和理解，持这种观点的人越来越少。

(二)信息系统论

信息系统论认为会计是一个收集、处理和输送经济信息的信息系统。最早提出这种观点的是美国会计学家A.C.利特尔顿。20世纪70年代以后，由于科学技术的进步和管理理论的发展，该观点在西方发达国家会计界广泛流行。比如美国的《现代会计手册》(1977年版)明确指出："会计是一个信息系统。它首先向利害攸关的各个方面传输一家企业或

---

① 2014年以来，财政部先后发布了财务报表列报（修订）、公允价值计量、职工薪酬（修订）、合并财务报表（修订）、合营安排、长期股权投资（修订）、在其他主体中权益的披露、金融工具列报（修订）等8项会计准则。

其他个体的富有意义的经济信息。"这种观点传入我国以后，逐步为我国一些会计学者所接受。我国持这种观点的人认为，会计是旨在提高经济效益，加强经营管理，在每个企业、事业、机关等单位建立的一个以提供财务信息为主要职能的信息系统。这个系统主要用于处理各单位经济活动所产生的可以用货币量度的数据或资料，而后把它们加工成有助于经营决策的财务信息和其他信息。目前，接受这种观点的人逐渐增多。

(三)管理活动论

管理活动论认为会计是经济管理的重要组成部分，是通过建立会计信息系统，搜集、加工和利用以一定的货币单位作为计量标准来表现的经济信息，使其进入会计信息系统，通过确认、计量等专门技术方法将经济信息转换为会计信息，通过记录和计算加工并且对外进行报告，以便达到对经济活动进行组织、控制、调节和指导，并取得最大经济效益的一种管理活动。这种观点是 20 世纪 80 年代以后我国的一些会计学专家结合我国的实际情况首先提出来的。他们认为会计管理这个概念完整地表达了会计的本质属性。在微观经济中，会计管理是企业管理的重要组成部分；在宏观经济中，会计管理是国民经济管理的重要组成部分。会计管理的基本目标是为国家宏观管理和调控提供信息，为企业投资者、债权人提供决策有用的信息，为企业内部经营管理提供所需要的信息。这些信息是会计工作按照一定的程序和方法，通过收集、整理、分类、汇总等加工处理而得到的。会计报告是传输信息的主要手段。会计从取得原始数据到最终提供报告是一个完整的系统。从这个角度说，会计是一个经济管理的信息系统。因此，我们也可以把会计理解为既是一种管理活动，也是一个经济管理的信息系统。

我们认为，上述"管理工具论""信息系统论"和"管理活动论"是从不同角度认识会计的结果，都是对会计本质内容的揭示。但在本书中，我们将"会计"界定为"会计工作"，我们认为"会计管理活动论"的观点代表了我国会计改革的思路和方向。

综上所述，会计是以货币为主要计量单位，对企事业、机关单位或其他经济组织的经济活动进行连续、系统、全面地反映和监督的一项经济管理活动。

二、会计的目标

会计目标，即财务报告目标，是指在一定的社会经济环境下会计工作所要达到的境地或标准。企业、单位的会计活动要符合财务报告目标。根据《企业会计准则》，财务报告目标是向财务报告使用者(包括投资者、债权人、政府及其有关部门和社会公众等)提供与企业财务状况、经营成果和现金流量等有关的会计信息，反映企业管理层受托责任履行情况，有助于财务报告使用者作出经济决策。会计目标主要包括以下两个方面的内容。

(一)向财务报告使用者提供决策有用的信息

企业编制财务报告的目的是满足财务报告使用者的信息需要，有助于财务报告使用者作出经济决策。因此，向财务报告使用者提供对决策有用的信息是财务报告的基本目标。如果企业在财务报告中提供的会计信息与使用者的决策无关，没有使用价值，那么财务报告就失去了编制的意义。

■知识链接 1-4

会计信息使用者

会计信息使用者，主要包括投资者、债权人、政府及其相关机构、供应商和客户、企业员工、社会公众等。

投资者最关心的是投资的风险及回报，他们要求提供的是有关企业获利能力、资本结构、利润分配政策等方面的信息，以便作出最佳的投资决策。

债权人最关心的是其提供的资金能否按期如数收回，他们要求提供的是有关企业偿债能力等方面的信息，以便作出授信或放贷的决策。

政府及其相关机构最关心的是有限资源的合理配置情况，他们要求提供的是有关企业的投入产出能力、营运能力、发展能力以及对社会的贡献能力等方面的信息，以便作出正确的宏观决策。

供应商和客户最关心的是企业能否继续生存，他们要求提供的是有关企业经营能力、支付能力和获利能力等方面的信息，以便分析评价企业的经营风险，作出正确的商业决策。

企业员工最关心的是企业为其提供的劳动报酬的高低、职工福利的好坏以及企业能否提供长久稳定的就业机会，他们要求提供的是有关企业财务结构和获利能力等方面的信息，以便作出择业决策。

社会公众最关心的是企业，尤其是股份有限公司持续、有序的发展情况，他们要求提供的是有关企业目前及未来发展等方面的会计信息，以便帮助他们了解企业，进行未来的各种决策。

▶讨论与思考 1-1

国际著名投资大师沃伦·巴菲特的投资哲学是"只投资具有简单商业模式的公司"，他认为如果有太多科技，我们将无法理解。然而，2011 年巴菲特却突然高位买入 IBM 公司市值 107 亿美元的股票，市场一片哗然。为此，巴菲特在 2011 年写给股东伯克希尔的信中写道："我没能赶早买入 IBM，但这家公司的年报我已经读了 50 多年，直到 2010 年 3 月的一个星期六，我才感到柳暗花明。正如梭罗所说，要紧的不是你看了，而是你看到了什么。"

【任务】

1. 请上网查阅有关沃伦·巴菲特的投资信息，说明会计信息在其投资决策中的重要作用。

2. 对周边的同学和朋友进行调查，询问他们在中国股票市场投资时主要看重哪些信息，并提出你的见解。

(二)反映企业管理层受托责任的履行情况

在现代公司制度下，企业所有权和经营权相分离，企业管理层是受委托人之托经营管理企业及其各项资产的，负有受托责任，即企业管理层经营管理的企业各项资产基本上是由投资者投入的资本(或者留存收益作为再投资)和向债权人借入的资金构成的,企业管理层有责任妥善保管并合理、有效地运用这些资产。企业投资者和债权人等,需要及时或者经常性地了解企业管理层保管、使用资产的情况,以便评价企业管理层受托责任的履行情况和业绩情况,并决定是否需要调整投资或者信贷政策,是否需要加强企业内部控制和其他制度建设,是否需要更换管理层等。因此,财务报告应当反映企业管理层受托责任的履行情况,以有助于评价企业的经营管理责任和资源使用的有效性。

三、会计职业

会计是一项专业性很强的工作。任何企业、单位或部门都需要会计人员对其所从事的经济活动进行记录和报告。可以说,对会计人员的需求覆盖经济社会的各个方面,覆盖各个地理区域,遍及各行各业,分布于各个层次,所以会计人员有着最为广泛的就业前景。随着经济规模的扩大和资本市场的发展,会计信息在宏观和微观经济运行中起到越来越重要的作用,会计人员在经济组织中的作用也日益显现。目前,会计职业主要可分为企业会计、注册会计师和非营利组织会计三大类。

(一)企业会计

许多会计人员服务于以营利为目的的企业组织,企业组织可分为独资、合伙和公司等形式。

在企业中全面负责财务会计工作的负责人一般称为财务总监(chief executive officer, CFO)。财务总监的主要职责包括:建立健全企业财务管理体制,拟定财务管理制度;建立健全会计核算体系,向企业管理层提供会计数据和报表,并利用会计数据进行经营活动分析;参与经营决策与重大投资项目的研究、审查;负责预算、财务收支计划,拟定资金筹措方案等。

财务总监下可设财务经理和会计主管。

财务经理的主要工作内容围绕资金管理展开。主要包括:编制财务预算;做好税务筹划;协调与银行之间的关系,保证企业资金需求;协调与税务之间的关系,掌握各项税收政策,合法纳税;负责所有资产、存货、资金、收入的安全,合理利用资金;督导各项财务制度、财经纪律和财经规则执行情况等。会计主管的工作主要涉及日常经营核算,其职责主要包括:审核原始凭证,并根据原始凭证登记记账凭证和会计账簿;账账相符、账实相符,确保资产安全;准确核算成本、费用,反映经营成果;加强会计核算和财务审核监督;开展内部审计;各项税金的计算和申报等。

(二)注册会计师

在现代企业所有权和经营权分离的大背景下,企业内外存在严重的信息不对称。企业的管理层负责会计信息的编制和披露。以投资者和债权人为代表的企业外部利益相关者在投资决策时面临信息不足的困境。根据代理理论,企业管理层在拥有信息优势的前提下,可能从自身利益最大化出发,产生道德风险问题。表现在会计上,就是我们所熟悉的会计信息操纵,如盈余管理,甚至是做假账。

为了最大限度地为企业所披露的会计信息质量提供保障，产生了注册会计师行业。注册会计师是独立于企业和其他利益相关者的第三方，具有会计专业技术能力和执业资质。按照规定，上市公司所披露的定期报告，必须经注册会计师审计，并将审计报告与会计报表一并披露。另外，注册会计师还可验证企业资本，出具验资报告；办理企业合并、分立、清算事宜中的审计业务以及法律、行政法规规定的其他审计业务，如会计咨询和会计服务。

根据我国《注册会计师法》的要求，申请成为注册会计师的基本要求为：具有高等专科以上学校毕业的学历，或者具有会计或者相关专业中级以上技术职称；参加由中国注册会计师协会组织的统一考试成绩合格；从事审计业务工作达二年以上。注册会计师须加入注册会计师协会才能够执业。

(三)非营利组织会计

企业是以营利为目的的经营性组织，企业会计为营利性组织会计；与其相对应，政府和事业单位不以赚取利润为组织目标，因此为其设置的会计称为非营利组织会计，也称预算会计。

非营利组织会计按照其核算对象，可分为政府会计和事业单位会计。顾名思义，核算政府部门各项经济事务的会计即为政府会计；核算事业单位各项经济业务的会计为事业单位会计。

事业单位会计是记录、反映和监督事业单位预算执行过程及其结果的专业会计。按行业可分为科学、教育、文化、卫生、体育事业单位会计以及农、林、水利、勘探事业单位会计等。

政府会计又分为财政总预算会计和行政单位会计。财政总预算会计是指各级政府财政部门核算、反映和监督政府财政总预算执行过程及其结果的一门专业会计。它以纳入预算管理的各项财政性资金作为核算对象。行政单位会计是指各级行政单位核算、反映和监督单位预算执行过程及其结果的专业会计。它们通常主要以接受财政预算拨款作为履行职责的资金来源。年终时，财政总预算会计要对各行政单位编制的年终决算报表进行审核。

第三节 会计基本假设和会计信息质量要求

一、会计基本假设

会计基本假设是企业会计确认、计量和报告的前提，是对会计核算所处的时间、空间环境以及计量方式和方法所作的设定。会计基本假设包括会计主体、持续经营、会计分期与货币计量。这里所讲的会计基本假设是建立在企业会计基础上的。

(一)会计主体

会计主体假设界定了企业会计确认、计量和报告的空间范围，明确了会计人员的立场和会计核算的范围。在会计主体假设下，企业应当对其本身发生的交易或事项进行会计确认、计量和报告，反映企业本身所从事的各项生产经营活动。

会计主体是开展会计确认、计量和报告工作的重要前提，只有明确会计主体，才能划定会计所要处理的各项交易或事项的范围。在会计实务中，只有那些影响企业本身经济利益的各项交易或事项才能加以确认、计量和报告。只有明确会计主体，才能将会计主体的各项交易或事项与会计主体所有者本身的交易或事项以及其他会计主体的交易或事项区分开来。

会计主体可以是一个特定的企业，如一家股份有限公司、一家合伙企业或投资企业；可以是一家企业的某一特定部门，如一家企业下属的一家分公司或一个部门；可以是一个通过控股关系而在一个相同的决策机构指导下经营的企业集团；也可以是一个特定的非营利组织。会计主体具有独立性和完整性。会计主体的独立性是指会计主体在经济上是独立的，不仅要求把会计主体之间的经济关系划分清楚，而且还应把一个会计主体的财务活动与其投资人、债权人和会计主体内部成员的个人财务活动相分离。

会计主体不同于法律主体，一般而言，法律主体必然是一个会计主体。例如，一个企业作为一个法律主体，应当建立财务会计系统，独立反映其财务状况、经营成果和现金流量。但是会计主体不一定是法律主体，例如，独资企业与合伙企业不具有法人资格，不是法律主体，其所拥有或控制的财产和对外所负有的债务，在法律上仍为业主或合伙人的财产与债务，但在会计核算中把其作为独立的会计主体来处理，把企业的财务收支活动与业主或合伙人的个人财务收支活动严格区分开。另外，会计主体可以由一个法律主体构成，也可以由几个法律主体构成。例如，集团公司可由若干个具有法人资格的企业组成，但在编制集团公司合并报表时，则把集团公司看作一个独立的整体，即一个会计主体，采用特定的方法来处理集团公司所属企业之间的债权、债务以及所属企业之间购销活动产生的利润或亏损。

(二)持续经营

持续经营是指在可预见的未来，企业会按当前的规模和状态继续经营下去，会计主体将不会面临破产清算，其所持有的资产将会按照取得该资产的目的在正常的生产经营活动过程中被耗用、出售或转让，其所承担的债务也会被按期偿付。会计的确认、计量、报告应当以企业持续、正常的生产经营为前提。持续经营假设明确了会计核算工作的时间范围。

持续经营假设对于会计处理方法的科学确立具有重要意义。如果没有持续经营这一会计核算的基本假设，一些公认的会计处理方法将由于缺乏存在的基础而无法采用。例如，由于持续经营这一假设，固定资产的投资成本不必一次全部计入产品的生产成本，而是采用折旧的方法在其使用期间分次分批计入；由于持续经营这一假设，企业确认经营收益的实现和费用的发生才可以不局限于货币资金是否已收付，而是将权责发生制作为基础；由于持续经营这一假设，企业的负债在未来可以按规定的条件清偿，债权人才有可能将资金提供给企业等。

但是，在市场经济条件下，任何一个企业都存在着经营风险，企业或会计主体通常不可能无限期地持续经营下去，当有足够的证据证明一个会计主体已无法履行其所承担的义务时，持续经营这一假设就不再成立，建立在此基础上的有关会计处理方法也就不再适用，这时则要以清算为假设，进行破产清算的会计处理。

(三)会计分期

会计分期是指将一个企业持续的生产经营活动划分为若干个连续的、长短相同的期间。会计分期的目的，在于通过会计期间的划分，按照长度相同的时间段来结算账目、编制财务会计报告，从而及时地提供会计主体有关财务状况、经营成果和现金流量等方面的会计信息。

会计分期假设是持续经营假设的一个必要补充，它可以使会计及时地满足会计信息使用者在时间上对会计信息的需求，并为帮助和促进会计主体持续、有效地经营和定期考核提供必要的前提条件。否则，收入的实现、费用的分配、收益的确定以及财务会计报告的编制等会计工作将无法按期进行。

会计分期假设是对会计工作时间范围的具体划分，主要是确定会计年度。中外各国所采用的会计年度一般与本国的财政年度相同。我国以日历年度作为会计年度，即公历的 1 月 1 日至 12 月 31 日为一个会计年度。在会计年度确定后，一般按日历确定会计半年度、会计季度和会计月度。其中，凡是短于一个完整会计年度的报告期间均称为中期。

会计分期假设对于会计程序和方法的确定具有极大的影响。由于会计分期，才产生了本期和非本期的区别，产生了企业的收入和费用归属于哪个会计期间的问题；由于会计分期，必然要进行费用和收益在各会计期间的分配，而这种分配过程具有一定的主观估计性质；由于会计分期，必须要求每个会计期间所采用的会计方法相一致，这样才有可能比较和分析企业在各会计期间的财务状况、经营成果与现金流量。

(四)货币计量

货币计量，是指会计主体在会计确认、计量和报告时以货币计量，反映会计主体的生产经营活动。

在会计的确认、计量、报告过程中主要以货币进行计量，是由货币本身的属性所决定的。货币是商品的一般等价物，是衡量一般商品价值的共同尺度，而其他计量单位，如重量、容积、长度等只能从某个侧面反映企业的生产经营情况，无法在量上进行汇总比较，不便于会计计量和经营管理。只有选择货币进行计量，才能反映企业的生产经营情况。

会计主体的经济业务如涉及多种货币，则编制会计凭证、登记账簿和编制报表时，要采用一定的汇率将其折算为既定的记账本位币单位。记账本位币是会计核算中所采用的基本货币单位。我国《企业会计准则》规定，在我国境内应将人民币作为记账本位币，有外币收支的企业，可以采用某种外币作为记账本位币，但向我国有关方面报送财务会计报告时，必须折算为人民币。

会计以货币为统一的计量单位，是建立在货币本身的价值稳定基础上的。从理论上说，货币作为计量单位，其本身的价值应该是稳定的，但在现实的经济运行中，价格是变动的，由此引起货币本身的价值即购买力发生波动。在通货膨胀时，货币的购买力下降；在通货紧缩时，货币的购买力上升。这说明会计所采用的货币计量单位在货币的购买力波动不大时，是一种合适的计量单位，但在出现明显通货膨胀的情况下，币值稳定不变这一假设就不能成立，需要采用物价变动会计进行相应的处理。

二、会计信息质量要求

会计信息的质量关系到投资者决策、市场经济秩序，以及企业经营管理者的有关经营决策等重大问题。为了保证会计信息的使用者依据会计信息作出正确的决策，通常通过法定或者公认准则的形式规定企业财务会计报告所提供的会计信息应具备的一些基本特征，即会计所提供的信息必须符合一定的质量要求。目前，我国企业会计准则规定的会计信息质量要求包括可靠性、相关性、可理解性、可比性、实质重于形式、重要性、谨慎性和及时性八项。

(一)可靠性

可靠性要求企业应当以实际发生的交易或者事项为依据进行会计确认、计量和报告，如实反映符合确认和计量要求的各项会计要素及其他相关信息，保证会计信息真实可靠、内容完整。

可靠性是高质量会计信息的重要基础和关键。为了确保会计信息的可靠性，企业应当做到以下几个方面。

(1) 以实际发生的交易与事项为依据进行会计确认、计量和报告，将符合会计要素定义及其确认条件的资产、负债、所有者权益、收入、费用和利润等如实地反映在财务报表中，不得根据虚构的、没有发生的或者尚未发生的交易或事项进行确认、计量和报告。

(2) 在符合重要性和成本效益原则的前提下，保证会计信息的完整性。其中包括编报的会计报表及其附注内容等应当保持完整，不能随意遗漏或者减少应予披露的信息，与会计信息使用者决策相关的信息都应当充分披露。

(3) 在财务报告中的会计信息应当是客观中立、没有偏见的。不可否认，企业提供的会计信息不可能做到绝对可靠，因为在会计核算中一些会计事项的处理带有一定程度的主观判断或估计，或是建立在对未来的预计之上。例如，购入直接可使用的固定资产(如机器设备等)，其原始价值可以根据购买时支付的资金数额可靠地确定，但按其使用年限每年计提的折旧费就不完全可靠，因为折旧费的确定具有估计性质，是根据固定资产的预计使用年限和剩余价值计算确定的。为了使会计信息的可靠性得到保障，会计人员对一些必要的估计和判断要尽可能做到可靠，并使其所产生的偏差控制在尽可能小的范围内。

(二)相关性

相关性要求企业提供的会计信息应当与投资者等财务报告使用者的经济决策需要相关，有助于投资者等财务报告使用者对企业过去、现在或者未来的情况作出评价或者预测。

会计信息是否有价值、是否有用，关键在于其是否与使用者的经济决策需要相关。相关的会计信息应当有助于使用者评价过去的决策，证实或者修正过去的有关预测，因而具有反馈价值。相关的会计信息还应具有预测价值，有助于使用者根据财务报告提供的会计信息预测企业未来的财务状况、经营成果、现金流量等。

对会计信息的相关性要求，并不意味着会计提供的信息能满足各方面的全部需要，事实上也不可能。通常，会计信息的使用者通过对所得到的会计信息进行加工后，如果能满足其需要，则认为会计信息基本上符合了相关性要求。因此，会计对外提供的财务报告所反映的是通用会计信息。

(三)可理解性

可理解性要求企业提供的会计信息应当清晰明了，便于投资者等财务报告使用者理解和使用。

企业编制财务报告、提供会计信息的目的在于使用，而要想让使用者有效使用会计信息，提高会计信息的有用性，实现财务报告的目标，就应当让其了解会计信息的内涵，弄懂会计信息的内容，这就要求财务报告所提供的会计信息要清晰明了、易于理解。

会计信息是一种专业性较强的信息，在强调会计信息的可理解性要求的同时，还应假定使用者具有一定的有关企业经营活动和会计方面的知识，并且愿意付出努力去研究这些信息。某些复杂的信息，如交易本身较为复杂或者会计处理较为复杂，如其与使用者的经济决策相关，企业就应当在财务报告中充分披露。

(四)可比性

可比性要求企业提供的会计信息相互可比，这主要包括两层含义。

1. 同一企业不同时期可比

会计信息质量的可比性要求同一企业不同时期发生的相同或者相似的交易或者事项，应当采用一致的会计政策，不得随意变更。但是，满足会计信息可比性要求，并非表明企业不得变更会计政策，如果按照规定或者在会计政策变更后可以提供更可靠、更相关的会计信息的，可以变更会计政策。有关会计政策变更的情况，应当在附注中予以说明。

2. 不同企业相同会计期间可比

会计信息质量的可比性要求不同企业同一会计期间发生的相同或者相似的交易或者事项，应当采用规定的会计政策，确保会计信息口径一致、相互可比，以使不同企业按照一致的确认、计量和报告要求提供有关会计信息。

(五)实质重于形式

实质重于形式要求企业应当按照交易或者事项的经济实质进行会计确认、计量和报告，不仅仅以交易或者事项的法律形式为依据。

企业发生的交易或者事项在多数情况下，其经济实质和法律形式是一致的。但在有些情况下，会出现不一致。例如，以融资租赁方式租入的资产，虽然从法律形式来讲企业并不拥有其所有权，但是由于租赁合同中规定的租赁期相当长，往往接近该资产的使用寿命；租赁期结束后承租企业有优先购买该资产的选择权；在租赁期内承租企业有权支配资产并从中受益等。从其经济实质来看，企业能够控制融资租入资产所创造的未来经济利益，因此在会计确认、计量和报告上就应当将以融资租赁方式租入的资产视为企业的资产，列入企业的资产负债表。实质重于形式的要求，体现了对经济实质的尊重，保证了会计信息与客观经济事实相符。

(六) 重要性

重要性要求企业提供的会计信息应当反映与企业的财务状况、经营成果和现金流量有关的所有重要交易或者事项。

按照重要性要求，会计所提供信息的繁简程度取决于信息的重要程度，对于信息使用者的决策可能产生重大影响的会计信息必须详尽揭示，而对信息使用者的决策影响不大的次要会计信息，可以作适当的简化。

重要性是相对而言的。在一个企业被认为重要的事项，在另一个企业可能被认为不重要；在某一时期被认为重要的事项，在另一时期可能被认为不重要。在评价事项的重要性时，很大程度上取决于会计人员的职业判断。一般来说，应当从质和量两个方面来分析判断。从性质来说，当某一事项有可能对决策产生一定的影响时，就属于重要事项；从数量来说，当某一事项的数量达到一定规模时，可能对决策产生影响，就属于重要事项。

(七) 谨慎性

在市场经济环境下，企业的生产经营活动面临着许多风险和不确定性，如应收款项的可收回性、固定资产的使用寿命、无形资产的使用寿命、售出存货可能发生的退货或者返修等。(会计信息质量的谨慎性，要求企业在面临不确定性因素的情况下作出职业判断时，应保持应有的谨慎，充分估计各种风险和损失，既不高估资产或者收益，也不低估负债或者费用。)例如，要求企业对可能发生的资产减值损失计提资产减值准备、对售出商品可能发生的保修义务等确认预计负债等，就体现了会计信息质量的谨慎性要求。

需要指出的是，提出会计信息的谨慎性要求并不意味着企业可以任意设置各种秘密准备。如果企业故意低估资产或收入，或者故意高估负债或费用，就会损害会计信息质量，扭曲企业实际的财务状况和经营成果，从而影响会计信息使用者作出正确的决策。

(八) 及时性

及时性要求企业对于已经发生的交易或者事项，应当及时进行确认、计量和报告，不得提前或延后。

会计信息的价值在于帮助所有者或者其他方面作出经济决策，具有时效性。即使是可靠、相关的会计信息，如果不及时提供，就失去了时效性，对于使用者的效用就会大大降低，甚至不再具有实际意义。在会计确认、计量和报告过程中贯彻及时性，一是要求及时收集会计信息，即在经济交易或者事项发生后，及时收集整理各种原始单据或者凭证；二是要求及时处理会计信息，即按照会计准则的规定，及时对经济交易或者事项进行确认或者计量，并编制财务报告；三是要求及时传递会计信息，即按照国家规定的有关时限，及时将编制的财务报告传递给财务报告使用者，便于其及时使用和决策。

在实务中，为了及时提供会计信息，可能需要在有关交易或者事项的信息全部获得之前就进行会计处理，从而满足会计信息的及时性要求，但可能会影响会计信息的可靠性；反之，如果企业等到与交易或者事项有关的全部信息获得之后再进行会计处理，这样的信息披露可能会由于时效性问题，对于投资者等财务报告使用者决策的有用性将大大降低。这就需要在及时性和可靠性之间作出相应权衡，以最好地满足投资者等财务报告使用者的经济决策需要作为判断标准。

第四节 财务报表和会计要素

一、财务报表

财务报表构成了财务会计报告的主体。投资者和债权人最为关心财务报表所列示的资产、负债和盈亏数据。他们可以通过财务报表各项目数据之间的比率关系,判断企业的筹资能力、偿债能力和盈余能力等。企业的财务报表主要包括资产负债表、利润表、现金流量表和所有者权益变动表。

由于本书有专门章节介绍财务报告,所以本节只是通过介绍资产负债表和利润表的基本内容,来帮助掌握会计要素的具体内容。

(一)资产负债表

企业成立之初,投资者以现金或其他资产形式投入资源,形成企业的资产和所有者权益。在之后的经营活动中,资产的形式将不断发生变化。例如,以现金购买设备和商品,形成固定资产和存货;销售产品时如果客户没有即时付款,则形成应收账款资产;企业以现金购买股票债券,形成短期投资资产,等等。同时,绝大多数企业在经营过程中都会产生负债。例如,企业向银行借款,向社会公众发行公司债券,向供应商赊购商品,等等。另外,所有者权益也不是固定不变的,企业每一期经营的盈亏将结转到期初的所有者权益中,计量出投资者在企业中的权益。

资产负债表是反映企业在特定时点财务状况的报表。所谓财务状况即是指资产、负债和所有者权益的金额以及相互之间的关系。资产负债表反映企业在某一特定日期所拥有或控制的经济资源、所承担的现时义务和所有者对净资产的要求权。

企业一般在年末、季末甚至月末编制资产负债表。资产负债表左方的资产各项目,反映全部资产的分布及存在形态;右方的负债和所有者权益各项目,反映全部负债和所有者权益的内容及构成情况。资产各项目按其流动性由强到弱的顺序排列;负债各项目按其到期日的远近顺序排列。资产负债表左右双方平衡,即资产总计等于负债与所有者权益的总计,其格式见表1-1。

表1-1 资产负债表(简表)

编制单位:龙腾公司　　　　　201×年12月31日　　　　　　　　　　　　单位:元

资　产	期末余额	负债及所有者权益	期末余额
货币资金	421 500	短期借款	200 000
应收票据	605 000	应付账款	85 400
应收账款	95 000	应付职工薪酬	12 600
存　货	335 500	应交税费	68 000
固定资产	1 906 000	长期借款	1 000 000
无形资产	100 000	实收资本	2 000 000
		未分配利润	97 000
资产合计	3 463 000	负债和所有者权益合计	3 463 000

(二)利润表

利润表是反映企业一定会计期间经营成果的报表。该表是按照各项收入、费用,以及构成利润的各个项目分类分项编制而成的。按照会计分期的要求,企业的全部寿命期被划分为相等长度的会计期间。在每一个会计期间,企业从事经营活动,通过向客户提供劳务或销售产品,赚取营业收入;在这个过程中,不可避免地将产生费用,收入与费用之差即为企业的利润或亏损,其公式可表示为:收入-费用=利润。出于及时向投资者和债权人报告企业的盈余数据的需要,企业在每一会计期间的期末都会将当期发生的全部收入、费用归集到利润表中,计算出当期利润。利润是判断一个企业经营成果和获利能力的主要依据。常见的利润表格式分为单步式和多步式两种,我国企业会计准则规定,企业的利润表采用多步式,其格式见表1-2。

表 1-2 利润表(简表)

编制单位:龙腾公司　　　　　　　　201×年度　　　　　　　　　　　单位:元

项　目	金　额
一、营业收入	824 000
减:营业成本	516 200
管理费用	27 800
财务费用	4 000
销售费用	200 000
二、营业利润(损失以"-"号填列)	261 000
加:营业外收入	
减:营业外支出	120 000
三、利润总额(亏损总额以"-"号填列)	241 000
减:所得税费用	60 250
四、净利润(净亏损以"-"号填列)	180 750

二、会计要素

会计要素是会计对象的基本分类,是会计对象的具体化,是反映会计主体财务状况和经营成果的基本单位。

在不同的会计主体中,会计内容的表现形式不同。即使在同一会计主体中,由于经济活动的多样性,决定了会计内容表现形式也是多种多样的。为了具体实施会计核算,进行会计监督,有必要对会计内容进行适当分类。

我国《企业会计准则——基本准则》将企业会计要素分为六大类,即资产、负债、所有者权益、收入、费用和利润。其中,资产、负债和所有者权益三项会计要素主要反映企业的财务状况;收入、费用和利润三项会计要素主要反映企业的经营成果。

(一)反映财务状况的会计要素

财务状况是指企业某一特定日期的资产、负债及权益情况,是资金运动相对静止状态时的表现。

1. 资产

企业从事生产经营活动必须具备一定的物质资源，或者说物质条件。在市场经济条件下，这些必要的物质条件表现为货币资金、厂房场地、机器设备、原材料等。会计上将这些货币资金、厂房场地、机器设备、原材料等称为资产，它们是企业从事生产经营活动的物质基础。除上述货币资金以及实物资产外，资产还包括那些不具有物质形态但有助于生产经营活动进行的专利权、商标权等无形资产，此外，也包括企业的债权和其他权利，如应收账款、对其他单位的投资等。

1) 资产的定义与特征

资产是指企业过去的交易或者事项形成的，由企业拥有或者控制的，预期会给企业带来经济利益的资源。

根据资产的定义，资产具有以下几个方面的特征。

(1) 资产预期会给企业带来经济利益。

资产预期会给企业带来经济利益，是指资产直接或者间接导致现金和现金等价物流入企业的潜力。这种潜力可以来自企业日常的生产经营活动，也可以是非日常活动；带来的经济利益可以是现金或者现金等价物，或者是可以转化为现金或者现金等价物的形式，或者是可以减少现金或者现金等价物流出的形式。

预期能为企业带来经济利益是资产的重要特征。例如，企业采购的原材料、购置的固定资产等可以用于生产经营过程，制造商品或者提供劳务，对外出售后收回货款，货款即为企业所获得的经济利益。如果某一项目预期不能给企业带来经济利益，那么就不能将其确认为企业的资产。前期已经确认为资产的项目，如果不能再为企业带来经济利益，也不能再确认为企业的资产。

(2) 资产应为企业拥有或者控制的资源。

资产作为一种资源，应当由企业拥有或者控制，即指企业享有某项资源的所有权，或者虽然不享有某项资源的所有权，但该资源能被企业所控制。

企业享有资产的所有权，通常表明企业能够排他性地从资产中获取经济利益。通常在判断资产是否存在时，所有权是考虑的首要因素。在有些情况下，资产虽然不为企业所拥有，即企业并不享有其所有权，但企业控制了这些资产，同样表明企业能够从资产中获取经济利益，符合会计上对资产的定义。如果企业既不拥有也不控制资产所能带来的经济利益，就不能将其作为企业的资产予以确认。

(3) 资产是由企业过去的交易或者事项形成的。

资产应当由企业过去的交易或者事项所形成，过去的交易或者事项包括购买、生产、建造行为或者其他交易或者事项，只有过去的交易或者事项才能产生资产，企业预期在未来发生的交易或者事项不形成资产。例如，企业有购买某项存货的意愿或者计划，但是购买行为尚未发生，就不符合资产的定义，不能确认为存货资产。

2) 资产的分类

资产按其流动性不同，分为流动资产和非流动资产。

流动资产是指预计在一个正常营业周期中变现、出售或耗用，或者主要为交易目的而持有，或者预计在资产负债表日起一年内(含一年)变现的资产以及自资产负债表日起一年内交换其他资产或清偿负债的能力不受限制的现金或现金等价物。流动资产主要包括货币资金、以公允价值计量且其变动计入当期损益的金融资产、应收票据、应收账款、预付款项、应收利息、应收股利、其他应收款、存货等。

非流动资产是指流动资产以外的资产，主要包括长期股权投资、固定资产、在建工程、工程物资、无形资产、开发支出等。

2. 负债

1) 负债的定义和特征

负债是指企业过去的交易或者事项形成的，预期会导致经济利益流出企业的现时义务。

负债具有以下特征。

(1) 负债是企业承担的现时义务。

负债必须是企业承担的现时义务，这里的现时义务是指企业在现行条件下已承担的义务。未来发生的交易或者事项形成的义务，不属于现时义务，不应当确认为负债。

(2) 负债预期会导致经济利益流出企业。

预期会导致经济利益流出企业也是负债的一个本质特征，只有在履行义务时会导致经济利益流出企业的，才符合负债的定义。在履行现时义务清偿负债时，导致经济利益流出企业的形式多种多样，例如，用现金偿还或以实物资产形式偿还；以提供劳务形式偿还；以部分转移资产、部分提供劳务形式偿还；将负债转为资本等。

(3) 负债是由企业过去的交易或者事项形成的。

负债应当由企业过去的交易或者事项所形成。换句话说，只有过去的交易或者事项才形成负债，企业将在未来发生的承诺、签订的合同等交易或者事项，不形成负债。

2) 负债的分类

负债按其流动性不同，分为流动负债和非流动负债。

流动负债是指预计在一个正常营业周期中清偿，或者主要为交易目的而持有，或者自资产负债表日起一年内(含一年)到期应予以清偿，或者企业无权自主地将清偿推迟至资产负债表日后一年以上的负债。流动负债主要包括短期借款、应付票据、应付账款、预收款项、应付职工薪酬、应交税费、应付利息、应付股利、其他应付款等。

非流动负债是指流动负债以外的负债，主要包括长期借款、应付债券等。

3. 所有者权益

1) 所有者权益的定义和特征

所有者权益是指企业资产扣除负债后，由所有者享有的剩余权益。公司的所有者权益又称为股东权益。所有者权益是所有者对企业资产的剩余索取权，是企业的资产扣除债权人权益后应由所有者享有的部分，既可反映所有者投入资本的保值增值情况，又体现了保护债权人权益的理念。

所有者权益具有以下特征：

(1) 除非发生减资、清算或分派现金股利，企业不需要偿还所有者权益。

(2) 企业清算时，只有在清偿所有的负债后，所有者权益才返还给所有者。

(3) 所有者凭借所有者权益能够参与企业利润的分配。

2) 所有者权益的来源构成

所有者权益包括实收资本(或者股本)、资本公积、盈余公积和未分配利润。其中，资本公积包括企业收到投资者出资超过其在注册资本或股本中所占份额的部分以及直接计入所有者权益的利得和损失等。盈余公积和未分配利润又合称为留存收益。

(二) 反映经营成果的会计要素

经营成果是企业在一定时期内从事生产经营活动所取得的最终成果，是资金运动显著变动状态的主要体现。反映经营成果的会计要素包括收入、费用和利润三项。

1. 收入

1) 收入的定义和特征

收入是指企业在日常活动中形成的、会导致所有者权益增加的、与所有者投入资本无关的经济利益的总流入。

收入具有以下特征。

(1) 收入是企业在日常活动中形成的。

日常活动是指企业为完成其经营目标所从事的经常性活动以及与之相关的活动。例如，工业企业制造并销售产品即属于企业的日常活动。明确界定日常活动是为了将收入与利得相区分，因为企业非日常活动所形成的经济利益的流入不能确认为收入，而应当计入利得。

(2) 收入是与所有者投入资本无关的经济利益的总流入。

收入应当会导致经济利益的流入，从而导致资产的增加。例如，企业销售商品，应当收到现金或者有权在未来收到现金，才表明该交易符合收入的定义。但是在实务中，经济利益的流入有时是所有者投入资本的增加所导致的，所有者投入资本的增加不应当确认为收入，应当将其直接确认为所有者权益。

(3) 收入会导致所有者权益的增加。

与收入相关的经济利益的流入应当会导致所有者权益的增加，不会导致所有者权益增加的经济利益的流入不符合收入的定义，不应确认为收入。例如，企业向银行借入款项，尽管也会导致企业经济利益流入，但该流入并不导致所有者权益的增加，反而使企业承担了一项现时义务。企业对于因借入款项所导致的经济利益的增加，不应将其确认为收入，而应当确认为一项负债。

2) 收入的分类

按日常活动在企业所处的地位，收入可分为主营业务收入和其他业务收入。

主营业务是企业为完成其经营目标而从事的日常活动中的主要项目，如工商企业销售商品、银行贷款和办理结算等。

其他业务是主营业务以外的其他日常活动，如工业企业销售材料、提供非工业性劳务等。

2. 费用

1) 费用的定义和特征

费用是指企业在日常活动中发生的、会导致所有者权益减少的、与向所有者分配利润

无关的经济利益的总流出。

费用具有以下几方面的特征。

(1) 费用是企业在日常活动中形成的。

费用必须是企业在日常活动中形成的，这些日常活动的界定与收入定义中涉及的日常活动的界定相一致。将费用界定为日常活动所形成的，是为了将其与损失相区分，企业非日常活动所形成的经济利益的流出不能确认为费用，而应当计入损失。

(2) 费用是与向所有者分配利润无关的经济利益的总流出。

费用的发生应当会导致经济利益的流出，从而导致资产的减少或者负债的增加，其表现形式包括现金或者现金等价物的流出，存货、固定资产和无形资产等的流出或者消耗等。企业向所有者分配利润也会导致经济利益的流出，而该经济利益的流出属于所有者权益的抵减项目，不应确认为费用。

(3) 费用会导致所有者权益的减少。

与费用相关的经济利益的流出应当会导致所有者权益的减少，不会导致所有者权益减少的经济利益的流出不符合费用的定义，不应确认为费用。

2) 费用的分类

一定时期的费用通常由产品生产成本和期间费用两部分构成，产品生产成本由直接材料、直接人工和制造费用三个成本项目构成，期间费用包括管理费用、财务费用和销售费用。

3. 利润

1) 利润的定义

利润是指企业在一定会计期间的经营成果。通常情况下，如果企业实现了利润，表明企业的所有者权益将增加；反之，如果企业发生亏损(即利润为负数)，表明企业的所有者权益将减少。因此，利润往往是评价企业管理层业绩的一项重要指标，也是投资者等财务报告使用者进行决策时的重要参考。

2) 利润的来源构成

利润是指企业在一定会计期间的经营成果。利润包括收入减去费用后的净额、直接计入当期利润的利得和损失等。利润有营业利润、利润总额和净利润。营业利润是营业收入减去营业成本、税金及附加、期间费用(包括销售费用、管理费用和财务费用)、资产减值损失，加上公允价值变动收益、投资收益、资产处置收益后的金额。利润总额是指营业利润加上营业外收入，减去营业外支出后的金额。净利润是指利润总额减去所得税费用后的金额。

第五节 我国的会计法规体系

一、我国会计法规体系的构成

我国的会计法规体系主要由会计法、会计准则和会计制度三个层次构成。

(一)会计法

会计法由全国人民代表大会常务委员会制定和通过,是会计法规制度中层次最高的法律规范,是制定其他会计法规的依据,也是指导会计工作的最高准则。会计法的立法宗旨是规范会计行为,保证会计资料真实完整。现行的《中华人民共和国会计法》(以下简称《会计法》)于 1985 年颁布,并先后经过 1993 年和 1997 年两次修订。2017 年 11 月 4 日,第十二届全国人民代表大会常务委员会第三十次会议决定,对《中华人民共和国会计法》做出修改,自 2017 年 11 月 5 日起施行。《会计法》共七章五十二条,包括总则,会计核算,公司、企业会计核算的特别规定,会计监督,会计机构和会计人员,法律责任及附则。

(二)会计准则

会计准则和会计制度均是在会计法的规则框架下,由财政部制定和颁布的,用于规范企业的会计核算和会计报告。

现行会计准则于 2006 年颁布,2007 年施行。会计准则体系包括 1 项基本准则、38 项具体准则和应用指南。2014 年新增和修订了 8 项具体准则,2017 年又新增和修订了 7 项具体准则。它适用于上市公司,并鼓励大中型企业使用。

(三)会计制度

自新中国成立直至会计准则体系建立之前,我国一直以会计制度体系作为会计工作的具体规范。会计制度是对经济业务进行分类、记录、汇总,并进行分析和报告的制度,是进行会计工作应遵循的规则、方法、程序的总称。根据《会计法》的规定,国家统一的会计制度,由国务院所属财政部制定;各省、自治区、直辖市以及国务院业务主管部门,在与会计法和国家统一的会计制度不相抵触的前提下,可以制定本地区、本部门的会计制度或者补充规定。我国的会计制度体系从 2000 年起重构,包括企业会计制度、金融企业会计制度和小企业会计制度。

除上述法律法规以外,与会计、审计工作有关的法律还有《中华人民共和国注册会计师法》(以下简称《注册会计师法》)、《总会计师条例》《会计基础工作规范》等。

本节主要介绍的内容为会计准则。

二、我国会计准则体系的演变

1978 年改革开放以后,逐步由计划经济向市场经济转变,企业的经营目标由执行国家经济计划转向追求经济效益,而会计数据和会计指标是反映企业经营成果的主要手段,企业会计行为和会计信息质量越来越被国家所重视。由此,1985 年我国颁布了《会计法》,将会计工作纳入法制轨道。

由于经济发展的需要,国家鼓励引入外资,成立了大量的中外合资经营企业和合作经营企业。当时我国的会计制度与西方会计规则之间的差异太大,为方便国外投资方理解合资、合营企业会计内容,财政部于 1985 年出台《中华人民共和国中外合资经营企业会计制度》（以下简称《中外合资经营企业会计制度》）。在该制度中，第一次借鉴了会计要素的确认、计量、记录和报告等国际会计理念。

1992 年年初，为配合企业股份制改革和资本市场的建立，财政部出台了《股份制试点企业会计制度》，并在原《中外合资经营企业会计制度》的基础上修订颁布了《中华人民共和国外商投资企业会计制度》，(以下简称《外商投资企业会计制度》)。

1992 年年底，财政部发布了《企业会计准则》和 13 个行业的会计制度，首次在我国出现了会计准则的提法。1992 年版的《企业会计准则》共 66 条，其作用相当于现在的基本准则。由于《企业会计准则》只涉及会计原则、会计要素和会计报告的定义和基本规范，缺少规范具体经济业务会计处理的具体准则，企业的会计核算还是要依照行业会计制度的规定进行。虽然当时会计准则和会计制度并行，但从此拉开了会计准则逐步取代会计制度的序幕。

1997 年，我国正式加入国际会计师联合会和国际会计准则委员会。1997 年至 2004 年年底，财政部陆续发布了 16 项具体准则，并在上市公司施行。非上市公司仍以执行会计制度为主。

同期，会计制度也有所进展。2000 年财政部发布《企业会计制度》(实际上是大中型企业会计制度)，2001 年发布《金融企业会计制度》，2004 年发布《小企业会计制度》，并取代了以前的分行业的会计制度。

2005 年财政部修订了基本会计准则。2006 年财政部发布了全套会计准则体系，包括基本准则和 38 项具体准则等。2014 年，财政部对《企业会计准则第 33 号——合并财务报表》《企业会计准则第 9 号——职工薪酬》《企业会计准则第 30 号——财务报表列报》等 5 项具体会计准则进行了修订，发布了《企业会计准则 39 号——公允价值计量》《企业会计准则第 40 号——合营安排》《企业会计准则 41 号——在其他主体中权益的披露》3 项具体会计准则。2017 年，财政部对《企业会计准则第 22 号——金融工具确认和计量》《企业会计准则第 23 号——金融资产转移》《企业会计准则第 24 号——套期会计》《企业会计准则第 37 号——金融工具列报》《企业会计准则第 16 号——政府补助》《企业会计准则第 14 号——收入》6 项具体会计准则进行了修订，新增《企业会计准则第 42 号——持有待售的非流动资产、处置组和终止经营》。《企业会计准则》适用于上市公司和所有大中型企业，标志着会计制度的逐步退出。

我国会计制度到会计准则的演变过程，显示出我国会计规范逐渐融入国际经济规范体系的趋势和进程。《中外合资经营企业会计制度》首次引入了国际上通行的一些会计基础理论和基本方法；后来的《外商投资企业会计制度》进一步扩大了合资制度的适用范围。1992 年《企业会计准则》的颁布是一个历史性的转折，当时提出的要求明确为与国际会计准则"接轨"，同时保留了部分"中国特色"。但是由于没有具体准则的支持，会计制度仍担当着会计工作规范的主力，尤其是 2000 年《企业会计制度》的发布，还加强了这种地位。加入 WTO 和我国市场经济地位的确立，最终推动了 2006 年全套会计准则体系的建立，而且该会计准则制定的主旨在于与国际会计准则"全面趋同"，适用范围从上市公司扩展到大中型企业，覆盖和替代了《企业会计制度》和《金融企业会计制度》的适用范围，实现了我国会计规范体系的转型，也实现了企业会计语言与国际标准的全面融合，

第一章 总论

为我国企业的国际化发展奠定了基础。

在多数情况下，会计人员均能够遵循会计准则或制度来编制公司的财务报表，而审计人员则可以按照审计准则完成审计工作。但是编制财务报表和提供会计信息并不是一项纯粹的遵循会计规范的技术工作。相反，它需要可以胜任的会计人员运用职业判断并恪守道德标准来完成。现实中，会计人员所处的环境比较特殊，遇到的问题往往比较复杂，若会计处理不当，并给他人利益带来重大损失，将会使会计人员陷入民事甚至刑事纠纷之中。而会计信息的使用者更应该在负责的经济环境中去理解财务报告，把握其经济含义，以作出更加科学合理的决策。

讨论与思考 1-2

安然事件是全球影响最大的财务舞弊案件。安然公司曾是世界最大的能源交易商，掌控着美国 20%的电能和天然气交易，2000 年的总收入超过 1 000 亿美元。破产前，公司营运业务覆盖全球 40 个国家和地区，雇员 2 万余人，资产额高达 620 亿美元。公司连续六年被《财富》杂志评选为"美国最具创新精神公司"。2000 年第四季度，"公司天然气业务成长翻升 3 倍，公司能源服务公司零售业务翻升 5 倍"；2001 年第一季度，"季营收成长 4 倍，是连续 21 个盈余成长的财季"……在安然，衡量业务成长的单位不是百分比，而是倍数，这让所有的投资者都笑逐颜开。然而，2001 年 10 月 16 日，安然公布其第三季度巨额亏损超过 6 亿美元；同年 11 月安然向美国证券交易委员会承认，自 1997 年以来，共虚报利润约 6 亿美元。

安然的会计造假使投资者蒙受巨额损失。安然事件曝光后，安然股价在一天之内猛跌超过 75％，创下纽约股票交易所和纳斯达克市场有史以来的单日下跌之最；次日，安然股票暴跌至每股 0.26 美元，成为名副其实的垃圾股，其股价缩水近 360 倍。

安然事件后，首先遭到质疑的是安然公司的管理层，包括董事会、监事会和公司高级管理人员。他们面临的指控包括疏于职守、虚报账目、误导投资者以及牟取私利等。安然的前首席财务官安德鲁·法斯托被起诉 78 项罪名。2006 年 9 月 26 日，他被判入狱 6 年。

【任务】
1. 请上网查阅安然事件的相关信息，尝试说明安然公司是如何进行财务造假的。
2. 分析安然事件给投资者、债权人带来的损失，以及给美国经济带来的影响。
3. 安达信会计师事务所在该事件中扮演了什么角色？其结局如何？

本 章 小 结

本章从会计的产生和发展入手，介绍会计发展的历程。会计是以货币为主要计量单位，对企事业、机关单位或其他经济组织的经济活动进行连续、系统、全面地反映和监督的一项经济管理活动。会计的目标是向财务报告使用者提供会计信息，反映企业管理层受托责任的履行情况，有助于财务报告使用者作出经济决策。目前，会计职业主要分为企业会计、注册会计师和非营利组织会计三大类。

会计基本假设是企业会计确认、计量和报告的前提，包括会计主体、持续经营、会计分期与货币计量。为了保证会计信息的使用者依据会计信息作出正确的决策,我国企业会计准则规定的会计信息质量应满足可靠性、相关性、可理解性、可比性、实质重于形式、重要性、谨慎性和及时性等八项要求。本章通过介绍资产负债表和利润表的基本内容,来帮助掌握会计要素的具体内容。会计要素是会计对象的基本分类,是会计对象的具体化,是反映会计主体财务状况和经营成果的基本单位。我国《企业会计准则——基本准则》将企业会计要素分为资产、负债、所有者权益、收入、费用和利润六大类。本章最后介绍了我国的会计法规体系构成,主要包括会计法、会计准则和会计制度三个层次。

复习思考题

1. 什么是会计?会计是如何产生和发展的?
2. 如何理解会计的目标?
3. 什么是会计假设?会计基本假设包括哪些内容?
4. 会计信息质量要求包括哪些内容?
5. 什么是会计要素?我国《企业会计准则》规定的会计要素有哪些?
6. 负债与所有者权益有何不同?
7. 收入与利得、费用与损失之间有何区别?
8. 我国会计规范体系的构成分为哪几个层次?

自测与技能训练

一、基础知识自测

(一)单项选择题

1. 下列关于会计的表述中,不正确的是(　　)。
   A. 会计的主要工作是核算和监督　　B. 会计是一项经济管理活动
   C. 会计对象是特定主体的经济活动　　D. 货币是会计唯一的计量单位
2. 会计核算中,由于有了(　　)基本假设,才产生了本期与非本期的区别,才使不同类型的会计主体有了记账的基准。
   A 会计主体　　B 持续经营　　C 会计分期　　D 货币计量
3. 会计核算上将融资租入的资产视为承租企业的资产进行核算,体现了(　　)的要求。
   A. 重要性　　　　　　　　　　　　B. 谨慎性
   C. 实质重于形式　　　　　　　　　D. 及时性
4. 下列关于会计要素的表述中,不正确的是(　　)。
   A. 会计要素是会计对象的基本分类
   B. 会计要素是会计核算对象的具体化
   C. 资产、负债和所有者权益称为静态会计要素
   D. 收入、成本和利润构成利润表的基本框架

5. (　　)，财政部发布了《企业会计准则》。
   A. 2006年2月15日　　　　　　　B. 2007年1月1日
   C. 2011年10月18日　　　　　　 D. 2013年1月1日

(二)多项选择题

1. 下列说法正确的有(　　)。
   A. 会计是适应生产活动发展的需要而产生的
   B. 会计是生产活动发展到一定阶段的产物
   C. 会计从产生、发展到现在经历了一个漫长的发展历程
   D. 近代会计史，将复式簿记著作的出版和会计职业的出现视为两个里程碑
2. 我国会计信息使用者主要包括(　　)。
   A. 投资者　　　　B. 债权人　　　　C. 政府及其有关部门
   D. 供应商与客户　　E. 社会公众
3. 下列各项中，应当确认为企业资产的有(　　)。
   A. 购入的专利权　　　　　　　B. 已经霉烂变质无使用价值的存货
   C. 融资租入的固定资产　　　　D. 计划下个月购入的材料
4. 所有者权益的构成内容通常包括(　　)等项目。
   A. 实收资本　　　B 资本公积　　　C. 盈余公积　　　D. 未分配利润
5. 会计中期包括(　　)。
   A. 年度　　　　B. 半年度　　　　C. 季度　　　　D. 月度

(三)分析判断题

1. 法律主体必定是会计主体，会计主体也必定是法律主体。(　　)
2. 会计处理方法必须始终保持前后各期一致，不得有任何变更。(　　)
3. 会计要素中既有反映财务状况的要素，又有反映经营成果的要素。(　　)
4. 某一项财产物资要成为企业的资产，其所有权必须属于企业。(　　)
5. 根据《企业会计准则》的规定，会计核算以人民币作为记账本位币。业务收支以人民币以外的货币为主的单位，可以选定其中一种货币作为记账本位币，但是编报的财务会计报告应当折算为人民币。(　　)

二、实务技能训练

【目的】练习会计要素的划分。

【资料】某企业201×年3月31日，资产、负债、所有者权益有关项目如下：

(1) 出纳员保管的现金1 500元；
(2) 存放在银行的款项530 195元；
(3) 投资者投入的资本金1 500 000元；
(4) 库存的原材料185 000元；
(5) 生产车间未完工产品1 120 000元；
(6) 库存的完工产品485 000元；
(7) 应收外单位的货款234 000元；
(8) 厂房、办公楼760 000元；

(9) 机器设备 580 000 元；

(10) 从银行取得短期借款 250 000 元；

(11) 从银行取得长期借款 500 000 元；

(12) 应付给某供货单位的材料款 48 000 元；

(13) 欠交的各项税费 23 000 元；

(14) 应付的借款利息 37 000 元；

(15) 尚未到期偿还的商业汇票 52 000 元；

(16) 盈余公积 60 000 元；

(17) 企业尚未分配的利润 425 695 元。

【要求】分析各项目应归属的会计要素类别，并计算各会计要素的金额合计数。

第二章 账户和复式记账

学习目标

通过本章的学习，应能理解会计等式的内容、能够分析经济业务对会计等式的影响，了解设置会计科目的原则，熟悉会计科目的内容及分类，掌握会计账户的含义和结构，理解复式记账的原理，掌握借贷记账法的账户结构、记账规则和借贷记账法的试算平衡。

第一节 会计等式及其所受影响

一、会计等式

会计要素反映了资金运动静态和动态的两个方面，具有紧密的相关性，它们在数量上存在着特定的平衡关系，这种平衡关系用公式来表示，就是通常所说的会计等式。会计等式是反映会计要素之间平衡关系的计算公式，是各种会计核算方法的理论基础。

(一)会计基本等式

众所周知，企业要从事生产经营活动，一方面，必须拥有一定数量的资产，如货币资金、原材料、厂房、设备等，这些资产以各种形态分布于企业生产经营活动的各个阶段，成为企业生产经营活动的基础。另一方面，这些资产要么来源于债权人，从而形成企业的负债；要么来源于投资者的投入，从而形成企业的所有者权益。由此可见，资产和权益(包括所有者权益和债权人权益)实际是企业所拥有的经济资源在同一时点上所表现的不同形式。资产表明的是资源在企业存在、分布的形态，而权益则表明了资源取得和形成的渠道。资产来源于权益，资产与权益必然相等。

我们如果用数学等式来表示资产与权益的恒等关系，则可以得到以下公式：

$$资产 = 权益$$

由于权益包括债权人的权益和投资者的权益，故上述公式还可以表示如下：

$$资产 = 负债 + 所有者权益$$

这一等式被称为会计基本等式，也称为会计恒等式、会计平衡公式、静态会计等式，这个等式表明企业在一定时点上资金运动(资本运动)的相对静止状态，反映了企业某一特定时点财务状况的平衡关系，是设置账户、复式记账以及编制资产负债表的理论依据。

(二)动态会计等式

企业经营的目的是取得收入，实现盈利。企业在取得收入的同时，也必然要发生相应的费用。通过收入与费用的比较，才能确定企业一定时期的盈利水平。一定期间内，企业的收入大于费用则形成利润，收入小于费用则形成亏损。因此，收入、费用和利润三个要素之间的关系可用公式表示如下：

$$\text{收入}-\text{费用}=\text{利润}$$

这个等式反映了收入、费用和利润在某一时期的动态平衡关系，是编制利润表的理论依据。

(三)会计等式的扩展

通常，企业在生产经营期间所取得的收入和发生的费用，会导致企业资产或负债发生相应的变动。一般情况下，取得收入会导致资产增加或负债减少，发生费用会导致资产减少或负债增加。由于企业资产所有者对利润有处置(或主张)的权利，所以一定期间发生的收入和费用相抵后，若取得了利润应归所有者所有，表明所有者权益数额的增加，若发生了亏损只能由企业的所有者承担，表明所有者权益数额的减少。这样，基本会计等式和动态会计等式可以合并如下：

$$\text{资产}=\text{负债}+\text{所有者权益}+(\text{收入}-\text{费用})$$

或

$$\text{资产}=\text{负债}+\text{所有者权益}+\text{利润}$$

会计期间终了，企业进行会计结算，将收入和费用配比后，计算出利润，取得的利润在按照规定分配给投资者(股东)后，余下的部分归投资者所有，体现为所有者权益的组成部分。此时，上述等式恢复为基本形式：资产=负债+所有者权益。

二、经济业务的发生对会计等式的影响

经济业务，也称为会计事项，是指企业在生产经营过程中发生的，能引起会计要素发生增减变动的交易或事项。工业企业在生产经营过程中，会发生各种各样的经济业务，尽管这些经济业务多种多样，但对该等式的影响归纳起来不外乎九种情况，见表2-1。

表2-1 各种经济业务对会计等式的影响

经济业务情况	资产=负债+所有者权益		
	资产	负债	所有者权益
1	增加	增加	不变
2	增加	不变	增加
3	减少	减少	不变
4	减少	不变	减少
5	增加、减少	不变	不变
6	不变	增加、减少	不变
7	不变	不变	增加、减少
8	不变	增加	减少
9	不变	减少	增加

下面通过分析腾飞有限责任公司201×年1月份发生的几项经济业务，说明经济业务对"资产=负债+所有者权益"等式的影响。

1. 资产和负债要素同时等额增加

业务1：腾飞有限责任公司从银行取得短期借款100 000元。

这项经济业务使企业的资产项目银行存款增加100 000元，负债项目短期借款增加100 000元，等式两边同时增加100 000元，并没有改变等式的平衡关系。

2. 资产和所有者权益要素同时等额增加

业务2：腾飞有限责任公司收到所有者追加的投资500 000元，款项存入银行。

这项经济业务使资产项目银行存款增加500 000元，所有者权益项目实收资本也增加500 000元，并没有改变等式的平衡关系。

3. 资产和负债要素同时等额减少

业务3：腾飞有限责任公司以银行存款归还所欠B公司货款120 000元。

这项经济业务使企业的资产项目银行存款减少120 000元，同时负债项目应付账款减少120 000元，等式两边同时减少120 000元，并没有改变等式的平衡关系。

4. 资产和所有者权益要素同时等额减少

业务4：某投资者收回投资300 000元，腾飞有限责任公司以银行存款支付。

这项经济业务使资产项目银行存款减少300 000元，所有者权益项目实收资本减少300 000元，并没有改变等式的平衡关系。

5. 资产要素内部项目等额有增有减，负债和所有者权益不变

业务5：腾飞有限责任公司用银行存款800 000元购买办公楼。

该项业务使资产项目固定资产增加800 000元，资产项目银行存款减少800 000元，企业资产内部发生增减变动，但资产总额不变，并没有改变等式的平衡关系。

6. 负债要素内部项目等额有增有减，资产和所有者权益要素不变

业务6：腾飞有限责任公司向银行借入100 000元短期借款，直接用于归还拖欠的货款。

这项业务使负债项目的短期借款增加100 000元，负债项目的应付账款减少100 000元，企业负债内部发生增减变动，但负债总额不变，并没有改变等式的平衡关系。

7. 所有者权益要素内部项目等额有增有减，资产和负债要素不变

业务7：腾飞有限责任公司经批准同意以资本公积50 000元转增实收资本。

这项经济业务使所有者权益项目实收资本增加50 000元，所有者权益项目资本公积减少50 000元，所有者权益内部发生增减变动，但所有者权益总额不变，并没有改变等式的平衡关系。

8. 负债要素增加，所有者权益要素等额减少，资产要素不变

业务8：腾飞有限责任公司宣告向投资者分配现金股利80 000元。

这项经济业务使所有者权益项目未分配利润减少80 000元，负债项目应付股利增加80 000元，所有者权益减少，负债增加，并没有改变等式的平衡关系。

9. 负债要素减少，所有者权益要素等额增加，资产要素不变

业务9：腾飞有限责任公司将应偿还给乙企业的账款50 000元转作乙企业对本企业的

投资。

这项经济业务使所有者权益项目实收资本增加 50 000 元，负债项目应付账款减少 50 000 元。所有者权益增加，负债减少，并没有改变等式的平衡关系。

分析以上九笔经济业务，我们可以发现，任何一笔经济业务的发生均会引起资产、负债或所有者权益的增减变动，但都不会破坏资产与权益的恒等关系。尽管企业经济业务多种多样，但对会计等式的影响无外乎以下四种类型。

类型一：经济业务发生，引起会计等式两边会计要素同时等额增加，如业务1和业务2。

类型二：经济业务发生，引起会计等式两边会计要素同时等额减少，如业务3和业务4。

类型三：经济业务发生，引起会计等式左边会计要素发生增减变动，且增减金额相等，如业务5。

类型四：经济业务发生，引起会计等式右边会计要素发生增减变动，且增减金额相等，如业务6、业务7、业务8、业务9。

由于上述四种类型经济业务的发生，都不会打破"资产=负债+所有者权益"这一会计等式的平衡关系，故我们又称该等式为会计恒等式。在实际工作中，企业每天发生的经济业务要复杂得多，但无论其引起会计要素如何变动，都不会破坏会计恒等式的平衡关系。

第二节　会计科目和账户

一、会计科目

(一)会计科目的含义

会计科目是对会计对象的具体内容进行分类核算的项目。同一会计要素，包含若干具体内容，如资产当中包含库存现金、原材料等流动资产，厂房、机器设备等固定资产，其中原材料是作为劳动对象用于产品生产制造，机器设备是作为劳动手段用于加工产品，二者反映的经济内容不同，如果对会计要素中的具体内容不加区分地进行反映，则无法对企业的财务状况和经营成果作出正确反应。

企业在进行生产经营活动的过程中，会计要素的具体内容必定会发生数量、金额的增减变动。例如，用银行存款购进原材料，原材料的增加会导致银行存款的减少，使得资产要素的具体构成发生变化。为了全面、系统、分类地核算和监督各项经济业务的发生情况，以及由此而引起的会计要素的增减变动，企业必须按照各会计要素所包含的具体内容的性质和作用，结合内部经营管理的需要和国家宏观经济管理的要求，在对会计对象作出基本分类的基础上进一步分类，即设置会计科目，以提高企业会计核算和财务报告所提供信息的有用性。

设置会计科目是会计核算中极为重要的一项工作，是设置账户和填制会计凭证的依据，是编制会计报表的基础。

(二)设置会计科目应遵循的原则

1. 设置会计科目必须结合会计对象的特点

所谓结合会计对象的特点，就是根据不同单位经济业务的特点，本着全面核算其经济业务的全过程及结果的目的来确定应该设置哪些会计科目。首先，根据不同行业经济业务的主要性质设置会计科目，如工业企业应设置反映产品生产过程的会计科目，而商业企业不生产产品，而是以商品买卖作为主要经营业务，其会计科目主要应该反映商品的买卖过程。因此在成本费用方面，工业企业需要设置"生产成本""制造费用"等会计科目，商业企业则不需设置这些会计科目。其次，要结合企业规模设置会计科目，大型工业企业经济业务量大，为了便于组织会计工作，会计科目的设置应全面、具体和详细。而小型企业，经济业务量少，会计科目的设置应力求简单、直观和明了，不必追求全面和详细。

2. 设置会计科目必须符合经济管理的需要

经济管理要求不同，会计科目的设置也有差别，设置会计科目应充分考虑各有关方面对会计信息的需求，不仅要符合国家宏观经济管理的需要，还要满足企业内部经济管理的需要，也要满足投资者、债权人和其他有关方面的需要，以利于有关方面进行经济决策。

例如，为了反映企业实有资本的情况，可以设置"实收资本"账户来反映企业实际收到的资本金额；为了反映企业的债务情况，可以设置"短期借款"和"长期借款"账户来反映企业的债务结构及债务款项等。

3. 设置会计科目要将统一性和灵活性结合起来

由于各企业的经济业务千差万别，在分类核算会计要素的增减变动时需要将统一性和灵活性相结合。所谓统一性，就是在设置会计科目时，要根据《企业会计准则》的要求对一些主要会计科目的设置进行统一规定，对于核算指标的计算标准、口径都要统一。所谓灵活性，就是在提供统一核算指标的前提下，各个单位根据自己的具体情况及投资者的要求，设置或者增补会计科目。

4. 设置会计科目的名称要简单明确、字义相符、通俗易懂

会计科目作为分类核算的标志，要求简单明确、字义相符，这样才能避免误解和混乱。简单明确是指根据经济业务的特点尽可能简洁明确地规定科目名称；字义相符是指按照中文习惯，不致产生误解；通俗易懂是指要尽量避免使用晦涩难懂的文字，要便于大多数人正确理解。

5. 设置会计科目要保持相对稳定性

为了便于在不同时期分析比较会计核算指标和在一定范围内汇总核算指标，应保持会计科目相对稳定，不能经常变动会计科目的名称、内容，使核算指标保持可比性。

■知识链接 2-1

会计科目设置的要求

《企业会计准则》中对会计科目设置的要求：会计科目和主要账务处理依据《企业会计准则》中确认和计量的规定制定，涵盖了各类企业的交易或事项。企业在不违反会计准则中确认、计量和报告规定的前提下，可以根据本单位的实际情况自行增设、分拆、合并会计科目。企业不存在的交易或者事项，可不设置相关会计科目。会计科目编号供企业填制会计凭证、登记会计账簿、查阅会计账目、采用会计软件系统时参考，企业可结合实际情况自行确定会计科目编号。

(三)会计科目的分类

1. 按反映的经济内容分类

企业的经济活动是通过资产、负债、所有者权益、收入、费用、利润等会计要素的增减变化体现出来的,各个会计要素既有其特定的经济内容,又是互相联系的。因此,会计科目按照其反映的经济内容不同,可分为资产类、负债类、共同类、所有者权益类、成本类、损益类六大类。会计科目表部分内容见表2-2。

表2-2 会计科目表

编号	名称	编号	名称
	一、资产类		二、负债类
1001	库存现金	2001	短期借款
1002	银行存款	2201	应付票据
1012	其他货币资金	2202	应付账款
1101	交易性金融资产	2203	预收账款
1121	应收票据	2211	应付职工薪酬
1122	应收账款	2221	应交税费
1123	预付账款	2231	应付利息
1131	应收股利	2232	应付股利
1132	应收利息	2241	其他应付款
1221	其他应收款	2501	长期借款
1231	坏账准备	2502	应付债券
1401	材料采购	2701	长期应付款
1402	在途物资	2801	预计负债
1403	原材料	2901	递延所得税负债
1404	材料成本差异		三、共同类(略)
1405	库存商品		四、所有者权益类
1406	发出商品	4001	实收资本
1407	商品进销差价	4002	资本公积
1408	委托加工物资	4101	盈余公积
1411	周转材料	4103	本年利润
1471	存货跌价准备	4104	利润分配
1501	持有至到期投资		五、成本类
1502	持有至到期投资减值准备	5001	生产成本
1503	可供出售金融资产	5101	制造费用
1511	长期股权投资	5201	劳务成本
1512	长期股权投资减值准备	5301	研发支出
1521	投资性房地产		六、损益类
1531	长期应收款	6001	主营业务收入

续表

编号	名称	编号	名称
1601	固定资产	6051	其他业务收入
1602	累计折旧	6101	公允价值变动损益
1603	固定资产减值准备	6111	投资收益
1604	在建工程	6301	营业外收入
1605	工程物资	6401	主营业务成本
1606	固定资产清理	6402	其他业务成本
1701	无形资产	6403	税金及附加
1702	累计摊销	6601	销售费用
1703	无形资产减值准备	6602	管理费用
1711	商誉	6603	财务费用
1801	长期待摊费用	6701	资产减值损失
1811	递延所得税资产	6711	营业外支出
1901	待处理财产损益	6801	所得税费用
		6901	以前年度损益调整

2. 按照提供核算指标的详细程度分类

会计科目按照提供核算指标的详细程度，可分为总分类科目和明细分类科目两种。

总分类科目也称总账科目或一级科目，是对会计核算和监督的具体内容进行总括分类的科目，它们反映的经济内容或提供的指标最为概括。在我国，总分类科目一般由财政部统一制定。

明细分类科目也称明细科目，是对总分类科目进行明细分类的科目，它们所反映的经济内容或提供的指标比较详细具体，是对总分类科目的具体化和详细说明。明细分类科目的设置，除国家统一设置的以外，各单位可以根据本单位的具体情况和经济管理的需要自行规定。

如果某总分类科目下需要反映的内容较多，可以增设二级明细科目。它是介于总分类科目与明细分类科目之间的科目，比总分类科目提供的指标详细，但又比明细分类科目提供的指标概括。例如，工业企业中"原材料"属于一级科目，在"原材料"科目下可根据需要分别开设"原料及主要材料""辅助材料""外购半成品"等二级明细科目，而在二级明细科目下还可以根据需要，按照材料的品种开设三级明细科目。

现以"原材料"科目为例，将会计科目按照提供核算指标的详细程度的分类列示，见表 2-3。

表 2-3 会计科目按提供指标的详细程度分类

总分类科目 (一级科目)	明细分类科目	
	二级科目(子目)	明细科目(细目、三级科目)
原材料	原料及主要材料	圆钢
		角钢

续表

总分类科目 (一级科目)	明细分类科目	
	二级科目(子目)	明细科目(细目、三级科目)
原材料	辅助材料	防锈剂
		润滑剂
	燃料	汽油
		柴油

二、会计账户

(一)账户的含义

所谓账户，是对会计要素具体内容的增减变动及其结果进行分类记录、反映的工具。会计科目只是对会计要素具体分类的项目名称，不能用于具体记载各项目的增减变动过程及其结果。为了全面、系统、分类地核算和监督各项经济业务事项所引起的资金增减变动情况及结果，必须根据会计科目开设一系列账户，连续对它们进行记录，以便为信息使用者及时、准确地提供各种会计信息。设置账户是会计核算的专门方法之一，账户所记录的会计数据是编制会计报表的资料来源。

(二)会计科目与账户的联系与区别

会计科目与账户是两个既有区别又相互联系的不同概念。会计科目是设置账户的依据，是账户的名称，账户是根据会计科目开设的，是会计科目的具体运用，即会计科目的核算内容就是账户所要登记的内容；会计科目只是对会计要素具体分类的项目名称，本身没有结构，而账户有相应的结构，能够具体地记录核算内容的增减变动情况及结果。由于会计科目与账户的核算内容是一致的，因而在实际工作中通常将会计科目与账户作为同义语。

(三)账户的基本结构

账户是用来记录经济业务，反映会计要素的具体内容增减变化及其结果的，因此，随着会计主体经济业务的不断发生，会计要素的具体内容也必然随之变化，而且这种变化不论多么错综复杂，从数量上看不外乎增加和减少两种情况。所以用来记录企业在某一会计期间各种有关数据的账户，在结构上就应分为两方，即借方和贷方。一方登记增加数，另一方登记减少数。至于哪一方登记增加，哪一方登记减少，则由采用的记账方法和记录的经济内容决定。这就是账户的基本结构。

为了便于说明问题和学习，会计教学中，我们通常用一条水平线和一条将水平线平分的竖直线来表示账户，称为T形账户(也称丁字形账户)，其格式如下：

借方	账户名称(会计科目)	贷方

具体而言，账户的基本结构主要包括：①账户的名称；②经济业务的日期和经济业务的内容摘要；③所依据的记账凭证编号；④增减金额以及余额。实务中，手工记账常采用的账户格式见表2-4。

表 2-4　账户名称(会计科目)

日期	凭证编号	摘要	增加额	减少额	余额方向	余额

(四)账户的金额要素

每个账户一般都有四个金额要素，即期初余额、本期增加发生额、本期减少发生额和期末余额。账户如果有期初余额，首先应当在记录增加额的那一方登记，会计事项发生后，要将增减内容记录在相应的栏内。一定期间记录到账户增加方的数额合计，称为增加发生额；记录到账户减少方的数额合计，称为减少发生额。正常情况下，账户四个金额要素之间的关系如下：

期末余额=期初余额+本期增加发生额-本期减少发生额

账户本期的期末余额转入下期，即为下期的期初余额。每个账户的本期发生额反映的是该类经济内容在本期的变动情况，而期末余额则反映变动的结果。例如，某企业在某一期间"银行存款"账户的记录如下：

借方	银行存款	贷方
期初余额：　1 200 000		
本期增加额：　800 000		本期减少额：　650 000
本期发生额：　800 000		本期发生额：　650 000
期末余额：　1 350 000		

根据上述账户记录，可知企业期初的银行存款为 1 200 000 元，本期增加了 800 000 元，本期减少了 650 000 元，到期末企业还有 1 350 000 元银行存款。

第三节　复式记账

在会计工作中，为了有效地反映和监督会计对象，各会计主体除了要按照规定的会计科目设置账户外，还应采用一定的记账方法。记账方法，是指按照一定的规则，使用一定的符号，在账户中登记各项经济业务的技术方法。会计的记账方法，随着社会经济的发展和人们的实践与总结，已由最初的单式记账法，发展演变为复式记账法。

一、复式记账法

前文述及，每一笔经济业务的发生，都会引起会计要素有关项目发生增减变动。为了将经济业务记录在有关账户中，全面系统地反映各会计要素有关项目的增减变动情况及其结果，就必须采用复式记账法。复式记账法，是指对任何一项经济业务都要以相等的金额,同时在两个或两个以上相互联系的账户中进行登记的一种记账方法。

在复式记账法下,对于每一项经济业务都要在相互联系的两个或两个以上的账户中进行登记,这样就可以通过账户的对应关系,全面、清晰地反映经济业务的来龙去脉,从而了解经济业务的具体情况。例如,企业以银行存款向某厂购入一批价值 10 000 元的材料,采用复式记账法,一方面要在原材料账户中登记增加 10 000 元,另一方面要在银行存款账户中登记减少 10 000 元。这样登记之后,就可以清楚地知道银行存款减少的原因是购买了原材料。

复式记账法有如下两个特点。

① 需要设置完整的账户体系,对每一项经济业务都要在相互联系的两个或两个以上的账户中进行记录,根据账户记录的结果,不仅可以了解每一项经济业务的来龙去脉,而且可以通过会计要素的增减变动情况全面、系统地了解经济活动的过程和结果。

② 由于复式记账要求以相等的金额在两个或两个以上的账户中同时记账,因此可以对账户记录的结果进行试算平衡,以检查账户记录的正确性。

(一)复式记账的理论依据

复式记账的理论依据是基本会计等式,即资产=负债+所有者权益。

如前所述,每一项经济业务都会引起有关会计要素之间或某项会计要素内部至少两个项目发生增减变动,并且金额相等。这些变动类型有以下几种:资产和负债要素具体项目同时等额增加或同时等额减少;资产和所有者权益要素具体项目同时等额增加或同时等额减少;资产要素内部、负债要素内部或所有者权益要素内部具体项目一增一减,且增减金额相等;负债和所有者权益要素具体项目一增一减,且增减金额相等。无论发生哪种类型的变化,会计等式的平衡关系都不会被打破。因此,为了全面系统地反映会计要素有关具体项目的增减变动情况和结果,对于任何一笔经济业务都要以相等的金额同时在两个或两个以上相互联系的账户中进行登记,这就是复式记账法。

(二)复式记账的种类

复式记账法是世界各国公认的一种科学的记账方法,它是从长期的会计实践中逐步总结形成的,分为增减记账法、收付记账法和借贷记账法三种。其中增减记账法和收付记账法是我国在计划经济体制的会计核算模式下曾经使用过的两种复式记账法。目前,借贷记账法是世界各国普遍采用的一种记账方法,我国《企业会计准则》规定,中国境内的所有企业统一使用借贷记账法。

■知识链接 2-2

增减记账法与收付记账法

增减记账法,是以"增""减"作为记账符号,以"资金占用=资金来源"为理论基础,直接反映经济业务所引起的会计要素增减变动的一种复式记账方法。它是在我国会计实务中曾经实行的一种特有的记账方法。该方法于 1964 年开始在我国商业系统内全面推行,工业企业和其他行业也采用。1993 年 7 月 1 日《企业会计准则》实施后,增减记账法改为借贷记账法。

收付记账法,是以"收""付"作为记账符号,反映经济业务所引起的会计要素增减变动的一种记账方法。收付记账法按其记账主体的不同，分为资金收付记账法、财产收付记账法和现金收付记账法。

其中，资金收付记账法可分为事业单位用与银行系统用两种形式。事业单位用资金收付记账法是以预算资金的活动能力为记账主体，该方法从20世纪60年代开始在我国预算会计中长期使用。1998年1月1日，全国所有政府与非营利组织会计部门才开始统一使用借贷记账法。银行系统用资金收付记账法是以银行货币资金为对象，中华人民共和国成立后，我国银行使用的记账方法在借贷记账法和收付记账法之间几经变迁，直到1992年我国企业会计制度全面改革后，我国的银行系统才开始陆续用借贷记账法代替收付记账法。

财产收付记账法，又称钱物收付记账法，是以钱物的活动作为记账主体的一种复式记账法，该方法自20世纪60年代后期开始在我国农村社队核算中使用，直到1996年3月财政部颁发《农村合作经济组织会计制度(试行)》，明确规定采用借贷记账法。

现金收付记账法以现金为记账主体，中华人民共和国成立前，运用于我国不少工商企业。1949年后，银行系统、供销社系统、事业单位和不少工商企业均采用过现金收付记账法，人民公社初期的生产队也使用过这种记账方法。

二、借贷记账法

(一)借贷记账法的产生与发展

借贷记账法是以"借""贷"二字作为记账符号，记录会计要素增减变动情况的一种复式记账方法。

借贷记账法起源于13世纪的意大利。当时，西方资本主义的商品经济有了长足的发展，在商品交换中，为了适应商业资本和借贷资本经营者管理的需要，逐步形成了借贷记账法。

"借""贷"二字的含义，最初是从借贷资本家的角度来解释的。借贷资本家以经营货币资金的借入和贷出为主要业务，对于借进的款项，记在贷主(creditor)名下，表示自身的债务增加；对于贷出的款项，则记在借主(debtor)名下，表示自身的债权增加。这样，"借""贷"二字分别表示债务(应付款)、债权(应收款)的变化。随着商品经济的发展，经济活动的内容日趋复杂化，记录的经济业务也不再局限于货币资金的借贷业务，而逐渐扩展到财产物资、经营损益和经营资本等的增减变动。这时，为了求得记账的一致，对于非货币资金借贷的业务，也利用"借""贷"二字说明经济业务的变动情况。这样，"借""贷"二字逐渐失去了原来的字面含义，演变为单纯的记账符号，成为会计上的专门术语。

到15世纪，借贷记账法逐渐完备，被用来反映资本的存在形态和所有者权益的增减变化。与此同时，西方国家的会计学者提出了借贷记账法的理论依据，即所谓"资产=负债+资本"的平衡公式(也称会计方程式)，并根据这个理论确立了借贷记账法的记账规则，使借贷记账法成为一种科学的记账方法，并被世界上许多国家广泛采用，也使得会计成为一种国际商业语言。

(二)借贷记账法的账户结构

借贷记账法的账户基本结构是：每一个账户都分为"借方"和"贷方"，一般规定账户的左方为"借方",账户的右方为"贷方"。如果在账户的借方记录经济业务,可以称为"借记某科目";在账户的贷方记录经济业务,则可以称为"贷记某科目"。

采用借贷记账法时,账户的借贷两方必须做相反方向的记录,即对于每一个账户来说,如果规定借方用来登记增加额,则贷方就用来登记减少额;如果规定借方用来登记减少额,则贷方就用来登记增加额。那么究竟哪个账户的哪一方用来登记增加额,哪一方用来登记减少额呢?这要根据各个账户所反映的经济内容和账户的性质来决定。不同性质的账户,其结构是不同的。

1. 资产类账户

资产类账户的结构是:账户的借方登记资产的增加额,贷方登记资产的减少额。在一个会计期间(年、季、月),借方记录的合计数额称为借方发生额,贷方记录的合计数额称为贷方发生额,在每一会计期间的期末将借方发生额与贷方发生额相比较,其差额称为期末余额。由于资产的减少额不可能大于它的期初余额与本期增加额之和,所以资产类账户的期末余额一般在借方。

该类账户期末余额的计算公式如下:

资产类账户期末借方余额=期初借方余额+本期借方发生额-本期贷方发生额

如果用 T 形账户来表示,资产类账户的结构如下:

借方	资产类账户	贷方
期初余额×××		
(1)增加额×××	(1)减少额×××	
(2)增加额×××	(2)减少额×××	
本期发生额×××	本期发生额×××	
期末余额×××		

2. 负债及所有者权益类账户

由会计等式"资产=负债+所有者权益"所决定,负债及所有者权益类账户的结构与资产类账户正好相反,其贷方登记负债及所有者权益的增加额,借方登记负债及所有者权益的减少额。由于负债及所有者权益的增加额与期初余额之和,通常要大于(或等于)其本期减少额,所以负债及所有者权益类账户的期末余额一般在贷方。

该类账户期末余额的计算公式如下:

负债及所有者权益类账户期末贷方余额=期初贷方余额+本期贷方发生额-本期借方发生额

如果用 T 形账户来表示,负债及所有者权益类账户的结构如下:

借方	负债及所有者权益类账户	贷方
	期初余额×××	
(1)减少额×××	(1)增加额×××	
(2)减少额×××	(2)增加额×××	
本期发生额×××	本期发生额×××	
	期末余额×××	

3. 费用类账户

企业在生产经营中所发生的各种耗费,大多由资产转化而来,费用在抵消收入之前,可将其视为一种特殊资产,因此费用类账户的结构与资产类账户基本相同,账户的借方登记费用的增加额,贷方登记费用的减少(转销)额,由于借方登记的费用增加额一般要通过贷方转出,所以费用类账户通常没有期末余额。

如果用T形账户来表示,费用类账户的结构如下:

借方	费用类账户	贷方
(1)增加额×××	(1)减少额×××	
(2)增加额×××	(2)减少额×××	
本期发生额×××	本期发生额×××	

4. 收入类账户

收入类账户的结构与负债及所有者权益类账户的结构相似,账户的贷方登记收入的增加额,借方登记收入的减少(转销)额,由于贷方登记的收入增加额一般要通过借方转出,所以收入类账户通常也没有期末余额。

如果用T形账户来表示,收入类账户的结构如下:

借方	收入类账户	贷方
(1)减少额×××	(1)增加额×××	
(2)减少额×××	(2)增加额×××	
本期发生额×××	本期发生额×××	

5. 利润类账户

利润类账户的结构也与负债及所有者权益类账户的结构大致相同,账户的贷方登记利润的增加额,借方登记利润的减少额,期末余额通常在贷方。

如果用T形账户来表示,利润类账户的结构如下:

借方	利润类账户	贷方
	期初余额×××	
(1)减少额×××	(1)增加额×××	
(2)减少额×××	(2)增加额×××	
本期发生额×××	本期发生额×××	
	期末余额×××	

为了便于掌握和使用不同的账户,现将上述各类账户的结构用表2-5概括如下:

表 2-5 借贷记账法下各类账户的结构

账户类别	借方	贷方	余额
资产类	增加	减少	一般在借方
负债类	减少	增加	一般在贷方
所有者权益类	减少	增加	一般在贷方
收入类	减少(转销)	增加	一般无余额
费用类	增加	减少(转销)	一般无余额
利润类	减少	增加	一般在贷方

一般来说,借贷记账法下各类账户的期末余额与记录增加额的一方在同一个方向,即资产类账户的期末余额一般在借方,负债及所有者权益类账户的期末余额一般在贷方。因此,我们可以根据账户余额所在方向来判断账户的性质,即账户若为借方余额,则为资产(包括有余额的费用)类账户;账户若为贷方余额,则为负债或所有者权益(利润)类账户。借贷记账法的这一特点,决定了它可以设置双重性质账户。

所谓双重性质账户,是指既可以用来核算资产、费用,又可以用来核算负债、所有者权益和收入的账户,如"其他往来""待处理财产损益""投资收益"等。这类账户或者只有借方余额,或者只有贷方余额,根据双重性质账户期末余额的方向,可以确定账户的性质。由于任何一个双重性质账户都是把原来的两个有关账户合并在一起,并具有合并前两个账户的功能,所以设置双重性质账户,可以减少账户数量,使账务处理简便灵活。

(三)借贷记账法的记账规则

在借贷记账法下,根据复式记账原理,对发生的每一笔经济业务都以相等的金额、相反的方向,同时在两个或两个以上相互联系的账户中进行记录,即按照经济业务的内容,一方面记入一个或几个有关账户的借方,另一方面记入一个或几个有关账户的贷方,并且记入借方和记入贷方的金额必须相等。这就是借贷记账法的记账规则:有借必有贷,借贷必相等。

下面举例说明借贷记账法的记账规则。

【例 2-1】宏达有限责任公司201×年1月5日接受新华公司投资的专利权一项,双方协商作价200 000元。

分析:这笔经济业务使得资产类的无形资产和所有者权益类的实收资本同时增加200 000元。资产类账户增加在借方,所有者权益类账户增加在贷方。因此,一方面应在"无形资产"账户的借方做记录,另一方面应在"实收资本"账户的贷方做记录。如下所示:

借方	无形资产	贷方		借方	实收资本	贷方
200 000						200 000

【例 2-2】宏达有限责任公司201×年1月12日以银行存款120 000元购入一台设备。

分析:这笔经济业务使得资产类的银行存款减少120 000元,同时使得资产类的固定资产增加 120 000 元。资产类账户增加在借方,减少在贷方。因此,一方面应在"银行存款"账户的贷方做记录,另一方面应在"固定资产"账户的借方做记录。如下所示:

借方	银行存款	贷方		借方	固定资产	贷方
		120 000			120 000	

【例 2-3】宏达有限责任公司 201×年 1 月 15 日从供应单位购入材料 8 000 元,货款尚未支付。

分析:这笔经济业务使得资产类的原材料和负债类的应付账款同时增加 8 000 元。资产类账户增加在借方,负债类账户增加在贷方。因此,一方面应在"原材料"账户的借方做记录,另一方面应在"应付账款"账户的贷方做记录。如下所示:

借方	原材料	贷方		借方	应付账款	贷方
8 000						8 000

【例 2-4】201×年 1 月 21 日,宏达有限责任公司向银行取得期限为 6 个月的借款 50 000 元直接偿还应付账款。

分析:这笔经济业务使得负债类的应付账款减少 50 000 元,同时使得负债类的短期借款增加 50 000 元。负债类账户减少在借方,增加在贷方。因此,一方面应在"应付账款"账户的借方做记录,另一方面应在"短期借款"账户的贷方做记录。如下所示:

借方	应付账款	贷方		借方	短期借款	贷方
50 000						50 000

【例 2-5】201×年 1 月 25 日,宏达有限责任公司将盈余公积 100 000 元按法定程序转增资本。

分析:这笔经济业务使得所有者权益类的盈余公积减少 100 000 元,同时使得所有者权益类的实收资本增加 100 000 元。所有者权益类账户减少在借方,增加在贷方。因此,一方面应在"盈余公积"账户的借方做记录,另一方面应在"实收资本"账户的贷方做记录。如下所示:

借方	盈余公积	贷方		借方	实收资本	贷方
100 000						100 000

从以上例子可以看出,每一项经济业务发生之后,采用借贷记账法进行账务处理,都必须在记入某一个账户借方的同时记入另一个账户的贷方,并且借贷金额相等。如果是复杂的经济业务,则可能需要登记在一个账户的借方和几个账户的贷方,或几个账户的借方和一个账户的贷方,或几个账户的借方和几个账户的贷方,并且借贷金额相等。由此可见,在借贷记账法下,不论发生何种经济业务,记账时都必然体现"有借必有贷,借贷必

相等"的规则。

(四)会计分录

所谓会计分录(简称分录),是指标明某项经济业务应借、应贷账户的名称及其金额的记录。在各项经济业务登记到账户之前,都要先根据经济业务的内容,运用借贷记账法的记账规则,确定所涉及的账户及其应借、应贷的方向和金额。在实际工作中,这项工作通过在记账凭证上编制会计分录完成。

会计分录按其所运用账户的多少分为简单会计分录和复合会计分录两种。简单会计分录,是指由两个账户组成的会计分录,即一借一贷的会计分录。简单会计分录反映问题直观,账户对应关系简单明了,便于检查。复合会计分录,是指由两个以上账户组成的会计分录,包括一借多贷、一贷多借和多借多贷的会计分录。复合会计分录实际上是由几个简单会计分录组合而成的,因此必要时可将其分解成若干个简单会计分录。

编制会计分录应按下列步骤进行:

(1) 根据经济业务所涉及的会计科目,确定账户名称。
(2) 分析所涉及账户的性质。
(3) 根据所涉及账户的性质和增减变动情况,确定记账的方向。
(4) 按照借贷相等的原理,确定账户中所记录的金额。
(5) 分录编好后,检查分录中应借、应贷的会计科目是否正确,借、贷方金额是否相等。

会计分录的书写格式为借方在上、贷方在下,借和贷两个字要错开,一般贷方的记账符号、账户名称和金额都要比借方退后一至二格。

现将前面例2-1到例2-5这五笔经济业务的会计分录列示如下:

(1)借:无形资产　　　　　　　　　　　　　　　　200 000
　　　贷:实收资本　　　　　　　　　　　　　　　　　200 000
(2)借:固定资产　　　　　　　　　　　　　　　　120 000
　　　贷:银行存款　　　　　　　　　　　　　　　　　120 000
(3)借:原材料　　　　　　　　　　　　　　　　　　8 000
　　　贷:应付账款　　　　　　　　　　　　　　　　　　8 000
(4)借:应付账款　　　　　　　　　　　　　　　　50 000
　　　贷:短期借款　　　　　　　　　　　　　　　　　50 000
(5)借:盈余公积　　　　　　　　　　　　　　　　100 000
　　　贷:实收资本　　　　　　　　　　　　　　　　　100 000

以上会计分录均为简单会计分录,下面再举例说明复合会计分录的编制。

【例2-6】201×年1月27日,宏达有限责任公司购入原材料45 000元,其中30 000元以银行存款支付,其余15 000元暂欠(暂不考虑增值税)。

分析:这笔经济业务使得资产类的原材料增加45 000元和银行存款减少30 000元,负债类的应付账款增加15 000元。因此,一方面应记入"原材料"账户的借方,另一方面应记入"银行存款"和"应付账款"账户的贷方。其会计分录如下:

```
借：原材料                                    45 000
    贷：银行存款                              30 000
        应付账款                              15 000
```

【例2-7】201×年1月30日，宏达有限责任公司以银行存款50 000元，偿还银行短期借款30 000元和前欠某单位货款20 000元。

分析：这笔经济业务使得资产类的银行存款减少50 000元，负债类的短期借款和应付账款分别减少30 000元和20 000元。因此，一方面应记入"银行存款"账户的贷方，另一方面应记入"短期借款"和"应付账款"账户的借方。其会计分录如下：

```
借：短期借款                                  30 000
    应付账款                                  20 000
    贷：银行存款                              50 000
```

需要注意的是，在实际工作中，如果一项经济业务涉及多借多贷的科目，为全面反映此项经济业务，可以编制多借多贷的复合会计分录，但不允许将不同类型的经济业务合并在一起编制所谓的多借多贷的复合会计分录，以免因账户的对应关系不清楚，不便于以后的检查和审计。

(五)借贷记账法的试算平衡

试算平衡，是指根据会计等式的平衡关系，按照记账规则的要求，通过汇总计算和比较，为检查账户记录的正确性、完整性而采用的一种技术方法。

按照借贷记账法"有借必有贷，借贷必相等"的记账规则，发生任何一笔经济业务编制的会计分录借贷发生额都是相等的，而且当一定会计期间全部经济业务的会计分录都记入相关账户后，所有账户的借方发生额合计数与所有账户的贷方发生额合计数也必然相等。用借贷记账法记账，就要根据借贷必相等的规则进行试算平衡，检查每笔经济业务的会计分录是否正确，全部账户的本期发生额是否正确，因此有发生额试算平衡公式：

$$全部账户借方发生额合计=全部账户贷方发生额合计$$

通过前面账户结构的说明，可以得出结论，凡是借方余额的账户都是资产类账户，凡是贷方余额的账户都是负债或所有者权益类账户。根据"资产=负债+所有者权益"的会计恒等式，全部账户借方余额合计数与全部账户贷方余额合计数相等，因此有余额试算平衡公式：

$$全部账户借方余额合计=全部账户贷方余额合计$$

在实际工作中，试算平衡工作一般是在月末结出各个账户本期发生额和期末余额后，通过编制试算平衡表来进行的。在试算平衡的过程中，如果借贷金额(发生额或余额)不相等，可以肯定账户的记录或计算有错误；但如果借贷金额相等，却不能肯定账户记录一定没有错误，因为有些错误并不会影响借贷双方的平衡，如重记某项经济业务、漏记某项经济业务、记录某项经济业务时颠倒了记账方向、记账方向正确但记错了账户等。因此，根据试算平衡的结果，只能确认账户记录是否基本正确。

假设宏达有限责任公司201×年1月1日各总分类账户期初余额见表2-6。

表 2-6 总分类账户期初余额

201×年1月1日　　　　　　　　　　　　　　　　　　　　　　　　单位：元

账户名称	期初余额 借方	期初余额 贷方
银行存款	420 000	
原材料	180 000	
固定资产	800 000	
无形资产	45 000	
短期借款		120 000
应付账款		115 000
实收资本		1 000 000
盈余公积		210 000
合　计	1 445 000	1 445 000

现将前面所举宏达有限责任公司的 7 笔经济业务记入有关的总分类账户，结出各账户的本期发生额和期末余额，并编制"总分类账户本期发生额及余额试算平衡表"（见表 2-7）。

借方	银行存款	贷方	借方	原材料	贷方
期初余额 420 000			期初余额 180 000		
		(1)120 000	(3)8 000		
		(6)30 000	(6)45 000		
		(7)50 000			
本期发生额 0		本期发生额 200 000	本期发生额 53 000		本期发生额 0
期末余额 220 000			期末余额 233 000		

借方	固定资产	贷方	借方	无形资产	贷方
期初余额 800 000			期初余额 45 000		
(2)120 000			(1)200 000		
本期发生额 120 000		本期发生额 0	本期发生额 200 000		本期发生额 0
期末余额　920 000			期末余额　245 000		

借方	短期借款	贷方	借方	应付账款	贷方
		期初余额 120 000			期初余额 115 000
(3)30 000		(5)50 000	(4)50 000		(3)8 000
			(7)20 000		(6)15 000
本期发生额 30 000		本期发生额 50 000	本期发生额 70 000		本期发生额 23 000
		期末余额 140 000			期末余额 68 000

借方	实收资本	贷方	借方	盈余公积	贷方
		期初余额 1 000 000			期初余额 210 000
		(1)200 000			(1)100 000
		(5)100 000			
本期发生额 0		本期发生额 300 000	本期发生额 100 000		本期发生额 0
		期末余额 1 300 000			期末余额 110 000

表 2-7 总分类账户本期发生额及余额试算平衡表

201×年 1 月 31 日　　　　　　　　　　　　　单位：元

账户名称	期初余额		本期发生额		期末余额	
	借方	贷方	借方	贷方	借方	贷方
银行存款	420 000			200 000	220 000	
原材料	180 000		53 000		233 000	
固定资产	800 000		120 000		920 000	
无形资产	45 000		200 000		245 000	
短期借款		120 000	30 000	50 000		140 000
应付账款		115 000	70 000	23 000		68 000
实收资本		1 000 000		300 000		1 300 000
资本公积		210 000		100 000		110 000
合　计	1 445 000	1 445 000	573 000	573 000	1 618 000	1 618 000

本 章 小 结

　　会计等式是各种会计核算方法的理论基础，本章从会计要素之间平衡的关系入手，介绍了会计的基本等式、动态等式以及会计等式的扩展公式，其中经济业务的发生对会计基本等式的影响可以归纳为四大类型九种情况。

　　会计科目是根据经济管理的需要，对会计要素具体内容加以分类的项目，是编制和加工整理会计凭证、设置会计账簿和编制财务报表的依据。账户是根据会计科目设置的，具有一定的格式和结构，用于分类反映会计要素增减变动情况及其结果的载体。会计科目和账户之间既有密切的联系，又有一定的区别，企业应根据自身经济业务的特点和经营管理的要求，按照一定的原则设置会计科目和开设会计账户，以满足对外报告和内部管理的需要。

复式记账法是一种科学的记账方法，是指对每一项经济业务都以相等的金额，同时在两个或两个以上相互联系的账户中进行登记的记账方法。目前，我国企业均采用借贷记账法。借贷记账法以"资产=负债+所有者权益"为理论依据，具有记账符号、账户结构、记账规则、试算平衡四个方面的基本内容。

复习思考题

1. 什么是会计等式？它有几种不同的表达方式？
2. 经济业务的发生对会计等式的影响类型有哪些？
3. 什么是会计科目？什么是账户？二者有哪些区别和联系？
4. 什么是复式记账？复式记账的理论依据是什么？
5. 什么是借贷记账法？借贷记账法的记账规则是什么？
6. 什么是会计分录？如何编制会计分录？
7. 什么是试算平衡？如何进行试算平衡？
8. 试算平衡能否发现所有记账错误？为什么？

自测与技能训练

一、基础知识自测

(一)单项选择题

1. 在任何一个时点，一个企业的资产总额与权益总额(　　)。
   A. 可能相等　　　B. 有时相等　　　C. 必然相等　　　D. 只有在期末时相等

2. 银行存款账户期初余额是 8 000 元，本期增加发生额为 6 000 元，本期期末余额为 3 000 元，本期减少发生额为(　　)。
   A. 12 000 元　　　B. 11 000 元　　　C. 8 000 元　　　D. 5 000 元

3. 下列各项中，登记在账户贷方的内容是(　　)。
   A. 负债增加　　　B. 资产增加　　　C. 费用增加　　　D. 收入减少

4. 下列关于会计要素的表述中，不正确的是(　　)。
   A. 会计要素是会计对象的基本分类
   B. 会计要素是会计核算对象的具体化
   C. 资产、负债和所有者权益称为静态会计要素
   D. 收入、成本和利润构成利润表的基本框架

5. 借贷记账法的余额试算平衡公式是( )
   A. 每个账户的借方发生额=每个账户的贷方发生额
   B. 全部账户本期借方发生额的合计=全部账户本期贷方发生额的合计
   C. 全部账户期末借方余额合计=全部账户期末贷方余额的合计
   D. 全部账户期末借方余额合计=部分账户期末贷方余额的合计

(二)多项选择题
1. 根据会计等式可知，下列哪类经济业务不会发生( )。
   A. 资产增加，负债减少，所有者权益不变
   B. 资产不变，负债增加，所有者权益增加
   C. 资产有增有减，权益不变
   D. 负债增加，所有者权益减少，资产不变
2. "资产=负债+所有者权益"这一平衡公式是( )的理论依据。
   A. 设置账户   B. 复式记账
   C. 编制会计报表   D. 成本计算
3. 下列会计分录中，属于复合会计分录的是( )。
   A. 一借一贷   B. 一借多贷   C. 多借一贷   D. 多借多贷
4. 在借贷记账法下，账户的借方反映( )。
   A. 资产的增加   B. 负债的减少
   C. 所有者权益的减少   D. 成本费用的减少
5. 以下各项中，通过试算平衡无法发现的错误有( )。
   A. 漏记或重记某项经济业务   B. 方向正确但其中一方金额写少了
   C. 借贷记账方向颠倒   D. 方向正确但记错账户

(三)分析判断题
1. 会计科目与账户都是对会计对象具体内容的科学分类，两者口径一致、性质相同，具有相同的格式和结构。( )
2. 制造费用、管理费用、财务费用都属于损益类账户。( )
3. 复式记账法下，账户记录的结果可以反映每一项经济业务的来龙去脉。( )
4. "借""贷"二字不仅是作为记账符号，其本身的含义也应考虑，"借"只能表示债权的增加，"贷"只能表示债务的增加。( )
5. 一个会计主体一定时期内的全部账户的借方发生额合计与贷方发生额合计一定相等。( )

二、实务技能训练

实务训练一

【目的】分析经济业务对会计等式的影响。
【资料】腾宇有限责任公司201×年6月发生经济业务如下：
(1) 接受华商公司投资的机器设备一套，价值300 000元；
(2) 购买原材料一批，价值15 000元，款项尚未支付；

(3) 从银行存款中提取现金 2 000 元;

(4) 以银行存款 100 000 元偿还银行短期借款;

(5) 开出一张面值为 50 000 元的商业汇票偿付前欠通达公司的货款;

(6) 收回星海公司前欠货款 42 000 元,款项存入银行;

(7) 以盈余公积 100 000 元转增资本;

(8) 中元公司将腾宇有限公司所欠货款 200 000 元转作对其的投资;

(9) 江夏科技有限公司投入专利权一项,双方协商作价 120 000 元;

(10) 经批准,用银行存款代投资者王明以资本金偿还其应付给其他单位的欠款 150 000 元。

【要求】分析上列各项经济业务会引起哪些资产和权益项目发生增减变动,将分析结果填入下表内。

业务号	经济业务类型	对资产和权益总额的影响
1	资产与所有者权益同增	有影响,双方总额各增加 300 000 元
2		
3		
4		
5		
6		
7		
8		
9		
10		

实务训练二

【目的】掌握借贷记账法下的账户结构及账户金额的计算方法。

【资料】艾美莉公司 201×年 12 月 31 日部分账户资料如下。

艾美莉公司部分账户资料

201×年 12 月 31 日　　　　　　　　　　　　　　　单位:元

账户名称	期初余额	借方发生额	贷方发生额	期末余额
银行存款		52 800	34 000	57 400
应收账款	12 800		2 800	75 520
固定资产	750 000	50 000		250 000
应付账款	160 000	260 000		10 000
实收资本	500 000		200 000	700 000
预付账款	20 000		35 000	60 000
短期借款		25 000	48 000	59 000

【要求】根据各类账户的结构，计算并填写上列表格。

实务训练三

【目的】掌握借贷记账法下的会计分录编制方法和试算平衡方法。

【资料】某企业 201×年 5 月初有关总分类账户的余额如下。

账户名称	借方余额	账户名称	贷方余额
库存现金	1 500	短期借款	80 000
银行存款	213 000	应付账款	120 500
原材料	120 000	实收资本	734 000
生产成本	40 000		
固定资产	560 000		
合　　计	934 500	合　　计	934 500

该企业 6 月发生如下经济业务：

(1) 用银行存款 65 000 元购入不需安装的设备一台；
(2) 收到乙单位作为投资的货币资金 150 000 元，已存入银行账户；
(3) 向银行借入期限为 6 个月的借款 55 000 元，直接偿还前欠货款；
(4) 购入价值 25 000 元的原材料一批，款项未付；
(5) 从银行提取现金 2 000 元以备零用；
(6) 用银行存款 45 000 元偿还短期借款；
(7) 用银行存款 36 000 元归还前欠供货单位货款。

【要求】
(1) 根据所给经济业务编制会计分录。
(2) 编制"总分类账户发生额及余额试算表"。

总分类账户本期发生额及余额试算平衡表

年　　月　　日　　　　　　　　　　　　　　　　　　　　单位：元

账户名称	期初余额		本期发生额		期末余额	
	借方	贷方	借方	贷方	借方	贷方
合　　计						

第三章 会 计 循 环

学习目标

通过本章的学习,应理解会计循环的含义,了解会计循环的基本步骤和流程;掌握会计凭证的种类和填制方法;掌握会计账簿的种类、格式及登记方法;理解账项调整的含义,明确应予以调整的项目;掌握结账的方法;了解财务报表的编制要求。

第一节 会计循环概述

一、会计循环的含义

对于企业在一定期间发生的经济业务,会计人员需要按照一定的程序,采用一定的会计方法加以记录、归类、汇总、反映,直至提交财务会计报告,以便为财务会计报告使用者提供企业经济活动的综合信息。

所谓会计循环,是指企业在一定会计期间,从取得或填制反映经济业务发生的原始凭证起,到编制出会计报表为止的一系列会计处理程序。这些程序和步骤始于会计期初、终于会计期末,在每个会计期间循环往复,周而复始,故称之为会计循环。

会计分期这一基本前提,把企业延续不断的经营过程划分为会计期间(年度、半年度、季度和月度),会计期间规定了会计工作的时间范围。如果一个单位以一年为一个会计期间,则会计循环历时一年;如果企业按月(或季)结账和编制财务报表,则会计循环历时一个月(或季)。企业在每一个会计期间都要重复这些步骤。

二、会计循环的基本步骤

尽管目前会计电算化已得到长足的发展,财务软件得到普遍应用,会计人员大多使用计算机来记录、收集、分类、汇总及编制财务报表,但是无论是手工操作还是电算化,会计处理的相关流程指令还是以复式记账原理和会计循环基本程序为依据的,因此,有必要了解会计循环的基本流程与内容。

会计循环的步骤如图 3-1 所示。

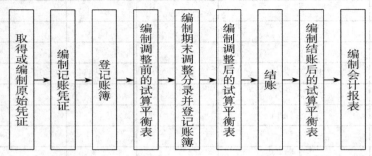

图 3-1 会计循环步骤图

1. 取得或编制原始凭证

经济业务发生以后，会计人员要取得或编制原始凭证。原始凭证是会计核算的起点，会计人员需要对原始凭证的合规性、合法性、真实性、合理性进行严格的审核。审核无误的原始凭证，才能据以编制记账凭证。

2. 编制记账凭证

根据审核无误的原始凭证对经济业务进行分析，按照复式记账的原理确定应借、应贷的账户名称及其金额，并将分析的结果填入记账凭证(编制会计分录)。

3. 登记账簿

登记账簿也称为"过账"。为了连续、系统、全面、综合地反映和监督企业一定期间发生的全部经济活动，必须根据记账凭证登记账簿，包括总分类账、明细分类账、日记账等。过账后，账簿才能较为系统地反映各类经济活动的综合信息。

4. 编制调整前的试算平衡表

期末，为了检查账项调整前编制的会计凭证及登记的账簿是否有数字抄写或计算错误，应根据各总分类账户的本期发生额或期末余额编制试算平衡表。这时需要计算出各账户的本期发生额和期末余额，但此时并不是结账。如果试算不平衡，说明账簿中有错误，应检查并纠正。

5. 编制期末调整分录并登记账簿

在会计期末，根据权责发生制原则，对应计收入、应计费用等账项调整项目进行调整，编制相关的记账凭证，并登记对应的总分类账和明细分类账。

6. 编制调整后的试算平衡表

将调整分录登记入账后，为检查登账是否正确，需要编制调整后的试算平衡表。

7. 结账

结账就是会计期末计算并结转各账户的本期发生额和期末余额。

通过结账，需要结算出实账户(资产、负债、所有者权益账户)的本期发生额和期末余额，并将余额结转到下期，继续记录。而对于收入、费用等虚账户，需要通过编制结账分录，将所有收入、费用类账户的余额转至"本年利润"账户，再将"本年利润"账户的余额转入"利润分配"账户。

8. 编制结账后的试算平衡表

将结账分录登记入账后，为了检查登账是否正确无误，需要编制结账后的试算平衡表，为编制会计报表做好准备。

9. 编制会计报表

为了向企业内部和外部信息使用者提供企业本期财务状况及经营成果等方面的会计信息，会计人员应及时编制会计报表。编制会计报表是会计循环的终点，企业在结账后便可编制会计报表，从而完成一个会计期间的会计循环。

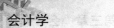

第二节 会计凭证

一、会计凭证的含义和作用

(一)会计凭证的含义

在会计核算过程中，为了保证会计信息的可靠性和可稽核性，如实地反映各种经济业务对企业会计诸要素的影响情况，经过会计确认进入复式记账系统的每一项经济业务在其发生的过程中所涉及的每一个原始数据都必须有根有据。这就要求企业对外或对内所发生的每一项经济业务，都应该由经办或完成人员将其所涉及的业务内容、数量和金额具体记录在相关的书面文件上。同时，为了对书面文件所反映内容的合法性、合理性和真实性负责，还需要经办人员在这些书面文件上签字盖章。这些书面文件就是会计凭证。

所谓会计凭证，就是用来记录经济业务，明确经济责任，并作为登记账簿依据的书面证明文件，会计凭证是重要的会计档案资料。

会计凭证按照填制的程序和用途不同，可分为原始凭证和记账凭证两大类。

(二)会计凭证的作用

1. 反映经济业务

按照规定，有关部门和人员都要根据企业每一笔经济业务发生的时间、地点、内容和完成情况，填制必要的会计凭证。这样，平时发生了哪些经济业务，这些经济业务的执行完成情况，通过会计凭证，就能如实地反映出来。如产品销售，经办单位或个人将产品销售的名称、数量、单价、金额、销售日期、凭证编号、经手人签字、销售单位公章和购货单位名称等都写明在发票上，以便如实反映销售业务情况。

2. 明确经济责任

由于每一笔经济业务都要填制或取得适当的会计凭证，有关经办人员都要在凭证上签名或盖章，表明对该项经济业务承担的经济责任。这样，就加强了经济管理中的岗位责任制，促使有关人员在自己的职责范围内严格按照规章制度办事，出现问题后，也可以确定有关部门和人员承担的责任。

3. 登记账簿的依据

为了保证账簿记录的真实可靠，对发生的任何一项经济业务，必须取得或填制会计凭证，并经过审核无误后登记入账。将全部会计凭证的记录不重不漏地登记在账簿上，保证账簿记录的完整性。

4. 监督经济业务

经济业务发生时，会计主管人员或其他会计人员，根据会计凭证的记录，对经济业务进行会计监督，检查经济业务是否符合国家的方针、政策、法律和制度，防止不合理、不合法的经济业务发生。通过对会计凭证的检查，可以随时发现情况，并采取措施纠正，改进日常会计核算工作，加强会计管理工作。

二、原始凭证

(一)原始凭证的概念

原始凭证是指在经济业务发生时填制或取得的,用以证明经济业务发生或完成情况的原始单据,是会计核算的原始资料,在法律上具有证明效力,是编制记账凭证、登记账簿的重要依据。

一般而言,在会计核算过程中,凡是能够证明某项经济业务已经发生或完成情况的书面单据都可以作为原始凭证,如有关的发票、收据、银行结算凭证、收料单、领料单等;凡是不能证明该项经济业务已经发生或完成情况的原始书面文件就不能作为原始凭证,如生产计划、购销合同、银行对账单、材料请购单等。

(二)原始凭证的种类

1. 原始凭证按来源不同分类

原始凭证按来源不同,可分为外来原始凭证和自制原始凭证两种。

(1) 外来原始凭证是指由业务经办人员在业务发生或完成时从其他单位或个人直接取得的凭证。如采购时从供方单位取得的发票,付款时由收款方开具的收据,银行转来的收款通知等。增值税专用发票见表3-1。

(2) 自制原始凭证,是指由本单位经办业务的部门或个人,在办理某项经济业务时自行填制的凭证,如收料单、领料单、工资结算单、成本计算单、产品入库单等。领料单的一般格式如表3-2所示。

表 3-1　增值税专用发票　　　　　NO

开票日期：　年　月　日

购货方	名　　称：					密码区	
	纳税人识别号：						
	地　址、电话：						
	开户行及账号：						
货物或应税劳务、服务名称	规格型号	单位	数量	单价	金额	税率	税额
合　计							
价税合计(大写)		(小写) ¥					
销售方	名　　称：					备注	
	纳税人识别号：						
	地　址、电话：						
	开户行及账号：						

收款人：　　　　复核：　　　　开票人：　　　　销售方：(章)

表 3-2 领料单

领料部门：　　　　　　　　　领　料　单　　　　　　　凭证编号：
用　　途：　　　　　　　　　年　月　日　　　　　　　收料仓库：

| 材料类别 | 材料编号 | 材料名称及规格 | 计量单位 | 数量 | | 单价 | 金额(元) |
				请领	实发		
备注：						合计	

记账：　　　　　　发料：　　　　　　审批：　　　　　　领料：

2. 原始凭证按填制的方法不同分类

原始凭证按填制方法不同，可分为一次原始凭证、累计原始凭证和汇总原始凭证三种。

(1) 一次原始凭证，是指在经济业务发生或完成后一次填制完毕，用以记载一项或若干项同类经济业务的原始凭证。在原始凭证中，外来原始凭证都是一次原始凭证；自制原始凭证绝大多数也是一次原始凭证，如收料单等。一次原始凭证能反映一笔经济业务的内容，使用方便灵活，但数量较多，核算较麻烦。

(2) 累计原始凭证，也称多次有效凭证，是指在一张凭证上连续累计登记一定时期内不断重复发生的若干项同类经济业务，凭证填制手续是随着经济业务的发生分次进行的，直到期末才能填制完毕的原始凭证。如限额领料单(格式见表3-3)就是一种累计原始凭证。累计原始凭证可以减少凭证张数，简化填制手续，同时，也可以随时计算累计发生额，以便同计划或定额数量进行比较，反映业务执行或完成的工作总量，从而方便控制和管理。

表 3-3 限额领料单

领料车间：＿＿＿＿＿　　　　　　　年　月　日
材料类别：＿＿＿＿＿　　　　　　　　　　　　　　　编号：＿＿＿＿＿
计划产量：＿＿＿＿＿　　　　单位消耗定额＿＿＿＿＿　　　仓库：＿＿＿＿＿

| 材料编号 | 材料名称 | 规格 | 计量单位 | 领用限额 | 实际领用 | | | 记账 |
					数量	单价	金额	

领料日期	请领数量	实发数量	领料人签章	发料人签章	限额结余
合　计					

生产计划部门负责人：　　　　　供应部门负责人：　　　　　仓库负责人：

(3) 汇总原始凭证，也称原始凭证汇总表，是根据若干反映同类经济业务的原始凭证定期加以汇总编制而成的原始凭证，如发出材料汇总表、工资结算汇总表等。将相同经济业务的凭证汇总填制在一张凭证上，有利于简化编制记账凭证和登记账簿的手续，也有利于分析经济业务。发出材料汇总表的格式见表3-4。

表 3-4　发出材料汇总表

年　月　日

会计科目		领料部门	原材料	燃料	合　计
生产成本	基本生产车间	一车间			
		二车间			
		小　计			
	辅助生产车间	供电车间			
		机修车间			
		小　计			
制造费用		一车间			
		二车间			
		小　计			
合　计					

■知识链接 3-1

原始凭证分割单

一张原始凭证所列的支出，需要由两个以上的单位共同负担时，应当由保存该原始凭证的单位，开给其他共同负担支出的单位原始凭证分割单。该分割单相当于一张自制原始凭证。原始凭证分割单必须包含原始凭证的基本内容(凭证名称，填制凭证日期，填制凭证单位名称或者填制人姓名，经办人的签名或者盖章，接受凭证单位名称，经济业务内容、数量、单价、金额)，标明费用分摊情况，并在分割单上加盖单位的财务印章。

(三)原始凭证的填制

原始凭证是具有法律效力的证明文件，是进行会计核算的依据，必须认真填制。填制原始凭证必须符合下列要求。

1. 记录真实

要在凭证上如实填写交易或事项的实际情况，所记载的交易或事项内容，有关的数量、单价和金额等必须真实可靠，不得弄虚作假。记录真实体现了会计信息质量的可靠性需要。

2. 手续完备

填制原始凭证时，需要办理的各种手续必须完整，不得缺项，如交易或事项中每一个环节上的经办人员必须在凭证上签名或盖章,以示对交易或事项的真实性负责。外来的原始凭证必须加盖填制单位的财务专用章才能生效。

3. 内容齐全

凭证的基本内容和补充内容都要按照规定的格式和内容逐项填写,不得遗漏或省略,有些原始凭证需要填写一式多联的,联次不能短缺。

4. 书写规范

凭证上的数字和文字,要字迹清楚、整齐和规范,易于辨认。对于少数特殊业务和特殊凭证还应按规定的墨迹填写。凭证填写如有差错,应按照规定的办法更正,或做作废处理,不得随意涂改、刮擦和挖补。

5. 填制及时

每次交易或事项办理完毕,经办人员应及时取得或填制原始凭证,并送会计部门审核,作为会计核算的依据,不得拖延或积压,以免影响会计部门对交易或事项进行会计处理,进而影响企业交易和事项相关信息的加工和对外报出。

(四)原始凭证的审核

为了保证原始凭证内容的真实性和合法性,防止不符合填制要求的原始凭证影响会计正确核算和监督各项信息的质量,必须由会计部门对一切外来的和自制的原始凭证进行严格的审核,主要审查以下两方面的内容。

1. 审核原始凭证反映的经济业务是否合法、合规、合理

审核时应以国家颁布的有关现行财经法规、财会制度,以及本单位制定的有关规则、预算和计划为依据,审核原始凭证所反映的经济业务的合理性和合法性。审核经济业务是否合法,对于弄虚作假、营私舞弊、伪造涂改凭证等违法乱纪行为,应扣留凭证,报请领导或上级进行严肃处理;同时要以计划、预算、定额等为依据,审核经济业务是否符合计划要求,是否符合费用的开支标准,是否符合效益原则等。对于不符合以上要求的,财会部门有权拒绝付款、报销和执行。

2. 审核原始凭证的填制是否符合规定的要求

首先,审核原始凭证记载的经济业务是否符合实际情况,各项内容是否填写齐全、正确;其次,审核原始凭证上的所有数字,包括数量、单价、金额、小计及合计是否正确;最后,审核办理凭证的手续是否完备,即经办部门和人员是否签名或盖章。对于内容填列不完整,数字计算有误,手续不完备的原始凭证,应退回更正或补办手续。

原始凭证的审核是一项细致且十分严肃的工作。要做好原始凭证的审核,充分发挥会计监督作用,及时发现问题,会计人员应该具有一定的会计职业道德和素养,精通会计业务,熟悉有关的政策、法令、规章制度,对本单位的生产经营活动有深入的了解。同时还要求会计人员具有维护国家的经济法规、财经制度和本单位管理规定的责任感,敢于坚持原则,敢于负责。

三、记账凭证

(一)记账凭证的概念

记账凭证也称传票,是会计人员根据审核无误的原始凭证按照设置的账户运用复式记账法填制,并据以确定会计分录,作为记账依据的会计凭证。

由于账簿需要按照一定的会计科目和记账规则进行登记,而原始凭证有自制的,有外来的,且种类繁多,格式不一,因此,不便于在原始凭证上编制会计分录,这就须将各种原始凭证所反映的经济业务加以归类和整理后,编制记账凭证,然后再据以记账。从原始凭证到记账凭证是经济信息转换成会计信息的过程,是会计信息的初始确认阶段。

(二)记账凭证的种类

1. 按用途分类

记账凭证按其用途不同,可分为专用记账凭证和通用记账凭证两类。

(1) 专用记账凭证,是指分类反映经济业务的一种记账凭证。按其所反映的经济业务内容不同又分为收款凭证、付款凭证和转账凭证三种。

① 收款凭证。收款凭证是指专门用来记载现金和银行存款增加业务的记账凭证。它是出纳员收款的证明,也是登记现金和银行存款日记账及总账的依据。

② 付款凭证。付款凭证是指专门用来记载现金和银行存款减少业务的记账凭证。它是出纳员付出款项的证明,也是登记现金和银行存款日记账及总账的依据。

③ 转账凭证。转账凭证是指专门用来记载不涉及现金和银行存款收付的其他各项经济业务的记账凭证,是登记总分类账和明细分类账的依据。

(2) 通用记账凭证,是指适用于所有经济业务的、统一格式的记账凭证。通用记账凭证的格式如表 3-5 所示。

表 3-5 通用记账凭证

年 月 日   凭证编号:_____

摘要	会计科目		借方金额		贷方金额	
	总账科目	明细科目	√	千百十万千百十元角分	√	千百十万千百十元角分
附单据 张	合计					

会计主管: 记账: 复核: 填制:

2. 按包括的内容分类

记账凭证按包括的内容不同,可分为单一记账凭证、汇总记账凭证和记账凭证汇总表

(也称为科目汇总表)三类。

1) 单一记账凭证

单一记账凭证是指只包括一笔会计分录的记账凭证。上述专业记账凭证和通用记账凭证，均为单一记账凭证。

2) 汇总记账凭证

汇总记账凭证是指根据一定时期内同类单一记账凭证定期加以汇总而重新编制的记账凭证。其目的是简化总分类账的登记手续。汇总记账凭证又可以进一步分为汇总收款凭证、汇总付款凭证和汇总转账凭证。汇总记账凭证的格式如表 3-6～表 3-8 所示。

表 3-6 汇总收款凭证

借方账户：　　　　　　　　　　　　年　月　日　　　　　　　　　　　　第　号

贷方账户	金额			记账	
	(1)	(2)	(3)	借方	贷方

附注：(1) 自___日至___日，收款凭证共计_____张；
　　　(2) 自___日至___日，收款凭证共计_____张；
　　　(3) 自___日至___日，收款凭证共计_____张。

表 3-7 汇总付款凭证

贷方账户：　　　　　　　　　　　　年　月　日　　　　　　　　　　　　第　号

借方账户	金额			记账	
	(1)	(2)	(3)	借方	贷方

附注：(1) 自___日至___日，付款凭证共计_____张；
　　　(2) 自___日至___日，付款凭证共计_____张；
　　　(3) 自___日至___日，付款凭证共计_____张。

表 3-8 汇总转账凭证

贷方账户：　　　　　　　　　　　　年　月　日　　　　　　　　　　　　第　号

借方账户	金额			记账	
	(1)	(2)	(3)	借方	贷方

附注：(1) 自___日至___日，转账凭证共计_____张；
　　　(2) 自___日至___日，转账凭证共计_____张；
　　　(3) 自___日至___日，转账凭证共计_____张。

3) 记账凭证汇总表(科目汇总表)

记账凭证汇总表是指根据一定时期内所有的记账凭证定期加以汇总而重新编制的记账凭证。其目的也是简化总分类账的登记手续。记账凭证汇总表的格式如表 3-9 所示。

表 3-9　记账凭证汇总表

　　　　　　　　　年　　月　　日至　　日　　　　　　　　　　汇总字第　　号

账户名称	本期发生额		总账页数	记账符号
	借方	贷方		
合　计				
附件　　张	凭证自第　　号至　　号			

(三)记账凭证的填制

1. 专用记账凭证的填制

1) 收款凭证的填制

凡是同现金收入和银行存款收款有关的经济业务，都要编制收款凭证。收款业务主要有借款收入、销货收入和其他收入等。出纳人员对于已经收款的收款凭证及其所附的各种原始凭证，都要加盖"收讫"的戳记，以免重收。

收款凭证的借方科目应该填写"库存现金"或"银行存款"科目，收款凭证中的贷方科目则应填写与收入现金或银行存款相对应的会计科目。

【例 3-1】宏达有限责任公司 201×年 5 月 1 日收到光明公司偿还所欠货款 5 000 元，存入银行。根据进账单填制收款凭证如表 3-10 所示。

表 3-10　收款凭证　　　　　　出纳编号 05—1

借方科目　银行存款　　　　　　201×年 5月 1日　　　　　　凭证编号　银收 01

摘　要	贷方科目		金　额									记账
	总账科目	明细科目	千	百	十	万	千	百	十	元	角	分	
收到光明公司偿还货款	应收账款	光明公司					5	0	0	0	0	0	√
附件　1　张	合　　计					¥	5	0	0	0	0	0	

会计主管：(签章)　　记账：(签章)　　出纳：(签章)　　复核：(签章)　　填制：(签章)

2) 付款凭证的填制

凡是同付出现金和通过银行付款有关的业务，都要编制付款凭证。付款经济业务主要有归还借款、上缴款项、采购材料(商品)、支付工资、支付费用和其他支出等。出纳人员对于已经付款的付款凭证及其所附的各种原始凭证，都要加盖"付讫"的戳记，以免重付。

付款凭证的贷方科目应该填写"库存现金"或"银行存款"科目,付款凭证中的借方科目则应填写与支付现金或银行存款相对应的会计科目。

【例 3-2】宏达有限责任公司 201×年 5 月 2 日购买一批办公用品,价值 480 元,以现金支付。根据采购发票填制付款凭证如表 3-11 所示。

表 3-11　付款凭证　　　　　　　　　　　　出纳编号　05—2

贷方科目　库存现金　　　201×年 5 月 2 日　　　凭证编号 现付 1

摘要	借方科目		金额									记账
	总账科目	明细科目	千	百	十	万	千	百	十	元	角	分	
购买办公用品	管理费用	办公费						4	8	0	0	0	√
附件 1 张	合计						¥	4	8	0	0	0	

会计主管:(签章)　记账:(签章)　出纳:(签章)　复核:(签章)　填制:(签章)

■知识链接 3-2

现金和银行存款间的划转业务

在会计实务中,对于现金和银行存款之间的划转业务,如从银行提取现金或将现金送存银行,为了避免重复记账,一般只编制付款凭证,而不再编制收款凭证。

■知识链接 3-3

记账凭证编号方法

记账凭证编号的方法有多种,采用通用记账凭证,可按全部经济业务发生的先后顺序编号,每月从第 1 号编起,如"通字第 1 号",顺序编至月末。采用专用记账凭证,可以按现金收付、银行存款收付和转账业务三类分别编号,也可以按现金收入、现金支出、银行存款收入、银行存款支出和转账业务五类进行编号,每月从第一号编起,如"收字第 1 号""付字第 1 号""转字第 1 号",顺序编至月末。各单位应当根据本单位的业务繁简程度、人员多寡和分工情况来选用便于记账、查账、内部稽核的编号方法。一笔经济业务需要填制两张或者两张以上记账凭证的,可以采用分数编号法编号,如 8 号经济业务需编制三张记账凭证,其编号是 8 1/3、8 2/3、8 3/3。

3) 转账凭证的填制

凡不涉及现金和银行存款的经济业务,都要编制转账凭证。转账业务主要是计提费用、应付费用、其他应收或应付款项,以及为计算产品成本和利润的转账和其他调整事项等。在填写金额时,注意借方科目的金额填入借方金额栏,贷方科目的金额填入贷方金额栏,其他内容的填制与收、付款凭证相同。

【例 3-3】宏达有限责任公司 201×年 5 月 31 日计提本月固定资产折旧费 12 000 元,

其中车间固定资产折旧费 8 000 元，行政管理部门固定资产折旧费 4 000 元。根据固定资产折旧计提分配表填制转账凭证，如表 3-12 所示。

表 3-12　转账凭证

201×年 5 月 31 日　　　　　　　　　　　凭证编号：转字 34

摘　要	会计科目		借方金额		贷方金额	
	总账科目	明细科目	✓	千百十万千百十元角分	✓	千百十万千百十元角分
计提固定资产折旧	制造费用			8 0 0 0 0 0		
	管理费用			4 0 0 0 0 0		
	累计折旧					1 2 0 0 0 0 0
附单据　1　张	合　　计			￥1 2 0 0 0 0 0		￥1 2 0 0 0 0 0

会计主管：(签章)　　　　记账：(签章)　　　　复核：(签章)　　　　制证：(签章)

2．通用记账凭证的填制

通用记账凭证的格式和编制方法与转账凭证的格式和编制方法相同，这里不再赘述。

3．汇总记账凭证的填制

汇总记账凭证分为汇总收款凭证、汇总付款凭证和汇总转账凭证三种。汇总收款凭证是根据收款凭证分别按现金和银行存款账户的借方设置，并按对应的贷方账户归类汇总。汇总付款凭证是根据付款凭证分别按现金和银行存款账户的贷方设置，并按对应的借方账户归类汇总。汇总转账凭证是根据转账凭证按账户的贷方设置，并按对应的借方账户归类汇总。这三种汇总记账凭证都应定期(如每五天或每旬)汇总，每月填制一张。为了便于汇总，对转账凭证的对应关系，要求保持一"借"一"贷"或一"贷"多"借"，而不宜采用一"借"多"贷"。汇总记账凭证可以反映账户的对应关系，便于了解经济业务的来龙去脉，进而利于分析和检查。但是，汇总的工作量较为繁重。

4．记账凭证汇总表的填制

记账凭证汇总表(也叫科目汇总表)是根据收款凭证、付款凭证和转账凭证，按照相同的会计科目归类，定期(每五天或每旬)汇总填制的一种表格。编制时分别归类计算出全部记账凭证的会计科目的借方发生额合计数和贷方发生额合计数后，再分别填列在记账凭证汇总表中。记账凭证汇总表既可以简化登记总分类账的手续，又能起到全部账户发生额的试算平衡作用，但缺点是无法反映账户的对应关系。

(四)记账凭证的审核

记账凭证是登记账簿的直接依据，为了保证账簿记录的正确性，在记账前必须对记账凭证进行严格审核。记账凭证应由专人进行认真、严格的审核。审核的主要内容有：

(1) 记账凭证所确定的会计分录，包括应借、应贷的会计科目是否正确，二级或明细科目是否齐全，对应关系是否清楚；金额计算是否准确无误；总账科目金额与所属的明细科目的金额是否相符。

(2) 记账凭证是否附有原始凭证；所附原始凭证张数与记账凭证所填列的附件张数是否一致；记账凭证的内容与所附的原始凭证内容是否相符。

(3) 审核记账凭证有关内容是否填列齐全，有关人员是否签名盖章。

在审核中，若发现记账凭证有错误，应及时查明原因，重填或按照规定方法予以更正。只有经过审核无误的记账凭证，才能作为记账的依据。《会计法》中对会计凭证的规定：任何单位和个人不得伪造、变造会计凭证。对于伪造、变造会计凭证，授意、指使、强令会计机构、会计人员及其他人员伪造、变造会计凭证的，都应承担相应的法律责任。

第三节 登记账簿

一、会计账簿的含义和种类

(一)会计账簿的含义

任何企事业等单位都要设置会计账簿，以便对企业的资金运动进行全面、系统的反映。会计账簿是由具有一定格式的账页组成的，以审核无误的会计凭证为依据，用以全面、连续、系统地记载各种经济业务的簿册。会计账簿简称账簿。它是编制会计报表的重要依据。登记会计账簿是会计核算的一种专门方法，是会计核算工作的重要环节。企业、事业等单位都应根据国家会计制度的规定设置和登记会计账簿。《会计法》规定："各单位必须依法设置会计账簿，并保证其真实、完整。"

(二)会计账簿的种类

1. 按用途分类

账簿按其用途不同，可分为序时账簿、分类账簿和备查账簿。

(1) 序时账簿，又称为日记账，它是按照交易或事项发生的时间先后顺序，逐日逐笔登记的账簿。在古代会计中也把它称为"流水账"。在实际工作中，序时账簿是按照记账凭证编号的先后顺序逐日逐笔登记的。序时账簿按其所记录的交易或事项内容的不同，又可分为普通日记账和特种日记账两类。

(2) 分类账簿，是对全部经济业务进行分类登记，提供分类核算资料的账簿。按其分类详细程度不同，又分为总分类账和明细分类账。

(3) 备查账簿，也称辅助账簿，是对那些在日记账和分类账中未能记载的但又与交易或事项关系密切的相关情况进行补充登记，以便查考的账簿。例如，企业对于租入固定资产应设立"租入固定资产登记簿"等，利用这个账簿主要是记录租入固定资产的时间、租赁期限、归还时间和租金的支付时间及方式等。备查账簿只是对账簿记录的一种补充，它与其他账簿之间不存在严密的依存、勾稽关系。备查账簿并非一定要设置，应视实际需要而定，且没有固定格式。

2. 按外表形式分类

账簿按外表形式不同，可分为订本账、活页账和卡片账三种。

(1) 订本式账簿，简称订本账，这种账簿是在启用之前把若干账页进行顺序编号并固定装订成册的账簿。该账簿可以避免账页散失，防止任意抽换账页。但不便于分工记账，也不能根据需要增减账页。一些具有统驭作用的账簿，以及记录的交易或事项特别重要的账簿都采用订本账。例如，总分类账、库存现金日记账和银行存款日记账一般采用订本账。

(2) 活页式账簿，简称活页账，这种账簿就是将一定数量的账页放置在账夹中，会计人员可根据设置的账户和记账的需要随时取用。由于账页没有固定，容易造成账页散失或被人为地抽换账页。优点是账页使用灵活方便，并且便于分工记账。采用活页账，平时应将登记完的账页顺序编号存放，并在会计期末装订成册，形成订本账。明细分类账一般采用活页账。

(3) 卡片式账簿，简称卡片账，这种账簿就是将一定数量的卡片式账页，存放于卡片箱内。卡片式账簿主要适用于登记那些在企业的经营过程中长期存续，需要在多个会计期间连续进行账务处理的交易或事项。使用卡片式账页，应该对卡片式账页分类、连续编号，并加盖经办人印章，并利用卡片箱妥善保管，以保证卡片账的完整和安全。卡片式账页可以跨年使用，但适用范围较窄。该账簿的优缺点与活页式账簿基本相同，不再赘述。通常适用于固定资产、无形资产等明细分类账。

3. 按账页格式分类

账簿按所使用的账页格式不同，可分为三栏式账簿、多栏式账簿、数量金额式账簿和横线登记式账簿等。

(1) 三栏式账簿。三栏式账簿是指根据交易或事项的数量变化及其结果，由分别设置借方、贷方、余额三个金额栏的账页所组成的账簿，是账簿的基本格式。三栏式账簿适用于只需要进行金额核算的经济业务，如总账、债权、债务等分类账。

(2) 多栏式账簿。多栏式账簿是指设置三个以上金额栏的账页所组成的账簿，实际工作中多栏式账簿金额栏的多少往往取决于项目的多少，但金额栏太多会使账页过长，不方便登记和使用。多栏式账簿适用于需要进行分项具体反映的经济业务，如"管理费用""制造费用"等明细账。

(3) 数量金额式账簿。数量金额式账簿也称三大栏式账簿，其基本格式同样采用"借方""贷方""余额"三栏，但在每栏下再设"数量""单价""金额"三个小栏目，以具体反映这三者之间的关系。数量金额式账页适用于既需要价值核算又需要数量实务核算的经济业务，如"原材料""库存商品"等明细账。

(4) 横线登记式账簿。横线登记式账簿是在同一张账页的同一行，记录某一项交易或事项从发生到结束的全部过程及相关内容。这种账页适用于逐笔结算的经济业务，这样可以反映每一笔业务从发生到完成的来龙去脉，如"材料采购"等明细账。

二、会计账簿的格式与登记方法

会计账簿从构造上看，一般由封面、扉页、账页三大部分组成。其中，在封面上标明账簿的名称；在扉页上列示目录表和账簿使用登记表；在账页上列示会计科目、记账日期、记账依据、内容摘要及金额等。不同的会计账簿由于反映的经济业务内容和详细程度不同，其账页格式也不尽相同。

(一)序时账簿的格式与登记方法

这里所说的序时账簿主要是指特种日记账。企业通常设置的特种日记账主要有库存现金日记账和银行存款日记账。

1. 库存现金日记账的格式及登记方法

库存现金日记账使用订本账,通常采用三栏式,设"收入""支出"和"结余"三栏。也可以采用多栏式,即在收入和支出栏内进一步设对方科目,即在收入栏内设应贷科目(借方为库存现金),在支出栏内设应借科目(贷方为库存现金)。

库存现金日记账通常由出纳员根据审核无误的有关现金的收款凭证和付款凭证,逐日逐笔顺序登记。借方栏一般根据现金收款凭证登记,贷方栏根据现金付款凭证登记。对于从银行提取现金的业务,应根据银行存款付款凭证登记。每日业务终了应分别计算出库存现金收入和支出合计数并结出账面余额,结出日余额后,还应将账面余额数与实存的库存现金数相核对。检查每日库存现金收、支、存的情况,做到日清日结。其格式及登记方法如表 3-13 所示。

表 3-13　库存现金日记账

201×年 月	日	凭证编号	摘要	对方科目	借方 千百十万千百十元角分	√	贷方 千百十万千百十元角分	√	余额 千百十万千百十元角分
1	1		期初余额						1 2 0 0 0 0
	2	现付 1	购买办公用品	管理费用			4 8 0 0 0		7 2 0 0 0
	5	银付 1	提现备用	银行存款	2 0 0 0 0 0				2 7 2 0 0 0
	7	现收 1	收到罚款收入	营业外收入	6 0 0 0 0				3 3 2 0 0 0
	8	现付 2	预借差旅费	其他应收款			2 0 0 0 0 0		1 3 2 0 0 0
			……	……					
			本月合计		9 7 5 0 0 0		1 0 2 0 0 0 0		7 5 0 0 0

2. 银行存款日记账的格式及登记方法

银行存款日记账有三栏式和多栏式两种,其格式与记账方法与库存现金日记账基本相同。该账簿是由出纳人员根据银行存款的收款和付款凭证序时逐日逐笔登记,对于现金存入银行的业务、存款的收入数,应根据库存现金付款凭证登记。每日终了结出该账户全日的银行存款收入、支出合计数和余额,并定期与银行对账单核对。其登记方法与库存现金日记账的登记方法基本相同。

(二)总分类账簿的格式与登记方法

总分类账简称总账,是根据总分类科目开设,用以记录企业全部经济业务总括核算资料的账簿。一般只提供总括的金额指标。常见的总分类账有两栏式和三栏式两种。三栏式账户的格式如表 3-14 所示,一般由借方、贷方和金额三栏组成,常采用订本账。

表 3-14 总账

会计科目 原材料

201×年		凭证编号	摘要	借方 千百十万千百十元角分	贷方 千百十万千百十元角分	√	借或贷	余额 千百十万千百十元角分
月	日							
1	1		期初余额				借	8 7 6 0 0 0 0
	2	银付2	购入	1 5 0 0 0 0 0			借	1 0 2 6 0 0 0 0
	3	转3	领料		5 0 0 0 0 0 0		借	5 2 6 0 0 0 0
		……	……					
			本月合计	1 2 0 0 0 0 0	1 3 5 8 0 0 0 0		借	7 1 8 0 0 0 0

企业可以直接根据记账凭证逐笔登记，也可以将记账凭证用一定的方法定期汇总，然后一次性登记到总分类账，这取决于企业所采用的会计核算组织程序。

(三)明细分类账簿的格式与登记方法

明细分类账简称明细账，是根据总账科目所属的明细科目开设的，是总分类账簿的必要补充，是登记某类经济业务详细情况的账簿。明细分类账的格式主要根据它所反映的经济业务的特点，以及实物管理的不同要求来设计。明细分类账应根据原始凭证或原始凭证汇总表登记，也可以根据记账凭证登记。由于明细分类账反映的经济业务多种多样，因此格式可以有多种形式，各单位可以自行选择。比较常用的有以下三种：三栏式、数量金额式、多栏式。

1. 三栏式明细账

三栏式明细账的基本结构与三栏式总分类账相同，即账页只设有"借方""贷方"和"余额"三栏。这种格式适用于只需要进行金额核算的科目，例如，"应收账款""应付账款"等科目的明细分类核算。其格式如表 3-15 所示。

2. 数量金额式明细账

数量金额式明细账的账页在"收入""支出"和"结余"三大栏内再设有数量、单价、金额小栏。这种格式适用于既要进行金额核算，又要进行数量核算的各种财产物资的科目，例如"原材料""库存商品""自制半成品"等科目的明细分类核算。实际上它是三栏式明细账的扩展，格式如表 3-16 所示。

表 3-15 应收账款明细账

客户名称：××公司

201×年		凭证编号	摘要	借方 千百十万千百十元角分	贷方 千百十万千百十元角分	√	借或贷	余额 千百十万千百十元角分
月	日							
1	1		期初余额				借	2 0 0 0 0 0 0
	6	转4	赊销	3 5 1 0 0 0 0			借	5 5 1 0 0 0 0
	10	银收5	收款		4 0 0 0 0 0 0		借	1 5 1 0 0 0 0
			本月合计	3 5 1 0 0 0 0	4 0 0 0 0 0 0		借	1 5 1 0 0 0 0

表 3-16　原材料明细账

明细科目：A 材料　　　　　计量单位：公斤

201×年		凭证号	摘　要	收　入			支　出			结　存		
月	日			数量	单价	金额	数量	单价	金额	数量	单价	金额
6	1		期初余额							100	10	1000
	3		购入	300	10	3000				400	10	4000
	5		领用				250	10	2500	150	10	1500
			……									
			本月合计	800	10	8000	650	10	6500	250	10	2500

3. 多栏式明细账

多栏式明细账是根据经济业务的特点和经营管理的要求，在某一总分类账页下，对属于同一级科目或二级科目的明细科目设置若干栏目，用以在同一张账页上集中反映各有关明细项目的详细资料。它主要适用于费用、成本或收入、利润类的明细核算。多栏式明细账可以借方设多栏，贷方设一栏；也可以只设借方栏，不设贷方栏，或只设贷方栏，不设借方栏。多栏式明细账也可以借方、贷方均设多栏。这里仅列示一种借方多栏、贷方一栏的多栏式明细账，格式如表 3-17 所示。

表 3-17　××明细账　　　　　　　　　　　　　　第　　页

年		凭证		摘要	借方(项目)		贷方	余额
月	日	字	号			合计		

三、会计账簿的登记规则

登记账簿是会计核算的基础工作。账簿作为重要的会计档案和会计信息的主要储存工具和系统，必须按规定的方法依据审核无误的记账凭证进行登记。《会计基础工作规范》中明确规定了记账的规则。其具体要求如下。

(1) 登记账簿时必须使用钢笔或签字笔，用蓝黑墨水或碳素墨水书写，不得使用圆珠笔或铅笔书写。红墨水在会计核算工作中有特定意义，只限于在不设借方(或贷方)等栏的多栏式账页中登记减少数；改错、结账划线和冲账或会计基础工作规范要求用红字登记的其他特定范围内使用。

(2) 登记会计账簿时，必须根据审核无误的会计凭证连续系统地登记。不能重记、漏记或错记，要依据会计凭证的编号、日期、经济业务的内容摘要、金额等准确、清楚工整、及时登记到账簿中。

(3) 账簿中书写的文字要用标准的简化汉字，不能造字和使用不规范的汉字。金额栏上的数字上面要留有适当空距，不要写满格，一般应占格长的 1/2，为划线更正留有余地。

(4) 各种账簿按照页次顺序连续登记，不准隔页跳行。如发生隔页跳行时应该在隔页跳行处用红墨水划线注销，在摘要栏注明"此页空白""此行空白"字样，并由记账人员签章，不准随意撕毁或抽换账页。

(5) 需要结出余额的账户，结出余额后，应在"借或贷"栏写明"借"或"贷"字样。没有余额的账户，应在"借或贷"栏内写"平"字，并在余额栏内用"θ"表示。每一账页登记完毕结转下页时，应该在账页的最后一行，加计本页发生额合计数及余额，在摘要栏注明"过次页"或"转次页"字样，并在次页第一行摘要栏注明"承前页"字样，同时记入前页发生额合计数和余额，以便于对账和结账。

(6) 账簿记录发生错误时，应根据具体情况，按照规定方法进行更改，不得撕毁账页，不准涂改、刮擦、挖补或用褪色药水更改字迹。

四、错账更正的方法

在记账时应力求准确无误，但在记账的过程中，由于各种原因，会发生一些记账错误，发现各种错误记录时，应按照规定方法及时、正确地更正，以保证会计核算的真实性和正确性。错账的更正方法常用的有以下三种。

(一)划线更正法

在结账前，发现账簿记录中的文字或数字有错误，而记账凭证正确，该错误纯属笔误或账簿数字计算错误等情况，应当采用划线更正法。更正方法是先在错误的文字或数字上，划一条红线表示注销，并使原来的字迹仍可辨认，以备考查，然后将正确的文字或数字用蓝笔写在错误的数字或文字的上端，并由记账人员在更正处盖章，以明确责任。对错误的数字划线时，一定要用红线全部划去，不可只划去其中错误的部分。对于文字错误，可只划去错误的部分。

【例 3-4】记账员在根据记账凭证登记时，将 2 600 元误记为 6 200 元，更正如下：

2 600
6 200 于伟

(二)红字更正法

红字更正法也称赤字冲账法，是指登记账簿后，发现记账凭证中的应借、应贷会计科目或者金额有错误，可以用红字书写金额的记账凭证来更正错误的方法。

红字更正法一般在下列两种情况下使用：

(1) 记账后，发现记账凭证的会计科目和记账方向有错误，而引起记账的错误。更正方法是填制一张内容与错误记账凭证相同，而金额用红字书写的记账凭证，据以登记账簿，并在摘要栏内写明"更正某年某月第×号凭证的错误"，冲销原有错误记录；然后，再用蓝字重新填制一张正确的记账凭证，据以登记账簿。

【例 3-5】以转账支票支付本月生产车间电话费 2 500 元，在填制记账凭证时，借方

科目误记入"管理费用",并已登记入账,其错误的会计分录如下:

借:管理费用 2 500
　　贷:银行存款 2 500

更正时,应先用红字填制一张与原错误相同的记账凭证,并据以用红字登记入账。会计分录如下:

借:管理费用 2 500
　　贷:银行存款 2 500

然后,用蓝字填制一张正确的记账凭证,并据以登记入账。会计分录如下:

借:制造费用 2 500
　　贷:银行存款 2 500

(2) 记账后,如果原记账凭证中应借、应贷科目并无错误,但由于记账凭证所记录的金额大于应记金额,而引起记账的错误。更正方法是将多记的金额用红字填制一张与记账凭证内容相同的记账凭证并据以登记入账,以示冲销。

【例 3-6】生产车间一般耗用原材料 500 元,在填制记账凭证时,误将金额记为 5 000 元,但会计科目和记账方向均无错误,并已登记入账。错误的会计分录如下:

借:制造费用 5 000
　　贷:原材料 5 000

更正时,可将多记的 4 500 元(5 000-500)用红字填制一张记账凭证,并据以用红字登记入账。会计分录如下:

借:制造费用 4 500
　　贷:原材料 4 500

(三)补充登记法

补充登记法就是记账以后,如果原记账凭证中的科目对应关系正确,但发现记账凭证和账簿记录所记金额小于应记金额,应采用填制补充的记账凭证来更正原错误记录。更正方法是将少记的金额用蓝字填制一张与原记账凭证内容相同的记账凭证,在摘要栏注明"补记×字第×凭证少记数",据以补记少记金额。

【例 3-7】企业收到购货单位的前欠货款 65 000 元,存入银行,在填制记账凭证时,误将金额记为 56 000 元,并已登记入账。错误的会计分录如下:

借:银行存款 56 000
　　贷:应收账款 56 000

更正时,应将少记金额 9 000 元(65 000-56 000)用蓝字再填制一张记账凭证,以补足少记金额。其会计分录如下:

借:银行存款 9 000
　　贷:应收账款 9 000

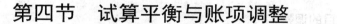

第四节 试算平衡与账项调整

一、试算平衡

试算平衡，是指根据会计等式的平衡关系，按照记账规则的要求，通过汇总计算和比较，为检查账户记录的正确性、完整性而采用的一种技术方法。

借贷记账法试算平衡的原理和试算平衡表的编制方法已在第二章第三节中进行过详细介绍，此处不再赘述。

若试算结果发现借贷两方失去平衡，则分录、记账过程中必定有错误，必须及时更正。

二、账项调整

(一)账项调整的含义

账项调整，就是在每个会计期末结账前，按照权责发生制原则对部分会计事项予以调整的行为。账项调整时所编制的会计分录，就是调整分录。

会计核算的一个基本前提是会计分期，通过会计分期将持续不断的生产经营过程人为地划分为会计期间。会计期间的产生使会计核算必然涉及划分本期和非本期的收入、费用等问题，于是产生了权责发生制和收付实现制等记账基础。从权责发生制的角度分析，企业账簿中的日常记录还不能确切地反映本期的收入和费用。如有些款项虽已收到入账，但它不属于本期的收入；有些款项虽已支付，但它不属于本期的费用，在结账前对这些账项必须进行调整。

■知识链接 3-4

权责发生制与收付实现制

权责发生制也称应收应付制，是指对于一个会计主体一定期间发生的交易或事项，凡是符合收入确认标准的本期收入，不论款项是否收到，均作为本期的收入处理；凡是符合费用确认标准的本期费用，不论款项是否支付，均作为本期的费用处理。凡是不属于本期的收入和费用，即使款项已在本期收付，也不应当作为本期的收入和费用。我国《企业会计准则——基本准则》第九条规定："企业应当以权责发生制作为基础进行会计确认、计量和报告。"

收付实现制也称现收现付制，是指以是否收到和支出现金作为确认本期收入和费用的依据。按照收付实现制，凡在本期收到和支付的货币资金，不论其应否属于本期，均作为本期的收入和本期的费用；凡在本期未曾收到和支付的货币资金，即使其应属于本期，也不作为本期的收入和本期的费用。目前我国行政单位会计采用收付实现制，事业单位会计除经营业务可以采用权责发生制外，其他业务也采用收付实现制。

(二)应予以调整的项目

企业期末的账项调整通常包括三大类，即应计项目(应计收入和应计费用)、递延项目

(预收收入和预计费用)和估计项目。

1. 应计项目的调整

1) 应计收入

应计收入是指本期期末已获得但尚未收到款项的各种收入,如应收租金、应收利息等。对于应计收入,企业虽然尚未收到款项,但已经获得收取这笔款项的权利,按照权责发生制,视为收入已经实现,故应在期末对其进行调整。

企业存入银行的款项是计息的,通常利息按季结算。按权责发生制原则核算时,每个季度的各个月份,企业都应将银行存款的利息收入估算入账。

【例 3-8】 1 月 1 日,宏达有限责任公司将一个闲置仓库出租,租赁合同约定每月租金 1 000 元,租期为 3 个月,租赁期满时一次性付给租金。

1 月末,调整分录如下:

借:应收账款   1 000
  贷:其他业务收入   1 000

【例 3-9】 1 月 31 日,宏达有限责任公司估计本月银行存款利息收入为 200 元。

调整分录如下:

借:应收利息   200
  贷:财务费用   200

2) 应计费用

应计费用是指本期已发生,应由本期承担但尚未支付款项的费用。企业发生的费用,本期已经收益,由于这些费用尚未支付,故在日常账簿记录中尚未登记入账。应计费用在实务中较为常见,涉及科目较多,如应付利息、应交税费等。

【例 3-10】 1 月 31 日,宏达有限责任公司计算本月应负担的短期借款利息支出为 1 500 元。

调整分录如下:

借:财务费用   1 500
  贷:应付利息   1 500

【例 3-11】 1 月 31 日,宏达有限责任公司行政管理部门租入管理用设备一台,当月应付租金 850 元,月末租金尚未支付。

调整分录如下:

借:管理费用   850
  贷:其他应付款——应付租金   850

2. 递延项目的调整

所谓递延,就是指将已支付的费用或已收到的收入推迟到以后期间予以确认。这些已经收到的收入即为预收收入,已支付的费用即为预付费用。

1) 预收收入

预收收入是指企业本期或前期已收到现金并已入账,但要待以后会计期间才能确认的收入。随着时间的推移,预收收入会逐渐转为已实现的收入,因此,在会计期末要将已实现的预收收入确认为本期收入,未实现的收入递延到以后各期等待确认。

【例 3-12】1 月 1 日,宏达有限责任公司将闲置厂房出租给方正公司,对方预付半年的租金 30 000 元。

1 月 1 日,收到租金时:
借:银行存款　　　　　　　　　　　　　　　　　　　　　　　　30 000
　　贷:预收账款　　　　　　　　　　　　　　　　　　　　　　　　30 000
1 月 31 日,确认当月租金的实现,调整分录如下:
借:预收账款　　　　　　　　　　　　　　　　　　　　　　　　5 000
　　贷:其他业务收入　　　　　　　　　　　　　　　　　　　　　　5 000
未来 5 个月的月末,该项目均作相同的会计分录。

2) 预付费用

预付费用是指本期或前期已付出现金,但受益期要延续到后续会计期间,如预付保险费、预付租金、预付报刊订阅费等。随着时间的推移,预付费用会逐渐转为已发生的费用,因此,在会计期末要将预付费用分摊到各受益期并转到相应的费用账户。为了核算预付费用,我们需设置一个"待摊费用"账户。预付费用是要根据后续各期限的受益比例,予以分期摊销记入的费用,我们称之为待摊费用。

【例 3-13】1 月 1 日,宏达有限责任公司以银行存款预付公司管理部门上半年报纸杂志费 3 600 元。

1 月 1 日,预付报刊费时
借:待摊费用　　　　　　　　　　　　　　　　　　　　　　　　3 600
　　贷:银行存款　　　　　　　　　　　　　　　　　　　　　　　　3 600
1 月 31 日,确认本月应负担的报刊费时,调整分录如下:
借:管理费用　　　　　　　　　　　　　　　　　　　　　　　　600
　　贷:待摊费用　　　　　　　　　　　　　　　　　　　　　　　　600
未来 5 个月的月末,该项目均作相同的会计分录。

3. 估计项目的调整

在会计期末,除了要对应计项目和递延项目进行调整外,还需要调整一些账项。由于这些账项调整的金额具有不确定性,常常需要根据经验或未来事项估计其金额,故被称为估计项目,如坏账准备的计提、固定资产的折旧等。

【例 3-14】1 月 31 日,宏达有限责任公司经计算计提本月固定资产折旧 5 000 元,其中车间固定资产折旧为 3 000 元,管理部门固定资产折旧为 2 000 元。

调整分录如下:
借:制造费用　　　　　　　　　　　　　　　　　　　　　　　　3 000
　　管理费用　　　　　　　　　　　　　　　　　　　　　　　　2 000
　　贷:累计折旧　　　　　　　　　　　　　　　　　　　　　　　　5 000

▶讨论与思考 3-1

注册会计师在审查华安公司财务报表时,发现以下五项差错:

(1) 期末未记录应付未付的职工薪酬。
(2) 期末未调整库存用品的已耗用额。
(3) 一项固定资产的折旧未予以计提。
(4) 应收票据上的利息收入未予以记账。
(5) 期末未调整已实现的预收收入。

【任务】

请分析上述审计中发现的问题，并结合下面的表格分析这些差错对公司财务报表各个项目的影响。假设某项调整漏列对报表项目的影响是高估的，则在适当的空格内填"+"，低估则填"-"。

财务差错对公司财务报表各个项目的影响分析

分类	错误的影响				
	(1)	(2)	(3)	(4)	(5)
收入					
费用					
本期净利润					
流动资产					
非流动资产					
流动负债					
非流动负债					
所有者权益					

第五节 结账与编制财务报表

一、结账

按照《会计工作基础规范》的要求，为了正确反映一定时期内的经营成果期末的财务状况，以便为编制财务报表提供真实、可靠的数据资料，各企业单位必须按照规定定期结账。

(一)结账的概念

结账就是将一定时期内所发生的全部经济业务在登记入账的基础上，结算出每个账户的本期发生额合计数和期末余额，并将其余额结转到下期，以便根据账簿记录编制财务会计报告。

账户一般分为实账户和虚账户两类。实账户是指资产、负债及所有者权益账户，即列示在资产负债表上的账户，这类账户的余额应于期末结转为下期期初余额。虚账户是指收入和费用两类账户，即列示在利润表上的账户，这类账户的余额应于期末结清转入留存收益。

(二)实账户的结账与结转

资产、负债及所有者权益账户的余额均须结转至下期,继续记录。结账时,要计算各实账户借、贷方的本期发生额和期末余额,然后将期末余额结转至下期。举例见表3-18。其余账户略。

表3-18 总账

会计科目:原材料

201×年		凭证编号(略)	摘要	借方 千百十万千百十元角分	贷方 千百十万千百十元角分	√借或贷	余额 千百十万千百十元角分
月	日						
1	1		期初余额			借	8 7 6 0 0 0 0
	2		购入	1 5 0 0 0 0 0		借	1 0 2 6 0 0 0 0
	3		领料		5 0 0 0 0 0 0	借	5 2 6 0 0 0 0
	…		……				
	31		本月合计	1 2 0 0 0 0 0	1 3 5 8 0 0 0 0	借	7 1 8 0 0 0 0
2	1		期初余额			借	7 1 8 0 0 0 0
	…		……				
12	31		本月合计	1 4 0 0 0 0 0	1 3 3 0 0 0 0	借	8 5 0 0 0 0 0
			本年累计	1 4 8 0 0 0 0 0	1 4 2 5 0 0 0 0	借	1 4 2 6 0 0 0 0
			结转下年			借	1 4 2 6 0 0 0 0

(三)虚账户的结账

对于各种收入和费用类账户的虚账户余额,应编制结账分录,将其余额转入"本年利润"账户。对于收入类账户的贷方余额,应结转到"本年利润"账户的贷方,即借记有关"收入类"账户,贷记"本年利润"账户;对于费用类账户的借方余额,应结转到"本年利润"账户的借方,即借记"本年利润"账户,贷记有关的"费用类"账户。

【例3-15】 1月31日,宏达有限责任公司结转本月实现的各项收入。

编制结账分录如下:

借:主营业务收入　　　　　　　　　　　　　　　　　　3 000 000
　　其他业务收入　　　　　　　　　　　　　　　　　　　100 000
　　营业外收入　　　　　　　　　　　　　　　　　　　　 50 000
　贷:本年利润　　　　　　　　　　　　　　　　　　　3 150 000

【例3-16】 1月31日,宏达有限责任公司结转本月发生的各项费用。

编制结账分录如下:

借:本年利润　　　　　　　　　　　　　　　　　　　　1 665 000
　贷:主营业务成本　　　　　　　　　　　　　　　　　1 200 000
　　　税金及附加　　　　　　　　　　　　　　　　　　　 80 000
　　　其他业务成本　　　　　　　　　　　　　　　　　　 60 000
　　　管理费用　　　　　　　　　　　　　　　　　　　　128 000

销售费用	100 000
财务费用	12 000
营业外支出	85 000

结账分录也要登记到相应的账簿,并结清账户余额,至此虚账户的结账工作全部完成。举例见表3-19。其余账户略。

表3-19 总账

会计科目:主营业务收入

201×年		凭证编号(略)	摘要	借方 千百十万千百十元角分	贷方 千百十万千百十元角分	借或贷	余额 千百十万千百十元角分
月	日						
1	5		销售		5 0 0 0 0 0 0 0	贷	5 0 0 0 0 0 0 0
	10		销售		1 5 0 0 0 0 0 0	贷	2 0 0 0 0 0 0 0 0
	20		销售		1 0 0 0 0 0 0 0	贷	3 0 0 0 0 0 0 0 0
	31		结转本年利润	3 0 0 0 0 0 0 0 0		平	0
			本月发生额及期末余额	3 0 0 0 0 0 0 0 0	3 0 0 0 0 0 0 0 0	平	0

二、编制财务报表

财务报表是对企业财务状况、经营成果和现金流量的结构性表述。根据《企业会计准则第30号——财务报表列报》的要求,一套完整的财务报表至少应当包括"四表一注",即资产负债表、利润表、现金流量表、所有者权益变动表和附注。这里简要说明资产负债表和利润表的编制方法。

(一)资产负债表

资产负债表是反映企业某一特定日期财务状况的财务报表,即反映了某一特定日期关于企业资产、负债、所有者权益及其相互关系的信息。企业编制资产负债表的目的是通过如实反映企业在资产负债表日所拥有的资源、所承担的债务和所有者所拥有的权益金额及其结构情况,从而有助于使用者评价企业资产的质量、短期偿债能力、长期偿债能力和利润分配能力等。

资产负债表遵循了"资产=负债+所有者权益"这一会计恒等式,全面揭示企业在某一特定日期所拥有或控制的经济资源、所承担的债务以及偿债以后属于所有者的剩余权益。

(二)利润表

利润表是反映企业在某一会计期间经营成果情况的报表,反映了企业经营业绩的主要来源和构成。利润表是一张动态报表。企业编制利润表的目的是通过如实反映企业实现的收入、发生的费用以及应当计入当期利润的利得和损失等金额及其结构情况,判断企业在该期间的投入与产出的比例关系，从而有助于使用者分析评价企业的盈利能力及其构成与质量，预测企业的盈利趋势。

第六节　会计循环示例

前面我们学习了会计循环的基本步骤和相关知识，本节将通过一个实例来具体说明会计循环过程。

【资料】华夏有限责任公司201×年5月31日有关账户余额如表3-20所示。

表3-20　有关账户余额　　　　　　　　　　　　　　　　　　　　　单位：元

账户名称	借方余额	账户名称	贷方余额
库存现金	10 000	短期借款	25 000
银行存款	360 000	应付账款	27 000
应收账款	40 000	应付职工薪酬	12 600
原材料	178 000	应交税费	5 400
库存商品	280 000	累计折旧	43 000
固定资产	485 000	实收资本	1 100 000
无形资产	50 000	资本公积	50 000
		盈余公积	80 000
		未分配利润	60 000
合计	1 403 000	合计	1 403 000

该公司201×年6月份发生经济业务如下：

(1) 6月1日，为购建生产线，向银行借入期限为3年的借款400 000元，存入银行。

(2) 6月1日，将闲置仓库出租给红旺公司，收到对方预付的全年租金48 000元，存入银行。

(3) 6月2日，收到清远公司归还的货款25 000元，存入银行。

(4) 6月5日，从四海公司采购甲材料1 000千克，单价20元/千克，增值税额3 200元，货款暂欠，材料已验收入库。

(5) 6月7日，以银行存款支付广告费5 000元。

(6) 6月8日，职工张浩出差，预借差旅费3 000元，以现金支付。

(7) 6月9日，销售产品1 200件，每件售价350元，增值税额67 200元，产品已发出，款项收存银行。

(8) 6月10日，仓库发出原材料100 000元，其中产品生产耗用85 000元，车间一般耗用9 000元，行政管理部门耗用6 000元。

(9) 6月12日，职工张浩出差回来报销差旅费3 500元，不足款项以现金付讫。

(10) 6月15日，以银行存款偿还前欠兴达公司货款10 000元。

(11) 6月18日，以银行存款支付本月水电费8 000元，其中产品生产耗用6 000元，车间日常耗用1 000元，管理部门日常耗用1 000元。

(12) 6月20日，向全国青少年基金会捐赠20 000元，以银行存款支付。
(13) 6月22日，按照法定程序，将盈余公积30 000元转增资本。
(14) 6月25日，开出300元现金支票购买办公用品。
(15) 6月28日，分配本月工资85 000元，其中生产工人工资60 000元，车间管理人员工资10 000元，行政管理人员工资15 000元。
(16) 6月28日，以银行存款发放职工工资。

该企业会计循环步骤如下。

一、取得或编制原始凭证

公司每发生一笔经济业务，都应取得或填制原始凭证，并对原始凭证进行审核。为了节省篇幅，本书不附原始凭证。

二、编制记账凭证

为了简化，此例中的记账凭证以会计分录代替。

根据华夏有限责任公司201×年6月份发生的经济业务，编制会计分录如下：

(1) 借：银行存款　　　　　　　　　　　　　　　　400 000
　　　贷：长期借款　　　　　　　　　　　　　　　　400 000
(2) 借：银行存款　　　　　　　　　　　　　　　　 48 000
　　　贷：预收账款　　　　　　　　　　　　　　　　 48 000
(3) 借：银行存款　　　　　　　　　　　　　　　　 25 000
　　　贷：应收账款——清远公司　　　　　　　　　　 25 000
(4) 借：原材料——甲材料　　　　　　　　　　　　 20 000
　　　应交税费——应交增值税(进项税额)　　　　　　3 200
　　　贷：应付账款——四海公司　　　　　　　　　　 23 200
(5) 借：销售费用　　　　　　　　　　　　　　　　　5 000
　　　贷：银行存款　　　　　　　　　　　　　　　　　5 000
(6) 借：其他应收款——张浩　　　　　　　　　　　　3 000
　　　贷：库存现金　　　　　　　　　　　　　　　　　3 000
(7) 借：银行存款　　　　　　　　　　　　　　　　487 200
　　　贷：主营业务收入　　　　　　　　　　　　　　420 000
　　　　　应交税费——应交增值税(销项税额)　　　　67 200
(8) 借：生产成本　　　　　　　　　　　　　　　　 85 000
　　　　制造费用　　　　　　　　　　　　　　　　　 9 000
　　　　管理费用　　　　　　　　　　　　　　　　　 6 000
　　　贷：原材料　　　　　　　　　　　　　　　　　100 000
(9) 借：管理费用　　　　　　　　　　　　　　　　　3 500
　　　贷：其他应收款——张浩　　　　　　　　　　　　3 000
　　　　　库存现金　　　　　　　　　　　　　　　　　 500

(10) 借：应付账款——兴达公司　　　　　　　　　　　　10 000
　　　　贷：银行存款　　　　　　　　　　　　　　　　　　　　10 000
(11) 借：生产成本　　　　　　　　　　　　　　　　　6 000
　　　　制造费用　　　　　　　　　　　　　　　　　1 000
　　　　管理费用　　　　　　　　　　　　　　　　　1 000
　　　　贷：银行存款　　　　　　　　　　　　　　　　　　　　　8 000
(12) 借：营业外支出　　　　　　　　　　　　　　　　20 000
　　　　贷：银行存款　　　　　　　　　　　　　　　　　　　　20 000
(13) 借：盈余公积　　　　　　　　　　　　　　　　　30 000
　　　　贷：实收资本　　　　　　　　　　　　　　　　　　　　30 000
(14) 借：管理费用　　　　　　　　　　　　　　　　　　300
　　　　贷：银行存款　　　　　　　　　　　　　　　　　　　　　　300
(15) 借：生产成本　　　　　　　　　　　　　　　　　60 000
　　　　制造费用　　　　　　　　　　　　　　　　　10 000
　　　　管理费用　　　　　　　　　　　　　　　　　15 000
　　　　贷：应付职工薪酬——工资　　　　　　　　　　　　　　85 000
(16) 借：应付职工薪酬——工资　　　　　　　　　　　85 000
　　　　贷：银行存款　　　　　　　　　　　　　　　　　　　　85 000

三、登记账簿

为了进一步说明登记账簿方法，现将华夏有限责任公司201×年6月份发生的经济业务从记账凭证过入相对应的分类账账户，为了简化，这里的分类账账户用T形账表示。

借方	库存现金	贷方
期初余额 10 000		
	(6) 3 000	
	(9) 500	
本期发生额 0	本期发生额 3 500	
期末余额 6 500		

借方	银行存款	贷方
期初余额 360 000		
(1) 400 000	(5) 5 000	
(2) 48 000	(10) 10 000	
(3) 25 000	(11) 8 000	
(7) 487 200	(12) 20 000	
	(14) 300	
	(16) 85 000	
本期发生额 960 200	本期发生额 128 300	
期末余额 1 191 900		

借方	应收账款	贷方
期初余额 40 000		
	(3) 25 000	
本期发生额 0	本期发生额 25 000	
期末余额 15 000		

借方	其他应收款	贷方
(6) 3 000	(9) 3 000	
本期发生额 3 000	本期发生额 3 000	
期末余额 0		

借方	原材料	贷方	借方	应付账款	贷方
期初余额 178 000				期初余额 27 000	
(4) 20 000	(8) 100 000		(10) 10 000	(4) 23 200	
本期发生额 20 000	本期发生额 100 000		本期发生额 10 000	本期发生额 23 200	
期末余额 98 000				期末余额 40 200	

借方	预收账款	贷方	借方	应付职工薪酬	贷方
	(2) 48 000			期初余额 12 600	
			(16) 85 000	(15) 85 000	
本期发生额 0	本期发生额 48 000		本期发生额 85 000	本期发生额 85 000	
	期末余额 48 000			期末余额 12 600	

借方	应交税费	贷方	借方	长期借款	贷方
	期初余额 5 400				
(4) 3 200	(7) 67 200			(1) 400 000	
本期发生额 3 200	本期发生额 67 200		本期发生额 0	本期发生额 400 000	
	期末余额 69 400			期末余额 400 000	

借方	实收资本	贷方	借方	盈余公积	贷方
	期初余额 1 100 000			期初余额 80 000	
	(13) 30 000		(13) 30 000		
本期发生额 0	本期发生额 30 000		本期发生额 30 000	本期发生额 0	
	期末余额 1 130 000			期末余额 50 000	

借方	生产成本	贷方	借方	制造费用	贷方
(8) 85 000			(8) 9 000		
(11) 6 000			(11) 1 000		
(15) 60 000			(15) 10 000		
本期发生额 151 000	本期发生额 0		本期发生额 20 000	本期发生额 0	
期末余额 151 000			期末余额 20 000		

借方	主营业务收入	贷方	借方	管理费用	贷方
	(7) 420 000		(8) 6 000		
			(9) 3 500		
			(11) 1 000		
			(14) 300		
			(15) 15 000		
本期发生额 0	本期发生额 420 000		本期发生额 25 800	本期发生额 0	
期末余额 420 000			期末余额 25 800		

借方	销售费用	贷方	借方	营业外支出	贷方
(5) 5 000			(12) 20 000		
本期发生额 5 000	本期发生额 0		本期发生额 20 000	本期发生额 0	
期末余额 5 000			期末余额 20 000		

四、编制调整前的试算平衡表

为了验证登记账簿的正确性，编制试算平衡表，如表3-21所示。

表3-21 总分类账户余额试算平衡表

201×年6月30日　　　　　　　　　　单位：元

账户名称	借方余额	贷方余额
库存现金	6 500	
银行存款	1 191 900	
应收账款	15 000	
原材料	98 000	
库存商品	280 000	
固定资产	485 000	
无形资产	50 000	
生产成本	151 000	
制造费用	20 000	
累计折旧		43 000
短期借款		25 000
应付账款		40 200
预收账款		48 000
应付职工薪酬		12 600
应交税费		69 400
长期借款		400 000
实收资本		1 130 000
资本公积		50 000
盈余公积		50 000
利润分配		60 000
主营业务收入		420 000
管理费用	25 800	
销售费用	5 000	
营业外支出	20 000	
合计	2 348 200	2 348 200

五、编制期末调整分录并过账

月末，该公司存在下列账项调整。

(17) 6月30日，计提本月应负担的短期借款利息1 000元。

(18) 6月30日，计提本月固定资产折旧4 200，其中车间固定资产折旧2 500元，行政管理部门固定资产折旧1 500元，出租固定资产折旧200元。

(19) 6月30日，确认本月房租收入4 000元。

(20) 6月30日，按规定计算，本月应负担的城建税为500元。

编制调整分录如下：

(17)	借：财务费用	1 000
	贷：应付利息	1 000
(18)	借：制造费用	2 500
	管理费用	1 500
	其他业务成本	200
	贷：累计折旧	4 200
(19)	借：预收账款	4 000
	贷：其他业务收入	4 000
(20)	借：税金及附加	500
	贷：应交税费——应交城建税	500

一般情况下，由于存货收发业务频繁，且计算程序和方法相同，所以平时一般只记录收入和发出的数量，月末才进行金额的汇总，包括计算当期完工产品的生产成本和结转已售产品的成本。为计算完工产品的生产成本，需要将本期发生的制造费用在所生产的各种产品之间进行分配，将分配后的制造费用分别转入各种产品的生产成本，从而计算出本期所生产的各种产品的总成本和单位成本。对于因销售而发出的存货，平时不作结转售出存货成本的分录，一般是在期末进行发出存货成本的汇总结转，一次性作借记"主营业务成本"账户，贷记"库存商品"账户的调整记录。

月末，该公司进行下列成本计算：

(21) 6月30日，结转本月的制造费用22 500元。

(22) 6月30日，结转本月完工产品成本，假设产品全部完工。

(23) 6月30日，结转本月售出产品成本，产品单位成本为180元。

完工产品总成本=85 000+6 000+60 000+22 500=173 500(元)

本月售出产品成本=180×1 200=216 000(元)

编制会计分录如下：

(21)	借：生产成本	22 500
	贷：制造费用	22 500
(22)	借：库存商品	173 500
	贷：生产成本	173 500
(23)	借：主营业务成本	216 000
	贷：库存商品	216 000

下面将华夏有限责任公司的调整分录登记到相关账户，结果如下所示：

借方	库存现金	贷方	借方	银行存款	贷方
期初余额 10 000			期初余额 360 000		
		(6) 3 000	(1) 400 000		(5) 5 000
		(9) 500	(2) 48 000		(10) 10 000
			(3) 25 000		(11) 8 000
本期发生额 0		本期发生额 3 500	(7) 487 200		(12) 20 000
期末余额 6 500					(14) 300
					(16) 85 000
			本期发生额 960 200		本期发生额 128 300
			期末余额 1 191 900		

借方	应收账款	贷方	借方	其他应收款	贷方
期初余额 40 000			(6) 3 000		(9) 3 000
		(3) 25 000			
本期发生额 0		本期发生额 25 000	本期发生额 3 000		本期发生额 3 000
期末余额 15 000			期末余额 0		

借方	原材料	贷方	借方	应付账款	贷方
期初余额 178 000					期初余额 27 000
(4) 20 000		(8) 100 000	(10) 10 000		(4) 23 200
本期发生额 20 000		本期发生额 100 000	本期发生额 10 000		本期发生额 23 200
期末余额 98 000					期末余额 40 200

借方	预收账款	贷方	借方	应付职工薪酬	贷方
(19) 4 000		(2) 48 000			期初余额 12 600
			(16) 85 000		(15) 85 000
本期发生额 4 000		本期发生额 48 000	本期发生额 85 000		本期发生额 85 000
		期末余额 44 000			期末余额 12 600

借方	应交税费	贷方	借方	长期借款	贷方
		期初余额 5 400			(1) 400 000
(4) 3 200		(7) 67 200			
		(20) 500			
本期发生额 3 200		本期发生额 67 700	本期发生额 0		本期发生额 400 000
		期末余额 69 900			期末余额 400 000

借方	实收资本	贷方	借方	盈余公积	贷方
	期初余额 1 100 000			期初余额 80 000	
	(13) 30 000			(13) 30 000	
本期发生额 0	本期发生额 30 000		本期发生额 30 000	本期发生额 0	
	期末余额 1 130 000			期末余额 50 000	

借方	生产成本	贷方	借方	制造费用	贷方
(8) 85 000	(22) 173 500		(8) 9 000	(21) 22 500	
(11) 6 000			(11) 1 000		
(15) 60 000			(15) 10 000		
(21) 22 500			(18) 2 500		
本期发生额 173 500	本期发生额 173 500		本期发生额 22 500	本期发生额 22 500	

借方	主营业务收入	贷方	借方	管理费用	贷方
	(7) 420 000		(8) 6 000		
			(9) 3 500		
本期发生额 0	本期发生额 420 000		(11) 1 000		
	期末余额 420 000		(14) 300		
			(15) 15 000		
			(18) 1 500		
			本期发生额 27 300	本期发生额 0	
			期末余额 27 300		

借方	销售费用	贷方	借方	营业外支出	贷方
(5) 5 000			(12) 20 000		
本期发生额 5 000	本期发生额 0		本期发生额 20 000	本期发生额 0	
期末余额 5 000			期末余额 20 000		

借方	财务费用	贷方	借方	应付利息	贷方
(17) 1 000				(17) 1 000	
本期发生额 1 000	本期发生额 0		本期发生额 0	本期发生额 1 000	
期末余额 1 000				期末余额 1 000	

借方	其他业务成本	贷方	借方	累计折旧	贷方
(18) 200				期初余额 43 000	
				(18) 4 200	
本期发生额 200	本期发生额 0		本期发生额 0	本期发生额 4 200	
期末余额 200				期末余额 47 200	

借方	其他业务收入	贷方	借方	税金及附加	贷方
		(19) 4 000	(20) 500		
本期发生额 0	本期发生额 4 000		本期发生额 500	本期发生额 0	
	期末余额 4 000		期末余额 500		

借方	库存商品	贷方	借方	主营业务成本	贷方
期初余额 280 000			(23) 216 000		
(22) 173 500	(23) 216 000				
本期发生额 173 500	本期发生额 216 000		本期发生额 216 000	本期发生额 0	
期末余额 237 500			期末余额 216 000		

六、编制调整后的试算平衡表

在所有调整分类登记到相关账户后，还需要进行一次试算，以检查将调整分录登记入账时是否存在差错。调整后各账户期末余额试算平衡表如表3-22所示。

表3-22 总分类账户余额试算平衡表

201×年6月30日　　　　　　　　　　　单位：元

账户名称	借方余额	贷方余额
库存现金	6 500	
银行存款	1 191 900	
应收账款	15 000	
原材料	98 000	
库存商品	237 500	
固定资产	485 000	
无形资产	50 000	
累计折旧		47 200
短期借款		25 000
应付账款		40 200
预收账款		44 000
应付职工薪酬		12 600
应交税费		69 900
应付利息		1 000
长期借款		400 000
实收资本		1 130 000
资本公积		50 000

续表

账户名称	借方余额	贷方余额
盈余公积		50 000
利润分配		60 000
主营业务收入		420 000
其他业务收入		4 000
主营业务成本	216 000	
税金及附加	500	
其他业务成本	200	
管理费用	27 300	
销售费用	5 000	
财务费用	1 000	
营业外支出	20 000	
合计	2 353 900	2 353 900

七、结账

会计期末，要根据账户的类型进行结账。对于资产、负债和所有者权益类等实账户，要计算出本期发生额和期末余额，并将期末余额结转到下一个会计期间，成为下一期的期初余额；对于收入、费用类等虚账户，则要求全部结清，一方面是为了计算出本期的经营成果，另一方面是为下一会计期间使用提供方便，将账户结清后，各账户余额复归为零，下期便可以重新开始归集收入和费用，以计算下期的经营成果。

在结账之前，通常要做好下列各项准备工作：首先，要详细查明本期内日常发生的各项经济业务是否都已填制记账凭证，并据以记入各账簿。若发现漏账，应当及时补记；其次，要按照权责发生制的要求对期末账项进行调整；最后，要进行对账，确保账证相符、账账相符和账实相符。

本例中，各实账户的结账工作直接在 T 型账户进行。而对于虚账户，需要通过编制结账分录，将所有收入、费用类账户的余额转入"本年利润"账户，再将"本年利润"账户的余额转入"利润分配"账户。

月末，编制结账分录如下：

(24) 将各收入类账户余额转入"本年利润"账户，结转后，各收入类账户没有余额。会计分录如下：

借：主营业务收入　　　　　　　　　　　　　　　　　　　　　　420 000
　　其他业务收入　　　　　　　　　　　　　　　　　　　　　　　4 000
　　贷：本年利润　　　　　　　　　　　　　　　　　　　　　　　424 000

(25) 将各费用类账户余额转入"本年利润"账户，结转后，各费用类账户没有余额。会计分录如下：

借：本年利润　　　　　　　　　　　　　　　　　　　　　　　　270 000
　　贷：主营业务成本　　　　　　　　　　　　　　　　　　　　216 000

税金及附加	500
其他业务成本	200
管理费用	27 300
销售费用	5 000
财务费用	1 000
营业外支出	20 000

(26) 计算所得税，并结转所得税费用。(假设不存在纳税调整，所得税税率为25%)

应交所得税=(420 000+4 000-216 000-500-200-27 300-5 000-1 000-20 000)×25%
=38 500 (元)

会计分录如下：

a. 借：所得税费用		38 500
贷：应交税费——应交所得税		38 500
b. 借：本年利润		38 500
贷：所得税费用		38 500

(27) 结转"本年利润"账户余额。会计分录如下：

借：本年利润		115 500
贷：利润分配——未分配利润		115 500

下面将华夏公司的结账分录登记到相关账户，其结果如下：

借方	库存现金	贷方
期初余额 10 000		
		(6) 3 000
		(9) 500
本期发生额 0		本期发生额 3 500
期末余额 6 500		

借方	银行存款	贷方
期初余额 360 000		
(1) 400 000		(5) 5 000
(2) 48 000		(10) 10 000
(3) 25 000		(11) 8 000
(7) 487 200		(12) 20 000
		(14) 300
		(16) 85 000
本期发生额 960 200		本期发生额 128 300
期末余额 1 191 900		

借方	应收账款	贷方
期初余额 40 000		
		(3) 25 000
本期发生额 0		本期发生额 25 000
期末余额 15 000		

借方	其他应收款	贷方
(6) 3 000		(9) 3 000
本期发生额 3 000		本期发生额 3 000
期末余额 0		

借方	原材料	贷方
期初余额 178 000		
(4) 20 000		(8) 100 000
本期发生额 20 000		本期发生额 100 000
期末余额 98 000		

借方	应付账款	贷方
		期初余额 27 000
(10) 10 000		(4) 23 200
本期发生额 10 000		本期发生额 23 200
		期末余额 40 200

借方	预收账款	贷方
(19) 4 000	(2) 48 000	
本期发生额 4 000	本期发生额 48 000	
	期末余额 44 000	

借方	应付职工薪酬	贷方
	期初余额 12 600	
(16) 85 000	(15) 85 000	
本期发生额 85 000	本期发生额 85 000	
	期末余额 12 600	

借方	应交税费	贷方
	期初余额 5 400	
(4) 3 400	(7) 67 200	
	(20) 500	
	(26)a 38 500	
本期发生额 3 200	本期发生额 106 200	
	期末余额 108 400	

借方	长期借款	贷方
	(1) 400 000	
本期发生额 0	本期发生额 400 000	
	期末余额 400 000	

借方	实收资本	贷方
	期初余额 1 100 000	
	(13) 30 000	
本期发生额 0	本期发生额 30 000	
	期末余额 1 130 000	

借方	盈余公积	贷方
	期初余额 80 000	
(13) 30 000		
本期发生额 30 000	本期发生额 0	
	期末余额 50 000	

借方	生产成本	贷方
(8) 85 000	(23) 173 500	
(11) 6 000		
(15) 60 000		
(22) 22 500		
本期发生额 173 500	本期发生额 173 500	

借方	制造费用	贷方
(8) 9 000	(22) 22 500	
(11) 1 000		
(15) 10 000		
(18) 2 500		
本期发生额 22 500	本期发生额 22 500	

借方	主营业务收入	贷方
(24) 420 000	(7) 420 000	
本期发生额 420 000	本期发生额 420 000	

借方	管理费用	贷方
(8) 6 000	(25) 27 300	
(9) 3 500		
(11) 1 000		
(14) 300		
(15) 15 000		
(18) 1 500		
本期发生额 27 300	本期发生额 27 300	

借方	销售费用	贷方		借方	营业外支出	贷方
(5) 5 000		(25) 5 000		(12) 20 000		(25) 20 000
本期发生额 5 000		本期发生额 5 000		本期发生额 20 000		本期发生额 20 000

借方	财务费用	贷方		借方	应付利息	贷方
(17) 1 000		(25) 1 000				(17) 1 000
本期发生额 1 000		本期发生额 1 000		本期发生额 0		本期发生额 1 000
						期末余额 1 000

借方	其他业务成本	贷方		借方	累计折旧	贷方
(18) 200		(25) 200				期初余额 43 000
						(18) 4 200
本期发生额 200		本期发生额 200		本期发生额 0		本期发生额 4 200
						期末余额 47 200

借方	其他业务收入	贷方		借方	税金及附加	贷方
(24) 4 000		(19) 4 000		(20) 500		(25) 500
本期发生额 4 000		本期发生额 4 000		本期发生额 500		本期发生额 500

借方	库存商品	贷方		借方	主营业务成本	贷方
期初余额 280 000				(24) 216 000		(25) 216 000
(23) 173 500		(24) 216 000				
本期发生额 173 500		本期发生额 216 000		本期发生额 216 000		本期发生额 216 000
期末余额 237 500						

借方	所得税费用	贷方		借方	本年利润	贷方
(26)a 38 500		(26)b 38 500		(25) 270 000		(24) 424 000
				(26)b 38 500		
				(27) 115 500		
本期发生额 38 500		本期发生额 38 500		本期发生额 424 000		本期发生额 424 000

借方	利润分配	贷方
		期初余额 60 000
		(27) 115 500
本期发生额 0		本期发生额 115 500
		期末余额 175 500

八、编制结账后的试算平衡表

结账后，仍需编制试算平衡表，以检查结账过程中是否出现差错，同时也为期末编制财务报表做好准备。

华夏有限责任公司201×年6月30日结账后的试算平衡表如表3-23所示。

表3-23　总分类账户余额试算平衡表

201×年6月30日　　　　　　　　　　　　　　　单位：元

账户名称	借方余额	贷方余额
库存现金	6 500	
银行存款	1 196 100	
应收账款	15 000	
原材料	98 000	
库存商品	237 500	
固定资产	485 000	
无形资产	50 000	
累计折旧		47 200
短期借款		25 000
应付账款		40 200
预收账款		44 000
应付职工薪酬		12 600
应交税费		108 400
应付利息		1 000
长期借款		400 000
实收资本		1 130 000
资本公积		50 000
盈余公积		50 000
利润分配		175 500
合计	2 083 900	2 083 900

九、编制会计报表

编制华夏有限责任公司201×年6月份的资产负债表，如表3-24所示。

表3-24　资产负债表(简表)

编制单位：华夏有限责任公司　　　　201×年6月30日　　　　　　　　　　　单位：元

资　产	年初余额	期末余额	负债及所有者权益	年初余额	期末余额
流动资产：	略		流动负债：	略	
货币资金		1 198 400	短期借款		25 000
应收账款		15 000	应付账款		40 200
存　货		335 500	预收账款		44 000
流动资产合计		1 548 900	应付职工薪酬		12 600
			应交税费		108 400
			应付利息		1 000
非流动资产：			流动负债合计		231 200
固定资产		437 800	非流动负债：		
无形资产		50 000	长期借款		400 000
非流动资产合计		487 800	非流动负债合计		400 000
			负债合计		631 200
			所有者权益：		
			实收资本		1 130 000
			资本公积		50 000
			盈余公积		50 000
			未分配利润		175 500
			所有者权益合计		1 405 500
资产总计		2 036 700	负债及所有者权益总计		2 036 700

编制华夏有限责任公司201×年6月份的利润表，如表3-25所示。

表3-25　利润表(简表)

编制单位：华夏有限责任公司　　　　201×年6月　　　　　　　　　　　单位：元

项　目	上期金额	本期金额
一、营业收入	略	424 000
减：营业成本		216 200
税金及附加		500
管理费用		27 300
财务费用		1 000
销售费用		5 000
资产减值损失		
加：投资收益(损失以"—"号填列)		

续表

项目	上期金额	本期金额
其中：对联营企业和合营企业的投资收益		
二、营业利润(损失以"—"号填列)		174 000
加：营业外收入		
减：营业外支出		20 000
其中：非流动资产处置损失		
三、利润总额(损失以"—"号填列)		154 000
减：所得税费用		38 500
四、净利润(净亏损以"—"号填列)		115 500

现金流量表略。

本 章 小 结

  会计循环，是指企业在一定会计期间，从取得或填制反映经济业务发生的原始凭证起，到编制出会计报表为止的一系列会计处理程序。会计凭证，就是用来记录经济业务，明确经济责任，并作为登记账簿依据的书面证明文件，按照填制的程序和用途不同，可分为原始凭证和记账凭证两大类。会计账簿是由具有一定格式的账页组成的，以审核无误的会计凭证为依据，用以全面、连续、系统地记载各种经济业务的簿册，是编制会计报表的重要依据。账簿按其用途可分为序时账簿、分类账簿和备查账簿；按外表形式可分为订本账、活页账和卡片账三种；按所使用的账页格式可分为三栏式账簿、多栏式账簿、数量金额式账簿和横线登记式账簿等。登记账簿是会计核算的基础工作，实际工作中必须按规定的方法依据审核无误的记账凭证进行登记。账项调整，就是在每个会计期末结账前，按照权责发生制原则对部分会计事项予以调整的行为。账项调整时所编制的会计分录，就是调整分录。结账是将一定时期内所发生的全部经济业务在登记入账的基础上，结算出每个账户的本期发生额合计数和期末余额，并将其余额结转到下期，以便根据账簿记录编制财务会计报告。按照《会计工作基础规范》的要求，各企业单位必须按照规定定期结账。财务报表是对企业财务状况、经营成果和现金流量的结构性表述。一套完整的财务报表至少应当包括"四表一注"，即资产负债表、利润表、现金流量表、所有者权益变动表和附注。

复习思考题

  1. 什么是会计循环？简述会计循环的基本步骤。
  2. 专用记账凭证可以分为哪几种？分别适用于哪些类型的经济业务？
  3. 会计账簿按用途可分为哪几类？其内容各是什么？
  4. 明细分类账的格式如何？分别适用于哪种明细分类账簿？
  5. 错账的更正方法有哪些？分别适用于什么条件？如何使用？

6. 什么是账项调整？期末应予以调整的项目有哪些？请举例说明。
7. 什么是结账？结账的内容包括哪些？

自测与技能训练

一、基础知识自测

(一)单项选择题

1. 会计日常核算工作的起点是( )。
   A. 登记会计账簿　　　　　　　B. 编制财务报表
   C. 填制或取得会计凭证　　　　D. 成本计算
2. 下列业务中，应编制转账凭证的是( )。
   A. 支付采购材料价款　　　　　B. 支付材料运杂费
   C. 收回出售材料款　　　　　　D. 车间生产领用原材料
3. 必须逐日逐笔登记的账簿是( )。
   A. 日记账　　B. 明细账　　C. 总账　　D. 备查账
4. 将各损益类账户余额转入"本年利润"账户所编制的会计分录称为( )。
   A. 简单分录　　B. 复合分录　　C. 调账分录　　D. 结账分录
5. 编制财务报表是一个会计循环中的( )。
   A. 第一步工作　　　　　　　　B. 第二步工作
   C. 随时可进行的工作　　　　　D. 最后一步工作

(二)多项选择题

1. 下列属于原始凭证的有( )。
   A. 发出材料汇总表　　　　　　B. 记账凭证汇总表
   C. 工资计算单　　　　　　　　D. 限额领料单
2. 银行存款日记账的登账依据可能有( )。
   A. 银行存款收款凭证　　　　　B. 银行存款付款凭证
   C. 现金收款凭证　　　　　　　D. 现金付款凭证
3. 会计上允许使用的错账更正的方法有( )。
   A. 划线更正法　　B. 红字更正法　　C. 补充登记法　　D. 刮擦挖补
4. 下列( )项目，适用于多栏式明细账的账页格式。
   A. 应收账款明细账　　　　　　B. 原材料明细账
   C. 管理费用明细账　　　　　　D. 生产成本明细账
5. 应予以调整的项目包括( )。
   A. 坏账准备的计提　　　　　　B. 计提本期应付利息
   C. 预收款项本期确认收入　　　D. 摊销本期应承担的费用

(三)分析判断题

1. 在权责发生制下，企业本期收到货币资金就意味着本期收入增加。( )
2. 订本式账簿是指在记账结束后，将记过账的账页装订成册的账簿。( )

3. 原始凭证可能由财务人员填写,也可能由非财务人员填写。(　　)

4. 登记账簿必须使用蓝、黑墨水钢笔书写,不得使用铅笔或圆珠笔书写,也不得使用红色墨水书写。(　　)

5. 调整分录的特点是一方面影响资产负债表项目,另一方面影响利润表项目。(　　)

二、实务技能训练

【目的】会计循环综合练习。

【资料】康明股份有限公司2017年11月30日各总分类账户余额如下:

单位:元

账户名称	借方余额	账户名称	贷方余额
库存现金	18 000	短期借款	60 000
银行存款	374 000	应付账款	105 000
应收账款	120 000	应付职工薪酬	86 000
原材料	258 000	应交税费	15 400
库存商品	360 000	累计折旧	56 000
固定资产	500 000	实收资本	1 000 000
		盈余公积	100 000
		本年利润	125 000
		利润分配	82 600
合计	1 630 000	合计	1 630 000

康明股份有限公司2017年12月发生下列业务:

(1) 购入A材料4 000千克,单价8元,增值税税率16%,发生运杂费1 500元,全部款项以银行存款付讫,材料验收入库。

(2) 从银行借入期限为3个月的借款100 000元,年利率6%。

(3) 从四通公司购入A、B两种材料,其中A材料1 000千克,单价10元,B材料2 500千克,单价4元,增值税税额3 200元,运杂费1 400元,上述款项均未支付,材料尚未到达。(运杂费按材料重量比例分配)

(4) 接受M公司投资的设备一台,价值50 000元。

(5) 经理张磊出差大连,借差旅费2 000元,以现金支付。

(6) 从四通公司购入的A、B材料到货,验收入库。

(7) 以银行存款支付上月应交税费6 000元。

(8) 提取现金68 000元,备发工资。

(9) 以现金支付上月职工工资68 000元。

(10) 张磊出差回来,报销差旅费2 800元,余款以现金补付。

(11) 销售甲产品5 000件,每件售价20元,增值税税率16%,价税合计116 000元,款项收到存入银行。

(12) 以银行存款支付员工各种福利费共计4 000元。

(13) 以银行存款支付前欠货款42 000元。

(14) 销售给八达公司甲产品 10 000 件，每件 20 元，增值税额 32 000 元，以银行存款代垫运费 2 000 元，已办妥托收手续，款项尚未收到。

(15) 以银行存款支付业务招待费 2 500 元。

(16) 以现金支付车间设备的修理费 300 元。

(17) 以银行存款支付广告费 3 000 元。

(18) 销售剩余 C 材料一批，价款 1 000 元，增值税税额 160 元，款项收到存入银行。

(19) 结转 C 材料的销售成本，该批材料的成本为 900 元。

(20) 接到银行通知，明月厂前欠本公司的货款 23 200 元已收到。

(21) 以银行存款支付违约金 5 000 元。

(22) 月末，根据发出材料汇总表，本月仓库发出 A 材料 50 000 元，其中生产甲产品消耗 20 000 元，生产乙产品消耗 25 000 元，车间一般消耗 2 000 元，行政管理部门消耗 3 000 元。

(23) 月末，计算分配本月职工工资，总计 70 000 元，其中生产甲产品工人工资 30 000 元，生产乙产品工人工资 20 000 元，车间管理人员工资 8 000 元，行政管理人员工资 12 000 元。

(24) 月末，计算分配本月职工福利费，总计 9 800 元，其中生产甲产品工人工资 4 200 元，生产乙产品工人工资 2 800 元，车间管理人员工资 1 120 元，行政管理人员工资 1 680 元。

(25) 月末，计提本月固定资产折旧 4 000 元，其中车间的固定资产折旧 2 380 元，行政部门固定资产折旧 1 620 元。

(26) 月末，预提本月短期借款利息 500 元。

(27) 月末，分配并结转本月发生的制造费用(按生产工人的工资比例分配)。

(28) 月末，假定本月生产的甲、乙产品全部完工，结转完工产品成本。

(29) 月末，结转本月已销售甲产品成本，经计算，甲产品平均每件 12 元。

(30) 月末，结转各收入类账户余额。

(31) 月末，结转各费用类账户余额。

(32) 计算本月利润总额，按 25%的税率计算并结转本月应交所得税。(假设本期无纳税调整项目)

(33) 若公司 1~11 月累计实现净利润 125 000 元，计算并结转全年实现的净利润。

(34) 按全年净利润的 10%计提法定盈余公积。

(35) 按全年净利润的 30%分配现金股利。

【要求】

(1) 根据上述前 21 笔经济业务编制会计分录。

(2) 登记有关 T 形账户。

(3) 根据总分类账户编制调整前的余额试算平衡表。

(4) 根据 22~35 笔经济业务，编制有关期末调整分录和结账分录，并登记入账。

(5) 编制调整后的试算平衡表。

(6) 编制会计报表。

第四章 货币资金与应收款项

学习目标

通过本章的学习，应能了解现金管理和银行存款管理的有关规定，掌握货币资金、应收票据、应收账款、预付账款、其他货币资金的会计核算，理解针对应收款项采用"备抵法"核算坏账损失。

第一节 货币资金

货币资金是企业资产的重要组成部分，是企业资产中流动性最强的一种资产。任何企业要进行生产经营活动都必须拥有货币资金，持有货币资金是进行生产经营活动的基本条件。根据货币资金的存放地点及其用途，货币资金分为库存现金、银行存款和其他货币资金。在实际工作中，货币资金的核算并不复杂，但由于其具有高度的流动性，国家对货币资金的管理要求比较严格，因此应加强对货币资金的管理和控制。

一、库存现金

现金是货币资金的重要组成部分，是通用的交换媒介，也是对其他资产进行计量的一般尺度，具有通用性和无限制可流通性，可以不受任何约定的限制，能够在一国或他国之间自由流动。现金的概念有广义和狭义的区分。狭义的现金是指放于企业财会部门由出纳人员经管的纸币、硬币、电子货币以及折算为记账本位币的外币等，包括人民币现金和外币现金；广义的现金除了狭义的现金内容之外，还包括银行存款和其他可以普遍接受的流通手段，如银行本票、银行汇票、保付支票、个人支票等。我们这里说的现金是指狭义的现金，即库存现金。

(一)库存现金管理的有关规定

1. 现金要在规定的范围内使用

根据国家现金管理制度和结算制度的规定，企业收支的各种款项必须按照国务院颁发的《现金管理暂行条例》的规定办理，在规定范围内使用现金。允许企业使用现金结算的范围是：① 职工工资、津贴；② 个人劳务报酬；③ 根据国家规定颁发给个人的科学技术、文化艺术、体育等各种奖金；④ 各种劳保、福利费用以及国家规定的对个人的其他支出；⑤ 向个人收购农副产品和其他物资的价款；⑥ 出差人员必须随身携带的差旅费；⑦ 零星支出；⑧ 中国人民银行确定需要支付现金的其他支出。属于上述现金结算范围的支出，企业可以根据需要向银行提取现金支付，不属于上述现金结算范围的款项支付一律通过银行进行转账结算。

2. 库存现金不能任意超限额

库存现金限额是指为保证各单位日常零星支出按规定允许留存的现金的最高数额。库存现金的限额，由开户银行根据开户单位的实际需要和距离银行远近等情况核定。其限额一般按照单位3～5天日常零星开支所需现金确定。远离银行或交通不便的企业，银行最多可以根据企业15天的正常开支需要量来核定库存现金的限额。正常开支需要量不包括企业每月14日发放工资和不定期差旅费等大额现金支出。库存限额一经核定，企业必须严格遵守，不能任意超额，超过限额的现金应及时存入银行；库存现金低于限额时，可以签发现金支票从银行提取现金，补足限额。

3. 不准坐支现金

企业在经营活动中，经常会发生一些现金收入，比如收取不足转账起点的小额销售收入，销售给不能转账的集体或个人的销货款，职工交回的差旅费剩余款等。企业的现金收入，应及时送存银行，不得直接用于支付自己的支出。用收入的现金直接支付支出的，叫作"坐支"。企业如因特殊情况需要坐支现金的，应当事先报经开户银行审查批准，由开户银行核定坐支范围和限额。企业应定期向开户银行报送坐支金额和使用情况。未经银行批准，企业不得擅自坐支现金。为了加强银行的监督，企业向银行存入现金时，应在送款簿上注明款项的来源。从开户银行提取现金时，应当在现金支票上写明用途，由本单位财会部门负责人签字盖章，经开户银行审核后，予以支付现金。

此外，不准用不符合制度的凭证顶替库存现金，即不得"白条顶库"；不准谎报用途套取现金；不准用单位收入的现金以个人名义存储；不准保留账外公款；不准设置"小金库"；等等。

(二)库存现金的核算

1. 日常收付库存现金的核算

为了总括地反映企业库存现金的收支和结存情况，企业应设置"库存现金"总分类账户。现金收入时借记本账户；现金支付时贷记本账户；余额在借方，表示库存现金的结存数额。

现金总账可根据现金收付款凭证和银行存款付款凭证的有关内容由负责总账的财会人员进行总分类核算，逐笔登记或根据汇总的收付款凭证、科目汇总表登记。

为了全面、连续、逐日地反映现金的收入来源、支出用途和结存情况，以便随时掌握现金的收付存状态，防止差错，便于检查，企业还应设置现金日记账。现金日记账采用订本式，装订前应当按账页顺序编写页码，以防止账页丢失或被抽换，同时便于核对。

现金日记账由出纳人员根据审核无误的收款凭证、付款凭证按经济业务发生的先后顺序逐笔登记；每日终了应计算本日现金收入、支出和结出现金余额，并与实际库存现金核对；月终，现金日记账的余额应与现金总账的余额核对相符。

【例4-1】新天地有限责任公司，开具现金支票，从银行提取现金2 000元，以备零星开支。其会计分录如下：

借：库存现金　　　　　　　　　　　　　　　　　　　　　　　　2 000
　　贷：银行存款　　　　　　　　　　　　　　　　　　　　　　　　2 000

【例4-2】新天地有限责任公司零星销售产品5件，价款500元，增值税税额80元，客户以现金支付相关款项。其会计分录如下：

借：库存现金　　　　　　　　　　　　　　　　　　　　　　　　　580
　　贷：主营业务收入　　　　　　　　　　　　　　　　　　　　　　500
　　　　应交税费——应交增值税(销项税额)　　　　　　　　　　　　80

【例4-3】新天地有限责任公司以现金630元购买行政管理部门办公用品。其会计分录如下：

借：管理费用　　　　　　　　　　　　　　　　　　　　　　　　　630
　　贷：库存现金　　　　　　　　　　　　　　　　　　　　　　　　630

【例4-4】新天地有限责任公司将多余现金350元送存银行。其会计分录如下：

借：库存现金　　　　　　　　　　　　　　　　　　　　　　　　　350
　　贷：银行存款　　　　　　　　　　　　　　　　　　　　　　　　350

2. 库存现金清查的核算

为了保护现金的安全、完整，做到账实相符，必须做好现金的清查工作。库存现金的清查是通过对库存现金的实地盘点，并与现金账户进行核对来检查账实是否相符的。

库存现金的清查包括出纳员对现金的日常清点核对和清点组定期或不定期的现金清查。企业的现金出纳员在每天营业终了时，应对库存现金进行盘点，并将实际盘点数与现金日记账的当天余额核对，做到现金日清月结，保证账款相符。企业定期或不定期的现金清查，由清查小组的工作人员通过实地盘点的方法进行。在具体清查时，出纳员必须在场。通过实地盘点确定库存现金实有数，然后与库存现金日记账的余额核对相符。清查之后应将清查结果填列到"库存现金盘点报告表"中，并由现金清查人员和出纳员签字盖章。

■知识链接 4-1

造成现金账实不符的原因

造成现金账实不符的原因包括两大类：一类是会计人员操作失误造成的，另一类是人为舞弊造成的。具体有以下几种情况：

(1) 出纳员收、付现金时出现差错。
(2) 出纳员在保管现金的过程中由于疏忽而丢失了现金。
(3) 发生现金收、付业务时实际收到或付出了现金，但未作现金收款凭证或付款凭证。
(4) 发生现金收、付业务时所编制的会计分录中金额产生错误或记错了账户。
(5) 依据现金收、付款凭证登记库存现金日记账时发生错误。
(6) 库存现金被盗等。

针对不同的原因造成的现金长款或短款，要采取不同的方法进行处理。对现金清查中发现的长款(盘盈或溢余)、短款(盘亏)金额，必须认真查明原因，及时报请有关部门批准，并按规定进行相关的账务处理。

现金清查过程中发现的长款(盘盈或溢余)或短款(盘亏)，应根据"库存现金盘点报告表"以及有关的批准文件进行批准前和批准后的账务处理。现金长、短款通过"待处理财产损益——待处理流动资产损益"账户进行核算。

现金长、短款在批准前的处理是以实际存在的库存现金为标准的，当现金长款时，应借记"库存现金"科目，以保证账实相符，同时贷记"待处理财产损益——待处理流动资产损益"科目，等待批准处理；当库存现金短款时，应冲减库存现金账户的记录，即贷记"库存现金"科目，同时借记"待处理财产损益——待处理流动资产损益"科目，等待批准处理。

现金长、短款在批准后应视不同的原因采取不同的方法进行处理。一般来说，对于无法查明原因的现金长款，其批准后的处理是增加营业外收入，即借记"待处理财产损益——待处理流动资产损益"科目，贷记"营业外收入"科目；对于应付其他单位或个人的长款，应借记"待处理财产损益——待处理流动资产损益"科目，贷记"其他应付款——××单位或个人"科目。对于现金短款，如果是应由责任人赔偿或由保险公司赔偿的，借记"其他应收款——××赔偿人"或"其他应收款——应收保险赔款"科目，贷记"待处理财产损益——待处理流动资产损益"科目；如果是由于经营管理不善、非常损失或无法查明原因造成的，应增加企业的管理费用，即借记"管理费用"科目，贷记"待处理财产损益——待处理流动资产损益"科目。

下面举例说明现金长、短款批准前后的账务处理。

【例 4-5】新天地有限责任公司在现金清查中发现盘盈现金 280 元，经反复查对，原因不明。批准前和批准后的账务处理如下：

批准前：借：库存现金　　　　　　　　　　　　　　　　　　　280
　　　　　贷：待处理财产损益——待处理流动资产损益　　　　　280
批准后：借：待处理财产损益——待处理流动资产损益　　　　　280
　　　　　贷：营业外收入　　　　　　　　　　　　　　　　　　280

【例 4-6】新天地有限责任公司在现金清查中发现盘亏现金 150 元，经查是出纳员工作失职造成的，应由该出纳员负责赔偿。批准前和批准后的账务处理如下：

批准前：借：待处理财产损益——待处理流动资产损益　　　　　150
　　　　　贷：库存现金　　　　　　　　　　　　　　　　　　　150
批准后：借：其他应收款——出纳员××　　　　　　　　　　　150
　　　　　贷：待处理财产损益——待处理流动资产损益　　　　　150

二、银行存款

银行存款是指企业存放在银行或其他金融机构可动用的货币资金。企业收入的一切款项，除留存限额内的现金之外，都必须送存银行。企业的一切支出除规定可用现金支付之外，都必须遵守银行结算办法的有关规定，通过银行办理转账结算。我国银行存款包括人民币存款和外币存款两种。银行存款是流动性仅次于现金的一种货币资产，因此对其加强管理和核算意义重大。

(一)银行存款管理的有关规定

1. 企业应在银行开立账户

我国关于现金管理和结算办法规定,凡独立核算的企业必须在当地银行或其他金融机构开立存款账户,用以保存货币资金、办理银行存款的存取以及转账结算业务。

根据中国人民银行制定的《银行账户管理办法》和《支付结算办法》的规定,一个企业可以根据需要在银行开立四种账户,包括基本存款账户、一般存款账户、临时存款账户和专用存款账户。

基本存款账户是企业办理日常结算和现金收付的账户。企业的工资、奖金等现金的支出,只能通过基本存款账户办理。

一般存款账户是企业在基本存款账户以外的银行营业机构开立的银行结算账号。企业可以通过本账户办理转账结算和现金缴存,但不能办理现金支取。

临时存款账户是企业因临时经常活动需要开立的账户,企业可以通过本账户办理转账结算和根据国家现金管理的规定办理现金收付。

专用存款账户是企业因特定用途需要开立的账户。

一个企业只能选择一家银行的一个营业机构开立一个基本存款账户,不得在多家银行机构开立基本存款账户;不得在同一家银行的几个分支机构开立一般存款账户。

2. 严格执行银行结算纪律规定

企业应加强对银行存款的管理,严格遵守银行结算纪律,合法使用银行账户,不得将在银行开立的账户转借给其他单位或个人使用;不得利用银行账户进行非法活动;不得签发空头支票和远期支票,套取银行信用;不得签发、取得和转让没有真实交易和债权债务的票据,套取银行和他人资金;不准无理由拒绝付款,任意占用他人资金;不准违反规定开立和使用账户。

(二)银行转账结算的种类

转账结算是指企业单位之间的款项收付不是动用现金,而是由银行从付款单位的存款账户划转到收款单位的存款账户的货币清算行为。根据中国人民银行有关支付结算办法规定,目前企业发生的货币资金业务可以采用以下方式通过银行办理转账结算。

1. 银行汇票

银行汇票是指由出票银行签发的,由其在见票时按照实际结算金额无条件支付给收款人或者持票人的票据。银行汇票的出票银行为银行汇票的付款人。企业与异地单位和个人的各种款项结算,均可使用银行汇票。银行汇票可以用于转账,填明"现金"字样的银行汇票也可以用于支取现金,其中现金银行汇票的申请人与收款人必须均为个人。银行汇票的提示付款期限自出票日起 1 个月。持票人超过付款期限提示付款的,代理付款人不予受理。收款人受理申请人交付的银行汇票时,应在出票金额以内,根据实际需要的款项办理结算,并将实际结算金额和多余金额准确、清晰地填入银行汇票和解讫通知的有关栏内。未填明实际结算金额和多余金额或实际结算金额超过出票金额的,银行不予受理。银行汇票的实际结算金额不得更改，更改实际结算金额的银行汇票无效。银行汇票的实际结算金额低于出票金额的，其多余金额由出票银行退交申请人。

银行汇票可以背书转让给被背书人。银行汇票的背书转让以不超过出票金额的实际结算金额为准。未填写实际结算金额或实际结算金额超过出票金额的银行汇票不得背书转让。申请人因银行汇票超过付款提示期限或其他原因要求退款时，应将银行汇票和解讫通知同时提交到出票银行。申请人缺少解讫通知要求退款的，出票银行应于银行汇票提示付款期满一个月后办理。银行汇票丢失，失票人可以凭人民法院出具的其享有票据权利的证明，向出票银行请求付款或退款。

2. 银行本票

银行本票是指由银行签发的，承诺其在见票时无条件支付确定的金额给收款人或者持票人的票据。它适用于单位和个人在同一票据交换区域需要支付各种款项的结算。银行本票可以用于转账，也可以用于支取现金。申请人或收款人为单位的，不得申请签发现金银行本票。银行本票分为不定额本票和定额本票两种，其中定额本票分为1 000元、5 000元、10 000元和50 000元四种面额。银行本票的提示付款期限自出票日起最长不得超过2个月；持票人超过付款期限提示付款的，代理付款人不予受理。若持票人在票据权利时效内向出票银行作出说明，并提供本人身份证件或单位证明，可持银行本票向出票银行请求付款。银行本票的代理付款人是代理出票银行审核支付银行本票款项的银行。银行本票可以背书转让给被背书人。

申请人使用银行本票，应向银行填写"银行本票申请书"，填明收款人名称、申请人名称、支付金额、申请日期等事项并签章。申请人和收款人均因个人需要支取现金的，应在"支付金额"栏先填写"现金"字样，后填写支付金额。

银行本票若丢失，失票人可以凭人民法院出具的其享有票据权利的证明，向出票银行请求付款或退款。

3. 支票

支票是指由出票人签发的，委托办理支票存款业务的银行在见票时无条件支付确定的金额给收款人或者持票人的票据。支票分为现金支票、转账支票和普通支票三种。在支票上印有"现金"字样的支票为现金支票，现金支票只能用于支取现金；在支票上印有"转账"字样的支票为转账支票，转账支票只能用于转账；在支票上未印有"现金"或"转账"字样的为普通支票，普通支票既可以用于支取现金，也可以用于转账。在普通支票左上角划两条平行线的，为划线支票，划线支票只能用于转账，不得支取现金。支票适用于单位和个人在同一票据交换区域的各种款项的结算。

支票的出票人为在经中国人民银行当地分支行批准办理支票业务的银行机构开立可以使用支票的存款账户的单位和个人。

支票的提示付款期限为自出票日起10日内，中国人民银行另有规定的除外。超过提示付款期限提示付款的，持票人开户银行不予受理，付款人不予付款。

单位和个人签发支票的金额不得超过付款时在付款人处实有的存款金额，同时不得签发空头支票、与预留银行签章不符的支票以及支付密码错误的支票。否则，银行应予以退票,并按票面金额处以 5% 但不低于 1 000 元的罚款;持票人有权要求出票人赔偿支票金额 2% 的赔偿金。对屡次签发的,银行应停止其签发支票。另外,单位和个人在签发支票时应使用碳素墨水或墨汁填写,中国人民银行另有规定的除外。

4. 商业汇票

商业汇票是指由出票人签发的,委托付款人在指定日期无条件支付确定的金额给收款人或者持票人的票据。这种结算方式要求在银行开立账户的法人以及其他组织之间,必须具有真实的交易关系或债权债务关系,如购买材料、销售商品等业务。这种结算方式同城和异地均可使用。

商业汇票的付款期限可由交易双方自行约定,但最长不得超过 6 个月。商业汇票的提示付款期限为自汇票到期日起 10 日。持票人应在提示付款期限内通过开户银行委托收款或直接向付款人提示付款。对异地委托收款的,持票人可匡算邮程,提前通过开户银行委托收款。持票人超过提示付款期限提示付款的,持票人开户银行不予受理。商业汇票可以背书转让,符合条件的商业汇票在尚未到期前可以向银行申请贴现,并按银行规定的贴现率向银行支付贴现息。

按承兑人不同,商业汇票可分为商业承兑汇票和银行承兑汇票两种。

商业承兑汇票由银行以外的付款人承兑,属于商业信用范畴。商业承兑汇票可以由付款人签发并承兑,也可以由收款人签发交由付款人承兑。收款人或者持票人在提示付款期限内应填写委托收款凭证,并连同商业承兑汇票送交银行办理收款。在收到银行转来的收款通知后,就可办理收款的账务处理。付款人收到开户银行转来的付款通知,应在当日通知银行付款。付款人在接到通知日的次日起 3 日内(遇法定休假日顺延)未通知银行付款的,银行视同付款人承诺付款,并应于付款人接到通知日的次日起第 4 日(遇法定休假日顺延)上午开始营业时,将票款划给持票人。银行在办理划款时,付款人存款账户不足支付的,应填制付款人未付票款通知书,连同商业承兑汇票邮寄持票人开户银行转交持票人。

银行承兑汇票由银行承兑,属于银行信用。银行承兑汇票应由在承兑银行开立存款账户的存款人签发。存款人应与承兑银行具有真实的委托付款关系,而且资信状况良好,具有支付汇票金额的可靠资金来源。银行承兑汇票的出票人应于汇票到期前将票款足额交存其开户银行。承兑银行应在汇票到期日或到期日后的见票当日支付票款。承兑银行如存在合法抗辩事由拒绝支付的,应自接到商业汇票的次日起 3 日内,作成拒绝付款证明,连同银行承兑汇票邮寄持票人开户银行转交持票人。如出票人于汇票到期日未能足额交存票款,承兑银行除凭票向持票人无条件付款外,对出票人尚未支付的汇票金额按照每天万分之五计收利息。

5. 信用卡

信用卡是指商业银行向个人和单位发行的,凭以向特约单位购物、消费和向银行存取现金,且具有消费信用的特制载体卡片。信用卡按使用对象分为单位卡和个人卡;按信誉等级分为金卡和普通卡。

凡在中国境内金融机构开立基本存款账户的单位可申领单位卡。单位卡可申领若干张，持卡人资格由申领单位法定代表人或其委托的代理人书面指定和注销。单位申领使用信用卡时，应按规定填制申请表，连同有关资料一并送交发卡银行。符合条件的单位应按银行的要求交存一定金额的备用金后，银行才能为申领人开立信用卡存款账户，并发给信用卡。信用卡备用金存款利息，按照活期存款利率及计息办法计算。单位卡账户的资金一律从其基本存款账户转账存入，不得交存现金，不得将销货收入的款项存入该账户。单位卡销户时账户余额要转入其基本存款账户，不能提取现金。

利用单位卡进行结算的商品交易、劳务供应款项的金额不能高于 10 万元。信用卡可以透支，但不能恶意透支，而且透支金额有明确的规定，金卡不能超过 10 000 元，普通卡不能超过 5 000 元。信用卡透支期限最长为 60 天。

6. 汇兑

汇兑是汇款人委托银行将其款项支付给收款人的结算方式。单位或个人的各种款项的结算均可使用汇兑结算方式。

汇兑分为信汇、电汇两种。信汇是指汇款人委托银行通过邮寄方式将款项划转给收款人。电汇是指汇款人委托银行通过电报将款项划给收款人。这两种汇兑方式由汇款人根据需要选择使用。汇兑结算方式适用于异地之间的各种款项结算。这种结算方式划拨款项简便、灵活。

企业采用这一结算方式，付款单位汇出款项时，应填写银行印发的汇款凭证，列明收款单位名称、汇款金额及汇款的用途等项目，送达开户银行，委托银行将款项汇往收汇银行。收汇银行将汇款收进单位存款账户后，向收款单位发出收款通知。

7. 委托收款

委托收款是收款人委托银行向付款人收取款项的结算方式。无论单位还是个人都可凭已承兑商业汇票、债券、存单等付款人债务证明办理收取同城或异地款项。委托收款还适用于收取电费、电话费等付款人众多、分散的公用事业费等有关款项。

委托收款结算款项的方式分为邮寄和电报两种。

企业委托开户银行收款时，应填写银行印制的委托收款凭证和有关的债务证明。在委托收款凭证中写明付款单位的名称、收款单位的名称、账号及开户银行、委托收款金额的大小写、款项内容、委托收款凭据名称及附寄单证张数等。企业的开户银行受理委托收款后，将委托收款凭证寄交付款单位开户银行，由付款单位开户银行审核，并通知付款单位。付款单位收到银行交给的委托收款凭证及债务证明，应签收并在 3 天之内审查债务证明是否真实，是不是本单位的债务，确认之后通知银行付款。

付款单位应在收到委托收款的通知次日起 3 日内，主动通知银行是否付款。如果不通知银行，银行视同企业同意付款并在第 4 日，从单位账户中付出此笔委托收款款项。付款人在 3 日内审查有关债务证明后，认为债务证明或与此有关的事项符合拒绝付款的规定，应出具拒绝付款理由书和委托收款凭证及持有的债务证明，向银行提出拒绝付款。

8. 托收承付

托收承付是指根据购销合同由收款人发货后委托银行向异地付款人收取款项，由付款人向银行承诺付款的结算方式。按银行结算办法的规定，使用托收承付结算方式的收款单

位和付款单位，必须是国有企业、供销合作社以及经营管理较好，并经开户银行审查同意的城乡集体所有制工业企业。收款单位和付款单位间的结算必须是商品交易，以及因商品交易而产生的劳务供应的款项。但有些交易，如代销、寄销、赊销商品的款项，不得办理托收承付结算。

采用托收承付进行结算的交易双方必须签有符合《中华人民共和国合同法》要求的购销合同，并在合同上订明使用托收承付结算方式进行结算。收付双方办理托收承付结算，必须坚持重合同、守信用的原则。收款人对同一付款人发货托收累计 3 次收不回货款的，收款人开户银行应暂停收款人向该付款人办理托收；付款人累计 3 次提出无理拒付的，付款人开户银行应暂停其向外办理托收。但有些交易，如代销、寄销、赊销商品的款项，不得办理托收承付结算。

在托收承付结算方式下，销货单位按照合同规定向购货单位发货以后，应填写一式五联的托收承付结算凭证，连同合同以及能够证明货物确实发出的发运证件送交银行办理托收。银行经审查同意办理托收以后，根据回单联进行销售货物的账务处理，待收到开户银行转来的收款通知时，可编制收款凭证，将款项入账。购货单位收到银行转来的付款通知以后，应在承付期内及时组织审查核对，安排资金，支付货款。

承付货款分为验单付款和验货付款两种方式，由收付双方选择使用，并在合同中明确规定。验单付款的承付期很短，仅为 3 天，从付款人开户银行发出承付通知的次日算起(承付期内遇法定休假日顺延)。付款人在承付期内，未向银行表示拒绝付款，银行即视作承付，并在承付期满的次日(遇法定休假日顺延)上午银行开始营业时，将款项主动从付款人的账户内付出，按照收款人指定的划款方式，划给收款人。验货付款的承付期为 10 日，从运输部门向付款人发出提货通知的次日算起。对收付双方在合同中明确规定，并在托收凭证上注明验货付款期限的，银行从其规定。付款人收到提货通知后，应立即向银行交验提货通知。付款人在银行发出承付通知的次日起 10 日内，未收到提货通知的，应在第 10 日将货物尚未到达的情况通知银行。在第 10 日付款人没有通知银行的，银行即视作已经验货，于 10 日期满的次日上午银行开始营业时，将款项划给收款人；在第 10 日付款人通知银行货物未到，而以后收到提货通知没有及时送交银行的，银行仍按 10 日期满的次日作为划款日期，并按超过的天数，计扣逾期付款赔偿金。

9. 信用证

信用证结算方式是国际结算的一种主要方式。经中国人民银行批准经营结算业务的商业银行总行以及经商业银行总行批准开办信用证结算业务的分支机构，也可以办理国内企业之间的商品交易的信用证结算业务。

采用信用证结算方式的，收款单位收到信用证后即备货装运，签发有关发票账单，连同运输单据和信用证，送交银行，根据退还的信用证等有关凭证编制收款凭证；付款单位在接到开证行的通知后，根据付款的有关单据编制付款凭证。

(三)银行存款的核算

银行存款是企业的一项比较重要的货币资金，涉及银行存款增减变化的经济业务发生得又比较频繁，为了随时掌握银行存款的增减变化过程及其结果，需要设置"银行存款"

账户,同时必须设置银行存款总账和银行存款日记账。

银行存款收付业务的结算方式有多种,在不同的结算方式下,企业应当根据不同的原始凭证编制银行存款的收、付款记账凭证,据以登记银行存款日记账和总账。企业将款项存入银行等金融机构时,应根据有关原始凭证,借记"银行存款"账户,贷记"库存现金"等账户;提取或支付在银行等金融机构中的存款时,借记"库存现金"等账户,贷记"银行存款"账户。举例说明银行存款收付业务的会计处理如下。

【例4-7】新天地有限责任公司销售一批商品,增值税专用发票上注明价款20 000元,增值税额3 200元。收到购货单位签发的转账支票一张,金额为23 200元。其会计分录如下:

　　借:银行存款　　　　　　　　　　　　　　　　　　　　　　　23 200
　　　　贷:主营业务收入　　　　　　　　　　　　　　　　　　　　20 000
　　　　　　应交税费——应交增值税(销项税额)　　　　　　　　　　3 200

【例4-8】新天地有限责任公司以电汇方式,向希望小学捐款50 000元。其会计分录如下:

　　借:营业外支出　　　　　　　　　　　　　　　　　　　　　　50 000
　　　　贷:银行存款　　　　　　　　　　　　　　　　　　　　　　50 000

(四)银行存款的清查

银行存款的清查,通常采用将银行存款日记账与开户银行提供的"对账单"相核对的方法。核对前,首先把清查日前所有银行存款的收、付业务登记入账,对发生的错账、漏账应及时查清并更正。然后再与银行的"对账单"逐笔核对,若二者余额相符,一般说明无错误;若发现二者不相符,则可能存在未达账项。

所谓未达账项,是指企业和银行之间,由于凭证的传递时间不同,而导致双方记账时间不一致,即一方已接到有关结算凭证并已经登记入账,而另一方由于尚未接到有关结算凭证尚未入账的款项。

概括来说,未达账项有两大类型:一是企业已经入账而银行尚未入账的款项;二是银行已经入账而企业尚未入账的款项。具体来讲有以下四种情况:

(1) 企业已收款入账,银行未收款入账的款项。
(2) 企业已付款入账,银行未付款入账的款项。
(3) 银行已收款入账,企业未收款入账的款项。
(4) 银行已付款入账,企业未付款入账的款项。

在与银行对账时,应首先查明有无未达账项,如果存在未达账项,可编制"银行存款余额调节表"予以调整。"银行存款余额调节表"的编制应在企业银行存款日记账余额和银行对账单余额的基础上,分别加减未达账项,调整后的双方余额应该相符,并且是企业当时实际可以动用的款项。其计算公式如下:

$$\text{企业银行存款日记账余额} + \text{银行已收企业未收款项} - \text{银行已付企业未付款项} = \text{银行对账单余额} + \text{企业已收银行未收款项} - \text{企业已付银行未付款项}$$

现举例说明"银行存款余额调节表"的具体编制方法。

【例 4-9】 201×年 6 月 30 日，新天地有限责任公司银行存款日记账的账面余额为 31 000 元，银行对账单上的余额为 36 000 元，经逐笔核对，发现有下列未达账项：

(1) 29 日，企业销售产品收到转账支票一张，计 2 000 元，将支票存入银行，银行尚未办理入账手续。

(2) 29 日，企业采购原材料开出转账支票一张，计 1 000 元，企业已登记银行存款减少，而银行尚未收到支票而未入账。

(3) 30 日，企业开出现金支票一张，计 250 元，银行尚未入账。

(4) 30 日，银行代企业收回货款 8 000 元，收款通知尚未到达企业，企业尚未入账。

(5) 30 日，银行代付电费 1 750 元，付款通知尚未到达企业，企业尚未入账。

(6) 30 日，银行代付水费 500 元，付款通知尚未到达企业，企业尚未入账。

根据以上资料，编制"银行存款余额调节表"如表 4-1 所示。

表 4-1 银行存款余额调节表

201×年 6 月 30 日　　　　　　　　　　　　　　　　　　　　　　　　　　单位：元

项　目	金　额	项　目	金　额
企业银行存款日记账余额	31 000	银行对账单余额	36 000
加：银行已收企业未收	(4)8 000	加：企业已收银行未收	(1)2 000
减：银行已付企业未付	(5)1 750	减：企业已付银行未付	(2)1 000
	(6)500		(3)250
调节后的存款余额	36 750	调节后的存款余额	36 750

如果调节后双方余额相等，则一般说明双方记账没有差错；如果不相等，则表明企业方、银行方或双方记账有差错，应进一步核对，查明原因，予以更正。

需要注意的是，调节后的存款余额只表明企业可以实际动用的银行存款数，并非企业银行存款的实际数；"银行存款余额调节表"只是银行存款清查的一种形式，它只起到对账作用，不能作为调节账面余额的原始凭证；银行存款日记账，必须在收到有关原始凭证后再予以登记。

三、其他货币资金

其他货币资金是指性质与现金、银行存款相同，但其存放地点和用途与现金和银行存款不同的货币资金，包括外埠存款、银行汇票存款、银行本票存款、存出投资款、信用证保证金存款和在途货币资金等。

(一)外埠存款的核算

外埠存款是指企业到外地进行临时或零星采购时，汇往采购地银行开立采购专户的款项。

企业汇出款项时，须填写汇款委托书，加盖"采购资金"字样。汇入银行对汇入的采购款项，以汇款单位的名义开立采购账户。采购资金存款不计利息，除采购员差旅费可以支取少量现金外，其他一律转账。采购专户只付不收，付完结束账户。

企业将款项委托当地银行汇往采购地开立专户时，根据汇出款项凭证，编制付款凭证，进行账务处理，借记"其他货币资金——外埠存款"科目，贷记"银行存款"科目。外出采购人员报销用外埠存款支付材料的采购货款等款项时，企业应根据供应单位发票账单等报销凭证，编制付款凭证，借记"在途物资""应交税费——应交增值税(进项税额)"等科目，贷记"其他货币资金——外埠存款"科目。

采购员完成采购任务后，将多余的外埠存款转回当地银行时，应根据银行的收款通知，编制收款凭证。

【例4-10】新天地有限责任公司201×年6月4日，因零星采购需要，将款项60 000元汇往深圳并开立采购专户，会计部门应根据银行转来的回单联，填制记账凭证。其会计分录如下：

借：其他货币资金——外埠存款　　　　　　　　　　　　　　60 000
　　贷：银行存款　　　　　　　　　　　　　　　　　　　　60 000

【例4-11】201×年6月15日，会计部门收到采购员寄来的采购材料发票等凭证，货物价款50 000元，增值税额8 000元。其会计分录如下：

借：在途物资　　　　　　　　　　　　　　　　　　　　　　50 000
　　应交税费——应交增值税(进项税额)　　　　　　　　　　 8 000
　　贷：其他货币资金——外埠存款　　　　　　　　　　　　58 000

【例4-12】6月20日，外地采购业务结束，采购员将剩余采购资金2 000元转回本地银行，会计部门根据银行转来的收款通知填制记账凭证。其会计分录如下：

借：银行存款　　　　　　　　　　　　　　　　　　　　　　 2 000
　　贷：其他货币资金——外埠存款　　　　　　　　　　　　 2 000

(二)银行汇票存款的核算

银行汇票存款是指企业为取得银行汇票，按照规定存入银行的款项。企业向银行提交"银行汇票委托书"并将款项交存开户银行，取得汇票后，根据银行盖章的委托书存根联，编制付款凭证，借记"其他货币资金——银行汇票存款"科目，贷记"银行存款"科目。

企业使用银行汇票支付款项后，应根据发票账单及开户行转来的银行汇票有关副联等凭证，经核对无误后编制会计分录，借记"在途物资""应交税费——应交增值税(进项税额)"等科目，贷记"其他货币资金——银行汇票存款"科目。银行汇票使用完毕，应转销"其他货币资金——银行汇票存款"账户。如实际款项支付后银行汇票有余额，多余部分应借记"银行存款"科目，贷记"其他货币资金——银行汇票"科目。汇票因超过付款期限或其他原因未曾使用而退还款项时，应借记"银行存款"科目，贷记"其他货币资金——银行汇票存款"科目。

【例4-13】新天地有限责任公司201×年6月10日向银行提交"银行汇票委托书"，并交款40 000元，银行受理后签发银行汇票和解讫通知，根据"银行汇票委托书"存根联记账。其会计分录如下：

借：其他货币资金——银行汇票存款　　　　　　　　　　　　40 000
　　贷：银行存款　　　　　　　　　　　　　　　　　　　　40 000

【例 4-14】 201×年 6 月 15 日，新天地有限责任公司用银行签发的银行汇票支付采购材料的货款 34 800 元(其中价款 30 000 元，增值税额 4 800 元)。其会计分录如下：

借：在途物资　　　　　　　　　　　　　　　　　　　　　　30 000
　　应交税费——应交增值税(进项税额)　　　　　　　　　　 4 800
　　贷：其他货币资金——银行汇票存款　　　　　　　　　　　　　34 800

【例 4-15】 6 月 16 日，新天地有限责任公司收到银行退回的多余款项收账通知。其会计分录如下：

借：银行存款　　　　　　　　　　　　　　　　　　　　　　 5 200
　　贷：其他货币资金——银行汇票存款　　　　　　　　　　　　　 5 200

(三)银行本票存款的核算

银行本票存款是指企业为取得银行本票，按照规定存入银行的款项。企业向银行提交"银行本票申请书"并将款项交存银行，取得银行本票时，应根据银行盖章退回的申请书存根联，编制付款凭证，借记"其他货币资金——银行本票存款"科目，贷记"银行存款"科目。企业用银行本票支付购货款等款项后，应根据发票账单等有关凭证，借记"在途物资""应交税费——应交增值税(进项税额)"等科目，贷记"其他货币资金——银行本票存款"科目。如企业因本票超过付款期等原因未曾使用而要求银行退款时应填制进账单一式二联，连同本票交给银行，然后根据银行收回本票时盖章退回的一联进账单，借记"银行存款"科目，贷记"其他货币资金——银行本票存款"科目。

(四)信用卡存款的核算

信用卡存款是指企业为取得信用卡而存入银行信用卡专户的款项。企业申领信用卡，按照有关规定填制申请表，并按银行要求交存备用金，银行开立信用卡存款账户，发给信用卡。企业根据银行盖章退回的交存备用金的进账单，借记"其他货币资金——信用卡存款"科目，贷记"银行存款"科目。企业收到开户银行转来的信用卡存款的付款凭证及所附发票账单，经核对无误后进行会计处理，借记"管理费用"等科目，贷记"其他货币资金——信用卡存款"科目。企业信用卡在使用过程中，向其账户续存资金时，借记"其他货币资金——信用卡存款"科目，贷记"银行存款"科目。

(五)信用证保证金存款的核算

信用证保证金存款是指采用信用证结算方式的企业为开具信用证而存入银行信用证保证金专户的款项。

企业向银行申请开出信用证用于支付供货单位购货款项时，根据开户银行盖章退回的"信用证委托书"回单，借记"其他货币资金——信用证存款"科目，贷记"银行存款"科目。企业收到供货单位信用证结算凭证及所附发票账单，经核对无误后进行会计处理，借记"在途物资""应交税费——应交增值税(进项税额)"等科目，贷记"其他货币资金——信用证存款"科目。如果企业收到未用完的信用证存款余款，应借记"银行存款"科目，贷记"其他货币资金——信用证存款"科目。

(六)存出投资款的核算

存出投资款是指企业已存入证券公司但尚未进行投资的款项。

企业在向证券市场进行股票、债券投资时,应向证券公司申请资金账号并划出资金。企业向证券公司划出资金时,应按实际划出的金额,借记"其他货币资金——存出投资款"科目,贷记"银行存款"科目。购买股票、债券时,应按实际发生的金额,借记"交易性金融资产""持有至到期投资"科目等,贷记"其他货币资金——存出投资款"科目。

第二节 应收款项

企业在日常生产经营过程中,发生的各项债权构成企业的应收项目。应收款项包括应收票据、应收账款、预付账款和其他应收款等。

一、应收票据

(一)应收票据概述

应收票据是指因销售商品、提供劳务等而收到的商业汇票,是持票企业拥有的债权。商业汇票按承兑人不同,分为商业承兑汇票和银行承兑汇票。商业汇票按是否计息可分为不带息商业汇票和带息商业汇票。商业汇票的付款期限,最长不得超过 6 个月。商业汇票可以背书转让,也可以贴现,具有流通性。

(二)应收票据入账价值的确定

理论上,应收票据的入账价值应按照票据未来现金流量的现值确认,但在实际工作中,考虑到应收票据的期限较短,利率较低,折现成现值较烦琐,为了简化核算手续,一般按票据的面值入账。对于带息票据在会计期末(主要是指中期期末和年度终了)按应收票据的票面价值和规定的利率计提利息,相应地增加应收票据的账面余额。

(三)应收票据的会计处理

为了反映和监督应收票据的取得和收回情况,企业应设置"应收票据"账户,其借方登记取得的应收票据的面值和计提的票据利息,贷方登记到期收回或背书转让或申请贴现的应收票据的票面金额,期末余额在借方,反映企业持有的商业汇票的票面金额。该账户应按商业汇票的种类设置明细账,并设置"应收票据备查簿",逐步登记商业汇票的种类、号数和出票日、票面金额、交易合同号和付款人、承兑人、背书人的姓名或单位名称、到期日、背书转让日、贴现日、贴现率和贴现金额以及收款日和收款金额、退票情况等资料,商业汇票到期结清票款或退票后,应予以注销。

由于商业汇票按是否计息可分为不带息商业汇票和带息商业汇票两种情况,所以其会计处理也有所不同。

1. 不带息应收票据

不带息应收票据是指票据上未注明利率,只按票面金额结算票款的票据。不带息应收票据的到期价值等于应收票据的面值。企业收到票据时,应借记"应收票据"科目,贷记"主营业务收入""应收账款"等有关科目。票据到期收回款项时,应借记"银行存款"科目,贷记"应收票据"科目。

【例 4-16】新天地有限责任公司于 201×年 6 月 4 日向德恩公司销售一批产品,发票注明价款为 120 000 元,增值税额为 19 200 元。收到德恩公司开出并承兑的一张期限 1 个月、面额为 139 200 元的不带息商业承兑汇票。其会计分录如下:

借:应收票据　　　　　　　　　　　　　　　　　　　　　139 200
　贷:主营业务收入　　　　　　　　　　　　　　　　　　　　120 000
　　　应交税费——应交增值税(销项税额)　　　　　　　　　　19 200

【例 4-17】201×年 7 月 4 日,上述商业承兑汇票到期,新天地有限责任公司委托银行收款,收到银行收款通知,金额为 139 200 元。其会计分录如下:

借:银行存款　　　　　　　　　　　　　　　　　　　　　139 200
　贷:应收票据　　　　　　　　　　　　　　　　　　　　　139 200

【例 4-18】201×年 7 月 4 日,上述商业承兑汇票到期,假定德恩公司无力偿还票款,新天地有限责任公司将该到期票据的票面金额转为"应收账款"。其会计分录如下:

借:应收账款　　　　　　　　　　　　　　　　　　　　　139 200
　贷:应收票据　　　　　　　　　　　　　　　　　　　　　139 200

2. 带息应收票据

带息应收票据是指根据票面金额和票面利率计算到期利息的票据。对于带息应收票据,应于中期期末、年度终了和票据到期时计算票据利息,增加应收票据的账面价值,同时冲减财务费用。应收票据利息的计算公式如下:

$$应收票据利息=应收票据面值 \times 票面利率 \times 期限$$

上式中的"期限"是指票据的签发日至利息的计算日的时间间隔。票据的时间可以按月或日表示。在实际工作中,为了简化核算,通常将一年定为 360 天。票据时间按月表示的,应以到期月份中与出票日相同的那一天为到期日;如果是月末签发的,则以到期月的月末日为到期日,同时,利率换算成月利率。票据时间按日表示的,应按企业持有票据实际经历天数计算,但出票日和到期日只能算其中的一天,即"算头不算尾或算尾不算头",同时利率应换算成日利率。

【例 4-19】新天地有限责任公司于 2×16 年 10 月 1 日向华翔公司销售一批产品,发票注明价款为 200 000 元,增值税额为 32 000 元。收到华翔公司开出并承兑的一张面额为 232 000 元的带息商业汇票,汇票注明期限 4 个月,票面利率为 6%。其会计分录如下:

(1)2×16 年 10 月 1 日,收到票据时:

借:应收票据　　　　　　　　　　　　　　　　　　　　　232 000
　贷:主营业务收入　　　　　　　　　　　　　　　　　　　200 000
　　　应交税费——应交增值税(销项税额)　　　　　　　　　 32 000

(2) 2×16 年 12 月 31 日,计算票据利息[①]:

---

① 带息商业汇票在持有期间一般不计算利息,而是在到期时一次性计算利息,但在年末(或中期末)时,为了真实地反映企业年末(或中期末)的财务状况,需要计算截至年末(或中期末)已产生的利息。

应收票据利息=232 000×6%×3÷12=3 480(元)
借：应收票据　　　　　　　　　　　　　　　　　　　　3 480
　　贷：财务费用　　　　　　　　　　　　　　　　　　　　3 480
(3) 2×17年2月1日，票据到期，收回票款时：
票据到期值=232 000×(1+6%×4÷12)=236 640(元)
借：银行存款　　　　　　　　　　　　　　　　　　　236 640
　　贷：应收票据　　　　　　　　　　　　　　　　　　235 480
　　　　财务费用　　　　　　　　　　　　　　　　　　　1 160

(四)应收票据的贴现

当企业急需资金时，可以将未到期的票据经过背书向银行贴现。应收票据贴现是指持票人因急需资金，将未到期的商业汇票背书后转让给银行，银行受理后，扣除按银行的贴现利率计算确定的贴现利息后，将余额付给贴现企业。向银行申请贴现的票据必须经过背书。所谓背书，就是票据的持有人转让票据时，在票据背面签字。签字人称为背书人，对票据到期付款负有法律责任。

在应收票据贴现中，企业支付给银行的利息称为贴现息，采用的利率称为贴现率。自贴现日至到期日之间的时间称为贴现期限。企业收到银行实际支付的款项称为贴现所得。计算公式如下：

贴现息=票据到期值×贴现率×贴现期限
贴现所得=票据到期值-贴现息

【例4-20】新天地有限责任公司于2×17年1月1日，收到一张面值为96 000元、期限为6个月的不带息商业汇票。当年5月1日向银行办理贴现，贴现率为10%。其会计分录如下：

贴现息=96 000×10%×2÷12=1 600(元)
贴现所得=96 000-1 600=94 400(元)
借：银行存款　　　　　　　　　　　　　　　　　　　94 400
　　财务费用　　　　　　　　　　　　　　　　　　　　1 600
　　贷：应收票据　　　　　　　　　　　　　　　　　　96 000

【例4-21】新天地有限责任公司于2×17年4月1日，收到一张面值为80 000元、票面利率6%、期限为90天的带息商业汇票。当年5月20日向银行办理贴现，贴现率为8%。其会计分录如下：

票据到期值=80 000×(1+6%×90÷360)=81 200(元)
贴现息=81 200×8%×40÷360≈722(元)
贴现所得=81 200-722=80 478(元)
借：银行存款　　　　　　　　　　　　　　　　　　　80 478
　　贷：应收票据　　　　　　　　　　　　　　　　　　80 000
　　　　财务费用　　　　　　　　　　　　　　　　　　　478

二、应收账款

(一)应收账款概述

应收账款是指企业因销售商品或提供劳务等经营活动,应向购货或接受劳务单位收取的款项,包括应向债务人收取的价款及代购货单位垫付的包装费、运杂费等,代表企业获得未来经济利益(未来现金流入)的权利。

应收账款是以商业信用为基础,以购销合同、商品出库单、发票和发运单等书面文件为依据而确认的。应收账款应于收入实现时确认。

(二)应收账款入账价值的确定

应收账款是因企业销售商品、提供劳务等产生的债权,应当按照实际发生额记账。其入账价值包括:销售货物或提供劳务的价款、增值税以及代购货方垫付的包装费、运杂费等。在确认应收账款入账价值时,应当考虑有关商业折扣和现金折扣等因素。

■ 知识链接 4-2

商业折扣和现金折扣

"商业折扣",就是大家熟悉的"打折",是指企业为了促销商品而在商品标价上给予的价格扣除。商业折扣一般在销售时即已发生,它仅仅是确定实际销售价格的一种手段,不需要在买卖双方任何一方的账上反映,因此,在存在商业折扣的情况下,企业应收账款入账价值应按扣除商业折扣以后的实际售价确认。

"现金折扣",是指债权人为鼓励债务人在规定的期限内付款,而向债务人提供的债务扣除。现金折扣通常发生在以赊销方式销售商品及提供劳务的交易中。企业为鼓励客户提前付款,通常与债务人达成协议,债务人在不同期限内付款可享受不同比例的折扣。现金折扣一般用符号"折扣率/付款期限"表示。例如,"2/10、1/20、n/30",其含义为买方在 10 天内付款按售价给予 2% 的折扣;在 20 天内付款按售价给予 1% 的折扣;在 30 天内付款,则没有折扣。现金折扣是实际成交价格形成之后销售方推出的鼓励采购方提前付款的收款策略,因此,购销双方需要对现金折扣进行账务处理。

在存在现金折扣的情况下,应收账款入账价值的确定有两种方法:一种是总价法;另一种是净价法。

总价法是将未减去现金折扣前的金额作为应收账款的入账价值。现金折扣只有客户在折扣期内支付货款时,才予以确认。在这种方法下,销售方把给予客户的现金折扣视为融资的理财费用,会计上作为财务费用处理。

净价法是将扣减最大现金折扣后的金额作为应收账款入账价值。这种方法将客户取得现金折扣视为正常现象,认为客户一般会提前付款,而将由于客户超过折扣期限而多收的金额,视为提供信贷获得的收入,冲减财务费用。

我国的会计制度要求应收账款的入账价值按总价法确定。

(三) 应收账款的会计处理

为了反映应收账款的增减变动及其结存情况,企业应设置"应收账款"账户。该账户用来核算因销售商品、提供劳务等应向购买方收取的款项。借方登记应收款项的增加,贷方登记已收回的应收款项或已核销坏账的应收账款;期末借方余额反映企业尚未收回的应收账款。该账户应按债务人分别设置明细科目进行明细分类核算。

企业销售商品发生应收款项时,借记"应收账款"科目,贷记"主营业务收入""应交税费——应交增值税(销项税额)"等科目;收回款项时,借记"银行存款"科目,贷记"应收账款"科目。

【例 4-22】 新天地有限责任公司赊销给永泰股份公司一批产品。发票注明价款为 75 000 元,增值税额 12 000 元。另以银行存款代购货方垫付运杂费 1 200 元。全部款项尚未收到。其会计分录如下:

借:应收账款——永泰股份公司　　　　　　　　　　　　　　　　88 200
　　贷:主营业务收入　　　　　　　　　　　　　　　　　　　　　75 000
　　　　应交税费——应交增值税(销项税额)　　　　　　　　　　12 000
　　　　银行存款　　　　　　　　　　　　　　　　　　　　　　　1 200

【例 4-23】新天地有限责任公司赊销给方鑫公司一批产品,货已发出,货款为 2 000 000 元,考虑到成批销售,决定给予方鑫公司 15%的商业折扣,适用的增值税税率为 16%。其有关会计分录如下:

(1)销售时:

借:应收账款——方馨公司　　　　　　　　　　　　　　　　　1 972 000
　　贷:主营业务收入　　　　　　　　　　　　　　　　　　　　1 700 000
　　　　应交税费——应交增值税(销项税额)　　　　　　　　　　272 000

(2) 收回货款时:

借:银行存款　　　　　　　　　　　　　　　　　　　　　　　1 972 000
　　贷:应收账款——方馨公司　　　　　　　　　　　　　　　　1 972 000

【例 4-24】新天地有限责任公司采用赊销方式销售给天奇公司一批产品,货已发出,货款为 250 000 元,适用的增值税税率为 16%,规定的现金折扣条件为"2/10、1/20、n/30",假设计算现金折扣时不考虑增值税)。其有关会计分录如下:

(1) 销售时:

借:应收账款——天奇公司　　　　　　　　　　　　　　　　　　290 000
　　贷:主营业务收入　　　　　　　　　　　　　　　　　　　　　250 000
　　　　应交税费——应交增值税(销项税额)　　　　　　　　　　　40 000

(2) 如果天奇公司在 10 天内支付上述货款,其会计分录如下:

借:银行存款　　　　　　　　　　　　　　　　　　　　　　　　285 000
　　财务费用　　　　　　　　　　　　　　　　　　　　　　　　　5 000
　　贷:应收账款——天奇公司　　　　　　　　　　　　　　　　　290 000

如果天奇公司在 20 天内支付上述货款,其会计分录如下:

借:银行存款　　　　　　　　　　　　　　　　　　　　　　　　287 500
　　财务费用　　　　　　　　　　　　　　　　　　　　　　　　　2 500
　　贷:应收账款——天奇公司　　　　　　　　　　　　　　　　　290 000

如果天奇公司在30天内支付上述货款，其会计分录为

借：银行存款　　　　　　　　　　　　　　　　　　　　　290 000
　　贷：应收账款——天奇公司　　　　　　　　　　　　　　　　　290 000

三、预付账款

(一)预付账款概述

企业在购买材料物资的过程中，为了避免价格风险，或者受市场供应、生产季节的限制等原因，对于某些材料物资有时需要采取预先订购的方式，即按照购货合同规定预付一部分货款，这部分预先付给供货单位的订货款就构成企业的预付账款。预付账款是指企业按照购货合同规定预付给供应单位的款项。预付账款是企业暂时被供应单位占用的资金，企业有权要求供货方及时按照合同规定供应商品。预付账款必须以购销双方签订的购货合同为条件，按照规定程序和方法进行核算。

(二)预付账款的会计处理

为了反映预付账款的增减变动及其结存情况，企业应设置"预付账款"账户，借方登记预付的款项和补付的款项，贷方登记收到采购货物时按发票金额冲销的预付账款和因预付货款多余而退回的款项，期末余额一般在借方，反映企业实际预付的款项。期末如为贷方余额，反映企业尚未补付的款项。该账户应按供货单位设置明细账。预付款项不多的企业，也可以不设置本账户，而直接通过"应付账款"账户核算。

企业根据购货合同的规定向供应单位预付款项时，借记"预付账款"科目，贷记"银行存款"科目。企业收到所购货物，根据有关发票账单金额，计入购入货物成本，借记"材料采购"或"原材料""应交税费——应交增值税(进项税额)"等科目，贷记"预付账款"科目；当预付货款小于采购货物所需支付的款项时，应将不足部分补付，借记"预付账款"科目，贷记"银行存款"科目；当预付货款大于采购货物所需支付的款项时，对收回的多余款项，借记"银行存款"科目，贷记"预付账款"科目。

【例4-25】新天地有限责任公司向M公司采购甲材料，按照购货合同的规定，以银行存款预付给对方50 000元货款。其会计分录如下：

借：预付账款——M公司　　　　　　　　　　　　　　　　　50 000
　　贷：银行存款　　　　　　　　　　　　　　　　　　　　　　　50 000

【例4-26】承前例，上述以预付款方式采购的甲材料已经到达企业并已验收入库，随货附来的发票注明价款80 000元，增值税额12 800元，不足款项随后通过银行存款支付。其有关会计分录如下：

(1) 收到货物时：

借：原材料——甲材料　　　　　　　　　　　　　　　　　　80 000
　　应交税费——应交增值税(进项税额)　　　　　　　　　　　12 800
　　贷：预付账款——M公司　　　　　　　　　　　　　　　　　　92 800

(2) 补付货款时：

借：预付账款——M公司　　　　　　　　　　　　　　　　　42 800
　　贷：银行存款　　　　　　　　　　　　　　　　　　　　　　　42 800

四、其他应收款

(一)其他应收款概述

其他应收款是指企业除应收票据、应收账款、预付账款等以外的其他各种应收及暂付款项。其主要内容包括:

(1) 应收的各种赔款、罚款,如因企业财产等遭受意外损失而应向有关保险公司收取的赔款等。

(2) 应收的出租包装物租金。

(3) 应向职工收取的各种垫付款项,如为职工垫付的水电费、应由职工负担的医药费、房租费等。

(4) 备用金,如向企业各有关部门拨出的备用金。

(5) 存出保证金,如租入包装物支付的押金。

(6) 其他各种应收、暂付款项。

(二)其他应收款的会计处理

为了反映其他应收款项的增减变动及其结存情况,企业应当设置"其他应收款"账户进行核算。其借方登记其他应收款的增加,贷方登记其他应收款的收回和结转,期末余额一般在借方,反映企业尚未收回的其他应收款项。企业应在该账户下按债务人设置明细账户,进行明细核算。

企业发生其他应收、暂付款项时,应借记"其他应收款"科目,贷记"库存现金""银行存款""其他业务收入""待处理财产损益""营业外收入"等科目;收回其他应收、暂付款项时,借记"库存现金""银行存款"等科目,贷记"其他应收款"科目。

【例 4-27】新天地有限责任公司职工张欣出差,预借差旅费 8 000 元,付给现金。其会计分录如下:

借:其他应收款——张欣　　　　　　　　　　　　　　　　　　8 000
　　贷:库存现金　　　　　　　　　　　　　　　　　　　　　　8 000

【例 4-28】新天地有限责任公司从 K 公司租入一批包装物,以银行存款向出租方支付包装物押金 2 000 元。其会计分录如下:

借:其他应收款——存出保证金　　　　　　　　　　　　　　　2 000
　　贷:银行存款　　　　　　　　　　　　　　　　　　　　　　2 000

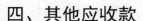
讨论与思考 4-1

会计学专业学生小李利用假期到某公司财务部门实习,通过对公司往来账记录的观察,他发现应收款和应付款等债权债务常常夹杂在一起,不好分辨,于是他对公司有关往来明细账户余额进行了整理,列示如下:

应收账款——A 公司　　　750 000(借方)
　　　　——B 公司　　　150 000(贷方)
预付账款——C 公司　　　900 000(借方)
应付账款——C 公司　　　750 000(贷方)
　　　　——D 公司　　　 75 000(借方)

预收账款——M公司　　　　450 000(借方)
其他应收款——A公司　　　　3 000(借方)
　　　　　——证券公司　　750 000(借方)

小李经过仔细查阅发现，"其他应收款——A公司　3 000(借方)"为本公司代垫的销售产品运杂费，"其他应收款——证券公司　750 000(借方)"为本公司在证券公司的存款。

【任务】

1. 从上述往来账户的余额中可以看出什么问题？
2. 公司的债权、债务分别是多少？

五、坏账准备

企业应当定期或至少每年年度终了，对应收款项进行减值测试，分析各项应收款项的可收回性，预计可能发生的减值损失。对于有确凿证据表明无法收回或收回的可能性不大的应收款项，如债务单位已撤销、破产、资不抵债、现金流量严重不足等，应根据企业的管理权限，报经批准后作为坏账，转销应收款项。

企业应当设置"坏账准备"账户，核算应收款项的坏账准备计提、转销等情况，贷方登记当期计提的坏账准备金额，借方登记实际发生的坏账损失金额和冲减的坏账准备金额，期末余额一般在贷方，反映企业已计提但尚未转销的坏账准备。

■知识链接 4-3

应收款项坏账准备的计提方法

根据《企业会计准则第 22 号——金融工具确认与计量》和《企业会计准则——应用指南》的相关规定。

对于单项金额重大的应收款项，应当单独进行减值测试。有客观证据表明其发生了减值的，应当根据其未来现金流量现值低于其账面价值的差额，确认减值损失，计提坏账准备。

对于单项金额非重大的应收款项，可以单独进行减值测试，如发生减值则应确定减值损失，计提坏账准备；也可以与经单独测试后未减值的应收款项一起按类似信用风险特征划分为若干组合，再按这些应收款项组合在资产负债表日余额的一定比例计算确定减值损失，计提坏账准备。根据应收款项组合余额的一定比例计算确定的坏账准备，应当反映各项目实际发生的减值损失，即各项组合的账面价值超过其未来现金流量现值的金额。企业应当根据以前年度与之相同或相类似的信用风险特征的应收款项组合的实际损失率为基础，结合现时情况确定本期各项组合计提坏账准备的比例，据此计算本期应计提的坏账准备。

■知识链接 4-4

直接转销法和备抵法

对于坏账损失的核算，有直接转销法和备抵法两种方法。

直接转销法是在实际发生坏账时，直接将其作为一种损失计入期间费用，同时冲减应收款项。这种核算方法会计处理简单，但此方法不符合权责发生制和配比原则的要求。

备抵法是按期估计坏账损失，计入期间费用，同时建立坏账准备金，待实际发生坏账时，冲销已经计提的坏账准备金。备抵法避免了直接转销法的缺点。企业在会计核算过程中，遵循谨慎性要求和配比原则。对应收账款计提坏账准备，可以将预计未来不能收回的应收款项作为坏账损失计入费用，既保持了成本、费用和利润的稳定性，避免虚盈实亏，又在一定程度上消除或减少了坏账损失给企业带来的风险，在财务报表上列示应收款项的净额，从而使会计信息使用者更加清楚地了解企业真实的财务状况。

按照我国《企业会计准则》的要求，企业单位应采用备抵法核算坏账损失。

资产负债表日，应收款项发生减值的，按应减记的金额，借记"资产减值损失"科目，贷记"坏账准备"科目。以后期间，如果当期应计提的坏账准备大于期初账面余额，则应按其差额计提；如果应计提的坏账准备小于期初账面余额则反之。

对于确实无法收回的应收款项，按管理权限报经批准后作为坏账，转销应收款项时，借记"坏账准备"科目，贷记"应收账款""应收票据""预付账款""其他应收款"等科目。

以前期间已转销的应收款项以后又收回时，应按实际收回的金额，借记"应收账款""应收票据""预付账款""其他应收款"等科目，贷记"坏账准备"科目；同时，借记"银行存款"科目，贷记"应收账款""应收票据""预付账款""其他应收款"等科目。也可以将以上两步分录合为一步，即按照实际收回的金额，借记"银行存款"科目，贷记"坏账准备"科目。

【例 4-29】新天地有限责任公司从 2×14 年开始计提坏账准备。2×15 年至 2×17 年应收款项情况如下：

(1) 2×15 年年末，该公司应收账款余额为 1 800 000 元，各个单项金额均非重大，按照以前年度的实际损失率确定坏账准备的计提比例为 2%，其会计分录如下：

当年坏账准则的提取额=1 800 000×2%=36 000(元)

借：资产减值损失   36 000
  贷：坏账准备   36 000

(2) 2×16 年 7 月，公司确认应收 W 公司的账款 20 000 元无法收回，经批准后作坏账处理。

借：坏账准备   20 000
  贷：应收账款——W 公司   20 000

(3) 2×16 年年末，该公司应收账款余额为 1 250 000 元。按当年年末应收账款余额应计提的坏账准备金额为 25 000 元(1 250 000×2%)，而在年末计提前，"坏账准备"账户的贷方余额为 16 000 元(36 000-20 000)，所以当年应补提的坏账准备金额为 9 000 元(25 000-16 000)。

借：资产减值损失   9 000
  贷：坏账准备   9 000

(4) 2×17 年 4 月接到银行通知，企业上年度已冲销的 20 000 元坏账又收回，款项已存入银行。

借：应收账款——W 公司   20 000
  贷：坏账准备   20 000
借：银行存款   20 000
  贷：应收账款——W 公司   20 000

本 章 小 结

　　货币资金是企业资产的重要部分,是企业资产中流动性最强的一种资产。货币资金主要包括库存现金、银行存款和其他货币资金。现金是指存放于企业财会部门由出纳人员经管的纸币、硬币、电子货币以及折算为记账本位币的外币等;银行存款是指企业存放在银行或其他金融机构可动用的货币资金。其他货币资金是指性质与现金、银行存款相同,但其存放地点和用途与现金和银行存款不同的货币资金,包括外埠存款、银行汇票存款、银行本票存款、存出投资款、信用证保证金存款和在途货币资金等。

　　应收款项包括应收票据、应收账款、预付账款和其他应收款等。应收票据是指因销售商品、提供劳务等收到的商业汇票,是持票企业拥有的债权。商业汇票按承兑人不同,分为商业承兑汇票和银行承兑汇票。商业汇票按是否计息可分为不带息商业汇票和带息商业汇票。应收账款是指企业因销售商品或提供劳务等经营活动,应向购货或接受劳务单位收取的款项,其入账价值包括:销售货物或提供劳务的价款、增值税以及代购货方垫付的包装费、运杂费等。在确认应收账款入账价值时,应当考虑有关商业折扣和现金折扣等因素。预付账款是指企业按照购货合同规定预付给供应单位的款项。其他应收款是指企业除应收票据、应收账款、预付账款等以外的其他各种应收及暂付款项。企业应当定期或至少每年年度终了,对应收款项进行减值测试,分析各项应收款项的可回收性,预计可能发生的减值损失。

复习思考题

1. 简述现金管理的主要内容。
2. 企业在银行可以开立哪些账户?每个账户的主要用途是什么?
3. 什么是未达账项?它包括哪几种情况?
4. 其他货币资金包括哪些内容?
5. 带息票据和不带息票据在会计处理上有什么不同?
6. 其他应收款包括哪些内容?
7. 如何采用备抵法核算坏账损失?

自测与技能训练

一、基础知识自测

(一)单项选择题

1. 对于无法查明原因的现金短款,经批准后应计入(　　)。
　　A. 其他应收款　　B. 待处理财产损益　　C. 管理费用　　D. 财务费用
2. 在企业开立的诸多银行账户中,可以办理提取现金备发工资的是(　　)。
　　A. 基本存款账户　B. 一般存款账户　　C. 专用存款账户　D. 临时存款账户

3. 根据我国企业会计准则规定，在存在现金折扣的情况下，应收账款入账价值应采用( )。
　　A. 净价法　　　　B. 总价法　　　　C. 直接法　　　　D. 间接法
4. 下列项目中，不通过"其他应收款"科目核算的是( )。
　　A. 为职工垫付的医药费　　　　B. 应向购货方收取的代垫运费
　　C. 存储保证金　　　　　　　　D. 应收责任人的赔偿款
5. 某公司 2×16 年 12 月 31 日，应收款项余额为 502 600 元，年底调整前"坏账准备"账户的贷方余额为 42 000 元，公司按 10%估计坏账。则 12 月 31 日该公司计提的坏账准备金额为( )元。
　　A. 92 260　　　　B. 50 260　　　　C. 4 200　　　　D. 8 260

(二)多项选择题
1. 下列各项内容中，属于"其他货币资金"的项目有( )。
　　A. 银行汇票存款　B. 银行本票存款　C. 备用金　　　D. 存出投资款
2. 银行在编制银行存款余额调节表时，下列未达账项中，会导致企业银行存款日记账余额大于银行对账单余额的有( )。
　　A. 企业已收，银行未收　　　　B. 企业已付，银行未付
　　C. 银行已收，企业未收　　　　D. 银行已付，企业未付
3. 企业因销售商品形成应收账款，其入账价值应当包括( )。
　　A. 销售商品的价款　　　　　　B. 增值税销项税额
　　C. 代购货方垫付的运杂费　　　D. 采购人员差旅费
4. 下列各项目中，应记入"坏账准备"账户贷方的内容有( )。
　　A. 按规定提取的坏账准备　　　B. 已经发生的坏账损失
　　C. 收回过去确认并转销的坏账　D. 冲销多提的坏账准备
5. 与"应收票据"账户贷方相对应的借方账户可能有( )。
　　A. 应收账款　　B. 银行存款　　　C. 财务费用　　D. 主营业务收入

(三)分析判断题
1. 清点库存现金发现短缺时，如有"白条子"可以用作抵充库存现金。( )
2. 银行对账单可以作为企业调整银行存款的记账依据。( )
3. 面值为 200 000 元，利率为 6%，期限为 60 天的商业汇票，其到期值为 202 000 元。( )
4. 预付款项不多的企业，也可以不设置本账户，而直接通过"应付账款"账户核算。( )
5. 企业的应收款项中只有应收账款可以计提坏账准备。( )

二、实务技能训练

实务训练一

【目的】练习银行存款余额调节表的编制。
【资料】某工厂 2017 年 6 月 30 日银行存款日记账账面余额为 496 000 元，开户银行送达的对账单其银行存款余额为 595 200 元。经检查，发现有以下几笔未达账项。
(1) 企业已送存银行转账支票一张，面额 13 200 元，企业已增加银行存款，开户银行

尚未入账。

(2) 银行代企业支付水费 5 600 元，银行已入账，企业尚未接到通知，没有入账。

(3) 银行代企业收销货款 70 000 元，银行已入账，增加企业银行存款，企业尚未接到通知，没有入账。

(4) 企业开出转账支票一张，支付货款，金额 48 000 元，企业已记银行存款减少，银行尚未入账。

【要求】根据上述资料，编制银行存款余额调节表，指出企业月末可动用的银行存款实有数额。

实务训练二

【目的】练习应收票据及票据贴现的会计处理。

【资料】方圆公司 20×7 年 7 月份有关经济业务如下：

(1) 7 月 2 日，出售给 A 公司一批产品，发票注明价款 20 000 元，增值税额 3 400 元，收到 A 公司开出的商业汇票一张，期限为 90 天，年利率为 8%。

(2) 7 月 8 日，林申公司 5 月 2 日开出的商业汇票到期，收回相应票款，其中面额为 50 000 元，利息为 1 500 元，款项已收存银行。

(3) 7 月 15 日，公司急需资金，将客户 6 月 1 日开出的面值为 60 000 元、年利率为 6%、期限为 90 天的商业汇票向银行申请贴现。贴现率为 8%，收到款项存入银行。

(4) 7 月 25 日，康达公司面值为 8 500 元，年利率 6%，期限 120 天的商业汇票到期。因康达公司账上已无存款，银行将票据退回给本公司。

(5) 7 月 28 日，收到安华公司开出的商业汇票一张，抵付其所欠货款 12 000 元。

【要求】根据上述资料，编制会计分录。

实务训练三

【目的】练习应收账款的会计处理。

【资料】洪凯公司 2×16 年 12 月 31 日应收账款余额为 450 000 元，该公司采用"应收账款余额百分比法"计提坏账损失，其坏账准备提取比例为 5%。该公司 2×17 年发生有关经济业务如下：

(1) 赊销给 X 公司一批产品，货已发出，货款为 500 000 元，考虑到成批销售，决定给予 A 公司 10%的商业折扣，适用的增值税税率为 17%。

(2) 收到银行开来的收款通知，Q 公司偿还货款 80 000 元。

(3) 赊销方给 Y 公司一批产品，货已发出，货款为 100 000 元，适用的增值税税率为 17%，规定的现金折扣条件为"2/10、1/20、n/30"。

(4) Y 公司在 10 日内支付上述货款，假设计算现金折扣时不考虑增值税。

(5) 公司收到 X 公司开出并承兑的商业汇票一张，面值 585 000 元，期限 6 个月，抵付其所欠货款。

(6) 公司确认本期无法收回的应收账款 10 000 元，经董事会批准同意注销。

(7) 去年确认核销的 H 公司应收账款今年收回 7 500 元。

(8) 计算本年应收账款期末余额，并计提坏账准备。

【要求】根据上述资料，编制会计分录。

第五章 存 货

学习目标

通过本章的学习,应掌握存货的概念、分类和确认条件,理解存货的初始计量、发出计价方法和期末计量,掌握存货取得、发出的会计处理,理解存货的盘存制度,掌握存货盘盈盘亏的会计处理。

第一节 存货概述

一、存货的概念与分类

存货,是指企业在进行日常生产活动的过程中,所持有以备出售的产成品或商品,以及处在生产过程中的在产品和在生产的过程中或者是提供劳务的过程中所耗用的材料、物料等。在不同性质的企业中,存货的种类也不尽相同。以制造业企业为例,主要包括各类材料、在产品、半成品、各类产成品、库存商品、各种材质不同的包装物、低值易耗品以及委托加工的物资等。

(1) 原材料,是指企业在生产过程中经加工改变其形态或性质并构成产品主要实体的各种原料及主要材料、辅助材料、燃料、修理用备件(备品备件)、包装材料、外购半成品(外购件)等。

(2) 在产品,是指企业正在制造尚未完工的产品,包括正在各个生产工序加工的产品和已加工完毕但尚未检验或已检验但尚未办理入库手续的产品。

(3) 半成品,是指经过一定生产过程并已检验合格交付半成品仓库保管,但尚未制造完工成为产成品,仍需进一步加工的中间产品。

(4) 产成品,是指工业企业已经完成全部生产过程并已验收入库,可以按照合同规定的条件送交订货单位,或者可以作为商品对外销售的产品。企业接受外来原材料加工制造的代制品和为外单位加工修理的代修品,制造和修理完成验收入库后,应视同企业的产成品。

(5) 商品,是指商品流通企业外购或委托加工完成验收入库用于销售的各种商品。

(6) 包装物,是指为了包装本企业商品而储备的各种包装容器,如桶、箱、瓶、坛、袋等,其主要作用是盛装、装潢产品或商品。

(7) 低值易耗品,是指不能作为固定资产核算的各种用具物品,如工具、管理用具、玻璃器皿、劳动保护用品,以及在经营过程中周转使用的容器等。其特点是单位价值较低,或使用期限相对于固定资产较短,在使用过程中保持其原有实物形态基本不变。

二、存货的确认条件

存货同时满足下列条件的,才能予以确认。

1. 与该存货有关的经济利益很可能流入企业

企业在确认存货时，需要判断与该项存货相关的经济利益是否可能流入企业。在实务中，主要通过判断与该项存货所有权相关的风险和报酬是否转移到了企业来确定。其中，与存货所有权相关的风险，是指因经营情况发生变化造成的相关收益的变动，以及由于存货滞销、毁损等原因造成的损失；与存货所有权相关的报酬，是指在初步该项存货或其经过进一步加工取得的其他存货时获得的收入，以及处置该项存货实现的利润等。

通常情况下，取得存货的所有权是与存货相关的经济利益很可能流入本企业的一个重要标志。例如，根据销售合同已经售出(取得现金或收取现金的权利)的存货，其所有权已经转移，与其相关的经济利益已不能再流入本企业，此时，即使该项存货尚未运离本企业，也不能再确认为本企业的存货。又如，委托代销商品，由于其所有权并未转移至受托方，因而委托代销的商品仍应当确认为委托企业存货的一部分。总之，企业在判断与存货相关的经济利益能否流入企业时，主要结合该项存货所有权的归属情况进行分析确定。

2. 该存货的成本能够可靠地计量

存货是企业资产的组成部分，要确认存货，企业必须能够对其成本进行可靠地计量。存货的成本能够可靠地计量必须以取得确凿、可靠的证据为依据，并且具有可验证性。如果存货成本不能可靠地计量，则不能确认为一项存货。例如，企业承诺的订货合同，由于并未实际发生，不能可靠地确定其成本，因此就不能确认为购买企业的存货。又如，企业预计发生的制造费用，由于并未实际发生，不能可靠地确定其成本，因此不能计入产品成本。

第二节 存 货 取 得

一、存货的初始计量

存货的初始计量，是指企业在取得存货时，对其入账价值的确定。存货的初始计量应以取得存货的实际成本为基础。存货的成本通常包括采购成本、加工成本和其他成本。存货的来源不同，其成本的构成内容也不同。原材料、商品、低值易耗品等通过购买而取得的存货的成本由采购成本构成；产成品、在产品、半成品等自制或需委托外单位加工完成的存货的成本由采购成本、加工成本以及使存货达到目前场所和状态所发生的其他支出构成。下面分别就外购存货、自制存货和委托加工存货的成本进行说明。

(一)外购存货的成本

外购存货是指从本企业以外购入的存货，包括外购的商品、原料及主要材料、辅助材料、燃料、包装物及低值易耗品等。外购存货的成本是指存货从采购到入库前所发生的全部支出，即采购成本。

存货的采购成本，包括购买价款、相关税费、运输费、装卸费、保险费以及其他可归属于存货采购成本的费用。其中，购买价款，是指企业购入的材料或商品的发票账单上列明的价款，但不包括按规定可以抵扣的增值税额；相关税费，是指企业购买、自制或委托加工存货发生的进口关税、消费税、资源税和不能抵扣的增值税进项税额等应计入存货采购成本的税费;其他可归属于存货采购成本的费用,是指在存货采购过程中发生的除上述各项费用以外的仓储费、包装费、运输途中的合理损耗、大宗物资的市内运杂费、入库前的挑选整理费用等可直接归属于存货采购成本的费用。

应当注意的是,市内零星货物运杂费、采购人员差旅费、采购机构的经费以及供应部门经费等,一般不应当包括在存货的采购成本中。

(二)自制存货的成本

自制存货是企业内部的生产车间或辅助生产车间自行加工制造的原材料、包装物、低值易耗品、产成品等。自制存货的成本包括投入的原材料或半成品、直接人工和按照一定方式分配的制造费用等。直接人工是指企业在生产产品过程中,向直接从事产品生产的工人支付的职工薪酬。制造费用是指企业为生产产品而发生的各项间接费用,包括企业生产部门(如生产车间)管理人员的薪酬、折旧费、办公费、水电费、机物料消耗、劳动保护费、季节性和修理期间的停工损失等。在生产车间只生产一种产品的情况下,企业归集的制造费用可直接计入该产品成本;在生产多种产品的情况下,企业应采用与该制造费用相关性较强的方法对其进行合理分配。

应当注意的是,非正常消耗的直接材料、直接人工和制造费用,存货在采购入库之后发生的仓储费用,以及不能归属于使存货达到目前场所和状态的其他支出,不应当计入存货成本,而应在支出发生时直接计入当期损益。

(三)委托加工存货的成本

委托加工存货是指企业将原材料委托给其他单位,按照约定的要求加工成另一种规格的存货。委托加工存货的成本,一般包括在加工过程中实际耗用的原材料或者半成品、加工费、运输费、装卸费等,以及按规定应计入成本的税金。

二、存货取得的会计处理

企业存货的日常核算可以按实际成本核算,也可以按计划成本核算,由企业根据具体情况自行决定。存货按实际成本核算,从存货收发凭证到明细账和总账的记录全部按实际成本计价。实际成本法一般适用于规模较小、存货品种简单、采购业务不多的企业。下面只介绍存货按实际成本法核算的会计处理。

(一)外购存货的会计处理

企业外购存货时,由于结算方式和采购地点的不同,可能造成材料验收入库和货款结算不同步的情况,企业应根据外购存货的具体情况进行会计处理。

1. 存货与发票账单同时到达企业

对于发票账单与存货同时到达企业的采购业务,企业应在支付货款或开出、承兑商业汇票,并且存货验收入库后,按发票账单等结算凭证确定存货的成本,借记"原材料""周转材料""库存商品"等存货科目,按增值税专用发票上注明的增值税进项税额,借记"应交税费——应交增值税(进项税额)"科目,按实际支付的款项或应付票据面值,贷记"银行存款"或"应付票据"等科目。

【例 5-1】 华夏有限责任公司从长城公司购入一批 A 材料，增值税专用发票上注明原材料的价款为 25 000 元，增值税额为 4 000 元，发票等结算凭证已经收到，货款已通过银行转账支付。其会计分录如下：

借：原材料——A 材料　　　　　　　　　　　　　　　　　　　　25 000
　　应交税费——应交增值税(进项税额)　　　　　　　　　　　　 4 000
　　贷：银行存款　　　　　　　　　　　　　　　　　　　　　　29 000

2. 货款已结算但存货尚在运输途中

对于已经付款或已开出、承兑商业汇票，但存货尚在运输途中或尚未验收入库的采购业务，企业应在支付货款或开出、承兑商业汇票时，按发票账单等结算凭证确定存货的成本，借记"在途物资"科目，按增值税专用发票上注明的增值税进项税额，借记"应交税费——应交增值税(进项税额)"科目，按实际支付的款项或应付票据面值，贷记"银行存款"或"应付票据"等科目；待存货运达企业并验收入库后，再根据"收料单"等有关验货凭证，借记"原材料""周转材料""库存商品"等存货科目，贷记"在途物资"科目。

【例 5-2】 华夏有限责任公司从春盛公司购入一批 B 材料，增值税专用发票上注明原材料的价款为 100 000 元，增值税额为 16 000 元，发票等结算凭证已经收到，货款已通过银行转账支付，但材料尚未到达企业。

(1) 支付货款时：

借：在途物资——B 材料　　　　　　　　　　　　　　　　　　　100 000
　　应交税费——应交增值税(进项税额)　　　　　　　　　　　　 16 000
　　贷：银行存款　　　　　　　　　　　　　　　　　　　　　　116 000

(2) 次日，企业通过银行转账支付采购本批材料发生的运输费 2 000 元，增值税额 200 元：

借：在途物资——B 材料　　　　　　　　　　　　　　　　　　　　2 000
　　应交税费——应交增值税(进项税额)　　　　　　　　　　　　　 200
　　贷：银行存款　　　　　　　　　　　　　　　　　　　　　　 2 200

(3) 原材料到达企业并验收入库时：

借：原材料——B 材料　　　　　　　　　　　　　　　　　　　　102 000
　　贷：在途物资——B 材料　　　　　　　　　　　　　　　　　102 000

3. 存货已验收入库但发票账单未到

对于存货已到达企业并已验收入库，但发票账单等结算凭证未到，货款尚未支付的采购业务，企业在收到存货时可先不进行会计处理。如果在本月内结算凭证到达企业，则根据结算凭证和款项结算情况进行相应的会计处理。如果月末结算凭证仍未到，为保证账实相符，应对收到的存货按暂估价入账，借记"原材料""周转材料""库存商品"等存货科目，贷记"应付账款——暂估应付账款"科目。下月初，再编制相同的红字记账凭证予以冲回，待收到发票账单后，再按正常方法处理。

【例 5-3】 华夏有限责任公司 201×年 8 月 27 日购入一批 C 材料，材料已运达企业并验收入库，但发票账单等结算凭证未到。

(1) 201×年 8 月 31 日，结算凭证仍未到，对该批材料按暂估价 85 000 元入账。

借：原材料——C材料　　　　　　　　　　　　　　　　　85 000
　　贷：应付账款——暂估应付账款　　　　　　　　　　　　　　85 000
(2) 201×年9月1日，编制红字记账凭证冲回估价入账分录。
借：原材料——C材料　　　　　　　　　　　　　　　　　85 000
　　贷：应付账款——暂估应付账款　　　　　　　　　　　　　　85 000
(3) 9月8日，结算凭证到达企业，增值税专用发票注明价款为88 000元，增值税额为14 080元，货款以银行转账支付。
借：原材料——C材料　　　　　　　　　　　　　　　　　880 000
　　应交税费——应交增值税(进项税额)　　　　　　　　　　14 080
　　贷：银行存款　　　　　　　　　　　　　　　　　　　　894 080

4. 采用预付货款方式采购存货

对于采用预付货款方式采购存货的业务，企业应在预付货款时，按照实际预付的金额，借记"应付账款"科目，贷记"银行存款"科目；已经预付货款的存货验收入库时，按照发票账单等结算凭证确定的存货成本，借记"原材料""周转材料""库存商品"等存货科目，按增值税专用发票上注明的增值税进项税额，借记"应交税费——应交增值税(进项税额)"科目，按存货成本与增值税进项税额之和，贷记"预付账款"科目。如果预付的货款不足，需要补付时，按照补付金额，借记"预付账款"科目，贷记"银行存款"科目；如果预付的货款有结余，供货方退回多付货款时，借记"银行存款"科目，贷记"预付账款"科目。

【例5-4】华夏有限责任公司201×年9月5日向甲公司预付货款50 000元，采购一批原材料。甲公司于9月20日交货，并开具增值税专用发票，发票注明价款60 000元，增值税额9 600元。9月22日，华夏公司以银行转账方式补付不足的货款。

(1) 201×年9月5日，预付货款时：
借：预付账款——甲公司　　　　　　　　　　　　　　　50 000
　　贷：银行存款　　　　　　　　　　　　　　　　　　　　50 000
(2) 201×年9月20日，材料验收入库时：
借：原材料　　　　　　　　　　　　　　　　　　　　　60 000
　　应交税费——应交增值税(进项税额)　　　　　　　　　　9 600
　　贷：预付账款——甲公司　　　　　　　　　　　　　　　69 600
(3) 201×年9月22日，补付货款时：
借：预付账款——甲公司　　　　　　　　　　　　　　　19 600
　　贷：银行存款　　　　　　　　　　　　　　　　　　　　19 600

(二) 委托加工物资的核算

委托加工业务在会计处理上主要包括拨付加工物资、支付加工费用和税金、收回加工物资和剩余物资等环节。委托加工物资通过设置"委托加工物资"科目核算。

1. 拨付委托加工物资

企业发给外单位加工的物资，应将物资的实际成本由"原材料""库存商品"等科目转入"委托加工物资"科目，借记"委托加工物资"科目，贷记"原材料"或"库存商品"等科目。

2. 支付加工费、增值税等

企业支付的加工费、应负担的运杂费、增值税等，借记"委托加工物资""应交税费——应交增值税(进项税额)"等科目，贷记"银行存款"等科目。

3. 缴纳消费税

需要缴纳消费税的委托加工物资，其由受托方代收代交的消费税，应按以下情况处理：

(1) 委托加工的物资收回后直接用于销售以及用于非消费税项目的，委托方应将受托方代收代交的消费税计入委托加工物资的成本，借记"委托加工物资"科目，贷记"应付账款"或"银行存款"等科目。

(2) 委托加工的物资收回后用于连续生产应税消费品的或委托方以高于受托方的计税价格出售的，委托方应按准予抵扣的受托方代收代交的消费税额，借记"应交税费——应交消费税"科目，贷记"应付账款"或"银行存款"等科目。

4. 加工完成收回加工物资

加工完成验收入库的物资和剩余物资，按加工收回物资的实际成本和剩余物资的实际成本，借记"库存商品""原材料"等科目，贷记"委托加工物资"科目。

【例 5-5】 甲公司和乙企业均为增值税一般纳税人，增值税税率为 16%，201×年 3 月 1 日，甲公司委托乙企业加工一批 A 材料(属于应税消费品)，拨付的 A 材料的成本为 10 000 元。3 月 10 日，A 材料加工完成验收入库，支付加工费 8 000 元，增值税 1 280 元，消费税 2 000 元，甲公司按实际成本对原材料进行日常核算。

甲公司的会计处理如下：

(1) 发出委托加工材料。

借：委托加工物资	10 000
贷：原材料	10 000

(2) 支付加工费用、增值税和消费税等。

① 甲公司收回加工后的材料用于连续生产应税消费品时：

借：委托加工物资	8 000
应交税费——应交增值税(进项税额)	1 280
——应交消费税	2 000
贷：银行存款	11 280

② 甲公司收回加工后的材料直接用于销售时：

借：委托加工物资	10 000
应交税费——应交增值税(进项税额)	1 280
贷：银行存款	11 280

(3) 加工完成收回委托加工材料。

① 甲公司收回加工后的材料用于连续生产应税消费品时：

借：原材料	18 000
贷：委托加工物资	18 000

② 甲公司收回加工后的材料直接用于销售时：

借：原材料	20 000
贷：委托加工物资	20 000

(三)自制、投资者投入、接受捐赠存货的会计处理

企业自制并已验收入库的存货,按其实际成本,借记"库存商品"等科目,贷记"生产成本"科目。

投资者投入的存货,按投资合同或协议约定的价值,借记"库存商品"或"原材料"等科目,按增值税专用发票上注明的增值税税额,借记"应交税费——应交增值税(进项税额)"科目,按投资合同或协议确定的出资额,贷记"实收资本"(或"股本")科目,按其差额,贷记"资本公积"科目。

企业(含外商投资企业)接受捐赠的存货,按会计准则规定确定的实际成本,借记"原材料"科目,一般纳税人涉及可抵扣的增值税进项税额的,按可以抵扣的增值税进项税额,借记"应交税费——应交增值税(进项税额)"科目,贷记"营业外收入——捐赠利得"科目。

【例5-6】甲公司为一般纳税人,适用的增值税税率为16%;甲公司采用实际成本法核算存货。201×年1月1日,甲公司与A公司签订投资协议,协议约定A公司以其生产的产品对甲公司进行投资,该批产品的公允价值为2 000 000元,甲公司对于该产品作为原材料进行核算与管理,取得的增值税专用发票上注明的不含税价款为2 000 000元,增值税税额为320 000元。假定甲公司的股本总额为10 000 000元,A在甲公司享有的份额为10%。

本例中,由于甲公司为一般纳税人,投资合同约定的该项原材料的价值为2 000 000元,因此,甲公司接受的这批原材料的入账价值为2 000 000元,增值税320 000元单独作为可抵扣的进项税额进行核算。

A公司在甲公司享有的股本金额 =10 000 000×10% = 1 000 000(元)
A公司在甲公司投资的股本溢价 =2 000 000+320 000-1 000 000 =1 320 000(元)

甲公司的账务处理如下:

借:原材料 2 000 000
　　应交税费——应交增值税(进项税额) 320 000
　　贷:股本 1 000 000
　　　　资本公积——股本溢价 1 320 000

第三节　存货的发出

一、发出存货成本的计价方法

企业的存货处在不断的流转过程中,企业在计算发出存货和月末结存存货成本时,一般不会以实际流转存货的成本进行结算和计价,而是将存货实物流转和成本流转分开,从而形成存货成本流转假设。当采用某种存货成本流转假设分别计算期末存货与本期发出存货的成本时,就产生了不同的存货成本计价方法。根据企业会计准则规定,企业可以结合存货的特点采用的发出存货的计价方法包括:先进先出法、月末一次加权平均法、移动加权平均法和个别计价法。

(一)先进先出法

先进先出法是以先购入的存货先发出这样一种存货实物流转假设为前提,对发出存货进行计价的一种方法。采用这种方法,先购入的存货成本在后购入的存货成本之前转出,据此确定发出存货和期末存货的成本。根据这种假定的存货流转顺序,库存存货的价值基本能代表最近取得存货的成本或接近其重置成本。具体做法是:先按存货的期初余额的单价计算发出的存货的成本,领发完毕后,再按第一批入库的存货的单价计算,依此从前向后类推,计算发出存货和结存存货的成本。

【例 5-7】华夏有限责任公司甲材料明细账如表 5-1 所示。企业采用先进先出法计算发出存货和期末存货的成本。

表 5-1 原材料明细账

存货名称: 甲材料　　　编号:　　　类别:
数量计量单位: 千克　　　最高存货量:　　　最低存货量:

年		摘要	收入			发出			结存		
月	日		数量	单价	金额	数量	单价	金额	数量	单价	金额
6	1	期初余额							100	40	4 000
	6	购入	800	50	40 000				100	40	4 000
									800	50	40 000
	11	发出				100	40	4 000			
						400	50	20 000	400	50	20 000
	16	购入	500	54	27 000				400	50	20 000
									500	54	27 000
	19	发出				400	50	20 000			
						200	54	10 800	300	54	16 200
	23	购入	1 000	58	58 000				300	54	16 200
									1000	58	58 000
	30	发出				300	54	16 200			
						600	58	34 800	400	58	23 200
6	30	本月合计	2 300	—	125 000	2000	—	105 800	400	58	23 200

采用先进先出法,存货成本是按最近购货确定的,期末存货成本比较接近现行的市场价值,其优点是使企业不能随意挑选存货计价以调整当期利润,缺点是工作量比较大,特别对于存货进出量频繁的企业更是如此。而且当物价上涨时,会高估企业当期利润和库存存货价值;反之,会低估企业存货价值和当期利润。

▶讨论与思考 5-1

后进先出法计价方法的假设与先进先出法相反,它假定后取得入库的存货先被领用出库,而库存存货总是较早以前取得的,即后入库的存货先发出。根据这样假设的存货流动顺序进行计量的结果是,期末存货的价值基本不反映其最近的实际成本。

【任务】

《企业会计准则第一号——存货》禁止使用后进先出法，请思考理由是什么？

(二)月末一次加权平均法

加权平均法亦称全月一次加权平均法，指以本月全部进货数量加月初存货数量作为权数，去除本月全部进货成本加上月初存货成本，计算出存货的加权平均单位成本，从而确定存货的发出和库存成本。计算公式如下：

$$\frac{存货加权平均}{单位成本} = \frac{期初结存金额 + 本期进货金额合计}{期初结存数量 + 本期进货数量合计}$$

$$\frac{本期发出}{存货成本} = \frac{本期发出}{存货数量} \times \frac{存货加权平均}{单位成本}$$

$$\frac{期末库存}{存货成本} = \frac{期末库存}{存货数量} \times \frac{存货加权平均}{单位成本}$$

【例5-8】以例5-7甲材料明细账资料为例，说明加权平均法的运用。

甲材料加权平均单位成本=(4 000+125 000)÷(100+2 300)
　　　　　　　　　　　=53.75(元/千克)

本期发出甲材料成本=2100×53.75=112 875(元)

期末库存甲材料成本=300×53.75=16 125(元)

按照加权平均法登记的甲材料明细账见表5-2。

采用加权平均法，只在月末一次计算加权平均单价，比较简单，而且在市场价格上涨或下跌时所计算出来的单位成本平均化，对存货成本的分摊较为折中。但是，这种方法平时无法从账上提供发出和结存存货的单价及金额，不利于加强对存货的管理。

表5-2 原材料明细账

存货名称：__甲材料__　　编号：_____　　类别：_____

数量计量单位：__千克__　　最高存货量：_____　　最低存货量：_____

年		摘要	收入			发出			结存		
月	日		数量	单价	金额	数量	单价	金额	数量	单价	金额
6	1	期初余额							100	40	4000
	6	购入	800	50	40 000				900		
	11	发出				500			400		
	16	购入	500	54	27 000				900		
	19	发出				600			300		
	23	购入	1000	58	58 000				1300		
	30	发出				900			400		
6	30	本月合计	2300	—	125 000	2000	53.75	107 500	400	53.75	21 500

(三)移动加权平均法

移动平均法也称移动加权平均法,指本次进货的成本加原有库存的成本,除以本次进货数量加原有存货数量,据以计算加权单价,并对发出存货进行计价的一种方法。计算公式如下:

$$存货移动加权单位成本 = \frac{本次购进前结存金额 + 本次购进金额}{本次购进前结存数量 + 本次购进数量}$$

本次发货成本=本次发货数量×移动加权平均单位成本

期末库存存货成本=期末库存存货数量×期末存货的移动加权平均单位成本

【例5-9】以例5-7资料为例,按照移动加权平均法登记的甲材料明细账见表5-3。

表5-3 原材料明细账

存货名称: 甲材料　　　　编号:　　　　类别:
数量计量单位: 千克　　　最高存货量:　　　最低存货量:

年		摘要	收　入			发　出			结　存		
月	日		数量	单价	金额	数量	单价	金额	数量	单价	金额
6	1	期初余额							100	40	4 000
	6	购入	800	50	40 000				900	48.89	44 000
	11	发出				500		24 444	400	48.89	19 556
	16	购入	500	54	27 000				900	51.23	46 556
	19	发出				600		31 187	300	51.23	15 369
	23	购入	1000	58	58 000				1300	56.44	73 369
	30	发出				900		50 793	400	56.44	22 576
6	30	本月合计	2300	—	125 000	2000	-	106 424	400	56.44	22 576

说明:当计算的加权平均单位成本不能整除需要四舍五入保留两位小数时,应当先计算期末结存存货的成本,然后倒挤出发出存货成本,将四舍五入产生的计算差额计入当发出存货成本中。

移动加权平均法的优点在于使管理当局能及时了解存货的结存情况,而且计算的平均单位成本以及发出和结存的存货成本比较客观。但采用这种方法,每次收货都要计算一次平均单价,计算工作量较大,对收发货较频繁的企业不适用。

(四)个别计价法

个别计价法,又称个别认定法。采用这一方法是假设存货的成本流转与实物流转相一致,按照各种存货,逐一辨认各批发出存货和期末存货所属的购进批别或生产批别,分别按其购入或生产时所确定的单位成本作为计算各批发出存货和期末存货成本的方法。

采用这种方法,计算发出存货的成本和期末存货的成本比较合理,但适用这种方法的前提是需要对发出和结存存货的批次进行具体认定,以辨别其所属的收入批次,所以实务操作的工作量大。

个别计价法适用于一般不能替代使用的存货以及为特定项目专门购入或制造的存货,

如珠宝、名画等贵重物品。该方法如果用于可替代使用的存货,则可能导致企业任意选用较高或较低的单位成本进行计价,从而来调整当期的利润。

存货计价对企业的财务状况、经营成果和所得税均有影响。对存货日常核算采用何种方法,由企业根据实际情况自主决定,但计价方法一经选定,不得随意变更,以保持前后各期一致。

二、存货数量盘存制度

企业存货的数量需要通过盘存来确定,常用的存货数量盘存方法主要有实地盘存制和永续盘存制两种。

(一)实地盘存制

实地盘存制也称定期盘存制,指会计期末通过对全部存货进行实地盘点,以确定期末存货的结存数量,然后分别乘以各项存货的盘存单价,计算出期末存货的总金额,记入各有关存货科目,倒轧本期耗用或已销售存货的成本。采用这种方法,平时对有关存货科目只记借方,不记贷方,每一期末,通过实地盘点确定存货数量,据以计算期末存货成本,然后计算出当期耗用或销货成本,计入有关存货科目的贷方。这一方法适用于工业企业,称为"以存计耗"或"盘存计耗"。

实地盘存制的特点可以通过以下公式加以表达:

$$本期减少存货成本 = 期初存货成本 + 本期购货成本 - 期末存货成本$$

期初存货成本和本期购货成本这两项数字都不难从账上取得,待通过实地盘存,确定期末存货成本,则本期销货成本即可用上述公式进行计算。实地盘存制下,期末结存存货的单位成本可以通过个别计价法、先进先出法、全月一次加权平均法加以确定。

【例5-10】以例5-7为例,假定该企业甲材料数量的确定采用实地盘存制。期末盘点甲原材料的数量为400件,假定期末盘点的原材料成本按先进先出法加以确定,则明细账的登记过程见表5-4。

表5-4 原材料明细账

存货名称: 甲材料　　　编号: _____　　　类别: _____
数量计量单位: 千克　　　最高存货量: _____　　　最低存货量: _____

年		摘要	收　入			发　出			结　存		
月	日		数量	单价	金额	数量	单价	金额	数量	单价	金额
6	1	期初余额							100	40	4000
	6	购入	800	50	40 000						
	16	购入	500	54	27 000						
	23	购入	1000	58	58 000						
6	30	本月合计	2300	—	125 000	2000		105 800	400	58	23 200

实地盘存制的主要优点是减少存货的日常核算工作。但采用这种方法只能到期末盘点时结转耗用或销货成本，而不能随时结转成本，不仅加大了期末的工作量，而且不能随时反映存货收入、发出和结存情况，不便于存货管理，容易掩盖存货管理中存在的自然和人为的损失，削弱了对存货的控制，所以实地盘存制在制造业实用性较差，一般只适用于存货品种规格繁多且价值较低的企业，尤其适用于自然损耗大、数量不易准确确定的存货企业。

(二) 永续盘存制

永续盘存制也称账面盘存制，指对存货项目设置经常性的库存记录，即分别对品名规格设置存货明细账，逐笔或逐日地登记收入发出的存货，并随时记列结存数。通过会计账簿资料，就可以完整地反映存货的收入、发出和结存情况。

永续盘存制的特点可以通过以下公式加以表达：

$$期末存货成本 = 期初存货成本 + 本期购货成本 - 本期减少存货成本$$

例 5-7、例 5-8 和例 5-9 中对存货数量的确定都是采用永续盘存制。在没有发生丢失和被盗的情况下，存货账户的余额应当与实际库存相符。

采用永续盘存制，并不排除对存货的实物盘点，为了核对存货账面记录，加强对存货的管理，每年至少应对存货进行一次全面盘点，具体盘点次数视企业内部控制要求而定。

永续盘存制的优点是有利于加强对存货的管理。在各种存货明细记录中，可以随时反映每一存货收入、发出和结存的状态。通过账簿记录中的账面结存数，结合不定期的实地盘点，将实际盘存数与账存数进行核对，可以查明溢余或短缺的原因；通过账簿记录还可以随时反映存货是否过多或不足，以便及时合理地组织货源，加速资金周转。永续盘存制的缺点是存货明细记录的工作量较大，存货品种规格繁多的企业更是如此。

企业可根据存货类别和管理要求，对有些存货实行永续盘存制，而对另一些存货实行实地盘存制，不论采用何种方法，前后各期应保持一致。

三、发出存货的核算

(一) 发出原材料的核算

1. 生产领用

企业生产经营领用原材料，按实际成本，借记"生产成本""制造费用""销售费用""管理费用"等科目，贷记"原材料"科目；企业发出委托外单位加工的原材料，借记"委托加工物资"科目，贷记"原材料"科目。

2. 基建工程、福利等部门领用

基建工程、福利等部门领用的原材料，按实际成本加上不予抵扣的增值税税额等，借记"在建工程""应付职工薪酬"等科目，按实际成本，贷记"原材料"科目，按不予抵扣的增值税税额，贷记"应交税费——应交增值税(进项税额转出)"科目。

3. 出售

对于出售的原材料，企业应当按已收或应收的价款，借记"银行存款"或"应收账款"等科目，贷记"其他业务收入"等科目，按应交的增值税额，贷记"应交税费——应交增值税(销项税额)"科目；月度终了按出售原材料的实际成本，借记"其他业务成本"科目，贷记"原材料"科目。

【例 5-11】 华夏有限责任公司 201×年 3 月发料凭证汇总表中列示：本月领用甲材料的实际成本为 240 000 元。其中，生产 M 产品领用 180 000 元，建造厂房领用 30 000 元，车间一般耗用 10 000 元，对外销售 20 000 元。

借：生产成本——M 产品　　　　　　　　　　　　　　　　　180 000
　　在建工程　　　　　　　　　　　　　　　　　　　　　　 30 000
　　制造费用　　　　　　　　　　　　　　　　　　　　　　 10 000
　　其他业务成本　　　　　　　　　　　　　　　　　　　　 20 000
　　贷：原材料——甲材料　　　　　　　　　　　　　　　　240 000

(二)发出周转材料的核算

周转材料是指企业能够多次使用、逐渐转移其价值但仍保持原有形态不确认为固定资产的材料，如包装物、低值易耗品等。

1. 发出周转材料的价值分配

企业不同部门领用周转材料的用途不同，其会计核算方法也不同，具体处理方法如下：

(1) 企业生产部门领用的用于包装本企业产品的包装物为产品的组成部分，应将其实际成本全部计入"生产成本"科目中。生产车间领用低值易耗品的摊销计入"制造费用"科目中。

(2) 随同商品出售但不单独计价的包装物，应于包装物发出时，将其实际成本全部计入"销售费用"科目中；随同商品出售单独计价的包装物，应于商品出售时，将其实际成本计入"其他业务成本"科目中。

(3) 企业出租包装物的租金收入属于其他业务收入，其包装物成本的摊销应计入"其他业务成本"科目中；出借包装物的摊销价值应计入"销售费用"科目中。

收到出租包装物的租金，借记"库存现金""银行存款"等科目，贷记"其他业务收入"等科目。

收到出租、出借包装物的押金，借记"库存现金""银行存款"等科目，贷记"其他应付款"科目，退回押金作相反会计处理。一般而言，对于逾期未退包装物，按没收的押金，借记"其他应付款"科目，按应交的增值税，贷记"应交税费——应交增值税(销项税额)"科目，按其差额，贷记"其他业务收入"科目。

2. 发出周转材料的价值摊销方法及核算

企业的周转材料符合存货定义和确认条件的，按照使用次数分次计入成本费用。金额较小的，可在领用时计入成本费用，以简化会计核算。但为加强实物管理，应在备查账中进行登记。对发出的周转材料的成本摊销可以采用一次摊销法或分次摊销法。

1) 一次摊销法

一次摊销法即一次转销法或一次计入法。采用这种方法领用时,将其全部价值一次计入当月(领用月份)产品成本、期间费用等,借记"制造费用""管理费用"等科目,贷记"周转材料"科目。报废时,将报废周转材料的残料价值作为当月周转材料摊销额的减少,冲减有关成本、费用,借记"原材料"等科目,贷记"制造费用""管理费用"等科目。

【例 5-12】华夏有限责任公司基本生产车间领用的低值易耗品采用一次摊销法,某月该车间领用生产工具一批,其实际成本为 500 元;以前月份领用的另一批生产工具在本月报废,残料验收入库作价 80 元。编制会计分录如下:

(1) 领用生产工具时:

　　借:制造费用　　　　　　　　　　　　　　　　　　　　500
　　　　贷:周转材料　　　　　　　　　　　　　　　　　　　　500

(2) 报废生产工具残料入库时:

　　借:原材料　　　　　　　　　　　　　　　　　　　　　80
　　　　贷:制造费用　　　　　　　　　　　　　　　　　　　　80

一次摊销法的核算比较简便,这种方法一般适用于使用一次或单位价值较低、使用期限较短、一次领用数量不多以及容易破损的可以多次使用的周转材料。

2) 分次摊销法

分次摊销是将周转材料的价值,根据预计使用次数或期限,分次或分期平均摊销的一种方法。采用分次摊销法,各月成本、费用负担的周转材料摊销额比较合理,但核算工作量较大。这种方法一般适用于一些单位价值较高、使用期限较长而不易损坏的周转材料。

使用分次摊销法时,应在"周转材料"总账科目下分设"在库""在用"和"摊销"三个二级科目。从仓库领出交给使用部门时,借记"周转材料——在用"科目,贷记"周转材料——在库"科目;各次或各月摊销其价值时,按实际成本借记"制造费用""管理费用"等科目,贷记"周转材料——摊销"科目。报废周转材料时,收回的残料价值可冲减有关成本、费用,借记"原材料"科目,贷记"制造费用""管理费用"等科目;同时结平对应的明细账,借记"周转材料——摊销"科目,贷记"周转材料——在用"科目。

【例 5-13】华夏有限责任公司企业铸造车间 7 月份领用专用模具一批,其实际成本为 24 000 元,该批低值易耗品在半年内按月平均摊销(即每月摊销额为 24 000÷6=4 000 元);该年 12 月末该批低值易耗品报废残料入库,价值 500 元。

编制会计分录如下:

(1) 领用时:

　　借:低值易耗品——在用　　　　　　　　　　　　　　24 000
　　　　贷:低值易耗品——在库　　　　　　　　　　　　　　24 000

(2) 各月(7—12 月份)摊销低值易耗品价值时:

　　借:制造费用　　　　　　　　　　　　　　　　　　　4 000
　　　　贷:低值易耗品——摊销　　　　　　　　　　　　　　4 000

(3) 12 月份该批专用模具报废时:

　　借:原材料　　　　　　　　　　　　　　　　　　　　500

```
        贷：制造费用                                    500
     借：低值易耗品——摊销                          24 000
        贷：低值易耗品——在用                        24 000
```

(三)发出库存商品的核算

企业销售库存商品确认收入后，应当结转已销售商品成本，借记"主营业务成本"科目，贷记"库存商品"科目，发出商品具体核算内容见后续相关章节。

第四节　存货期末计量

一、存货的期末计量原则

资产负债表日，存货应当按照成本与可变现净值孰低进行计量。

"成本与可变现净值孰低"，是指对期末存货按照成本与可变现净值两者之中较低者进行计价的方法。即当成本低于可变现净值时，存货按成本计价；当可变现净值低于成本时，存货按可变现净值计价。

"成本"，是指存货的历史成本，即按前面所述的以历史成本为基础的发出存货计价方法(如先进先出法等)计算的期末存货的实际成本。

"可变现净值"，是指在正常生产经营过程中，以存货的估计售价减去至完工估计将要发生的成本、估计的销售费用以及相关税费后的金额。企业在确定存货的可变现净值时，应当以取得的可靠证据为基础，并且考虑持有存货的目的和资产负债表日后事项的影响等因素。

■知识链接 5-1

关于"可变现净值"的计算规则的补充说明

对于企业所持有的那些为生产而持有的材料等存货，如果企业确信最终产品仍然有利可图，则可不再考虑减记存货；如果企业认为材料价格的下降必然导致产成品的可变现净值低于成本，则该材料就应当按照可变现净值计量。

为执行销售合同或者劳务合同而持有的存货，其可变现净值应当以合同价格为基础计算。企业持有存货的数量多于销售合同订购数量的，超出部分的存货的可变现净值应当以一般销售价格为基础计算。

企业通常应当按照单个存货项目计提存货跌价准备。对于数量多、单价较低的存货，可以按照存货类别计提存货跌价准备。与在同一地区生产和销售的产品系列相关、具有相同或类似最终用途或目的，且难以与其他项目分开计量的存货，可以合并计提存货跌价准备。

"成本与可变现净值孰低"的理论基础主要是使存货符合资产的定义。当存货的可变现净值下跌至成本以下时，表明该存货给企业带来的未来经济利益低于其账面金额，因而应将这部分损失从资产价值中扣除，计入当期损益。成本与可变现净值孰低法体现了谨慎性的会计信息质量要求。

二、存货减值迹象的判断

存货存在下列情况之一的,通常表明存货的可变现净值低于成本。

(1) 该存货的市场价格持续下跌,并且在可预见的未来无回升的希望。

(2) 企业使用该项原材料生产的产品的成本大于产品的销售价格。

(3) 企业因产品更新换代,原有库存原材料已不再适应新产品的需要,而该原材料的市场价格又低于其账面成本。

(4) 因企业所提供的商品或劳务过时或消费者偏好改变而使市场的需求发生变化,导致市场价格逐渐下跌。

(5) 其他足以证明该项存货实质上已经发生减值的情形。

存货存在下列情形之一的,通常表明存货的可变现净值为零。

(1) 已霉烂变质的存货。

(2) 已过期且无转让价值的存货。

(3) 生产中已不再需要,并且已无使用价值和转让价值的存货。

(4) 其他足以证明已无使用价值和转让价值的存货。

三、存货跌价准备的账务处理

为了反映和监督存货跌价准备的计提、转回和转销情况,企业应当设置"存货跌价准备"科目,贷方登记计提的存货跌价准备金额,借方登记实际发生的存货跌价损失金额和转回的存货跌价准备金额,期末余额一般在贷方,反映企业已计提但尚未转销的存货跌价准备。

每一会计期末,比较成本与可变现净值计算出"存货跌价准备"科目应有的余额,然后与"存货跌价准备"科目已有的余额进行比较,若应提数大于已提数,应予补提;反之,应冲销部分已提数。提取和补提存货跌价准备时,借记"资产减值损失——计提的存货跌价准备"科目,贷记"存货跌价准备"科目;冲回或转销存货跌价准备,作相反会计分录。但是,当已计提跌价准备的存货的价值以后又得以恢复,其冲减的跌价准备金额,应以"存货跌价准备"科目的余额冲减至零为限。需要说明的是,减记的转回要以"以前减记存货价值的影响因素已经消失"为前提,否则不得转回。

企业计提了存货跌价准备,如果其中有部分存货已经销售,则企业在结转销售成本时,应结转对其已计提的存货跌价准备。

【例5-14】华夏有限责任公司按照"成本与可变现净值孰低"对期末存货进行计价。

(1) 2×16年年末甲材料的账面成本为100 000元,由于市场价格下跌,预计可变现净值为80 000元,由此应计提的存货跌价准备为20 000元。华夏有限责任公司应作如下会计处理:

借:资产减值损失——计提的存货跌价准备　　　　　　　　　　　　20 000
　　贷:存货跌价准备——甲材料　　　　　　　　　　　　　　　　　　20 000

(2) 2×17年6月30日,该材料的账面金额为80 000元,由于市场价格有所上升,该材料的预计可变现净值为75 000元。该材料的可变现净值有所恢复,应计提的存货跌价准备为 5 000 元(75 000－80 000)，则当期应冲减已计提的存货跌价准备为 15 000 元(5 000-20 000)，因此，应转回的存货跌价准备为 15 000 元，即：

  借：存货跌价准备——甲材料   15 000
    贷：资产减值损失——计提的存货跌价准备   15 000

  (3) 2×17 年 12 月 31 日，该材料的账面金额为 150 000 元，由于市场价格进一步上升，可变现净值为 160 000 元。此时，该材料的可变现净值上升，其可变现净值高于成本，此时应当将"存货跌价准备"科目余额冲减至零，即冲减存货跌价准备为 5 000 元，

  借：存货跌价准备——甲材料   5 000
    贷：资产减值损失——计提的存货跌价准备   5 000

第五节 存 货 清 查

  存货清查是指通过对存货的实地盘点、确定存货的实有数量，并与存货的账面结存数核对，从而确定存货实存数与账面结存数是否相符的一种专门方法。

一、存货清查的种类

1. 按照存货的清查范围，可以分为全面清查和局部清查

  全面清查，主要是在年终进行结账之前以及企业在关停并转，或者是开展清产核资的时候，对于企业的全部存货进行一个全面的盘点以及核对。

  局部清查，指的是根据需要对于企业所具备的部分存货进行一个认真的盘点以及核对。

2. 按照清查的时间，可以分为定期清查和不定期清查

  (1) 定期清查，指的是按照事先已经确定的或者是制度所要求的时间对于存货进行一个盘点以及核对。

  (2) 不定期清查，指的是根据需要对于存货进行一个临时性的盘点以及核对。

二、存货清查的方法

  由于存货的实物形态、体积重量、堆放方式、存放地点等不尽相同，在清查中采用的方法也会不同，比较常用的方法有以下三种。

  (1) 实地盘存法。这是通过逐个点数或计量确定实存数的方法。

  (2) 抽样评估法。对于大堆、笨重和价廉的存货，如露天堆放的沙石、煤炭等，不便于点磅过数的，可以在抽样盘点的基础上进行评估。

  (3) 技术测定法。对存货质量的检查，除能直观断定外，一般采用技术测定法。

三、存货盘盈盘亏的账务处理

  为了核算和监督存货的盘盈、盘亏状况并进行处理，通常会专门设置一个"待处理财产损益"账户，其下设置"待处理流动资产损益"明细账户。这个账户借方反映流动资产

的盘亏、毁损或者是按照一个规定的程序批准转销的盘盈数额，其贷方反映流动资产的盘盈以及按照规定转销的盘亏数额；期末余额如果在借方，表示有尚未处理的流动资产盘亏的净损失，如果在贷方，表示尚未处理的流动资产净溢余。

1. 存货盘盈的账务处理

企业存货盘盈时，按照重置成本，借记"原材料""库存商品"等账户，贷记"待处理财产损益"账户；按管理权限报经批准后，借记"待处理财产损益"账户，贷记"管理费用"账户。

【例5-15】华夏有限责任公司在财产清查中盘盈A原材料2 000公斤，市场价格100元/公斤，经查属于材料收发计量错误。华夏有限责任公司的会计处理如下。

(1) 发现盘亏时：

借：原材料——A材料　　　　　　　　　　　　　　　　　　200 000
　　贷：待处理财产损益——A材料　　　　　　　　　　　　　　　200 000

(2) 报经批准后：

借：待处理财产损益——A材料　　　　　　　　　　　　　　　200 000
　　贷：管理费用　　　　　　　　　　　　　　　　　　　　　　200 000

2. 存货盘亏的账务处理

企业发生存货盘亏或毁损时，借记"待处理财产损益"账户，贷记"原材料""库存商品"等账户。企业的存货如果采用计划成本(或售价)核算的，还应同时结转成本差异(或商品进销差价)。涉及增值税的，还应进行相应处理。 盘亏、毁损的各项存货，按管理权限报经批准后处理时，按残料价值，借记"原材料"等账户，按可收回的保险赔偿或过失人赔偿，借记"其他应收款"账户，按"待处理财产损益"账户的余额，贷记"待处理财产损益"账户；扣除残料价值和应由保险公司、过失人赔款后的净损失，属于一般经营损失的部分，计入"管理费用"账户，属于非常损失的部分，记入"营业外支出"账户。

【例5-16】华夏有限责任公司在财产清查中发现盘亏A原材料1 000公斤实际单位成本30元，经查属于一般经营损失。华夏有限责任公司的会计处理如下。

(1) 发现盘亏时：

借：待处理财产损益——A材料　　　　　　　　　　　　　　　30 000
　　贷：原材料——A材料　　　　　　　　　　　　　　　　　　30 000

(2) 报经批准后：

借：管理费用　　　　　　　　　　　　　　　　　　　　　　　30 000
　　贷：待处理财产损益——A材料　　　　　　　　　　　　　　 30 000

【例5-17】华夏有限责任公司在财产清查时发现毁损B材料200千克，实际单位成本50元，经确认该批材料应负担的增值税为1 600元，经查是材料保管员李斯的过失造成的，按规定由其个人赔偿5 000元，残料已办理入库手续，价值1 000元。华夏有限责任公司的会计处理如下。

(1) 发现毁损时，应编制会计分录如下：

借：待处理财产损益——待处理流动资产损益　　　　　　　　　11 600

```
        贷：原材料——B 材料                                              10 000
            应交税费——应交增值税(进项税额转出)                          1 600
(2) 由过失人赔款部分，应编制会计分录如下：
    借：其他应收款——李斯                                              5 000
        贷：待处理财产损益——待处理流动资产损益                          5 000
(3) 残料入库时，应编制会计分录如下：
    借：原材料                                                         1 000
        贷：待处理财产损益——待处理流动资产损益                          1 000
(4) 报经批准后，应编制会计分录如下：
    借：管理费用                                                       5 600
        贷：待处理财产损益——待处理流动资产损益                          5 600
```

■ **知识链接 5-2**

计划成本法与售价金额核算法

本章所阐述的存货的会计处理规则都是按照"实际成本法"(即按照实际代价入账)进行介绍的。企业会计实务中还常用两种简化的核算方法：一是计划成本法，通常与预算管理相结合；二是售价金额核算法，在一些零售企业较受欢迎。

计划成本法多用于制造类企业。其要点是：制定科学合理的计划单位成本；按照实际支付的货款金额记入"材料采购"；按照计划成本记入"原材料"，计算材料成本差异；发出存货时，按计划成本确定销售成本；月末结转成本差异，调整得到实际成本，可用公式表示为"计划成本±成本差异=实际成本"。日常业务中，原材料收入、发出和结存均按照计划成本进行登记核算，有助于减少核算工作量，便于实施预算管理。计划成本法适用于材料品种多、收发频繁的大中型企业，或者管理上需要分别核算材料的计划成本及成本差异的企业。

售价金额核算法的要点是：平时库存商品的进、销、存均按售价记账；购进时记载"商品进销差价"，月末分摊至销售成本；期末通过计算进销差价率的办法计算本期已销商品应分摊的进销差价，并据以调整本期销售成本。期末在资产负债表上列示存货时，应当按照库存商品扣除商品进销差价后的差额(即实际成本)列示。

本 章 小 结

本章从存货的概念、分类与确认条件入手，全面论述了存货的取得与发出的会计处理，存货期末计量方法和存货清查。存货取得主要包括存货的初始计量以及存货按实际成本法核算的会计处理。存货发出主要介绍了发出存货成本的计价方法，存货数量盘存制度以及发出存货的核算。存货期末计量主要包括期末计量原则，存货减值迹象的判断和存货跌价准备的会计处理。本章最后介绍了存货清查的种类与方法以及存货盘盈盘亏核算的账务处理。

存货取得的会计处理主要包括三个方面，分别是外购存货的会计处理，委托加工物资的核算和自制、投资者投入、接受捐赠存货的会计处理。发出存货成本的计价方法主要包括四种，分别是先进先出法、月末一次加权平均法、移动加权平均法和个别计价法，存货计价方法不同，对企业的财务状况、经营成果和所得税费用均有影响。存货数量盘存制度主要有实地盘存制与永续盘存制，实地盘存制的主要优点是简化存货的日常核算工作，永续盘存制的优点是有利于加强对存货的管理。发出存货的核算分别介绍了发出原材料的核算和发出周转材料的核算。

复习思考题

1. 存货主要包括哪些内容？
2. 存货的入账价值如何确定？
3. 自制存货的实际成本包括哪些内容？
4. 委托加工物资的实际成本包括哪些内容？
5. 永续盘存制与实地盘存制各有哪些优缺点？
6. 存货计价方法主要包括哪几种？现行会计准则允许采用哪几种？
7. 综述个别计价法、先进先出法、月末一次加权平均法、移动加权平均法对资产计价和收益的影响。
8. 为什么要进行存货清查？存货清查中的盘盈、盘亏如何进行会计处理？

自测与技能训练

一、基础知识自测

(一)单项选择题

1. 下列各项中，不应计入存货实际成本的是(　　)。
   A. 用于继续加工的委托加工应税消费品收回时支付的消费税
   B. 小规模纳税企业委托加工物资收回时所支付的增值税
   C. 发出用于委托加工的物资在运输途中发生的合理损耗
   D. 商品流通企业外购商品时发生的合理损耗

2. 甲材料月初结存存货 3 000 元，本月增加存货 4 000 元；月初数量 1 500 件，本月增加 2 500 件，那么，甲材料本月的加权平均单位成本为(　　)。
   A. 2 元　　　　B. 1.75 元　　　　C. 1.6 元　　　　D. 2.5 元

3. 在企业外购材料中，若材料已收到，而至月末结算凭证仍未到，对于该批材料，企业的处理方式是(　　)。
   A. 不做任何处理　　　　　　　　　　B. 按该材料市价入账
   C. 按合同价格或计划价格暂估入账　　D. 按上批同类材料价格入账

4. 存货期末计价采用成本与可变现净值孰低法，体现会计核算信息质量要求的是(　　)。
   A. 谨慎性　　　B. 重要性　　　C. 可比性　　　D. 及时性

5. 下列关于存货可变现净值的表述中，正确的是( )。
   A. 可变现净值等于存货的市场销售价格
   B. 可变现净值等于销售存货产生的现金流入
   C. 可变现净值等于销售存货产生现金流入的现值
   D. 可变现净值是确认存货跌价准备的重要依据之一

(二)多项选择题

1. 在我国的会计实务中，下列项目中构成企业存货实际成本的有( )。
   A. 支付的买价
   B. 加工货物收回后直接用于销售的消费税
   C. 运输途中的合理损耗
   D. 一般纳税人购货时的增值税进项税额
2. 期末通过比较发现存货的成本低于可变现净值，则可能( )。
   A. 按差额首次计提存货跌价准备
   B. 按差额补提存货跌价准备
   C. 冲减存货跌价准备
   D. 不进行账务处理
3. 下列各项存货中，属于周转材料的是( )。
   A. 委托加工物资
   B. 包装物
   C. 低值易耗品
   D. 委托代销商品
4. 企业对发出存货的实际成本进行计价的方法有( )。
   A. 个别计价法 B. 先进先出法 C. 移动加权平均法 D. 后进先出法
5. 实地盘存制的缺点有( )。
   A. 不能随时反映存货收入、发出和结存的动态，不便于管理人员掌握情况
   B. 存货明细记录的工作量较大
   C. 容易掩盖存货管理中存在的自然和人为的损失
   D. 只能到期末盘点时结转耗用和销货成本，而不能随时结转成本

(三)分析判断题

1. 在物价持续下跌的情况下，企业采用先进先出法计量发出存货的成本，当月发出存货单位成本小于月末结存存货的单位成本。( )
2. 购入材料在运输途中发生的合理损耗不需单独进行账务处理。( )
3. 永续盘存制适用于那些自然消耗大、数量不稳定的鲜活商品。( )
4. 对不同的材料可以采用不同的计价方法，但计价方法一经确定，不得随意变更。( )
5. 期末每期都应当重新确定存货的可变现净值，如果以前减记存货价值的影响因素已经消失，则减记的金额应当予以恢复，并在原已计提的存货跌价准备的金额内转回。( )

二、实务技能训练

实务训练一

【目的】练习存货期末计价的核算。

【资料】东风工厂采用备抵法核算存货的跌价损失，某材料存货的有关资料如下：

(1) 20×5 年初，"存货跌价准备"科目为贷方余额 4 210 元，20×5 年年末存货成本为 863 000 元，可变现净值为 857 220 元。

(2) 20×6 年年末，存货成本为 629 000 元，可变现净值为 624 040 元。

(3) 20×7 年年末，存货成本为 710 020 元，可变现净值为 734 170 元。

【要求】
(1) 计算各年应提取的存货跌价准备。
(2) 编制相应的会计分录。

实务训练二

【目的】练习材料按实际成本计价的核算。

【资料】某工厂为增值税一般纳税企业，材料按实际成本核算。该企业 201× 年 7 月份发生经济业务如下：

(1) 1 日，向丙企业采购 B 材料，材料买价共计为 30 000 元，增值税为 4 800 元，款项 35 100 元用银行存款支付，材料已验收入库。

(2) 1 日，将上月末已收料但尚未付款的暂估入账的材料，用红字冲回，金额为 70 000 元。

(3) 5 日，向甲企业购入 A 材料，买价共计 100 000 元，增值税 16 000 元，甲企业代垫运费 1100 元(其中含增值税进项税额 100 元)。企业签发并承兑一张票面金额为 116 100 元，两个月的商业汇票结算材料款项。材料已验收入库。

(4) 8 日按照合同规定，向乙企业预付购料款 80 000 元，已开出转账支票支付。

(5) 9 日，上月已付款的在途 A 材料已验收入库，其实际成本为 50 000 元。

(6) 12 日，向丁企业采购 A 材料 1000 千克，买价为 120 000 元，增值税为 19 200 元；丁企业已代垫运杂费 2 000 元，增值税额 200 元。全部款项已通过银行存款支付，材料尚未收到。

(7) 25 日，用预付货款的方式向乙企业采购的 B 材料已验收入库，增值税专用发票上列明，材料价款 70 000 元，增值税为 11 200 元，即开出一张转账支票补付货款 1 200 元。

(8) 31 日，根据发料凭证汇总表，本月基本生产车间生产产品领用原材料 425 000 元，车间一般性消耗领用 80 500 元，厂部管理部门领用 87 600 元，销售部门领用 52 800 元。

(9) 31 日，向甲企业购买 A 材料，材料已验收入库，结算单据仍未到达，按暂估价 60 000 元入账。

【要求】根据以上经济业务编制会计分录。

第六章 投 资

学习目标

通过本章的学习，了解金融资产的概念和分类，掌握各类投资初始计量与后续计量的不同要求，以及非企业合并方式取得长期股权投资的会计处理，处置各类投资的会计处理；重点掌握交易性金融资产、持有至到期投资和可供出售金融资产取得、持有期间确认现金股利或债券利息收益的会计处理，按公允价值计量的金融资产确认公允价值变动的会计处理，企业合并形成的长期股权投资的会计处理，长期股权投资的成本法与权益法。

第一节 交易性金融资产

一、交易性金融资产的含义

根据《企业会计准则第22号——金融工具确认和计量》对金融资产的分类，金融资产在初始确认时应当分为以公允价值计量且其变动计入当期损益的金融资产、持有至到期投资、贷款和应收账款、可供出售金融资产四类。其中，以公允价值计量且其变动计入当期损益的金融资产又包括交易性金融资产和指定为以公允价值计量且其变动计入当期损益的金融资产。

交易性金融资产，主要是指企业为了近期内出售而持有的金融资产，如企业以赚取差价为目的从二级市场购买的股票、债券、基金等。

指定为以公允价值计量且其变动计入当期损益的金融资产，一般是指该金融资产不满足确认为交易性金融资产的条件时，企业仍可在符合特定条件的情况下将其指定为按公允价值计量，并将公允价值变动计入当期损益。通常情况下，只有直接指定能够产生更相关的会计信息时才能将某项金融资产指定为以公允价值计量且其变动计入当期损益的金融资产。

企业应设置"交易性金融资产"科目，核算以交易目的而持有的股票投资、债券投资、基金投资等交易性金融资产的公允价值，并按照交易性金融资产的类别和品种，分别以"成本""公允价值变动"进行明细核算。其中，"成本"明细科目反映交易性金融资产的初始入账金额；"公允价值变动"明细科目反映交易性金融资产在持有期间的公允价值变动金额。

二、交易性金融资产的初始计量

交易性金融资产应当将取得时的公允价值作为初始入账金额，相关的交易费用在发生时直接计入当期损益，作为投资收益进行会计处理，发生交易费用取得增值税专用发票的，进项税额经认证后可从当月销项税额中扣除。交易费用是指可直接归属于购买、发行或处置金融工具新增的外部费用，主要包括支付给代理机构、咨询公司、券商等的手续费和佣金及其他必要支出，但不包括债券溢价、折价、融资费用、内部管理成本及其他与交易不直接相关的费用。

企业取得交易性金融资产所支付的价款中，如果包含已宣告但尚未发放的现金股利或已到付息期但尚未领取的债券利息，不应当单独确认为应收项目，而应当计入交易性金融资产的初始入账金额。

【例6-1】20×6年4月25日，红星股份有限公司按每股6.5元的价格从二级市场购入A公司每股面值1元的股票50 000股作为交易性金融资产，并支付交易费用1 200元。红星公司打算短期持有该股票，将其划分为交易性金融资产。

红星公司账务处理如下：

交易性金融资产初始成本=6.5×50 000=325 000(元)

借：交易性金融资产——A公司股票(成本)   325 000

     投资收益   1 200

   贷：银行存款   326 200

【例6-2】20×6年6月15日，红星股份有限公司以每股15元的价格(其中包括已宣告但尚未发放的现金股利0.4元)购进B公司股票20万股。购买该股票支付的手续费等20 000元。红星公司打算短期持有该股票，将其划分为交易性金融资产。

红星公司账务处理如下：

交易性金融资产初始成本=15×200 000=3 000 000(元)

借：交易性金融资产——B公司股票(成本)   3 000 000

     投资收益   20 000

   贷：银行存款   3 020 000

【例6-3】20×6年7月1日，红星股份有限公司以86 800元从二级市场购入C公司于20×5年7月1日发行的面值80 000元、期限5年、票面利率6%、每年6月30日付息、到期还本的债券作为交易性金融资产，并支付交易费用500元。债券购买价格中包含已到付息期但尚未领取的利息4 800元。红星公司将该债券划分为交易性金融资产。

红星公司账务处理如下：

交易性金融资产初始成本=86 800(元)

借：交易性金融资产——C公司债券(成本)   86 800

     投资收益   500

   贷：银行存款   87 300

收到购买的价款中包含的已到付息期但尚未领取的利息时：

借：银行存款   4 800

   贷：投资收益   4 800

三、交易性金融资产持有期间持有收益的确认

企业在持有交易性金融资产期间，对于被投资单位已经宣告发放但尚未发放的现金股利，应于被投资单位宣告发放时确认为投资收益，借记"应收股利"，贷记"投资收益"，待实际收到现金股利时，借记"银行存款"，贷记"应收股利"；对于在持有交易

性金融资产期间,已到付息期但尚未领取的债券利息,应于资产负债表日或付息日确认为投资收益,借记"应收利息",贷记"投资收益",实际收到债券利息时,借记"银行存款",贷记"应收利息"。

【例6-4】承例6-2。20×6年6月25日,红星股份有限公司收到B公司原宣告的现金股利80 000元。20×7年6月15日,B公司宣告发放20×6年度的现金股利每股0.6元,红星公司于20×7年6月20日收到上述股利。

红星公司账务处理如下:

(1) 20×6年6月25日

收到购买价款中包含的已宣告但尚未发放的现金股利时:

借:银行存款 80 000
　　贷:投资收益 80 000

(2) 20×7年6月15日

借:应收股利 120 000
　　贷:投资收益 120 000

(3) 20×7年6月20日

借:银行存款 120 000
　　贷:应收股利 120 000

四、交易性金融资产的期末计量

交易性金融资产在最初取得时,是按公允价值入账的,由于其公允价值是不断变化的,根据《企业会计准则》的规定,资产负债表日,交易性金融资产应按公允价值反映,并将公允价值变动的金额计入当期损益。企业应设置"公允价值变动损益"科目核算在资产负债表日,交易性金融资产由于公允价值变动带来的损益额。

资产负债表日,当交易性金融资产的公允价值高于其账面价值时,应按二者之间差额,一方面调增交易性金融资产的账面价值,另一方面确认为公允价值变动收益(即公允价值上升带来的收益),借记"交易性金融资产——公允价值变动",贷记"公允价值变动损益";当金融资产的公允价值低于其账面价值时,应按二者之间的差额,一方面调减交易性金融资产的账面价值,另一方面确认为公允价值变动损失(即公允价值下跌带来的损失),借记"公允价值变动损益",贷记"交易性金融资产——公允价值变动"。

【例6-5】承例6-2。20×6年6月30日,B公司股票市价为每股16元;20×6年12月31日,B公司股票的市价为每股15.4元。

红星公司账务处理如下:

(1) 20×6年6月30日

公允价值变动损益=(16-14.6)×200 000=280 000(元)

借:交易性金融资产——公允价值变动 280 000
　　贷:公允价值变动损益 280 000

(2) 20×6年12月31日

公允价值变动损益=(15.4-16)×200 000=-120 000(元)

借：公允价值变动损益　　　　　　　　　　　　　　　　120 000
　　　　贷：交易性金融资产——公允价值变动　　　　　　　　　　120 000

五、交易性金融资产的处置

　　交易性金融资产的处置损益，是指出售交易性金融资产实际收到的价款，减去所处置交易性金融资产账面余额后的差额。其中，交易性金融资产的账面余额，是指交易性金融资产的初始入账金额加上或减去资产负债表日累计公允价值变动后的金额。如果在处置交易性金融资产时，已计入应收项目的现金股利或债券利息仍未收回，还应从处置价款中扣除该部分现金股利或者债券利息之后，确认处置损益。处置交易性金融资产时，该交易性金融资产在持有期间已确认的累计公允价值变动净损益应确认为处置当期损益，同时调整公允价值变动损益。

　　企业出售交易性金融资产，应按实际收到的金额，借记"银行存款"科目，按交易性金融资产的账面余额，贷记"交易性金融资产——成本"科目，借记或贷记"交易性金融资产——公允价值变动"科目，差额贷记或借记"投资收益"科目，同时，将原计入该金融资产的公允价值变动损益转出，借记或贷记"公允价值变动损益"科目，贷记或借记"投资收益"科目。

　　【例6-6】承例6-5，红星公司将所持有的B公司的股票以每股17.5元的价格全部售出，取得价款3 500 000元。

　　借：银行存款　　　　　　　　　　　　　　　　　　　3 500 000
　　　　贷：交易性金融资产——成本　　　　　　　　　　　　　2 920 000
　　　　　　　　　　　　　　——公允价值变动　　　　　　　　　160 000
　　　　　　投资收益　　　　　　　　　　　　　　　　　　　420 000
　　同时：
　　借：公允价值变动损益　　　　　　　　　　　　　　　　160 000
　　　　贷：投资收益　　　　　　　　　　　　　　　　　　　160 000

　　将"公允价值变动损益"科目的累计金额转入"投资收益"科目，是因为"公允价值变动损益"科目的累计金额反映的是未实现的损益，而出售时上述损益已经实现，因此要做这笔结转分录。

第二节　持有至到期投资

一、持有至到期投资的含义

　　持有至到期投资，是指到期日固定、回收金额固定或可确定，且企业有明确意图和能力持有至到期的非衍生金融资产。通常情况下，能够划分为持有至到期投资的金融资产，主要是债券性投资。持有至到期投资通常具有长期性，但期限较短(1年以内)的债券投资，符合持有至到期投资条件的，也可将其划分为持有至到期投资。

　　企业应设置"持有至到期投资"科目，核算持有至到期投资的摊余成本，并按照持有至到期投资的类别和品种，分为"成本""利息调整""应计利息"等进行明细核算。其中，"成本"明细科目反映持有至到期投资的面值；"利息调整"明细科目反映持有至到期投资的初始入账金额与面值的差额，以及按照实际利率法分期摊销后差额的摊余金额；"应计利息"明细科目反映企业计提的到期一次还本付息持有至到期投资应计未收的利息。

二、持有至到期投资的初始计量

持有至到期投资应当将取得时的公允价值与相关交易费用之和作为初始入账金额。如果实际支付的价款中包含已到付息期但尚未领取的债券利息，应单独确认为应收项目，不构成持有至到期投资的初始入账金额。

企业取得持有至到期投资时，按该债券的面值，借记"持有至到期投资——成本"科目，按买价中包含的已经宣告但尚未领取的利息，借记"应收利息"科目；按实际支付的价款(含交易费用)，贷记"银行存款"科目；按其差额，借记或贷记"持有至到期投资——利息调整"科目。

【例6-7】20×4年7月1日，红星公司以10 645 000元的价款(含交易费用165 000元)购买面值为10 000 000元的债券作为持有至到期投资。该债券是甲公司于当年1月1日发行，票面利率为6%，期限为3年，每半年付息一次，到期还本的债券。红星公司购买该债券时，上半年的利息尚未支付。红星公司于20×4年7月5日收到上半年利息300 000元。

红星公司账务处理如下：
(1) 20×4年7月1日
借：持有至到期投资——成本　　　　　　　　　　　　10 000 000
　　　　　　　　　——利息调整　　　　　　　　　　　345 000
　　　应收利息　　　　　　　　　　　　　　　　　　　300 000
　　贷：银行存款　　　　　　　　　　　　　　　　　　　　10 645 000
(2) 20×4年7月5日
借：银行存款　　　　　　　　　　　　　　　　　　　　300 000
　　贷：应收利息　　　　　　　　　　　　　　　　　　　　300 000

持有至到期投资初始确认时，应当计算其实际利率，以便为后续持有期间确认投资收益和计算摊余成本提供依据。实际利率应当在该持有至到期投资预期存续期保持不变。

实际利率是指将金融资产或金融负债在预期存续期间的未来现金流量，折现为该金融资产或金融负债当前账面价值所使用的利率。

例6-7中，该项债券投资的实际利率计算如下：
$300000 \times (P/A,I,5) + 10\ 000\ 000 \times (P/F,I,5) = 10\ 645\ 000 - 300\ 000$

采用插值法，可以计算出实际利率i=2.27%。见相关链接6-1。

■相关链接6-1

实际利率的含义及其计算方法

1. 实际利率的含义

实际利率是会计准则中的专用术语，指某个特定的报酬率，使用该报酬率，可以使某项活动的未来现金流入的现值恰好等于其未来现金流出的现值。

实际利率的含义可以借助一个简单的设问而通俗地予以解释。在金融投资活动中，债权人(投资方)为什么愿意现在投入一定的资产，在以后期间再收回本金和利息呢？那一定是因为他相信存在"某个特定的、内在的报酬率"，使得他未来的现金流入的现值等于他现在投入的资产的价值。同样，债务人(或被投资方)为什么愿意现在接受某种资产，在以后期间再偿付本金和利息呢？那一定是因为他相信存在"某个特定的、内在的报酬率"，使得他未来的现金流出的现值恰好等于他现在收到的资产的价值。这个所谓的"某个特定的、内在报酬率"就是会计准则中所说的实际利率。企业会计准则所称的"实际利率"，其含义等价于管理会计或财务管理等学科中所称的"内含报酬率"，也等价于金融学等学科中所称的"到期收益率"。

2. 实际利率的计算方法

采用插值法计算实际利率。其思路是，将计算实际利率的公式改写成计算净现值的公式，然后求出使得净现值为零的报酬率，就得到了实际利率。

净现值是指未来各期现金流入的现值减去各期现金流出的现值后的余额。

使净现值为零的那个报酬率就是我们所要计算的实际利率，这样就可以用试错的方法近似算出实际利率，如果一个较高的报酬率使得净现值略小于 0，而一个较低的报酬率使得净现值略大于 0，那么我们就可以运用比和比例的关系式求出使得净现值为 0 的报酬率。这种方法就是插值法。

三、持有至到期投资的后续计量

持有至到期投资在持有期间应当按照摊余成本计量，并按摊余成本和实际利率计算确认当期利息收入，计入投资收益。其中，实际利率是指将持有至到期投资未来收回的本息折算为现值恰等于持有至到期投资初始入账金额的折现率。

(一)摊余成本的计算和处理

持有至到期投资期末应按摊余成本计量。摊余成本是指金融资产的初始确认金额经过下列调整后的结果：

(1) 扣除已偿还的本金；

(2) 扣除已发生的减值损失；

(3) 加上或减去采用实际利率法将该初始确认金额与到期日金额之间的差额进行摊销形成的累计摊销额。

如果不考虑已收回的本金和已发生的减值损失，那么，期末摊余成本的计算实际上就是期末投资收益和应收利息的确认，而投资收益和应收利息的差额，也就是利息调整按实际利率法摊销的金额。

投资收益(利息收入)=期初摊余成本×实际利率

应收利息(现金流入)=债券面值×票面利率

(二)持有至到期投资利息收入的确定

1. 分期付息、到期还本的债券利息收入的确认

持有至到期投资如为分期付息,一次还本的债券,企业应当于付息日或资产负债表日计算确定应收未收的利息,借记"应收利息"科目,按持有至到期投资起初摊余成本和实际利率计算确定的利息收入,贷记"投资收益"科目,按其差额,借记或贷记"持有至到期投资——利息调整增"科目。

2. 到期一次还本付息债券利息收入的确认

持有至到期投资如为到期一次还本付息的债券,企业应当于资产负债表日按票面利率计算确定应收未收的利息,借记"持有至到期投资——应计利息"科目,按持有至到期投资期初摊余成本和实际利率计算确认当期利息收入,贷记"投资收益"科目,按其差额,借记或贷记"持有至到期投资——利息调整"科目。

【例 6-8】承例 6-7。红星公司该项持有至到期投资期末摊余成本的计算过程如表 6-1 所示。

表 6-1　红星公司该项持有至到期投资期末摊余成本的计算

时间	期初摊余成本	利息收入 按2.27%计算	现金流入	期末摊余成本
20×4 年 7 月 1 日				10 645 000
20×4 年 7 月 5 日	10 645 000	0	300 000	10 345 000
20×4 年 12 月 31 日	10 345 000	234 831.5	300 000	10 279 831.5
20×5 年 6 月 30 日	10 279 831.5	233 352.18	300 000	10 213 183.68
20×5 年 12 月 31 日	10 213 183.68	231 839.27	300 000	10 145 022.95
20×6 年 6 月 30 日	10 145 022.95	230 292.02	300 000	10 075 314.97
20×6 年 12 月 31 日	10 075 314.97	224 685.03	10 300 000	0

注:表中数字采用四舍五入方式。

根据表 6-1 计算的数据,红星公司有关账务处理如下:

(1) 20×4 年 12 月 31 日(假定利息于到期日收到,下同)。

　　借:应收利息　　　　　　　　　　　　　　　　　　　　　　　300 000
　　　　贷:投资收益　　　　　　　　　　　　　　　　　　　　　　234 831.5
　　　　　　持有至到期投资——利息调整　　　　　　　　　　　　　65 168.5
　　借:银行存款　　　　　　　　　　　　　　　　　　　　　　　300 000
　　　　贷:应收利息　　　　　　　　　　　　　　　　　　　　　　300 000

(2) 20×5 年 6 月 30 日

　　借:应收利息　　　　　　　　　　　　　　　　　　　　　　　300 000
　　　　贷:投资收益　　　　　　　　　　　　　　　　　　　　　　233 352.18
　　　　　　持有至到期投资——利息调整　　　　　　　　　　　　　66 647.82

借：银行存款	300 000
贷：应收利息	300 000

(3) 20×5 年 12 月 31 日

借：应收利息	300 000
贷：投资收益	231 839.27
持有至到期投资——利息调整	68 160.73
借：银行存款	300 000
贷：应收利息	300 000

(4) 20×6 年 6 月 30 日

借：应收利息	300 000
贷：投资收益	230 292.02
持有至到期投资——利息调整	69 707.98
借：银行存款	300 000
贷：应收利息	300 000

(5) 20×6 年 12 月 31 日

借：应收利息	300 000
贷：投资收益	224 685.03
持有至到期投资——利息调整	75 314.97
借：银行存款	10 300 000
贷：持有至到期投资——成本	10 000 000
应收利息	300 000

四、持有至到期投资的处置

　　企业持有的某金融资产在到期前可能会发生将该金融资产予以处置的情况。这种情况的发生，通常表明企业违背了将投资持有至到期的意图。如果企业在本会计年度内出售的某项持有至到期投资金额，相对于持有至到期投资总额较大的，企业在处置后应立即将剩余持有至到期投资重分类为可供出售的金融资产，并以公允价值进行后续计量。企业处置持有至到期投资时，应将取得的价款与所处置投资账面价值之间的差额计入处置当期投资收益。

　　持有至到期投资在到期前出售时，按实际收到的价款，借记"银行存款"科目，按其账面余额，贷记"持有至到期投资——成本、利息调整(或借记)、应计利息"科目，按其差额贷记或借记"投资收益"科目。

　　【例 6-9】承例 6-8。20×6 年 1 月，由于被投资单位甲公司陷入一场经济纠纷，信用状况发生危机，红星公司持有的、原划分为持有至到期投资的该公司债券价格持续下跌，因此红星公司于 1 月 10 日出售该持有至到期投资的 10%，按该债券的公允价值出售所得的价款为 1 250 000 元。

　　该债券出售前的账面余额为：成本 10 000 000 元，利息调整(借方)145 022.95 元，即

(345 000-65 168.5- 66 647.82-68 160.73)。

借：银行存款　　　　　　　　　　　　　　　　　　　　　　　1 250 000
　　贷：持有至到期投资——成本　　　　　　　　　　　　　　　1 000 000
　　　　　　　　　　——利息调整　　　　　　　　　　　　　　　145 022.95
　　　　投资收益　　　　　　　　　　　　　　　　　　　　　　　104 977.05

第三节　可供出售金融资产

一、可供出售金融资产的含义

可供出售金融资产，是指初始确认时即被指定为可供出售的非衍生金融资产，以及除下列各类资产以外的金融资产：①贷款和应收账款；②持有至到期投资；③以公允价值计量且其变动计入当期损益的金融资产。可供出售金融资产相对于交易性金融资产和持有至到期投资来说，持有意图是不明确的。例如，企业购入的在活跃市场上有报价的股票、债券、基金等，没有划分为以公允价值计量且其变动计入当期损益的金融资产或持有至到期投资等金融资产的，可归类为可供出售金融资产。

二、可供出售金融资产的初始计量

可供出售金融资产应当按照取得该金融资产的公允价值和相关交易费用之和作为初始入账金额。如果支付的价款中包含已宣告但尚未发放的现金股利，或已到付息期但尚未领取的利息，应单独确认为应收项目，不构成可供出售金融资产的初始入账金额。

【例 6-10】红星公司 20×6 年 6 月 15 日，以每股 15 元的价格(其中包含已宣告但尚未发放的现金股利 0.4 元)购进 B 公司股票 20 万股。购买该股票支付的手续费等 20 000 元。红星公司将购入的股票划分可供出售金融资产。

红星公司账务处理如下：
可供出售金融资产的初始成本=(15-0.4)×200 000+20 000=2 940 000(元)
借：可供出售金融资产——成本　　　　　　　　　　　　　　　2940 000
　　应收股利　　　　　　　　　　　　　　　　　　　　　　　　80 000
　　贷：银行存款　　　　　　　　　　　　　　　　　　　　　　3 020 000

三、可供出售金融资产持有期间持有收益的确认

可供出售金融资产在持有期间取得的现金股利或债券利息，应当计入投资收益。

若可供出售金融资产为股票投资，则持有期间被投资单位宣告发放的现金股利，应首先借记"应收股利"科目，贷记"投资收益"科目；收到时借记"银行存款"科目，贷记"应收股利"科目。

若可供出售金融资产为债券类投资，则期末应按债券面值和票面利率计算债券利息，借记"应收利息"或"可供出售金融资产——应计利息"科目，按可供出售金融资产的摊

余成本和实际利率计算确定的利息收入,贷记"投资收益"科目,差额借记或贷记"可供出售金融资产——利息调整"科目。

【例 6-11】承例 6-10。20×6 年 6 月 25 日,红星股份有限公司收到 B 公司原宣告的现金股利 80 000 元。20×7 年 6 月 15 日,B 公司宣告发放 2×15 年度的现金股利每股 0.6 元,红星公司于 20×7 年 6 月 20 日收到上述股利。

红星公司账务处理如下:

(1) 20×6 年 6 月 25 日

借:银行存款　　　　　　　　　　　　　　　　　　　　　80 000
　　贷:应收股利　　　　　　　　　　　　　　　　　　　　80 000

(2) 20×7 年 6 月 15 日

借:应收股利　　　　　　　　　　　　　　　　　　　　　120 000
　　贷:投资收益　　　　　　　　　　　　　　　　　　　　120 000

(3) 20×7 年 6 月 20 日

借:银行存款　　　　　　　　　　　　　　　　　　　　　120 000
　　贷:应收股利　　　　　　　　　　　　　　　　　　　　120 000

四、可供出售金融资产的期末计量

可供出售金融资产的价值应按资产负债表日的公允价值反映,公允价值的变动计入其他综合收益。资产负债表日可供出售金融资产的公允价值高于其账面余额时,应按二者之间的差额调增可供出售金融资产的账面余额,同时将公允价值的变动计入其他综合收益贷方;可供出售金融资产的公允价值低于其账面余额时,应按二者之间的差额调减可供出售金融资产的账面余额,同时按公允价值变动减记其他综合收益借方。

即资产负债表日,可供出售金融资产的公允价值与其账面余额的差额,借记或贷记"可供出售金融资产——公允价值变动"科目,同时,贷记或借记"其他综合收益"科目。

【例 6-12】承例 6-10。20×6 年 6 月 30 日,B 公司股票市价为每股 16 元;20×6 年 12 月 31 日,B 公司股票市价为每股 15.4 元。

红星公司账务处理如下:

(1) 20×6 年 6 月 30 日

借:交易性金融资产——公允价值变动　　　　　　　　　　280 000
　　贷:其他综合收益　　　　　　　　　　　　　　　　　　280 000

(2) 20×6 年 12 月 31 日

借:其他综合收益　　　　　　　　　　　　　　　　　　　120 000
　　贷:交易性金融资产——公允价值变动　　　　　　　　　120 000

五、可供出售金融资产的处置

处置可供出售金融资产时,应将取得的处置价款与该金融资产账面余额之间的差额计入投资收益;同时,将原计入其他综合收益的累计公允价值的变动对应处置部分的金额转出，计入投资收益。

企业出售可供出售金融资产时，应按实际收到的金额借记"银行存款"科目，按可供出售金融资产的账面余额，贷记"可供出售金融资产——成本、应计利息、利息调整"科目，借记或贷记"可供出售金融资产——公允价值变动"科目，差额贷记或借记"投资收益"科目。同时，将金融资产重分类时确认的其他综合收益以及可供出售金融资产公允价值变动确认的其他综合收益转出，借记或贷记"其他综合收益"科目，贷记或借记"投资收益"科目。

【例 6-13】承例 6-12。红星公司将所持有的 B 公司的股票以每股 17.5 元的价格全部售出，取得价款 3 500 000 元。

借：银行存款　　　　　　　　　　　　　　　　　　　　　3 500 000
　　贷：可供出售金融资产——成本　　　　　　　　　　　　　2 920 000
　　　　　　　　　　　　　——公允价值变动　　　　　　　　　160 000
　　　　投资收益　　　　　　　　　　　　　　　　　　　　　　420 000
同时：
借：其他综合收益　　　　　　　　　　　　　　　　　　　　　160 000
　　贷：投资收益　　　　　　　　　　　　　　　　　　　　　　160 000

■知识链接 6-2

金融工具会计业务分类

金融资产是企业从事金融工具交易所形成的资产。

金融工具是指形成一个企业的金融资产，并形成其他单位的金融负债的或权益工具的合同。从会计的角度来看，金融工具的本质属性是一项合同，该合同必然形成投资方的金融资产，同时形成对应一方的金融负债或权益工具。以下分别对金融资产、金融负债和权益工具的概念作简单介绍。

金融资产，是指企业持有的现金、权益工具投资、从其他单位收取现金或其他金融资产的合同权利，以及在有利条件下与其他单位交换金融资产或金融负债的合同权利。主要包括库存现金、银行存款、应收账款、应收票据、其他应收款、股权投资、债权投资、衍生工具形成的资产等。

初始确认时，企业应考虑持有目的、风险管理要求等因素，将金融资产分为下列四类：①以公允价值计量且其变动计入当期损益的金融资产；②持有至到期投资；③贷款和应收款项；④可供出售金融资产。

某项金融资产划分为以公允价值计量且其变动计入当期损益的金融资产后，不能再重分类为其他类别的金融资产；同样，其他类别的金融资产也不能再重分类为以公允价值计量且其变动计入当期损益的金融资产。其他三类金融资产，也不得随意重分类。

金融负债，是指企业向其他单位支付现金或其他金融资产的合同义务，以及在不利条件下与其他单位交换金融资产或金融负债的合同义务。具体内容包括短期借款、应付票据、应付债券、长期借款等。

权益工具，是指能够证明企业资产扣除负债后的剩余权益的合同，是一种所有权凭证，体现了一种合约权利。从权益工具发行方看，权益工具是所有者权益的组成内容。

金融工具会计业务分类如下图所示。

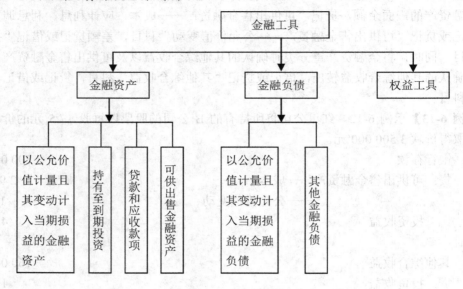

第四节　长期股权投资

一、长期股权投资概述

(一)长期股权投资的概念

长期股权投资是指通过投出各种资产取得被投资单位股权且不准备随时出售的投资，包括对子公司、合营企业和联营企业的投资。长期股权投资的主要目的是为了长远利益而影响、控制其他在经济业务上相关联的企业。企业进行长期股权投资后，成为被投资单位的股东。

(二)长期股权投资的内容

1. 能够实施控制的权益性投资——对子公司投资

控制，是指有权决定一个企业的财务和经营决策，并能从该企业的经营活动中获取利益。控制通常具有以下特征：①控制的主体是唯一的，不是两方或多方；②控制的内容是另一个企业日常生产经营活动涉及的财务和经营决策，这些财务和经营决策一般是通过表决权来决定的；③控制的目的是获取经济利益；④控制的性质是一种权力，它可以是一种法定权力，也可以是通过公司章程或协议、投资者之间的协议授予的权力。

投资方能够对被投资方实施控制的，被投资方为其子公司，投资方应当将其子公司纳入合并财务报表的范围。

2. 能够实施共同控制的权益性投资——对合营企业投资

对合营企业投资是指投资企业与其他合营方一同对被投单位实施控制的权益性投资，

即合营企业中的任何一方均不能单独控制对被投资单位的财务和经营政策。

共同控制,是指投资各方按照合同约定对某项经济活动共有的控制。共同控制通常具有以下特征:①任何一个合营方均不能单独控制合营企业的生产经营活动。②涉及合营企业基本经营活动的决策需要各合营方一致同意。③各合营方可能通过合同或协议的形式任命其中的一个合营方对合营企业的日常活动进行管理,但其必须在各合营方已经一致同意的财务和经营政策范围内行使管理权。

3. 具有重大影响的权益性投资——对联营企业投资

重大影响,是指投资企业对被投资单位的财务和经营政策有参与决策的权力,但并不能控制或者与其他方共同控制这些政策的制定。投资企业直接或者通过子公司间接拥有被投资单位 20%以上但低于 50%的表决权股份时,一般认为对被投资单位具有重大影响,除非有明确的证据表明该种情况下不能参与被投资单位的生产经营决策,不形成重大影响。在实际工作中,存在下列情况之一的,通常认为投资企业对被投资单位具有重大影响:①在被投资单位的董事会或类似权力机构中派有代表。②参与被投资单位的政策制定过程,包括股利分配政策等的制定。③与被投资单位之间发生重要交易。④向被投资单位派出管理人员。⑤向被投资单位提供关键技术资料。

二、长期股权投资的初始计量

长期股权投资在取得时,应按初始投资成本入账。长期股权投资可以通过企业合并形成,也可以通过企业合并以外的其他方式取得。在不同的取得方式下,初始投资成本的确定方法有所不同:对子公司投资属于企业合并形成的长期股权投资,应遵循《企业会计准则第 20 号——企业合并》的相关规定;而对合营企业、联营企业投资属于非合并形成的长期股权投资,其初始投资成本的确定应遵循《企业会计准则第 2 号——长期股权投资》的相关规定。

企业合并,是将两个或两个以上单独的企业合并形成一个报告主体的交易或事项。

从合并的方式看,通常可分为吸收合并、控股合并和新设合并三种形式。由于吸收合并和新设合并之后只存在一个法律主体,均不形成投资关系,只有控股合并之后存在两个法律主体,投资企业需要通过长期股权投资来核算其在被投资企业所拥有的股权,即形成投资关系。

因此,本章所讲述的企业合并形成的长期股权投资,是指控股合并所形成的投资方对被投资方的股权投资。企业合并形成长期股权投资,应当区分同一控制下的企业合并和非同一控制下的企业合并分别确定其初始投资成本。

1. 同一控制下的企业控股合并形成的长期股权投资

参与合并的企业在合并前后均受同一方或相同的多方最终控制且该控制并非暂时性的合并交易。通常情况下,同一控制下的企业合并是指发生在同一企业集团内部企业之间的合并。

对于同一控制下的企业合并,从能够对参与合并各方在合并前及合并后均实施最终控

制的一方来看，其能够控制的资产在合并前后并没有发生变化，合并方通过企业合并形成的对被投资方的长期股权投资，其成本代表的是在被合并方所有者权益账面价值中按持股比例享受的份额。

因此，同一控制下企业合并形成的长期股权投资，应当按照合并日取得的被合并方所有者权益在最终控制方合并财务报表时的账面价值份额作为初始投资成本。

(1) 合并方以支付现金、转让非现金资产或承担债务的方式作为合并对价的，应当在合并日按照取得被合并方所有者权益账面价值的份额计算长期股权投资的初始投资成本。长期股权投资初始投资成本与支付的现金、转让的非现金资产以及所承担债务账面价值之间的差额，应当调整资本公积；资本公积不足冲减的，调整留存收益。

(2) 合并方以发行权益性证券作为合并对价的，应当在合并日按照取得被合并方所有者权益账面价值的份额计算长期股权投资的初始投资成本。以发行股份的面值总额作为股本，长期股权投资初始投资成本与所发行股份面值总额之间的差额，应当调整资本公积；资本公积不足冲减的，调整留存收益。

合并方为进行企业合并而发行债券或权益性证券支付的手续费、佣金等应当计入所发行债券或权益性证券的初始确认金额；合并方为进行企业合并而发生的各项直接相关费用，如审计费用、评估费用、法律服务费用等，应当于发生时计入当期管理费用。

【例 6-14】 2×15 年 1 月 1 日，A 公司向同一集团内 B 公司发行 1000 万股普通股(每股面值 1 元，市价为每股 8.68 元)，取得 B 公司 100%的股权，并于当日起能够对 B 公司实施控制。合并后 B 公司维持其独立法人地位持续经营。两个公司在企业合并前采用的会计政策相同。合并日，B 公司的账面所有者权益总额为 4404 万元。

B 公司在合并后维持其法人资格继续经营，合并日 A 公司在其账簿及个别财务报表中应确认对 B 公司的长期股权投资。

A 公司账务处理如下：

借：长期股权投资　　　　　　　　　　　　　　　　　　　44 040 000
　　贷：股本　　　　　　　　　　　　　　　　　　　　　　10 000 000
　　　　资本公积——股本溢价　　　　　　　　　　　　　　34 040 000

2. 非同一控制下的企业控股合并形成的长期股权投资

参与合并等的各方在合并前后不受同一方或相同的多方最终控制的，为非同一控制下的企业合并。购买方应将企业合并视为一项购买交易，合理确定合并成本，作为长期股权投资的初始投资成本。合并成本为购买方在购买日为取得被购买方的控制权而付出的资产、发生或承担的负债以及发行的权益性证券的公允价值之和。

购买方作为合并对价付出的资产，应当按照以公允价值处置该资产进行会计处理。其中，付出资产为固定资产、无形资产的，付出资产的公允价值与其账面价值的差额，计入营业外收入或营业外支出；付出资产为金融资产的，付出资产的公允价值与其账面价值的差额，计入投资收益；付出资产为存货的，按其公允价值确认收入，同时按其账面价值结转成本。

购买方为进行企业合并而发行债券或权益性证券支付的手续费、佣金等应当计入所发行债券或权益性证券的初始确认金额;购买方为进行企业合并而发生的各项直接相关费用,如审计费用、评估费用、法律服务费用等,应当于发生时计入当期管理费用。

【例6-15】2×15年1月1日,A公司以支付货币资金和一项固定资产为对价取得B公司60%的股权。为核实B公司的资产价值,A公司聘请专业资产评估机构对B公司的资产进行评估,支付评估费用200万元。合并中,A公司支付的固定资产账面原值为8 000万元,已计提累计折旧500万元,已计提固定资产减值准备200万元,公允价值为7 600万元。假设合并前A公司与B公司不存在任何关联方关系,即此项合并为非同一控制下的企业合并。

假设不考虑其他因素,A公司账务处理如下:

借:固定资产清理　　　　　　　　　　　　　　　　　　　73 000 000
　　累计折旧　　　　　　　　　　　　　　　　　　　　　 5 000 000
　　固定资产减值准备　　　　　　　　　　　　　　　　　 2 000 000
　　贷:固定资产　　　　　　　　　　　　　　　　　　　80 000 000
借:长期股权投资　　　　　　　　　　　　　　　　　　　76 000 000
　　贷:固定资产清理　　　　　　　　　　　　　　　　　73 000 000
　　　　营业外收入　　　　　　　　　　　　　　　　　　 3 000 000
借:管理费用　　　　　　　　　　　　　　　　　　　　　 2 000 000
　　贷:银行存款　　　　　　　　　　　　　　　　　　　 2 000 000

【例6-16】兴华实业有限公司和C公司为两个独立的法人企业,合并前不存在任何关联方关系。20×6年1月10日,兴华公司和C公司达成合并协议,约定兴华公司以库存商品和银行存款作为合并对价,取得C公司70%的股份。兴华公司付出库存商品的账面价值为1 200万元,购买日公允价值为2 000万元,增值税税额为340万元;付出银行存款的金额为3 000万元。20×6年2月1日,兴华公司实际取得对C公司的控制权。在与C公司的合并中,兴华公司以银行存款支付审计费用、评估费用、法律服务费用等共计40万元。

合并成本=2 000+340+3 000=5 340(万元)

借:长期股权投资——C公司　　　　　　　　　　　　　　53 400 000
　　贷:主营业务收入　　　　　　　　　　　　　　　　　20 000 000
　　　　应交税费——应交增值税(销项税额)　　　　　　　 3 400 000
　　　　银行存款　　　　　　　　　　　　　　　　　　　30 000 000
借:主营业务成本　　　　　　　　　　　　　　　　　　　12 000 000
　　贷:库存商品　　　　　　　　　　　　　　　　　　　12 000 000
借:管理费用　　　　　　　　　　　　　　　　　　　　　　 400 000
　　贷:银行存款　　　　　　　　　　　　　　　　　　　　 400 000

三、长期股权投资的后续计量

长期股权投资在持有期间,投资企业应当根据其对被投资单位的影响和控制程度,分别采用成本法或权益法进行核算。

(一)长期股权投资的成本法

1. 成本法的适用范围

根据《企业会计准则第 2 号——长期股权投资》的规定,长期股权投资按成本法核算适用于投资企业能够对被投资单位实施控制的长期股权投资,即对子公司的投资。

2. 成本法的核算

成本法是指长期股权投资按成本法计价的方法。在成本法下,长期股权投资的账面价值按初始投资成本计量,除追加和收回投资外,一般不对长期股权投资的账面价值进行调整的一种会计处理方法。同一控制下的企业合并形成的长期股权投资,其初始投资成本为合并日取得被合并方所有者权益账面价值的份额。

被投资单位宣告分配的现金股利或利润,投资企业按享有的部分,确认为当期投资收益,借记"应收股利"科目,贷记"投资收益"科目;实际收到现金股利或利润时,借记"银行存款"科目,贷记"应收股利"科目。投资企业在确认自被投资单位应分得的现金股利或利润后,应当考虑长期股权投资是否发生减值。在判断该类长期股权投资是否存在减值迹象时,应当关注长期股权投资的账面价值是否大于享有被投资单位净资产账面价值的份额等情况。

【例 6-17】 20×7 年 1 月 1 日,A 公司以 5 000 万元的价格购入 B 公司 60%的股权,购买过程中另支付相关税费 50 万元。股权购入后,A 公司能够控制 B 公司的生产经营和财务决策。20×7 年 3 月 1 日,B 公司宣告分配利润 500 万元;20×7 年 3 月 10 日,B 公司实际分派了利润。假定 A 公司确认投资收益后,其对 B 公司的长期股权投资未发生减值。

A 公司账务处理如下:
(1) 20×7 年 1 月 1 日
借:长期股权投资——B 公司　　　　　　　　　　　　　　　　　50 500 000
　　贷:银行存款　　　　　　　　　　　　　　　　　　　　　　50 500 000
(2) 20×7 年 3 月 1 日
借:应收股利　　　　　　　　　　　　　　　　　　　　　　　　3 000 000
　　贷:投资收益　　　　　　　　　　　　　　　　　　　　　　3 000 000
(3) 20×7 年 3 月 10 日
借:银行存款　　　　　　　　　　　　　　　　　　　　　　　　3 000 000
　　贷:应收股利　　　　　　　　　　　　　　　　　　　　　　3 000 000

(二)长期股权投资的权益法

1. 权益法的适用范围

根据《企业会计准则第 2 号——长期股权投资》的规定,长期股权投资按权益法核算的适用范围如下:

(1) 投资企业对被投资单位具有共同控制的长期股权投资,即对合营企业的投资。
(2) 投资企业对被投资单位具有重大影响的长期股权投资,即对联营企业的投资。

2. 权益法的核算

权益法，是指在取得长期股权投资时以投资成本计量，在投资持有期间则要根据投资方应享有被投资方所有者权益份额的变动，对长期股权投资的账面价值进行相应调整的一种会计处理方法。

权益法的核算包括取得投资时的核算、被投资单位出现净损益时的处理、被投资单位除净损益以外所有者权益其他变动时的处理、被投资单位分配现金股利或利润时的处理四个环节。

(1) 取得投资时的核算。在权益法下，首先应按长期股权投资初始计量的要求，确定初始投资成本；对于取得投资时投资成本与应享有被投资单位可辨认净资产公允价值份额之间的差额，应视情况分别处理。

① 初始投资成本大于取得投资时应享有被投资单位可辨认净资产公允价值份额的，不调整已确认的初始投资成本，该部分的差额实质上是投资企业在购入该项投资过程中通过购买作价体现出的与所取得股权份额相对应的商誉。

② 初始投资成本小于取得投资时应享有被投资单位可辨认净资产公允价值份额的，应按二者的差额调整增加长期股权投资的账面价值，同时将该部分经济利益流入作为收益处理，计入取得投资当期的营业外收入。

【例 6-18】20×7 年 1 月 1 日，A 公司取得 B 公司 30%的股权，实际支付价款 6 000 万元。取得投资时被投资单位净资产账面价值为 15 000 万元(假定该时点被投资单位各项可辨认资产、负债的公允价值与其账面价值相同)。

假定在 B 公司的董事会中，所有股东均以其持股比例行使表决权。A 企业在取得对 B 公司的股权后，派人参与了对 B 公司的生产经营决策。因能够对 B 公司的生产经营决策施加重大影响，A 企业对该投资按照权益法核算。

20×7 年 1 月 1 日，A 企业账务处理如下：
借：长期股权投资——B 公司——成本   60 000 000
    贷：银行存款   60 000 000

长期股权投资的成本 6 000 万元大于投资时享有的被投资单位净资产公允价值的份额 4 500 万元，故不对其账面价值进行调整。

假设 A 企业实际支付价款 4000 万元，其他条件不变。

20×7 年 1 月 1 日，A 企业账务处理如下：
借：长期股权投资——B 公司——成本   40 000 000
    贷：银行存款   40 000 000
借：长期股权投资——B 公司——成本   5 000 000
    贷：营业外收入   5 000 000

(2) 被投资单位出现净损益时的处理。投资企业取得长期股权投资后，应当按照应享有或应分担的被投资单位实现的净损益的份额，确认投资损益并调整长期股权投资的账面价值。

【例 6-19】20×7 年 1 月 1 日，A 企业取得 B 公司 20%的有表决权股份，能够对 B 公司施加重大影响。假定 A 企业取得该项投资时，B 公司各项可辨认资产、负债的公允价值与其账面价值相同；两个公司的会计期间及采用的会计政策也相同。B 公司 20×7 年实现净利润 1 000 万元。

假定不考虑其他因素，A 企业账务处理如下：

借：长期股权投资——损益调整　　　　　　　　　　　　　　　　2 000 000
　　贷：投资收益　　　　　　　　　　　　　　　　　　　　　　　　2 000 000

当被投资单位出现超额亏损时，投资企业确认被投资单位发生的净亏损，应当以长期股权投资的账面价值减记至零为限，超出部分在账外作备查登记。

会计处理时，按应承担的份额，借记"投资收益"科目，贷记"长期股权投资——损益调整"科目。在长期股权投资的账面价值减记至零以后，对超出的部分作备查登记。

被投资单位以后期间实现盈利的，扣除未确认的亏损分担额后，恢复长期股权投资的账面价值，同时确认投资收益。即借记"长期股权投资"科目，贷记"投资收益"科目。

【例 6-20】甲公司持有 A 公司 40%的股权，20×5 年 12 月 31 日，甲公司对 A 公司长期股权投资的账面价值为 1 200 万元，A 公司 20×6 年发生净亏损 3 200 万元。假定取得投资时被投资单位各项资产、负债的公允价值等于账面价值，双方采用的会计政策、会计期间相同。

不考虑其他因素，甲公司账务处理如下：

20×6 年甲公司应分担亏损=3 200×40%=1 280(元)

首先，冲减长期股权投资账面价值。

借：投资收益　　　　　　　　　　　　　　　　　　　　　　　　12 000 000
　　贷：长期股权投资——损益调整　　　　　　　　　　　　　　　12 000 000

其次，对未确认的投资损失 80 万元作备查登记。

(3) 被投资单位宣告分配现金股利或利润时的处理。被投资单位宣告分配现金股利或利润时，投资企业按照被投资单位宣告分派的利润或现金股利计算应分得的部分，相应减少长期股权投资的账面价值。会计处理时，先借记"应收股利"科目，贷记"长期股权投资——损益调整"科目；实际收到股利或利润时，借记"银行存款"科目，贷记"应收股利"科目。

需要注意的是，上述会计处理仅限于被投资单位宣告分配的现金股利或利润，对于被投资单位宣告分配的股票股利，投资企业则不作会计处理，仅作备查登记，即除权日注明增加的股数，以反映股份的变化情况。

【例 6-21】承例 6-20。20×6 年 3 月 5 日，A 公司宣告分派现金股利 500 万元；甲企业于 20×6 年 3 月 15 日实际收到 A 公司发放的股利。

不考虑其他因素，甲企业账务处理如下：

① 20×6 年 3 月 5 日

借：应收股利　　　　　　　　　　　　　　　　　　　　　　　　1 000 000
　　贷：长期股权投资——损益调整　　　　　　　　　　　　　　　1 000 000

② 20×6 年 3 月 15 日

借：银行存款　　　　　　　　　　　　　　　　　　　　　　　　1 000 000
　　贷：应收股利　　　　　　　　　　　　　　　　　　　　　　　1 000 000

(4) 被投资单位除净损益以外所有者权益其他变动时的处理。投资企业对于被投资单位除净损益以外所有者权益的其他变动，在持股比例不变的情况下，企业按照持股比例计算应享有或承担的部分，调整长期股权投资的账面价值。会计处理时，按应享有或承担的部分，借记或贷记"长期股权投资——其他综合收益"科目，同时，贷记或借记"其他综合收益"等科目。

【例 6-22】A 公司对 B 公司的投资占其有表决权资本的比例为 40%，20×6 年 B 公司因持有的可供出售金融资产公允价值变动增加其他综合收益 600 万元。假定 A 公司与 B 公司使用的会计政策、会计期间相同，投资时有关资产的公允价值与其账面价值也相同。

A 公司的账务处理如下：
借：长期股权投资——其他综合收益　　　　　　　　　　　　　　2 400 000
　　贷：其他综合收益　　　　　　　　　　　　　　　　　　　　　2 400 000

四、长期股权投资的处置

企业处置长期股权投资时，应当按取得的处置收入扣除长期股权投资账面价值和已确认但尚未收到的现金股利之后的差额确认投资损益。

采用权益法核算的长期股权投资，处置时还应将与所处置的长期股权投资相对应的原计入其他综合收益或资本公积项目的金额转出，计入处置当期的投资损益。

处置当期股权投资时，应按实际收到的金额，借记"银行存款"等科目，按其账面余额，贷记"长期股权投资"科目，按尚未领取的现金股利或利润，贷记"应收股利"科目，按其差额，贷记或借记"投资收益"科目。

采用权益法核算长期股权投资的处置，除上述处理外，还应结转原计入其他综合收益的相关金额，借记或贷记"其他综合收益"科目，贷记或借记"投资收益"科目。

【例 6-23】A 公司原持有 B 公司 40%的股权，20×6 年 12 月 25 日，A 公司决定出售对 B 公司 10%的股权，出售所得价款 1 410 万元。出售时 A 公司账面上对 B 公司长期股权投资的构成为：投资成本 3 600 万元，损益调整(借方)960 万元，其他综合收益(借方)600 万元。

假定不考虑其他因素，A 公司账务处理如下：
(1) 确认处置损益。
借：银行存款　　　　　　　　　　　　　　　　　　　　　　　14 100 000
　　贷：长期股权投资——成本　　　　　　　　　　　　　　　　14 100 000
(2) 结转其他综合收益。
借：其他综合收益　　　　　　　　　　　　　　　　　　　　　　1 500 000
　　贷：投资收益　　　　　　　　　　　　　　　　　　　　　　　1 500 000

<h1 style="text-align:center">本 章 小 结</h1>

本章介绍了四类投资：交易性金融资产、持有至到期投资、可供出售金融资产、长期股权投资。

其中，交易性金融资产的会计处理要点如下：①交易性金融资产应当以取得时的公允价值作为初始入账金额,相关的交易费用在发生时计入当期损益;②企业在持有交易性金融性资产期间所获得的现金股利或债券利息,应当确认为投资收益;③交易性金融资产应按资产负债表日的公允价值反映,公允价值的变动计入当期损益;④处置交易性金融资产时,以实际收到的处置价款减去所处置交易性金融资产账面余额,作为处置损益,同时,将该交易性金融资产在持有期间已确认的累计公允价值变动净损益确认为投资收益。

持有至到期投资会计处理要点如下:①持有至到期投资应当按取得时的公允价值与相关交易费用之和作为初始入账金额;②持有期间应当按照摊余成本计量,并按摊余成本和实际利率计算确认当期利息收入,计入投资收益;③企业处置持有至到期投资时,应将所取得的价款与该投资账面价值之间的差额计入投资收益。

可供出售金融资产会计处理要点如下:①可供出售金融资产应当按以取得该金融资产的公允价值和相关交易费用之和作为初始入账金额;②可供出售金融资产在持有期间取得的现金股利和债券利息,应当计入投资收益;③可供出售金融资产的价值应按资产负债表日的公允价值反映,公允价值的变动计入其他综合收益;④处置可供出售金融资产时,应将取得的处置价款与该金融资产账面余额之间的差额,计入投资收益;同时,将原直接计入其他综合收益的累计公允价值变动对应处置部分的金额转出,计入投资收益。

长期股权投资会计处理要点如下:①企业在取得长期股权投资时,应当区分企业合并和非企业合并分别确定长期股权投资的初始投资成本;②企业取得的长期股权投资在持有期间,要根据对被投资方是否能够实施控制,确定采用成本法或权益法进行核算;③企业处置长期股权投资时,应当按取得的处置收入扣除长期股权投资的账面价值和已确认但尚未收到的现金股利之后的差额确认处置损益。采用权益法核算的长期股权投资,处置时还应将与所处置的长期股权投资相对应的原计入其他综合收益(不能结转损益的除外)或资本公积项目的金额转出,计入处置当期的投资损益。

复习思考题

1. 什么是金融资产?我国现行会计准则是如何对金融资产进行分类的?
2. 什么是公允价值?你对现行会计实务中用公允价值计量的资产有何评价?
3. 什么是交易性金融资产?交易性金融资产的后续计量有何特点?
4. 什么是持有至到期投资?如何确定一项持有至到期投资的利息收益?
5. 什么是摊余成本?如何计算一项投资的期末摊余成本?
6. 什么是可供出售金融资产?交易性金融资产与可供出售金融资产公允价值变动的会计处理有何不同?
7. 什么是长期股权投资?长期股权投资包括哪些内容?
8. 什么是成本法?什么是权益法?它们的使用范围是什么?
9. 如何确认长期股权投资的处置损益?

第六章 投资

自测与技能训练

一、基础知识自测

(一)单项选择题

1. 企业取得交易性金融资产的主要目的是( )。
   A. 利用闲置资金短期获利 B. 控制对方的经营政策
   C. 向对方提供财务援助   D. 分散经营风险
2. 企业购入股票作为交易性金融资产,则其初始入账( )。
   A. 股票的面值   B. 股票的公允价值
   C. 实际支付的全部价款   D. 股票的公允价值和交易税费之和
3. 企业购入债券作为持有至到期投资,该债券的初始入账金额应为( )。
   A. 债券面值   B. 债券面值加相关交易费用
   C. 债券公允价值   D. 债券公允价值加相关交易费用
4. 关于可供出售金融资产与交易性金融资产,下列表述错误的是( )。
   A. 二者的投资对象均可以是股票
   B. 二者的投资对象均可以是债券
   C. 二者均以公允价值进行计量
   D. 二者的公允价值变动均计入当期损益
5. 长期股权投资采用权益法核算,投资方在被投资方确认的其他综合收益中占有的份额,应当计入( )。
   A. 投资收益   B. 资本公积
   C. 其他综合收益   D. 营业外收入

(二)多项选择题

1. 资产负债表日,在公允价值信息能够持续可靠取得的情况下,可以按公允价值计量的资产有( )。
   A. 交易性金融资产   B. 持有至到期投资
   C. 可供出售金融资产   D. 长期股权投资
   E. 投资性房地产
2. "交易性金融资产"科目下应设置的明细科目有( )。
   A. 成本   B. 公允价值变动   C. 利息调整
   D. 损益调整   E. 应计利息
3. "持有至到期投资"科目下应设置的明细科目有( )。
   A. 成本   B. 公允价值变动   C. 利息调整
   D. 损益调整   E. 应计利息
4. "可供出售金融资产"科目下应设置的明细科目有( )。
   A. 成本   B. 公允价值变动   C. 利息调整
   D. 损益调整   E. 应计利息

5. 长期股权投资采用权益法核算时,应当调整股权投资账面价值的情况有( )。
    A. 被投资方获得利润   B. 被投资方发生亏损
    C. 被投资方分派现金股利   D. 被投资方分派股票股利
    E. 被投资方确认其他综合收益

(三)分析判断题

1. 企业在初始确认时将某项金融资产划分为交易性金融资产后,如果持有意图发生改变,可以重分类为可供出售金融资产。( )

2. 持有至到期投资应当按照取得时的公允价值作为初始入账金额,支付的相关交易费用应当计入当期损益。( )

3. 投资方对被投资方不具有控制、共同控制或重大影响的权益性投资,不应当划分为长期股权投资。( )

4. 交易性金融资产与可供出售金融资产均按公允价值计量,但公允价值的变动前者计入当期损益,后者计入其他综合收益。( )

5. 长期股权投资采用权益法核算时,如果初始投资成本小于投资应享有被投资方可辨认净资产公允价值的份额,则其差额应当计入当期营业外收入。( )

二、实务技能训练

实务训练一

【目的】练习交易性金融资产的核算。

【资料】四海公司从 2×15 年度开始,利用闲置资金,以赚取差价为目的从二级市场中购入股票、债券,并划分为交易性金融资产,于每年年末按公允价值进行后续计量。2×15 年度,四海公司发生的有关交易性金融资产的业务如下:

(1) 2×15 年 1 月 25 日,按每股 4.60 元的价格购入 A 公司股票 10 000 股,并支付交易税费 140 元。A 公司于 2×15 年 3 月 25 日,宣告分派每股 0.2 元的现金股利,并于 2×15 年 4 月 20 日发放。

(2) 2×15 年 3 月 20 日,按每股 5.40 元的价格购入 B 公司股票 15 000 股,并支付交易税费 250 元。股票购买价格中包含每股 0.30 元已宣告但尚未领取的现金股利,该现金股利于 2×15 年 4 月 15 日发放。

(3) 2×15 年 4 月 5 日,按每股 4.80 元的价格购入 C 公司股票 50 000 股,并支付交易税费 720 元。股票购买价格中包含每股 0.20 元已宣告但尚未领取的现金股利,该现金股利于 2×15 年 4 月 25 日发放。

(4) 2×15 年 1 月 1 日,按面值 200 000 元购入当日发行的甲公司债券,并支付交易税费 400 元。甲公司债券期限为 5 年,票面利率为 4%,每年 12 月 31 日付息,到期还本。

(5) 2×15 年 7 月 1 日,以 82 500 元的价格(含债券利息)购入乙公司债券,并支付交易税费 160 元。乙公司债券于 2×13 年 1 月 1 日发行,面值为 80 000 元,期限为 5 年,票面利率为 5%,每年 1 月 1 日及 7 月 1 日各付息一次,到期还本。购入债券时,2×15 年 1 月 1 日至 7 月 1 日的债券利息尚未领取。

(6) 2×15 年 7 月 1 日,按 512 800 元的价格(含债券利息)购入丙公司债券,并支付交易税费 1 000 元。丙公司债券于 2×12 年 1 月 1 日发行，面值为 500 000 元，期限为 6 年，票面利率为 5%，每年 12 月 31 日付息，到期还本。

(7) 2×15 年 9 月 20 日，转让 B 公司股票 10 000 股和 C 公司股票 30 000 股，扣除交易费后，实际收到转让价款 180 000 元。

【要求】

(1) 编制四海公司 2×15 年度有关交易性金融资产的会计分录。

(2) 根据四海公司 2×15 年 12 月 31 日交易性金融资产公允价值的变动情况，确认公允价值变动损益。

实务训练二

【目的】练习持有至到期投资的核算。

【资料】2×15 年 1 月 1 日，泰达公司支付价款 197 000 元(含 2×14 年度已到付息期但尚未支付的债券利息和相关税费)，购入 2×14 年 1 月 1 日发行、面值 200 000 元、期限 4 年、票面利率 4%、每年 12 月 31 日付息、到期还本的 B 公司债券作为持有至到期投资。泰达公司在取得债券时确定的实际利率是 6%。

【要求】

(1) 编制购入债券的会计分录。

(2) 采用实际利率法编制债券利息收入和摊余成本计算表。

(3) 编制各年年末确认债券利息收益的会计分录。

(4) 编制债券到期收回本金的会计分录。

第七章 固定资产和无形资产

学习目标

通过本章的学习，应掌握固定资产、无形资产的概念；固定资产和无形资产的确认及初始计量、后续计量、处置的核算。重点掌握按不同方式取得固定资产的初始成本的核算；固定资产折旧方法的计提；自行研发无形资产内部研发费用的确认；处置固定资产、无形资产的会计处理。

第一节 固 定 资 产

一、固定资产概述

(一)固定资产的定义

根据《企业会计准则第 4 号——固定资产》具体准则的规定，固定资产是指同时具有下列特征的有形资产。
(1) 为生产产品、提供劳务、出租或经营管理而持有的。
(2) 使用寿命超过一个会计年度。

(二)固定资产的特征

企业的固定资产应具有以下三个特征。

第一，固定资产是为生产产品、提供劳务、出租或经营管理而持有的。企业持有固定资产是为了生产产品、提供劳务、出租或经营管理，这就意味着，企业持有的固定资产是企业的劳动工具或手段，而不是直接用于出售的产品。需注意的是，这里的"出租"固定资产，是指用来出租的机器设备类固定资产，不包括以经营出租方式出租的建筑物，因为后者属于企业的投资性房地产。

第二，固定资产的使用寿命超过一个会计年度。使用寿命，是指企业使用固定资产的预计期间，或者该固定资产所能生产产品或提供劳务的数量。通常情况下，对于自用房屋建筑物的使用寿命以使用年限表示，对于机器设备或运输设备等固定资产，其使用寿命一般以该固定资产所能生产产品或提供劳务的数量来表示。例如，对于企业生产产品的厂房或建筑物，可以根据它的建筑质量以及该厂房或建筑物的被使用程度预计一个比较合理的使用年限，这个预计的使用年限就是该厂房或建筑物的预计使用寿命；而对于提供辅助生产作用的运输工具和动力设备等，可以按其预计行驶的里程估计使用寿命；用于生产的机器设备可以用预计的生产工时估计使用寿命。但无论采用什么方法对固定资产的使用寿命进行预计，其预计可使用年限应超过一个会计年度。

第三，固定资产为有形资产。固定资产具有实物特征，这一特征是区分固定资产与无形资产的重要标志。有些无形资产可能同时符合固定资产的其他特征，如无形资产为生商品、提供劳务而持有，使用寿命超过一个会计年度，但是由于其没有实物形态，不属于固定资产。对于工业企业为生产产品而持有的工具、用具、备品备件等资产虽然具有固定资产的某些特征，如为生产产品而持有，具有实物形态且使用期限超过一年，也能够带来经济利益，但是由于数量多单价又低，考虑到成本效益原则，通常确认为存货。

(三)固定资产的分类

固定资产数量与种类繁多，为了对固定资产进行合理的管理与核算，在实际工作中企业对固定资产要进行合理分类，以满足不同的管理需求。

(1) 按经济用途，固定资产可分为生产用固定资产和非生产用固定资产。

生产用固定资产，是指直接服务于企业生产经营过程的固定资产，如厂房、机器设备等。

非生产用固定资产，是指不直接服务于生产经营过程的固定资产，如办公大楼、职工宿舍、职工医疗服务等的房屋和建筑物等。

(2) 按使用情况，固定资产可分为使用中的固定资产、未使用的固定资产和不需用的固定资产。

使用中的固定资产，是指正在使用的经营性和非经营性固定资产。但是由于季节性经营或进行修理等原因而暂时使用的固定资产仍属于使用中的固定资产；企业出租给其他单位使用的固定资产以及内部替换使用的固定资产，也属于使用中的固定资产。

未使用的固定资产，是指已经完工或已构建的尚未交付使用的固定资产以及因进行改扩建等原因暂时停止使用的固定资产。如企业购入的尚待安装的固定资产。未使用固定资产是指暂时未用，以后还要使用的固定资产。

不需用的固定资产，是指本企业多余或者不适用的，待处置的固定资产。这类固定资产意味着企业在以后的生产经营活动中也不会再使用。

(3) 按经济用途和使用情况，固定资产可以分为生产经营用固定资产、非生产经营用固定资产、租出固定资产、不需用固定资产、未使用固定资产、土地、融资租入固定资产等。

土地，是指由于历史遗留原因，已经单独估价入账的土地。因征地而支付的补偿费，应计入与土地有关的房屋、建筑物价值内，而不单独作为土地价值入账。企业取得的土地使用权通常应确认为无形资产，而不能作为固定资产。

(4) 按取得方式，固定资产可分为外购固定资产、自行建造固定资产、投资者投入固定资产、融资租入固定资产、接受捐赠固定资产、盘盈固定资产等。

二、固定资产的确认与初始计量

(一)固定资产的确认条件

一项资产如果仅满足固定资产的定义，只能说明其符合固定资产的特征，是固定资产而已，但并不能确认为固定资产。《企业会计准则第 4 号——固定资产》具体准则规定，固定资产只有同时满足下列条件，才能予以确认。

(1) 与该固定资产有关的经济利益很可能流入企业。
(2) 该固定资产的成本能够可靠地计量。

企业由于安全或环保的要求购入设备等，虽然不能直接给企业带来未来经济利益，但有助于企业从其他相关资产的使用中获得未来经济利益或者获得更多的未来经济利益，也应确认为固定资产。例如，为净化环境或者满足国家有关排污标准的需要购置的环保设备，这些设备的使用虽然不会为企业带来直接的经济利益，但却有助于企业提高对废气、废水、废渣的处理能力，有利于净化环境，企业为此将减少未来由于污染环境而需支付的环境治理费或者罚款，因此企业应将这些设备确认为固定资产。

工业企业所持有的工具、用具、备品备件、维修设备等资产，施工企业所持有的模板、挡板、架料等周转材料，尽管该类资产具有固定资产的某些特征，如使用期限超过一年，也能够带来经济利益，但由于数量多、单价低，考虑到成本效益原则，则在实务中通常确认为存货。但符合固定资产定义和确认条件的，如企业(民用航空运输)高价周转件等，应当确认为固定资产。

(二)固定资产的初始计量

固定资产初始计量，是在固定资产确认以后，对以不同方式取得的固定资产的成本的确定。固定资产一般是按实际成本进行核算的。由于取得固定资产的方式有很多，因此初始成本的计量方法也不同。

1. 外购固定资产

企业外购的固定资产的成本，包括购买价款、相关税费、使固定资产达到预定可使用状态前所发生的可归属于该资产的运输费、装卸费、安装费和专业人员服务费等。需要注意的是，我国现行增值税相关法规规定，企业购建生产用机器及交通工具类固定资产所发生的增值税进项税额可以从销项税额中抵扣，因此凡是涉及增值税的生产用固定资产的入账价值不包括允许抵扣的增值税进项税额。

在实务中，企业可能发生以一笔款项购入多项没有单独标价的固定资产应按照各项固定资产的公允价值所占比例对总成本进行分配，分别确定各项固定资产的成本。

(1) 购入不需要安装的固定资产。

企业购入不需要安装的机器设备及生产用交通工具时，按应计入固定资产成本金额，借记"固定资产"科目，按可以抵扣的增值税进项税额，借记"应交税费——应交增值税(进项税额)"科目，按实际支付或应付的款项贷记"银行存款"或"应付账款"等科目。

【例 7-1】甲公司为增值税一般纳税人。20×6 年 5 月 1 日购入一台不需要安装的机器设备，取得的增值税专用发票上注明的设备价款为 580 000 元，增值税额为 98 600 元，另支付运输费 5 000 元，装卸费 3 000 元，款项已通过银行转账支付。

甲公司账务处理如下：

借：固定资产　　　　　　　　　　　　　　　　　　　　　　　588 000
　　应交税费——应交增值税(进项税额)　　　　　　　　　　　 98 600
　　贷：银行存款　　　　　　　　　　　　　　　　　　　　　686 600

第七章 固定资产和无形资产

(2) 购入需要安装的固定资产(动产)。

企业购入需要安装的固定资产，首先应通过"在建工程"科目核算，即按购入成本，借记"在建工程"科目，贷记"银行存款"；发生安装调试成本时，借记"在建工程"科目，贷记"原材料""应付职工薪酬""库存商品"等科目；待固定资产安装完毕交付使用时，再借记"固定资产"科目，贷记"在建工程"科目。

企业作为一般纳税人，自 2016 年 5 月 1 日后取得并按固定资产核算的不动产或者 2016 年 5 月 1 日后取得的不动产在建工程，取得增值税专用发票并通过税务机关认证时，应按增值税专用发票上注明的价款作为固定资产成本，借记"固定资产""在建工程"科目；其进项税额按现行增值税制度规定自取得之日起分 2 年从销项税额中抵扣，应按增值税专用发票上注明的增值税进项税额的 60%作为当期可抵扣的进项税额，借记"应交税费——应交增值税(进项税额)"科目，按增值税发票上注明的增值税进项税额的 40%作为自本月起第 13 个月可抵扣的进项税额，借记"应交税费——待抵扣进项税额"科目；按应付或实际支付的金额，贷记"应付账款""银行存款"等科目。上述待抵扣的进项税额在下年度同月允许抵扣时，按允许抵扣的金额，借记"应交税费——应交增值税(进项税额)"科目，贷记"应交税费——待抵扣进项税额"科目。

【例 7-2】甲公司为增值税一般纳税人。20×6 年 5 月 1 日购入一台需要安装的机器设备，取得的增值税专用发票上注明的设备价款为 580 000 元，增值税额为 98 600 元，另支付运输费 5 000 元，装卸费 3 000 元，款项已通过银行转账支付。安装设备过程中，领用一批原材料，成本为 35 000 元(假设没有计提存货跌价准备)，购进该批原材料时支付的增值税进项税额为 5 950 元；支付安装工人工资 8 500 元。20×6 年 6 月 10 日，设备安装完毕，达到预定可使用状态。

甲公司账务处理如下：
(1) 购入设备时：
借：在建工程　　　　　　　　　　　　　　　　　　　588 000
　　应交税费——应交增值税(进项税额)　　　　　　98 600
　　　贷：银行存款　　　　　　　　　　　　　　　　　　686 600
(2) 发生安装支出：
借：在建工程　　　　　　　　　　　　　　　　　　　43 500
　　　贷：原材料　　　　　　　　　　　　　　　　　　　3 5000
　　　　　应付职工薪酬——工资　　　　　　　　　　　8 500
(3)设备安装完毕达到预定可使用状态：
借：固定资产　　　　　　　　　　　　　　　　　　　631 500
　　　贷：在建工程　　　　　　　　　　　　　　　　　　631 500

【例 7-3】20×7 年 1 月 1 日，甲公司购入一幢商业大楼作为生产车间并交付使用，取得增值税专用发票上注明的价款为 200 000 000 元，增值税税额为 32 000 000 元，款项以银行存款支付。甲公司为增值税一般纳税人，进项税额分 2 年从销项税额中抵扣，当年可抵扣 60%，下一年可抵扣 40%。甲公司应编制如下会计分录：

(1) 20×7 年 1 月 1 日，购入固定资产时：
借：固定资产　　　　　　　　　　　　　　　　　　　　200 000 000
　　应交税费——应交增值税(进项税额)　　　　　　　　 19 200 000
　　　　　　——待抵扣进项税额　　　　　　　　　　　 12 800 000
　　贷：银行存款　　　　　　　　　　　　　　　　　　 232 000 000
(2) 20×8 年 1 月 1 日，进项税额可抵扣销项税额时：
借：应交税费——应交增值税(进项税额)　　　　　　　　 12 800 000
　　贷：应交税费——待抵扣进项税额　　　　　　　　　 12 800 000

2. 自行建造固定资产

企业自行建造固定资产有自营和出包两种建造方式，无论采用何种方式，对所建工程都应该按照实际发生的支出确定其工程成本。自行建造固定资产包括工程用物资成本和人工成本等。进行自行建造固定资产的核算，除设置"固定资产""在建工程"账户以外，还应设置"工程物资"账户。

3. 其他方式取得的固定资产

(1) 投资者投入的固定资产。投资者投入固定资产的实际成本，应当按照投资合同或协议约定的价值确定，但合同或协议约定价值不公允的除外。

(2) 融资租入的固定资产。融资租入固定资产的入账价值，应当遵循《企业会计准则第 21 号——租赁》的相关固定处理。

(3) 非货币资产交换、债务重组等方式取得的固定资产。两种方式下取得的固定资产的成本，应当分别遵循《企业会计准则第 7 号——非货币资产交换》及《企业会计准则第 12 号——债务重组》的相关规定处理。

三、固定资产的后续计量

固定资产的后续计量包括固定资产折旧的计提、固定资产减值损失的确定，以及固定资产后续支出的计量。

(一)固定资产折旧

1. 固定资产折旧的概念

折旧，是指在固定资产预计使用寿命内，按照确定的方法对应计折旧额进行系统分摊的过程。

其中使用寿命是指企业在使用固定资产的预计期间，或者该固定资产所能生产产品或提供劳务的数量。企业在确定固定资产的使用寿命时应当考虑以下因素：①预计生产能力或者实物产量；②预计有形损耗或无形损耗；③法律或者类似规定对资产使用的限制。

应计折旧额是指应当计提折旧的固定资产的原价扣除其预计净残值后的金额。已计提减值准备的固定资产，还应当扣除已计提的固定资产减值准备的累计金额。

预计净残值，是指假定固定资产处于预计使用寿命终了时的状态，企业当前从该项固定资产处置中获得的扣除预计处置费用后的金额。

企业应当根据固定资产的性质和使用情况，合理确定固定资产的使用寿命和预计净残值。固定资产的使用寿命、预计净残值一经确定，不得随意变更。

2．固定资产折旧范围

除以下情况外，企业应当对所有固定资产计提折旧。

(1) 已经提足折旧仍继续使用的固定资产。

(2) 按规定单独计价入账的土地。

按照折旧范围有关规定，企业未使用、不需用以及修理期间停用的固定资产均应计提折旧；融资租入的固定资产比照自有的固定资产核算，也应当计提折旧；已经达到预定可使用状态但尚未办理竣工决算的固定资产，需要按照估计价值确认为固定资产，也计提折旧。

在实务中，固定资产折旧通常是在固定资产的使用期间按月计提。当月增加的固定资产，当月不计提折旧，从下月起开始计提折旧；当月减少的固定资产，当月仍计提折旧，从下月起不再计提折旧。此外，固定资产提足折旧后，不管能否继续使用，均不再提取折旧；提前报废的固定资产，也不再补提折旧。

3．固定资产的折旧方法

根据《企业会计准则》的规定，企业可以选用的固定资产的折旧方法包括年限平均法、工作量法、双倍余额递减法和年数总和法等。固定资产的折旧方法一经确定，不得随意变更。

(1) 年限平均法。年限平均法是将固定资产应计折旧额平均分摊到各个使用年度内的一种方法。此种方法计算出的每期折旧额是相等的，不受生产数量和固定资产具体使用情况的影响，因此也称为固定费用法。年限平均法下折旧额的计算公式为

$$年折旧额 = \frac{原价 - 预计净残值}{预计使用年限}$$

或

$$年折旧额 = \frac{原价 \times (1 - 预计净残值 \div 原价)}{预计使用年限}$$

或

$$年折旧额 = 原价 \times 年折旧率$$

$$月折旧额 = \frac{年折旧额}{12}$$

【例7-4】20×6年12月20日，甲公司为了生产某产品购入一台不需要安装的设备，并于当月投入使用。设备原价为500 000元，预计使用寿命为5年，预计净残值率为4%，采用年限平均法计提折旧。

假定不考虑其他因素，甲公司有关折旧的计算和账务处理如下。

固定资产20×6年12月投入使用，20×7年1月开始计提折旧。

$$年折旧额 = \frac{500\,000 - 500\,000 \times 4\%}{5} = 96\,000(元)$$

$$月折旧额 = \frac{96\,000}{12} = 8\,000(元)$$

20×7年1月31日：

借：制造费用　　　　　　　　　　　　　　　　　　　　　　　　　8 000
　　贷：累计折旧　　　　　　　　　　　　　　　　　　　　　　　　　8 000

采用年限平均法计提固定资产折旧简便易行，是实际工作中应用比较广泛的一种方法。但是，在各期固定资产实际使用情况不相同的情况下，采用该种方法在每个会计期间依然计提相等的折旧额，会造成各期所负担的成本费用与固定资产实际损耗不相符。对于使用固定资产较少的会计期间而言，其成本或费用的确认不够合理。

(2) 工作量法。工作量法是指根据各会计期间实际工作量计算每期应计提折旧额的一种方法。工作量法下，折旧额的计算公式为

$$\text{单位工作量折旧额} = \frac{\text{固定资产原价} \times (1 - \text{预计净残值率})}{\text{预计总工作量}}$$

某项固定资产月折旧额=该项固定资产当月工作量×单位工作量折旧额

【例7-5】甲公司的一台设备用于生产A产品，采用工作量法计提折旧。设备原价为600 000元，预计生产A产品产量为2 000 000件，预计净残值率为3%。20×6年1月，甲公司使用该机器实际生产产品50 000件。

甲公司该台机器设备折旧额的计算和账务处理如下：

$$\text{单件折旧额} = \frac{600\,000 \times (1-3\%)}{2\,000\,000} = 0.291 \text{(元/件)}$$

20×6年1月折旧额=50 000×0.291=14 550(元)

采用工作量法计提固定资产折旧，哪一个会计期间的工作量相对较大，该期所负担的折旧费用就较多，因此，各期的成本费用与固定资产的实际损耗情况具有一定的相关性。

(3) 双倍余额递减法，是指在不考虑固定资产预计净残值的情况下，根据每期期初固定资产原价减去累计折旧后的余额(即固定资产的账面净值)乘以双倍的直线法折旧率计算固定资产折旧的一种方法。采用双倍余额递减法，折旧额的计算公式如下：

$$\text{年折旧率} = \frac{2}{\text{预计使用年限}} \times 100\%$$

年折旧额=固定资产账面净值×年折旧率

月折旧率=年折旧率/12

月折旧额=固定资产账面净值×月折旧率

【例7-6】20×2年12月20日，乙公司为了生产某产品购入一台设备，并于当月投入使用。设备原价为500 000元，预计使用寿命为5年，预计净残值率为4%，采用双倍余额递减法计提折旧。

假定不考虑其他因素，乙公司有关折旧的计算和账务处理如下。

固定资产20×2年12月投入使用，20×3年1月开始计提折旧。

年折旧率=40%

20×3年应计提折旧额=500 000×40%=200 000(元)

20×4年应计提折旧额=(500 000-200 000)×40%=120 000(元)

20×5年应计提折旧额=(500 000-200 000-120 000)×40%=72 000(元)

从20×5年起改按年限平均法计提折旧。

20×6年和20×7年应计提的折旧额 =(500 000-200 000-120 000-72 000-500 000×4%)÷2
　　　　　　　　　　　　　　　　=44 000(元)

月折旧额计算及账务处理略。

(4) 年数总和法，是指将固定资产的原价减去预计净残值的余额，乘以一个逐年递减的折旧率，以此来计算每年的折旧额的一种方法。

逐年递减的折旧率是以固定资产尚可使用年限作为分子，以预计使用年限的逐年数字相加之和作为分母。采用年数总和法，折旧额的计算公式如下：

$$年折旧率 = \frac{尚可使用年限}{\sum 各年初尚可使用年限} \times 100\%$$

年折旧额 =（原价 - 预计净残值）× 年折旧率

月折旧率 = 年折旧率 / 12

月折旧额 =（原价 - 预计净残值）× 月折旧率

【例 7-7】承例 7-5。乙公司采用年数总和法计算各年折旧额。如下表所示。

年份	尚可使用年限	原价—预计净残值	年折旧率	年折旧额	累计折旧
20×3	5	480 000	5/15	160 000	160 000
20×4	4	480 000	4/15	128 000	288 000
20×5	3	480 000	3/15	96 000	384 000
20×6	2	480 000	2/15	64 000	448 000
20×7	1	480 000	1/15	32 000	480 000

月折旧额计算及账务处理略。

■知识链接 7-1

加速折旧法

加速折旧法（Accelerated depreciation method）又称快速折旧法，是指与通常使用的、基于预计可使用年限的直线折旧法相比，能更快地摊销应折旧金额的一种折旧方法。加速折旧法的依据是效用递减，即固定资产的效用随着其使用寿命的缩短而逐渐降低，因此，当固定资产处于较新状态时，效用高，产出也高，而维修费用较低，所取得的现金流量较大；当固定资产处于较旧状态时，效用低，产出也小，而维修费用较高，所取得的现金流量较小，这样按照配比原则的要求，折旧费用应当呈递减的趋势。加速折旧法的意义在于：

(1) 有利于加快技术设备更新。由于科学技术进步，更加完善、效率更高的机器设备不断投放市场，使原有技术相对落后的机器设备的继续使用成为不经济资源，因而引起固定资产使用年限的缩短，甚至提前报废而形成无形损耗。因存在这种无形损耗，原有设备虽然可继续使用，但不能满足提高产量和质量以及增加产品品种的要求，并且导致劳动生产率的提高和成本降低。因此，以补偿无形损耗为主的加速折旧法的应用更具有现实性。

(2) 有利于防范物价变动风险，减少固定资产投资货币时间价值损失。加速折旧法是考虑了货币时间价值和通货膨胀率双重因素的折旧计算方法。在物价变动特别是在物价持续上涨的条件下，实行加速折旧法可以提前收回大部分投资，减少因物价上涨而发生的货币时间价值损失,实现固定资产价值补偿与实物补偿的统一,符合会计核算谨慎性原则要求。

(3) 有利于企业提高发展能力。在比例税率情况下,企业采用加速折旧法可使固定资产成本在使用期内加快得到补偿,企业前期利润少,纳税少,后期利润多,纳税较多,从而起到延期纳税的作用,增强企业发展后劲,但应纳企业所得税总额保持不变。与直线法相比,企业所得税的现值总和就更低,实质上使企业获得一笔无息贷款,有利于缓解企业资金紧张的压力。从长远来看,加速折旧法不会降低企业应纳企业所得税总额,企业通过迅速对固定资产进行技术改造而提高劳动生产率和盈利水平,从而增加国家财政收入。实务中我国税法对固定资产加速折旧的范围作了限定,例如规定对在国民经济中具有重要地位、技术进步快的电子生产企业、船舶工业企业、生产"母机"的机械企业、飞机制造企业、化工和医药生产企业的机器设备允许采用双倍余额递减法或年数总和法计提折旧,符合条件的企业在申报纳税时应将采用的加速折旧方法报主管税务机关备案,这就避免了某些企业不顾自身条件实行加速折旧法而引起当期缴纳企业所得税大幅减少,造成国家财政收入波动的现象。

4. 固定资产折旧的账务处理

固定资产折旧的核算应设置"累计折旧"账户。该账户核算企业对固定资产计提的累计折旧额。企业按月计提的折旧记入"累计折旧"贷方,借方根据固定资产实际用途记入相关的成本费用类账户。如,对于生产车间使用固定资产计提的折旧,记入"制造费用"账户的借方;对于管理部门使用固定资产计提的折旧,记入"管理费用"账户的借方;对于销售部门使用固定资产计提的折旧,记入"销售费用"账户的借方;企业自行建造固定资产过程中使用的固定资产计提的折旧记入"在建工程"账户的借方;对于经营出租固定资产应计提的折旧记入"其他业务成本"账户的借方。

5. 运用固定资产折旧方法应注意的问题

(1) 企业选用折旧方法应遵循会计信息质量的可比性要求。对于我国《企业会计准则》规定的以上四种折旧方法,企业可结合自身的经营性质和特点选择使用。从上面的举例可以看出,企业选择不同的固定资产折旧方法,将影响固定资产使用寿命期间不同时期的折旧费用,每月计算出来的折旧额差异是比较大的,由于这些折旧额都要分别计入各个会计期间,因而成为影响各个会计期间费用高低的一个重要因素,而费用高低又会影响各期经营成果的计算与确定。因此,为了使各期分摊的固定资产使用费用均衡合理,避免人为地改变固定资产折旧方法而调节企业费用及经营成果,《企业会计准则》规定,企业选择使用的固定资产折旧方法一经确定,一般不得随意变更。

(2) 应对固定资产预计使用寿命,预计净残值和折旧方法进行复核。

企业至少应当于每年年度终了,对固定资产的使用寿命、预计净残值和折旧方法进行复核。使用寿命预计数与原先估计数有差异的,应当调整固定资产使用寿命;净残值预计数与原先估计数有差异的,应当调整预计净残值;与固定资产有关的经济利益预期实现方式有重大改变的,应当改变固定资产折旧方法。固定资产使用寿命、预计净残值和折旧方法的改变,应当遵循《企业会计准则第 28 号——会计政策、会计估计变更和差错更正》的规定,作为会计估计变更处理。

(二)固定资产后续支出

1. 概念和确认原则

固定资产的后续支出,是指企业在固定资产持续使用过程中发生的维护修理费用和更新改造支出等。

从会计处理的角度看,固定资产后续支出既可能计入固定资产成本,也可能计入当期损益。其确认原则为:固定资产后续支出如果符合固定资产确认条件,则应将其予以资本化,计入固定资产的账面价值,同时将被替换部分的账面价值扣除;如果后续支出不符合固定资产确认条件,则应将其费用化,计入当期损益。

2. 资本化的后续支出

资本化的后续支出,是指符合固定资产确认条件且计入固定资产成本的支出。企业发生的可资本化的后续支出,应通过"在建工程"科目进行核算,借记"在建工程"科目,贷记"银行存款""应付职工薪酬"等科目。待更新改造等工程完工并达到预定可使用状态时,再借记"固定资产"科目,贷记"在建工程"科目,并按重新确定的使用寿命、预计净残值和折旧方法计提折旧。

企业再发生可资本化的固定资产后续支出时,可能涉及替换固定资产的某个组成部分。如果满足固定资产的确认条件,应当将用于替换的部分资本化,计入固定资产账面价值,同时终止确认被替换部分的账面价值。

【例7-8】甲公司有关固定资产更新改造的资料如下:

(1) 2×07年12月20日,该公司自行建造了一条生产线并投入使用,建造成本为1 000 000元,采用年限平均法计提折旧,预计净残值率为4%,预计使用寿命为6年。

(2) 2×10年1月1日,由于现有生产线的生产能力已难以满足公司生产发展的需要,公司决定对现有生产线进行改扩建,以提高其生产能力。

(3) 2×10年1月1日至3月31日,经过3个月的时间完成了对上述生产线的改扩建工程,共支出400 000元,全部以银行存款支付。上述支出均符合固定资产确认条件。

(4) 该生产线改扩建工程达到预定可使用状态后,大大提高了生产能力,预计其使用寿命也由原来的6年延长至10年。假定预计净残值率和折旧方法不变,甲公司按年度计提固定资产折旧。

假定不考虑其他因素,甲公司的相关计算和账务处理如下:

(1) 2×08年1月1日至2×09年12月31日。

生产线应计折旧额=1 000 000×(1-4%)=960 000(元)

年折旧额=960 000÷6=160 000(元)

每年计提固定资产折旧的账务处理为

借:制造费用　　　　　　　　　　　　　　　　　　　　160 000
　　贷:累计折旧　　　　　　　　　　　　　　　　　　　　160 000

(2) 2×10年1月1日。

固定资产的账面价值为680 000元,转入在建工程。

借:在建工程　　　　　　　　　　　　　　　　　　　　680 000

累计折旧	320 000
贷：固定资产	1 000 000

(3) 2×10 年 1 月 1 日至 3 月 31 日，发生改扩建工程支出。

借：在建工程	400 000
贷：银行存款	400 000

(4) 2×10 年 3 月 31 日。

生产线改扩建工程达到预定可使用状态。

固定资产入账价值=680 000+400 000=1 080 000(元)

借：固定资产	1 080 000
贷：在建工程	1 080 000

(5) 2×10 年 12 月 31 日。

应计折旧额= 1 080 000×(1-4%)=1 036 800(元)

月折旧额=1 036 800/(7×12+9)≈11 148.39(元)

2×10 年应计提的折旧额=11 148.39×9=100 335.51(元)

借：制造费用	100 335.51
贷：累计折旧	100 335.51

剩余各年的折旧计算及账务处理略。

3. 费用化的后续支出

费用化的后续支出，是指不符合固定资产确认条件且计入当期损益的支出。企业在固定资产持有期间发生的维护修理费用，通常应确认为费用化的支出。发生费用化的后续支出时，借记"管理费用""制造费用"等科目，贷记"银行存款""应付职工薪酬"等科目。

【例 7-9】20×6 年 1 月 20 日，甲公司对某办公楼进行日常维修，维修过程中领用原材料一批，价值为 50 000 元，为购买该批原材料支付的增值税进项税额为 8 500 元；应支付维修人员薪酬为 21 000 元。

假定不考虑其他因素，甲公司账务处理如下：

借：管理费用	79 500
贷：原材料	50 000
应交税费——应交增值税(进项税额转出)	8 500
应付职工薪酬	21 000

四、固定资产处置

固定资产处置的核算主要涉及固定资产出售、转让、报废和毁损等业务，当企业处置某项固定资产时，会计上应对该项固定资产进行终止确认。

(一)固定资产终止确认的条件

固定资产处置，包括固定资产的出售、转让、报废和毁损、对外投资、非货币性资产交换、债务重组等。固定资产满足下列条件之一的，应当予以终止确认。

(1) 该固定资产处于处置状态。处于处置状态的固定资产不再用于生产商品、提供劳务、出租或经营管理，因此不再符合固定资产的定义，应予以终止确认。

(2) 该固定资产预期通过使用或处置不能产生经济利益。固定资产确认条件之一是"与该固定资产相关的经济利益很可能流入企业"，一项固定资产如果不能产生经济利益意味着不再符合固定资产的定义和确认条件，也应予以终止确认。

(二)固定资产处置的账务处理

固定资产处置的账务处理通常涉及结转账面价值、发生清理费用、收取残料价值和变价收入、结算应收保险公司或过失人赔款、结转清理净损益等环节。

企业出售、转让、报废固定资产或发生固定资产毁损时，应当将处置收入扣除账面价值和相关税费后的金额计入当期损益。其中，固定资产的账面价值是指固定资产的账面净值，即固定资产成本扣除累计折旧和减值准备后的金额。固定资产处置应通过"固定资产清理"科目核算。账务处理时通常分为以下步骤。

(1) 固定资产转入清理。先将固定资产账面价值转入"固定资产清理"科目。按被清理固定资产的账面价值，借记"固定资产清理"科目；按已计提的折旧金额，借记"累计折旧"科目；按已计提的固定资产减值准备金额，借记"固定资产减值准备"科目；按固定资产原价，贷记"固定资产"科目。

(2) 发生的清理费用。对于在固定资产清理过程中发生的其他有关费用以及应支付的相关税费，借记"固定资产清理"科目，贷记"银行存款""应交税费"等科目。

(3) 收回出售的价款、残料价值和变价收入。借记"银行存款""原材料"等科目，贷记"固定资产清理""应交税费——应交增值税"等科目。

(4) 保险赔偿的处理。对于按保险合同或相关规定计算的应由保险公司或过失人赔偿的损失，借记"银行存款""其他应收款"等科目，贷记"固定资产清理"科目。

(5) 结转固定资产处置净损益。固定资产清理完成后产生的清理净损益，依据固定资产处置方式的不同，分别适用不同的处理方法。

① 因已丧失使用功能或因自然灾害发生毁损等原因而报废清理产生的利得或损失应计入营业外收支。属于生产经营期间正常报废清理产生的处理净损失，借记"营业外支出——处置非流动资产损失"科目，贷记"固定资产清理"科目；属于生产经营期间自然灾害等非正常原因造成的，借记"营业外支出"科目，贷记"固定资产清理"科目；如为净收益，借记"固定资产清理"科目，贷记"营业外收入"科目。

② 因出售、转让等原因产生的固定资产处置利得或损失应计入资产处置损益。产生处置净损失的，借记"资产处置损益"科目，贷记"固定资产清理"科目；如为净收益，借记"固定资产清理"科目，贷记"资产处置损益"科目。

【例7-10】甲公司有一台生产用机器设备，因使用期满经批准报废。该设备原价为100 000元，累计已提折旧20 000元。该设备在清理过程中，以银行存款支付清理费1 300元，使用原材料1 000元。收到残料变价收入50 000元。

假定不考虑其他因素，甲公司账务处理如下：

(1) 固定资产转入清理。

借：固定资产清理　　　　　　　　　　　　　　　　　　　　　　　80 000

　　　　累计折旧　　　　　　　　　　　　　　　　　　　　　　　20 000
　　　　　贷：固定资产　　　　　　　　　　　　　　　　　　　　100 000
　　(2) 支付清理费，使用原材料。
　　　　借：固定资产清理　　　　　　　　　　　　　　　　　　　2 300
　　　　　贷：银行存款　　　　　　　　　　　　　　　　　　　　1 300
　　　　　　　原材料　　　　　　　　　　　　　　　　　　　　　1 000
　　(3) 收到残料变价收入。
　　　　借：银行存款　　　　　　　　　　　　　　　　　　　　　50 000
　　　　　贷：固定资产清理　　　　　　　　　　　　　　　　　　50 000
　　(4) 结转处置净损益。
　　　　借：营业外支出——处置非流动资产损失　　　　　　　　　32 300
　　　　　贷：固定资产清理　　　　　　　　　　　　　　　　　　32 300

　　【例 7-11】乙公司出售一台生产用机器设备(系 20×6 年 6 月 1 日购进)，原价为 80 000元，累计折旧为 30 000 元。该设备已转入清理。实际出售价格为 48 000 元，增值税税率为 10%，款项已存入银行。

　　(1) 固定资产转入清理。
　　　　借：固定资产清理　　　　　　　　　　　　　　　　　　　50 000
　　　　　　累计折旧　　　　　　　　　　　　　　　　　　　　　30 000
　　　　　贷：固定资产　　　　　　　　　　　　　　　　　　　　80 000
　　(2) 收到出售价款和税款。
　　　　借：银行存款　　　　　　　　　　　　　　　　　　　　　52 800
　　　　　贷：固定资产清理　　　　　　　　　　　　　　　　　　48 000
　　　　　　　应交税费——应交增值税(销项税额)　　　　　　　　4 800
　　(3) 结转处置净损益。
　　　　借：资产处置损益　　　　　　　　　　　　　　　　　　　2 000
　　　　　贷：固定资产清理　　　　　　　　　　　　　　　　　　2 000

五、固定资产清查的核算

　　固定资产清查是指企业对其在生产经营过程中使用的房屋、建筑物和设备等进行清查。企业应当定期或者至少每年年末对固定资产进行盘点。清查的结果主要有固定资产盘盈和盘亏两方面。准确地确定盘盈和盘亏是进行固定资产清查结果账务处理的前提。

　　固定资产清查是企业财产清查的重要组成部分，固定资产清查的目的是保证固定资产的实有数与账面数相符，如实地反映企业固定资产的实际状况，进而真实地反映企业的财务状况和经营成果。

(一)固定资产盘亏的处理

　　对企业在财产清查中发现的固定资产盘亏及毁损，应通过"待处理财产损益"账户进行核算。对于固定资产盘亏造成的损失，企业应将其计入当期损益。将盘亏固定资产的账面价值,借记"待处理财产损益"科目;按已计提的累计折旧和减值准备,借记"累计折旧"和"固定资产减值准备"科目;按固定资产原价,贷记"固定资产"科目。

经批准后处理时,按可收回的保险赔偿或过失人赔偿,借记"其他应收款"科目;按发生的盘亏净损失,借记"营业外支出"科目;按"待处理财产损益"科目的余额,贷记"待处理财产损益"科目。

【例7-12】丙公司年末对固定资产进行清查时,发现丢失苹果笔记本电脑一台。该电脑原价12 000元,已提折旧8 000元。经查明,电脑丢失是公司职工王某对其保管不当造成的。经批准,王某赔偿2500元。

(1) 发现电脑丢失时。

借:待处理财产损益——待处理固定资产损益　　　　　　4 000
　　累计折旧　　　　　　　　　　　　　　　　　　　　8 000
　　贷:固定资产　　　　　　　　　　　　　　　　　　　　　12 000

(2) 查明原因,报经批准后。

借:其他应收款——王某　　　　　　　　　　　　　　　2 500
　　营业外支出　　　　　　　　　　　　　　　　　　　　1 500
　　贷:待处理财产损益——待处理固定资产损益　　　　　　4 000

(二)固定资产盘盈的处理

需要注意的是,企业如有固定资产盘盈,应作为前期差错记入"以前年度损益调整"科目,而不通过"待处理财产损益"进行核算。"以前年度损益调整"账户核算企业被年度发现的前期重要差错更正涉及的调整以前年度损益等事项。

企业调整增加以前年度利润或减少以前年度亏损,借记有关账户,贷记"以前年度损益调整";调整减少以前年度利润或增加以前年度亏损,借记本账户,贷记有关账户;由于以前年度损益调整增加的所得税,借记本账户,贷记"应交税费——应交所得税";由于以前年度损益调整减少的所得税,借记"应交税费——应交所得税",贷记本账户;经上述调整后,应将本账户的余额转入"利润分配——未分配利润"账户。该账户在损益调整结束后应无余额。

【例7-13】甲公司在财产清查中发现盘盈设备一台,估计其重置价值为500 000元,按规定作为前期差错处理。

借:固定资产　　　　　　　　　　　　　　　　　　　　500 000
　　贷:以前年度损益调整　　　　　　　　　　　　　　　　500 000

六、固定资产减值准备

《企业会计准则第8号——资产减值》规定,企业应当在资产负债表日考虑计提固定资产的资产减值准备。

对于存在减值迹象的固定资产,应当估计其可收回金额。可收回金额应当根据"资产公允价值减去处置费用后的净额"与"资产预计未来现金流量的现值"两者之间较高者确定。通俗地说,前者就是指将固定资产能够卖多少钱;后者可理解为如果持续使用该固定资产价值为多少。

如果估计结果表明某项固定资产的可收回金额低于其账面价值，则应将该固定资产的账面价值减记至可收回金额并计提固定资产减值准备。借记"资产减值损失"科目，贷记"固定资产减值准备"科目。

固定资产计提的减值损失一经确认，在以后会计期间不得转回，也就是说，即使可回收金额将来有所回升，也不应予以转回。处置固定资产时，还应注销已经计提的固定资产减值准备。

第二节 无 形 资 产

一、无形资产概述

(一)无形资产的概念

无形资产，是指企业拥有或者控制的没有实物形态的可辨认的非货币资产，包括专利权、商标权、著作权、特许权、非专利技术和土地使用权等。

(二)无形资产的特征

无形资产具有如下特征。

(1) 不具有实物形态。无形资产的这一特征是与存货、固定资产等有实物形态资产的重要区别，其带来未来经济利益的方式也不相同。无形资产虽然没有实物形态，不能通过实物的磨损和价值转移来为企业带来未来的经济利益，但是它是某项权力、某项技术或是某种获取超额利润的综合能力的体现，不仅能够提高企业的经济效益，还可以为企业带来超额收益。

(2) 具有可辨认性。可辨认性是指能够从企业中分离或者划分出来，并能单独用于出售或转让等，而不需要同时处置在同一获利活动中的其他资产。例如企业决定向某公司转让其自行研发的某软件，而研究开发该软件所使用的设备则不需要一起转让。

需要注意的是，有些无形资产虽然不能从企业中分离后划分出来，但是按照合同性权力或其他法定权力，将其使用权通过授予许可的方式允许其他企业利用。如一方通过与另一方签订特许权合同而获得的某项特许经营权，通过法律程序申请获得的商标权或专利权。

(3) 属于非货币性资产。这一特征是其与银行存款、应收账款等货币性资产的重要区别。如果仅从不具有实物形态和可辨认性两方面来看，银行存款和应收账款同样具备这样的特征，因此，强调非货币性就显得尤为重要。与其他资产相比，由于无形资产没有发达且活跃的交易市场，其为企业带来未来经济利益具有较大的不确定性。因此，无形资产不具有在未来收取固定或可确定金额的特性，即属于非货币性资产。

二、无形资产的内容

(一)按经济内容分类

按经济内容分类，无形资产包括专利权、非专利技术、商标权、著作权、特许权和土地使用权。

(1) 专利权,是指国家专利主管机关依法授予发明创造专利申请人,对其发明创造在法定期限内所享有的专利权利,包括发明权、实用新型专利权和外观涉及专利权。

(2) 非专利技术,是指不为外界所知、在生产经营活动中已采用了的、不享有法律保护的、可以带来经济效益的各种技术和诀窍。非专利技术一般包括工业专有技术、商业贸易专有技术和管理专有技术等。

(3) 商标权,是指专门用来辨认某类商品或劳务所使用的特定名称或图案的权利。经商标局核准注册的商标为注册商标,商标注册人享有商标专用权,受法律保护。

(4) 著作权,又称版权,是指作者对其创作的文学、科学和艺术作品依法享有的某些特殊权利。著作权包括作品署名权、发表权、修改权和保护作品完整权,还包括复制权、发行权、出租权、展览权、表演权、放映权、广播权、信息网络传播权、设置权、改编权、翻译权、汇编权以及应当由著作权人享有的其他权利。

(5) 特许权,特许权又称经营特许权、专营权,是指企业在某一地区经营或销售某种特定商品的权利或是一家企业接受另一家企业使用其商标、商号、技术秘密等的权利。通常有两种形式:一种是由政府授权,准许企业使用或在一定地区享有经营某种业务的特权;另一种指企业间依照签订的合同有限期或无限期使用另一家企业的某些权利。

(6) 土地使用权,是指国家准许某企业在一定期间对国有土地享有开发、利用、经营的权利。根据我国《土地管理法》的规定,我国土地实行公有制,任何单位和个人不得侵占、买卖或者以其他形式非法转让土地。

(二)按取得方式分类

无形资产按取得方式,可分为以下四项。

(1) 外购的无形资产,指企业以一定价格从其他单位购入的,如外购专利权、商标权、特许权等。

(2) 自行研发的无形资产,指由企业自己研究、开发获得,如自创专利、非专利技术、商标权等。

(3) 接受投资方式取得的无形资产。

(4) 通过非货币型资产交换或债务重组方式取得的无形资产。

值得注意的是,不同方式下取得的无形资产,其初始计量的要求也会有所不同。

(三)按经济寿命期限的分类

无形资产按经济寿命期限,可分为以下两项。

(1) 使用寿命有限的无形资产,是指在法律法规中规定了最长有效期限或通过其他方式能够合理预计其有效期限的无形资产,如专利权、商标权、土地使用权等,对这些无形资产法律法规都会规定其有效的使用期限,并予以合法保护。

(2) 使用寿命不确定的无形资产,是指没有法律发挥规定其最长有效期限或通过其他方式不能够合理预计其有效期限的无形资产,如非专利技术,这类无形资产通常没有相应的法规规定其有效使用期限,有时也难以通过其他方式合理估计其使用寿命。

三、无形资产的确认与初始计量

(一)无形资产的确认条件

企业的某项资产要确认为无形资产,除了应符合无形资产定义的要求之外,还要同时满足下列条件。

1. 与该无形资产有关的经济利益很可能流入企业

通常情况下,无形资产为企业带来的未来经济利益是间接的,且具有较大的不确定性。可能包括在销售商品、提供劳务的收入当中,也可能体现在其他利益当中,还可能是通过使用该项无形资产为企业降低了费用或成本。因此,要确定无形资产所带来的经济利益是否很可能流入企业,离不开会计人员的职业判断,会计人员在作出相关的判断时,需要考虑多方面因素,如与无形资产创造经济利益相关联的人力资源、硬件设施、相关技术以及外部环境、新型工艺和技术的影响等。

2. 该无形资产的成本能够可靠地计量

这项基本条件也是所有资产确认的必要条件之一。当然无形资产也不例外。之所以强调其重要性,是因为很多符合无形资产定义并具有无形资产特征的项目,因其成本不能可靠计量,如企业内部产生的品牌、长期积累的客户关系等,就不能作为企业的无形资产核算。

(二)无形资产的初始计量

无形资产的初始计量是指企业对其取得的无形资产入账价值的确定。无形资产应当按照实际成本进行初始计量。不同的方式下,其成本构成也不尽相同。

1. 外购的无形资产

外购的无形资产的实际成本包括购买价款、相关税费以及直接归属于使该项资产达到预定用途所发生的其他支出。其中,直接归属于使该项资产达到预定用途所发生的其他支出包括使无形资产达到预定用途所发生的专业服务费用、测试无形资产能否正常发挥作用的费用等,如申请专利过程中发生的注册费、聘请律师费,以及必要的咨询费、公证费、鉴定费等专业服务费用。

但是,为引入新产品进行宣传发生的广告费、管理费、其他间接费用,以及无形资产达到预定用途后所发生的支出均不构成无形资产的成本。

关于取得土地使用权时值得注意的几个问题。

(1) 对于企业外购的土地使用权,通常应当按照取得时所支付的价款及相关税费确认为无形资产。土地使用权用于自行开发建造厂房等地上建筑物时,土地使用权的账面价值不得与地面上的建筑物合并计算成本,而仍作为无形资产进行核算。

(2) 如果房地产开发企业取得土地使用权用于建造对外出售的商品房,其土地使用权的价值应当计入所建造的房屋和建筑物的成本,即作为存货进行核算。

(3) 企业外购房屋建筑物所支付的价款中包括土地使用权以及建筑物减值的,则应当对实际支付的价款按照合理的方法在土地使用权和地上建筑物之间进行分配,并分别确认为无形资产和固定资产;确实无法合理分配的,应当全部作为固定资产,按照固定资产确认与计量的要求进行处理。

(4) 企业改变土地使用权的用途，停止自用土地使用权而用于赚取租金或资本增值时，应将其账面价值转为投资性房地产。

企业外购无形资产支付款项时，借记"无形资产"科目，贷记"银行存款"等科目。

【例 7-14】20×6 年 1 月 8 日，甲公司从 A 公司处购买一项专利权，实际支付价款 800 000 元。为购进该专利权，甲公司专门聘请了服务机构进行咨询和鉴定，支付相关服务费 20 000 元。

甲公司账务处理如下：

借：无形资产——专利权　　　　　　　　　　　　　　　　　　820 000
　　贷：银行存款　　　　　　　　　　　　　　　　　　　　　　820 000

2. 自行研发无形资产

自行研发的无形资产的成本包括可直接归属于该资产的创造、生产并使该资产能够以管理层预定的方式运作的所有必要支出。可归属于该资产的成本包括：开发该无形资产时耗费的材料、劳务成本、注册费、在开发该无形资产过程中使用的其他专利权和特许权的摊销、按照有关规定资本化的利息支出，以及为使该无形资产实现预定用途前所发生的其他费用。

需注意的是，在开发无形资产过程中发生的除上述可直接归属于无形资产开发活动的其他销售费用、管理费用等间接费用，无形资产达到预定用途前发生的可辨认的无效和初始运作损失，为运行该无形资产发生的培训等相关支出不构成开发成本。

在我国会计实务中，对于企业自行研发的项目，鉴于研究开发费用的特殊性，企业应将研发过程划分为研究阶段和开发阶段两个部分。

(1) 研究阶段。

研究，是指为了获取并理解新的科学或技术知识等进行的独创性的有计划的调查。因此研究阶段是探索性的，主要是为可进一步的开发活动进行资料的搜集和相关方面的准备，该研究活动将来是否会转入开发，开发后又是否会形成无形资产具有较大的不确定性，即该阶段一般不会形成阶段性的成果。计划性、探索性和不确定性是该阶段的主要特点。

研究活动包括意在获取新知识而进行的活动；研究成果或其他知识的应用研究、评价和最终选择；材料、工艺、产品等的研究；新的或经改进的材料、设备、产品、工序、系统等的配制、评价和最终选择等。

因此，对于研究阶段发生的支出，应全部作费用化处理，计入当期损益(管理费用)。

(2) 开发阶段。

开发是指在进行商业性生产或使用前，将研究成果或其他知识应用于某项计划或设计，以生产出新的或具有实质性改进的材料、装置、产品等。相对于研究阶段，开发阶段应当是已完成研究阶段的工作，有明确的意图并针对某项目标、产品、工艺基本具备了形成一项新产品或新技术的基本条件。具有较大的确定性和针对性是开发阶段的主要特点。

开发活动包括生产前或使用前的原型和模型的设计、建造和测试；含新技术的工具、夹具、模具的设计；新的或经改造的材料、工艺、产品等的设计、建造和测试等。

因此，对于开发阶段的支出，符合一定条件后，应确认为无形资产，否则也作费用化处理。确实无法区分研究阶段和开发阶段的支出，应当在发生时作为管理费用，全部计入当期损益。

(3) 开发阶段相关支出资本化的条件。

对于开发阶段发生的支出，在同时满足以下条件的情况下，应将其资本化，计入无形资产的成本。

① 完成该无形资产已使其能够使用或出售在技术上具有可行性。

② 具有完成该无形资产并使用或出售的意图。

③ 无形资产产生经济利益的方式，包括能够证明运用该无形资产生产的产品存在市场或无形资产自身存在的市场，无形资产将在内部使用的，应当证明其有用性。

④ 有足够的技术、财务和其他资源支持，以完成该无形资产的开发，并有能力使用或出售该无形资产。

⑤ 归属于该无形资产开发阶段的支出能够可靠地计量。

(4) 内部开发无形资产成本的会计处理。

企业自行开发无形资产发生的研发支出，满足资本化条件的，借记"研发支出——资本化支出"科目，贷记"原材料""银行存款""应付职工薪酬"等科目；研究开发项目达到预定用途形成无形资产的，应按"研发支出——资本化支出"科目的余额，借记"无形资产"科目，贷记"研发支出——资本化支出"科目。

对于不满足资本化条件的研发支出，借记"研发支出——费用化支出"科目，贷记"原材料""银行存款""应付职工薪酬"等科目；会计期末，借记"管理费用"科目，贷记"研发支出——费用化支出"科目。

【例 7-15】20×6 年 1 月 1 日，甲公司经董事会批准自行研发某项专利技术。该公司在研发过程中发生材料费 2 000 000 元、人工费 500 000 元，另外用银行存款支付注册费等其他相关费用 200 000 元，总计 2 700 000 元，其中，符合资本化条件的支出为 1 800 000 元。20×6 年 12 月 31 日，该项新型专利技术达到预定用途并注册成功。

甲公司账务处理如下：
(1) 发生研发支出。
借：研发支出——资本化支出　　　　　　　　　　　　　　　　1 800 000
　　　　　　——费用化支出　　　　　　　　　　　　　　　　　　900 000
　　贷：原材料　　　　　　　　　　　　　　　　　　　　　　2 000 000
　　　　应付职工薪酬　　　　　　　　　　　　　　　　　　　　500 000
　　　　银行存款　　　　　　　　　　　　　　　　　　　　　　200 000
(2) 20×6 年 12 月 31 日。
借：无形资产　　　　　　　　　　　　　　　　　　　　　　1 800 000
　　管理费用　　　　　　　　　　　　　　　　　　　　　　　900 000
　　贷：研发支出——资本化支出　　　　　　　　　　　　　1 800 000
　　　　　　　　——费用化支出　　　　　　　　　　　　　　　900 000

3. 投资者投入无形资产

投资者投入的无形资产成本，应当按照投资合同或协议约定的价值确定，但合同或协议约定价值不公允的除外。企业收到所有者投入无形资产时，按无形资产的公允价值，借记"无形资产"科目；按投资方在企业注册资本中所占份额，贷记"实收资本"或"股本"科目；按两者之间的差额贷记或借记"资本公积"科目。

四、无形资产的后续计量

无形资产的后续计量取决于无形资产的使用寿命能否可靠地确定，对于使用寿命能够可靠确定的无形资产，应将其认定为使用寿命有限的无形资产，并将初始入账成本在其有限的使用寿命内进行摊销；对于使用寿命不能够可靠确定的无形资产，应将其认定为使用寿命不确定的无形资产，且不再进行摊销。但应于每年年末进行减值测试。

(一)无形资产使用寿命的判断

1. 估计无形资产使用寿命应考虑的因素

(1) 运用该资产生产的产品通常的寿命周期、可获得的类似资产使用寿命的信息。

(2) 技术、工艺等方面的现实情况及对未来发展的估计。

(3) 以该资产生产的产品或提供的服务的市场需求情况。

(4) 现在或潜在的竞争者预期采取的行动。

(5) 为维持该资产产生未来经济利益的能力预期的维护支出，以及企业预计支付有关支出的能力。

(6) 对该资产的控制期限，以及对该资产使用的法律或类似限制，如特许使用期间、租赁期等。

(7) 与企业持有的其他资产使用寿命的关联性等。

2. 无形资产使用寿命的确定

(1) 源自合同性权利或法律法规有规定期限的，通常应以合同性权利或法律法规规定的期限为基础，将其认定为使用寿命有限的无形资产。如注册商标的有效期自核准注册之日起为 10 年；发明专利权的期限自申请日起为 20 年；实用新型专利权和外观设计专利权的期限自申请之日起为 10 年，等等。这类无形资产的使用寿命通常不应超过法定权利的期限。此外，法定权利能否在到期时因续约等延续，且有证据表明企业续约不需要付出高额成本的，续约期应当计入使用寿命。

(2) 没有明确的合同或法律法规规定无形资产的使用寿命的，企业应当综合各方面因素判断，以确定无形资产能为企业带来经济利益的期限。如企业可参照同行业的其他单位情况比较同类无形资产的使用寿命来确定本企业无形资产的使用寿命。

(3) 经过上述方法仍无法确定无形资产为企业带来经济利益的期限的，企业应将其认定为使用寿命不确定的无形资产。

3. 无形资产使用寿命的复核

由于无形资产的使用寿命依赖于会计人员的分析和判断，因此，企业至少应当于每年年度终了，对使用寿命有限的无形资产的使用寿命进行复核。无形资产的使用寿命与以前估计不同的，应当作为会计估计变更处理，并在未来期间改变其摊销期限。

企业应当在每个会计期间对使用寿命不确定的无形资产的使用寿命进行复核，如果有证据表明无形资产的使用寿命是有限的，应当估计其使用寿命，并作为会计估计变更处理，即在未来期间将其作为使用寿命有限的无形资产进行核算。

(二) 使用寿命有限的无形资产的摊销

对于使用寿命有限的无形资产，企业应自取得的当月起对其进行摊销。应摊销的金额为其取得的成本扣除预计残值后的金额，如果无形资产计提了减值准备，那么，其后期应摊销的金额还应扣除已计提的减值准备。使用寿命有限的无形资产，其残值为零。但是，如果有第三方承诺在无形资产使用寿命结束时购买该无形资产，那么，其承诺的付款额应作为预计的残值；或者可以根据活跃市场得到预计残值信息，并且该市场在无形资产使用寿命结束时很可能存在。

无形资产的摊销方法应能准确反映与该项无形资产有关的经济利益的预期实现方式，包括直线法、生产总量法、双倍余额递减法等。无法确定预期经济利益实现方式的，应当采用直线法进行摊销。

无形资产的摊销金额应该按照谁受益、谁承担的原则进行处理。摊销无形资产时，借记"管理费用"科目，贷记"累计摊销"科目。某项无形资产包含的经济利益通过所生产的产品或其他资产实现的，其摊销额应计入相关资产的成本。

【例 7-16】甲公司从外单位购入某项专利权，取得成本为 1 000 000 元，估计使用寿命为 10 年，该项专利用于 A 产品的生产；同时，甲公司还购入一项商标权，取得成本为 3 000 000 元，估计使用寿命为 10 年。上述价款均通过银行存款支付。假定这两项无形资产的预计残值均为零，甲公司采用直线法对无形资产进行摊销。

(1) 取得无形资产时，甲公司账务处理如下：

借：无形资产——专利权　　　　　　　　　　　　　　　　1 000 000
　　　　　　——商标权　　　　　　　　　　　　　　　　3 000 000
　贷：银行存款　　　　　　　　　　　　　　　　　　　　4 000 000

(2) 按年进行摊销时，甲公司账务处理如下：

借：制造费用　　　　　　　　　　　　　　　　　　　　　100 000
　　管理费用　　　　　　　　　　　　　　　　　　　　　300 000
　贷：累计摊销　　　　　　　　　　　　　　　　　　　　400 000

(三) 使用寿命不确定的无形资产

对于有确凿证据表明无法合理估计其使用寿命的无形资产，应作为使用寿命不确定的无形资产。该类无形资产在持有期间不需要进行摊销的，但应当至少在每年年度终了对其进行减值测试。如经测试表明已发生减值，则需要计提相应的减值准备。账务处理为：借记"资产减值损失"科目，贷记"无形资产减值准备"科目。

值得注意的是，对于使用寿命有限的无形资产，只有会计期末出现减值迹象时，才需要对其进行减值测试。

五、无形资产的处置

无形资产的处置,主要是指无形资产出售、对外出租,或者是无法为企业带来未来经济利益时,应予转销并终止确认等。

(一)无形资产出售

企业出售无形资产,应当将取得的价款与无形资产账面价值的差额计入当期损益。按出售无形资产所得的价款,借记"银行存款"等科目;按累计摊销额,借记"累计摊销"科目;按已计提的减值准备,借记"无形资产减值准备"科目;按无形资产的初始入账价值,贷记"无形资产"科目;按其差额贷记"营业外收入"或借记"营业外支出"科目。

【例7-17】20×6年1月1日,甲公司拥有某项专利权的成本为700万元,已摊销金额为300万元,已计提的减值准备为30万元。该公司于20×6年将该项专利权出售,取得价款450万元存入银行。假定不考虑相关税费。

甲公司的账务处理如下:

借:银行存款 4 500 000
　　累计摊销 3 000 000
　　无形资产减值准备 300 000
　　贷:无形资产 7 000 000
　　　营业外收入——处置非流动资产利得 800 000

(二)无形资产出租

企业出租无形资产,其实质是企业让渡无形资产的使用权,通常应作为其他业务处理。按让渡无形资产使用权取得的租金收入,借记"银行存款"科目,贷记"其他业务收入"科目;按摊销出租无形资产的成本及发生与转让有关的各种费用支出,借记"其他业务成本"科目,贷记"累计摊销"等科目。

【例7-18】20×6年1月1日,甲公司将一项专利技术出租给乙企业使用,出租合同规定:租期3年,年租金20万元,每年年末支付。该项专利技术的账面余额为300万元,摊销期为10年。

(1) 收取该项专利技术的租金时,甲公司账务处理如下:

借:银行存款 200 000
　　贷:其他业务收入 200 000

(2)对该项专利技术进行摊销时,甲公司账务处理如下:

借:其他业务成本 300 000
　　贷:累计摊销 300 000

(三)无形资产报废

无形资产报废,是指无形资产预期不能为企业带来经济利益时对其进行的处置。企业报废无形资产时,应当将其账面价值予以转销。按已计提的累计摊销额,借记"累计摊销"科目;按已计提的减值准备,借记"无形资产减值准备"科目;按其账面余额,贷记

"无形资产"科目,按其差额,借记"营业外支出"科目。

【例 7-19】 甲公司的某项非专利技术因不再使用予以报废,账面余额为 300 000 元,已累计摊销额为 1 500 00 元,假定该非专利技术的残值为零,已计提减值准备为 120 000 元。

甲公司的账务处理如下:

借:累计摊销	150 000
无形资产减值准备	120 000
营业外支出——处置非流动资产损失	30 000
贷:无形资产	300 000

六、无形资产减值准备

《企业会计准则第 8 号——资产减值》规定,企业应当在资产负债表日考虑计提无形资产的减值准备。

无形资产存在减值迹象的,应当估计其可收回金额。可收回金额应当根据"资产的公允价值减去处置费用后的净额"与"资产预计未来现金流量的现值"两者之间较高者确定。如果估计结果表明无形资产的可收回金额低于其账面价值,则应将无形资产的账面价值减记至可收回金额。计提无形资产减值准备时,借记"资产减值损失"科目,贷记"无形资产减值准备"科目。

如果设计摊销,则在计提无形资产减值损失后的会计期间,应当在减值后的账面价值的基础上重新计算该无形资产的摊销额。

无形资产的减值损失一经确认,在以后会计期间不得转回。也就是说,即使其可收回金额将来有所回升,也不应予以转回。处置无形资产时,应当注销原计提的无形资产减值准备。

本 章 小 结

本章通过固定资产、无形资产的概念、特征以及内容的阐述,分别从初始计量、后续计量、处置等方面对固定资产、无形资产的会计核算进行了详细说明。尤其对于后续计量中的直线法、工作量法、双倍余额递减法、年数总和法下固定资产折旧的计算应重点把握;对于自行研发的无形资产的确认与计量也应重点掌握。

复习思考题

1. 什么是固定资产?固定资产有哪些基本特点?
2. 什么是固定资产折旧?影响固定资产折旧计提的因素有哪些?
3. 固定资产计提折旧的方法有哪些?采用不同折旧方法对企业的成本费用有何影响?
4. 什么是无形资产?无形资产具有哪些特征?
5. 无形资产包括哪些内容?

6. 企业内部研发无形资产时如何进行核算?
7. 使用寿命有限的无形资产和使用寿命不确定的无形资产是如何进行核算的?
8. 无形资产处置分为哪几种情况?分别如何进行核算?

自测与技能训练

一、基础知识自测

(一)单项选择题

1. 在企业为生产商品所持有的下列各种资产中,不属于固定资产的是( )。
   A. 机器设备　　　B. 房屋及建筑物　　C. 库存商品　　D. 运输工具
2. 下列各项中,不能在"固定资产"账户中核算的内容是( )。
   A. 购置固定资产发生的买价　　　　B. 不满足固定资产确认条件的维修费用
   C. 建造固定资产发生的材料费　　　D. 投资者投入固定资产的成本
3. 应计折旧额是指应当计提折旧的固定资产的原价扣除其( )。
   A. 预计残值收入后的金额　　　　　B. 预计净残值后的金额
   C. 预计清理费用后的金额　　　　　D. 预计修理费用后的金额
4. 企业在确定固定资产的使用寿命时,可不予考虑的因素是( )。
   A. 预计生产能力或实物产量　　　　B. 固定资产的预计净残值
   C. 预计有形损耗和无形损耗　　　　D. 法律或者类似规定对资产使用的限制
5. 下列各项中,不属于无形资产确认条件的是( )。
   A. 符合无形资产的定义
   B. 该资产的成本不能可靠计量
   C. 该资产的成本能够可靠计量
   D. 与该资产相关的预计未来经济利益很可能流入企业

(二)多项选择题

1. 固定资产的使用寿命是指( )。
   A. 企业使用该固定资产的预计期间
   B. 该固定资产本身生产所需要的期间
   C. 该固定资产所能生产产品的数量
   D. 该固定资产所能提供劳务的数量
   E. 该固定资产为企业所拥有的数量
2. 企业外购固定资产的成本一般应包括的内容有( )。
   A. 购买价款　　B. 进口关税　　C. 运输费
   D. 进项税额　　E. 专业人员服务费
3. 企业毁损的固定资产,按管理权限报经批准后处理时可借记的账户有( )。
   A. "原材料"账户　　　　　B. "其他应收款"账户
   C. "应收账款"账户　　　　D. "管理费用"账户
   E. "营业外支出"账户

4. 下列影响固定资产折旧额计算的因素主要有(　　)。
　　A. 固定资产原值　　　　　　　　B. 固定资产预计净残值
　　C. 固定资产预计处置收入　　　　D. 固定资产的预计使用寿命
　　E. 固定资产的无形损耗
5. 可将企业内部研究开发项目研究阶段发生的支出确认为无形资产的依据有(　　)。
　　A. 从技术上来讲，完成该无形资产以使其能够使用或出售具有可行性
　　B. 具有完成该无形资产并使用或出售的意图
　　C. 无形资产产生未来经济利益的方法明确
　　D. 有足够的技术、财务资源和其他资源的支持
　　E. 归属于该无形资产开发阶段的支出能够可靠计量

(三)分析判断题
1. 企业的固定资产必须同时具有为生产商品、提供劳务、出租或经营管理而持有和使用寿命超过一个会计年度两个特征。(　　)
2. 某项资产只要符合无形资产的定义，企业就可以将其确认为企业的无形资产。(　　)
3. 企业采用不同的折旧方法时，对各期利润的计算不会产生影响。(　　)
4. 我国企业会计准则规定，企业应当对所有的固定资产计提折旧。因而，企业当月增加的固定资产当月也应该计提折旧。(　　)
5. "固定资产清理"账户核算企业因出售、报废和毁损等原因转入清理的固定资产价值以及在清理过程中发生的清理费用和清理收入等。(　　)

二、实务技能训练

实务训练一

【目的】练习固定资产折旧的会计处理。

【资料】四方公司的生产用固定资产采用年限平均法计提折旧。每月计提的折旧额总计为 18 000 元。本月进入产品生产的淡季，产品数量减少，为了减少本期的生产费用，公司改用工作量法提取折旧，并且未在报表的附注中予以说明。按该种方法计算出来的本月折旧额为 8 000 元，并进行了如下账务处理：

　　借：生产成本　　　　　　　　　　　　　　　　　　　　　　　　　8 000
　　　　贷：累计折旧　　　　　　　　　　　　　　　　　　　　　　　　　　8 000

【要求】
(1) 四方公司本月对固定资产折旧方法的变更违背了会计信息质量要求中的哪一条？为什么？
(2) 四方公司在固定资产折旧的账务处理上存在什么问题？应当怎样进行更正？

实务训练二

【目的】练习无形资产的核算

【资料】红星公司有关无形资产的业务如下：
(1) 20×8 年 1 月 1 日，公司开始自行研究开发一项管理用专利技术，当年发生材料

费 300 万元、人工工资 100 万元，用银行存款支付其他费用 50 万元，其中，符合资本化条件的支出为 300 万元。至 20×8 年 12 月 31 日，该项专利技术尚未研发成功。

(2) 20×9 年 1~7 月，上述专利技术研发发生材料费 100 万元、人工工资 50 万元，用银行存款支付其他费用 20 万元。其中，符合资本化条件的支出 150 万元。20×9 年 7 月 10 日，专利技术研发获得成功，达到预定用途。该项无形资产的预计使用年限为 10 年，预计残值为零，采用直线法摊销。

(3) 2×12 年 1 月 10 日，红星公司出售该项专利技术，收到价款 300 万元，已存入银行。

【要求】编制红星公司各年度与该项无形资产相关的会计分录。

第八章 负 债

学习目标

通过本章的学习，应当了解负债的含义、特征与分类；掌握短期借款、应付票据、应付账款、预收账款、应交税费、应付职工薪酬和其他应付款等各项流动负债的核算内容与方法；掌握长期借款、应付债券和长期应付款等各项非流动负债的核算方法。

第一节 负 债 概 述

一、负债的概念与特征

负债是指由过去的交易或事项形成的，预期会导致经济利益流出企业的现时义务。

根据负债的定义，负债具有以下几个特征。

1. 负债是由企业过去的交易或者事项形成的

负债应当由企业过去的交易或者事项所形成。换句话说，只有过去的交易或者事项才能形成负债，企业在未来将发生的承诺、签订的合同等交易或者事项则不形成负债。

2. 负债是企业承担的现时义务

负债必须是企业承担的现时义务，这里的现时义务是指企业在现行条件下已承担的义务。未来发生的交易或者事项形成的义务，不属于现时义务，不应当确认为负债。

3. 负债预期会导致经济利益流出企业

预期会导致经济利益流出企业也是负债的一个本质特征，只有在履行义务时会导致经济利益流出企业的，才符合负债的定义。在履行现时义务清偿负债时，导致经济利益流出企业的形式多种多样，例如，用现金偿还或以实物资产形式偿还；以提供劳务形式偿还；部分转移资产、部分提供劳务形式偿还；将负债转为资本等。

二、负债的分类

负债按其流动性不同，分为流动负债和非流动负债。

流动负债是指预计在一个正常营业周期中清偿，或者主要为交易目的而持有，或者自资产负债表日起一年内(含一年)到期应予以清偿，或者企业无权自主将清偿推迟至资产负债表日后一年以上的负债。流动负债主要包括短期借款、应付票据、应付账款、预收款项、应付职工薪酬、应交税费、应付利息、应付股利、其他应付款等。

非流动负债是指流动负债以外的负债，主要包括长期借款、应付债券和长期应付款等。

第二节 流动负债

一、短期借款

短期借款是指企业向银行或其他金融机构等借入的期限在一年以下(含一年)的各种款项。短期借款通常是为了满足企业正常生产经营所需的资金或者是为了抵偿债务而借入的资金。无论借入款项的来源如何，企业均需要向债权人按期偿还借款的本金及利息。在会计核算上，企业要如实地反映短期借款的借入、利息的发生和本金及利息的偿还情况。

企业应当设置"短期借款"账户，核算短期借款的取得及偿还等情况。该账户属于负债类账户，贷方登记取得借款的本金数额，借方登记偿还借款的本金数额，余额在贷方，表示尚未偿还的短期借款。本账户可按借款种类、贷款人和币种进行明细核算。

企业从银行或其他金融机构取得短期借款时，借记"银行存款"科目，贷记"短期借款"科目。企业短期借款到期偿还本金时，借记"短期借款"科目，贷记"银行存款"科目。

短期借款应当支付利息，借款利息属于筹资费用，企业应当在资产负债表日按照借款合同计算确定的短期借款利息费用。在实际工作中，银行一般于每季度末收取短期借款利息，因此，企业的短期借款利息一般采用月末预提的方式进行核算。预提利息时，应借记"财务费用"科目，贷记"应付利息"科目；实际支付利息时，根据已预提的利息，借记"应付利息"科目，根据当期应计的利息，借记"财务费用"科目，根据应付利息总额，贷记"银行存款"科目。

如果借款合同约定短期借款的利息按月支付，或者借款利息在借款到期时一并归还，但数额不大的，可以不采用预提的方法，而在实际支付时直接计入当期损益。

【例8-1】A公司于2×17年1月1日向银行借入一笔短期借款用于偿还到期债务，共计500 000元，期限为6个月，年利率为6%。根据与银行签署的借款协议，该项借款的本金到期后一次归还；利息分月预提，按季支付。A公司的有关会计处理如下：

(1) 1月1日借入短期借款时，有关会计处理如下：

借：银行存款　　　　　　　　　　　　　　　　　　　　　　500 000
　　贷：短期借款　　　　　　　　　　　　　　　　　　　　　　500 000

(2) 1月末，计提1月份应计利息时，有关会计处理如下：

本月应计提的利息金额=500 000×6%÷12=2 500(元)

在本例中，短期借款利息2 500元属于企业的筹资费用，应记入"财务费用"科目。

借：财务费用　　　　　　　　　　　　　　　　　　　　　　　2 500
　　贷：应付利息　　　　　　　　　　　　　　　　　　　　　　　2 500

2月末计提2月份利息费用的处理与1月份相同。

(3) 3月末支付第一季度银行借款利息时，有关会计处理如下：

借：财务费用　　　　　　　　　　　　　　　　　　　　　　　2 500
　　应付利息　　　　　　　　　　　　　　　　　　　　　　　　5 000
　　贷：银行存款　　　　　　　　　　　　　　　　　　　　　　7 500

二、应付票据

应付票据是指企业购买材料、商品和接受劳务供应等而开出、承兑的商业汇票。商业汇票按承兑人不同分为商业承兑汇票和银行承兑汇票;按是否计息分为带息的商业汇票和不带息的商业汇票。商业汇票的付款期限由交易双方商定,最长不超过六个月,因此在会计上将其作为流动负债进行核算与管理。同时,由于应付票据的偿付时间较短,在会计实务中,不论票据是否带息,一般均按照开出、承兑的商业汇票的面值入账。

企业应设置"应付票据"账户,核算应付票据的发生和偿付等情况。该账户贷方登记开出、承兑汇票的面值及带息票据的预提利息,借方登记支付票据的金额,月末余额在贷方,表示企业尚未到期的商业汇票的票面金额及预提的利息。

企业应当设置"应付票据备查簿",详细登记商业汇票的种类、号数和出票日期、到期日、票面余额、交易合同号、收款人姓名或单位名称以及付款日期和金额等资料。应付票据到期结清时,应当在备查簿内予以注销。

企业因购买材料、商品和接受劳务供应等而开出、承兑的商业汇票,应当按其票面金额作为应付票据的入账金额,借记"原材料""库存商品""应交税费——应交增值税(进项税额)"等科目,贷记"应付票据"科目。

企业办理银行承兑汇票时支付的手续费,应当计入当期财务费用,借记"财务费用"科目,贷记"银行存款"科目。

对于带息的应付票据,应当在资产负债表日计提票据利息,计入当期财务费用,借记"财务费用"科目,贷记"应付票据"科目。

应付票据到期支付票款时,应按账面余额予以结转,借记"应付票据"科目,贷记"银行存款"科目。

应付票据到期无力偿还时,对于商业承兑汇票,应将其账面余额转入"应付账款"账户,借记"应付票据"科目,贷记"应付账款"科目;对于银行承兑汇票,应将其账面余额转作短期借款,借记"应付票据"科目,贷记"短期借款"科目。

【例 8-2】甲企业 2×18 年 5 月 6 日采购一批原材料,增值税专用发票上注明的材料价款为 100 000 元,增值税额为 16 000 元。甲企业于当日开出并承兑一张面值为 116 000 元、期限 6 个月的不带息商业汇票。甲企业为增值税一般纳税人,原材料采用实际成本法核算。该企业的有关会计分录如下:

借:原材料 100 000
　应交税费——应交增值税(进项税额) 16 000
　贷:应付票据 116 000

假设 2×18 年 11 月 6 日,甲企业于 5 月 6 日开出的商业汇票到期。甲企业通知其开户银行以银行存款支付票款。该企业的有关会计分录如下:

借:应付票据 116 000
　贷:银行存款 116 000

假设上述商业汇票为商业承兑汇票,该汇票到期时甲企业无力支付票款。该企业的有关会计分录如下:

```
借：应付票据                                                    116 000
    贷：应付账款                                                      116 000
```
假设上述商业汇票为银行承兑汇票，该汇票到期时甲企业无力支付票款。该企业的有关会计分录如下：
```
借：应付票据                                                    116 000
    贷：短期借款                                                      116 000
```

三、应付账款

(一)应付账款概述

应付账款是指企业因购买商品、材料或接受劳务供应等经营活动应支付给供应单位的款项。应付账款一般应在所购买物资所有权相关的主要风险和报酬已经转移，或者所购买的劳务已经接受时确认。在实际工作中，为了使所购入物资的金额、品种、数量和质量等与合同规定的条款相符，避免因验收时发现所购物资存在数量或质量问题而对入账的物资或应付账款金额进行改动，在物资和发票账单同时到达的情况下，一般在所购物资验收入库后，再根据发票账单登记入账，确认应付账款。在所购物资已经验收入库，但是发票账单未能同时到达的情况下，企业应付物资供应单位的债务已经成立，在会计期末，为了反映企业的负债情况，需要将所购物资和相关的应付账款暂估入账，待下月初作相反分录予以冲回。

(二)应付账款的账务处理

企业应设置"应付账款"账户，核算应付账款的发生、偿还、转销等情况。该账户属于负债类账户，贷方登记企业购买材料、商品和接受劳务等发生的应付款项，借方登记偿还的应付账款、开出商业汇票抵付应付账款的款项，以及已冲销的无法支付的应付账款，余额一般在贷方，表示企业尚未支付的应付账款余额。本科目一般应按照债权人设置明细账进行明细核算。

1. 应付账款的发生与偿还

企业购入材料、商品等或接受劳务所产生的应付账款，应按应付金额入账。购入材料、商品等验收入库，但货款尚未支付，根据有关凭证(发票账单、随货同行发票上记载的实际价款或暂估价值)，借记"原材料"或"材料采购"等科目，按可抵扣的增值税额，借记"应交税费——应交增值税(进项税额)"科目，按应付的款项，贷记"应付账款"科目。企业接受供应单位提供劳务而发生的应付未付款项，根据供应单位的发票账单，借记"生产成本""管理费用"等科目，贷记"应付账款"科目。企业偿还应付账款或开出商业汇票抵付应付账款时，借记"应付账款"科目，贷记"银行存款""应付票据"等科目。

【例8-3】丙企业为增值税一般纳税人。2×17年5月1日，丙企业从A公司购入一批材料，货款200 000元，增值税32 000元，对方代垫运费1 000元，增值税额100元。材料已运到并验收入库(该企业材料按实际成本计价核算)，款项尚未支付。丙企业的有关

会计分录如下:
　　借:原材料　　　　　　　　　　　　　　　　　　　　　　　201 000
　　　应交税费——应交增值税(进项税额)　　　　　　　　　　　32 100
　　　　贷:应付账款——A公司　　　　　　　　　　　　　　　　　233 100
假定5月31日,丙企业用银行存款支付上述应付账款。该企业的有关会计分录如下:
　　借:应付账款——A公司　　　　　　　　　　　　　　　　　233 100
　　　　贷:银行存款　　　　　　　　　　　　　　　　　　　　　233 100

应付账款附有现金折扣的,应按照扣除现金折扣前的应付款总额入账。因在折扣期限内付款而获得的现金折扣,应在偿付应付账款时冲减财务费用。

【例8-4】乙公司于2×18年5月5日,从B公司购入一批原材料并已验收入库。增值税专用发票上的材料价款为500 000元,增值税为80 000元。购货协议规定的信用条件为:2/10,N/30。(假定计算现金折扣时不考虑增值税)

乙公司的有关会计分录如下:
　　借:原材料　　　　　　　　　　　　　　　　　　　　　　　500 000
　　　应交税费——应交增值税(进项税额)　　　　　　　　　　　80 000
　　　　贷:应付账款——B公司　　　　　　　　　　　　　　　　　580 000

本例中,乙公司对B公司的应付账款附有现金折扣,应按总价法进行核算,即按照扣除现金折扣前的应付款总额580 000元记入"应付账款"科目,在折扣期内享受的现金折扣应当冲减当期的财务费用。

假设乙公司于2×18年5月12日偿还该项债务,需要支付的金额为:
乙公司获得的现金折扣=500 000×2%=10 000(元)
实际支付的货款=580 000-10 000=570 000(元)
乙公司的有关会计分录如下:
　　借:应付账款——B公司　　　　　　　　　　　　　　　　　580 000
　　　　贷:银行存款　　　　　　　　　　　　　　　　　　　　　570 000
　　　　　　财务费用　　　　　　　　　　　　　　　　　　　　　10 000
假设乙公司于5月16日付清所欠B公司货款,应支付580 000元。
该企业的有关会计分录如下:
　　借:应付账款——B公司　　　　　　　　　　　　　　　　　580 000
　　　　贷:银行存款　　　　　　　　　　　　　　　　　　　　　580 000

2. 应付账款的转销

应付账款通常需要在短期内偿还,但如果因债权人撤销等原因而应付账款无法偿还时,应将应付账款转销。无法支付的应付账款应按其账面余额计入营业外收入,借记"应付账款"科目,贷记"营业外收入"科目。

【例8-5】2×17年12月31日,丙企业进行年末清查,发现一笔应付账款2 000元由于债权人W公司撤销而无法支付,决定应予转销。则该企业应编制的会计分录如下:
　　借:应付账款——W公司　　　　　　　　　　　　　　　　　2 000
　　　　贷:营业外收入　　　　　　　　　　　　　　　　　　　　2 000

本例中，丙企业转销确实无法支付的应付账款 2 000 元，应按其账面余额记入"营业外收入"科目。

四、预收账款

预收账款是指企业按照合同规定向购货单位预收的款项。与应付账款不同，预收账款所形成的负债不是以货币偿付的，而是以货物或劳务进行偿付。有些购销合同规定，销货企业可向购货企业预先收取一部分货款，待向对方发货后再收取其余货款。企业在发货前收取的货款，表明了企业承担在未来导致经济利益流出企业的应履行的义务，就成为企业的一项负债。

企业应当设置"预收账款"账户，核算预收账款的取得、偿付等情况。该账户属于负债类账户，其贷方登记发生的预收账款的数额和购货单位补付账款的数额，借方登记企业向购货方发货后冲销的预收账款数额和退回购货方多付账款的数额，余额一般在贷方，反映企业向购货单位预收款项但尚未向购货方发货的数额，如出现借方余额，反映企业应收的款项。企业应当按照债权人设置明细账进行明细核算。

企业向购货单位预收款项时，借记"银行存款"科目，贷记"预收账款"科目；销售实现时，按实现的收入和应交增值税销项税额，借记"预收账款"科目，按照实现的营业收入，贷记"主营业务收入"科目，按照增值税专用发票上注明的增值税额，贷记"应交税费——应交增值税(销项税额)"等科目；企业收到购货单位补付的款项，借记"银行存款"科目，贷记"预收账款"科目；向购货单位退回其多付的款项时，借记"预收账款"科目，贷记"银行存款"科目。

【例 8-6】A 公司为增值税一般纳税人。2×18 年 5 月 6 日，A 公司与 B 企业签订供货合同，向 B 企业销售一批产品，产品价款 300 000 元，增值税税率 16%。根据购货合同规定，B 企业在购货合同签订后，立即向 A 公司预付商品价款的 20%，剩余款项应在 A 公司交付产品后付清。2×18 年 5 月 9 日，A 公司收到 B 企业交来的预付款 60 000 元，并存入银行，5 月 18 日 A 公司将货物发到 B 企业，并开出增值税专用发票，B 企业验收合格后付清了剩余款项。A 公司的有关会计处理如下：

(1) 5 月 9 日收到 B 企业交来的预付款 60 000 元时，有关会计处理如下：
借：银行存款　　　　　　　　　　　　　　　　　　　　　　　60 000
　　贷：预收账款——B 企业　　　　　　　　　　　　　　　　　60 000
(2) 5 月 18 日 A 公司发货后收到 B 企业剩余货款时，有关会计处理如下：
借：预收账款——B 企业　　　　　　　　　　　　　　　　　　348 000
　　贷：主营业务收入　　　　　　　　　　　　　　　　　　　　300 000
　　　　应交税费——应交增值税(销项税额)　　　　　　　　　　 48 000
借：银行存款　　　　　　　　　　　　　　　　　　　　　　　288 000
　　贷：预收账款——B 企业　　　　　　　　　　　　　　　　　288 000

另外，需要注意的是：预收账款业务不多的企业，也可不设"预收账款"科目，发生的预收款业务通过"应收账款"科目核算。收到预收款项时，直接记入"应收账款"科目贷方。

【例 8-7】 以例 8-6 的资料为例，假设 A 公司不设置"预收账款"科目，通过"应收账款"科目核算有关业务。A 公司的有关会计处理如下。

(1) 5 月 9 日收到 B 企业交来预付款 60 000 元时，有关会计处理如下：

借：银行存款　　　　　　　　　　　　　　　　　　　　　　60 000
　　贷：应收账款——B 企业　　　　　　　　　　　　　　　　　60 000

(2) 5 月 18 日 A 公司发货后收到 B 企业交来的剩余货款时，有关会计处理如下：

借：应收账款——B 企业　　　　　　　　　　　　　　　　　348 000
　　贷：主营业务收入　　　　　　　　　　　　　　　　　　　300 000
　　　　应交税费——应交增值税(销项税额)　　　　　　　　　 48 000
借：银行存款　　　　　　　　　　　　　　　　　　　　　　288 000
　　贷：应收账款——B 企业　　　　　　　　　　　　　　　　288 000

五、应付职工薪酬

(一)职工薪酬的内容

职工薪酬是指企业为获得职工提供的服务或解除劳动关系而给予的各种形式的报酬或补偿。职工薪酬包括短期薪酬、离职后福利、辞退福利和其他长期职工福利。企业提供给职工配偶、子女、受赡养人、已故员工家属及其他受益人等的福利，也属于职工薪酬。

职工，是指与企业订立劳动合同的所有人员，含全职、兼职和临时职工，也包括虽未与企业订立劳动合同但由企业正式任命的人员。未与企业订立劳动合同或未由其正式任命，但向企业所提供服务与职工所提供服务类似的人员，也属于职工的范畴，包括通过企业与劳务中介公司签订用工合同而向企业提供服务的人员。

职工薪酬包括的内容如下所述。

1. 短期薪酬

短期薪酬，是指企业在职工提供相关服务的年度报告期间结束后十二个月内需要全部予以支付的职工薪酬，因解除与职工的劳动关系给予的补偿除外。短期薪酬具体包括：职工工资、奖金、津贴和补贴，职工福利费，医疗保险费、工伤保险费和生育保险费等社会保险费，住房公积金，工会经费和职工教育经费，短期带薪缺勤，短期利润分享计划，非货币性福利以及其他短期薪酬。

(1) 职工工资、奖金、津贴和补贴，是指企业按照构成工资总额的计时工资、计件工资支付给职工的超额劳动报酬等的劳动报酬。其中，企业按照短期奖金计划向职工发放的奖金属于短期薪酬。

(2) 职工福利费，是指企业向职工提供的生活困难补助、丧葬补助费、抚恤费、职工异地安家费、防暑降温费等职工福利费。

(3) 医疗保险费、工伤保险费和生育保险费等社会保险费，是指企业按照国家规定的基准和比例计算，向社会保险经办机构缴纳的医疗保险费、工伤保险费和生育保险费等。

(4) 住房公积金，是指企业按照国家《住房公积金管理条例》规定的基准和比例计算，向住房公积金管理机构缴存的住房公积金。

(5) 工会经费和职工教育经费，是指企业为了改善职工文化生活、提高职工业务素质用于开展工会活动和职工教育及职业技能培训等的相关支出。

(6) 带薪缺勤，是指企业支付工资或提供补偿的职工缺勤，包括年休假、病假、短期伤残、婚假、产假、丧假、探亲假等，也就是职工虽然缺勤但企业仍向其支付报酬的安排。按时间长短，带薪缺勤分为短期带薪缺勤和长期带薪缺勤。前者属于短期薪酬，后者属于其他长期职工福利，均属于职工薪酬。从会计处理角度，带薪缺勤分为累积带薪缺勤和非累积带薪缺勤。

① 累积带薪缺勤，是指带薪缺勤权利可以结转下期的带薪缺勤，本期尚未用完的带薪缺勤权利可以在未来期间使用。

② 非累积带薪缺勤，是指带薪缺勤权利不能结转下期的带薪缺勤，本期尚未用完的带薪缺勤权利将予以取消，并且职工离开企业时也无权获得现金支付。

(7) 短期利润分享计划，是指因职工提供服务而与职工达成的基于利润或其他经营成果提供薪酬的协议。长期利润分享计划属于其他长期职工福利。

(8) 其他短期薪酬，是指除上述薪酬以外的其他为获得职工提供的服务而给予的短期薪酬，如非货币性福利等，即企业以自己的产品或其他有形资产发放给职工作为福利。

2. 离职后福利

离职后福利，是指企业为获得职工提供的服务而在职工退休或与企业解除劳动关系后，提供的各种形式的报酬和福利，包括养老保险、失业保险等，短期薪酬和辞退福利除外。

3. 辞退福利

辞退福利，是指企业在职工劳动合同到期之前解除与职工的劳动关系，或者为鼓励职工自愿接受裁减而给予职工的补偿。

4. 其他长期职工福利

其他长期职工福利，是指除短期薪酬、离职后福利、辞退福利之外所有的职工薪酬，包括长期带薪缺勤、长期残疾福利、长期利润分享计划等。

(二)短期薪酬的核算

企业应当在职工为其提供服务的会计期间，将实际发生的短期薪酬确认为负债，并根据其他相关会计准则计入相关资产成本或当期损益。企业应当设置"应付职工薪酬"账户，用来核算应付职工薪酬的提取、结算、使用等情况。该账户贷方登记已分配计入有关成本费用项目的职工薪酬的数额，借方登记实际发放职工薪酬的数额和扣还的数额等，该账户期末贷方余额反映企业应付未付的职工薪酬。"应付职工薪酬"账户应当按照"工资""职工福利""社会保险费""住房公积金""工会经费""职工教育经费""非货币性福利""累计带薪缺勤""利润分享计划""设定提存计划""设定受益计划义务"和"辞退福利"等应付职工薪酬项目设置明细科目，进行明细核算。外商投资企业按规定从净利润中提取的职工奖励及福利基金，也在本科目核算。

1. 工资、奖金、津贴和补贴

企业发生的职工工资、资金、津贴和补贴等货币性短期薪酬，应当根据职工提供服务情况和工资标准等计算并计入职工薪酬的工资总额，按照受益对象计入当期损益或相关资产成本，借记"生产成本""制造费用""管理费用"和"在建工程"等科目，贷记"应付职工薪酬——工资"科目。实际发放时，企业一般根据"工资费用分配汇总表"中的"实发金额"栏的合计数，通过开户银行支付给职工或从开户银行提取现金再发放给职工，借记"应付职工薪酬——工资"科目，贷记"银行存款"或"库存现金"科目；代扣职工个人所得税、扣还企业替职工垫付款项时，借记"应付职工薪酬——工资"科目，贷记"应交税费——应交个人所得税"和"其他应收款"等科目。

【例 8-8】 A 公司 2×17 年 5 月份"工资费用分配汇总表"列示：应付工资总额为 585 000 元，其中基本生产工人工资 360 000 元，车间管理人员工资为 85 000 元，行政管理人员工资为 102 000 元，在建工程人员工资为 38 000 元。则 A 公司分配职工工资费用的会计处理如下：

借：生产成本——基本生产成本　　　　　　　　　　　　　　　360 000
　　制造费用　　　　　　　　　　　　　　　　　　　　　　　　85 000
　　管理费用　　　　　　　　　　　　　　　　　　　　　　　102 000
　　在建工程　　　　　　　　　　　　　　　　　　　　　　　　38 000
　　贷：应付职工薪酬——工资　　　　　　　　　　　　　　　585 000

【例 8-9】 承例 8-8，A 公司 2×17 年 5 月份应付工资总额为 585 000 元，代扣职工个人所得税 23 500 元，实发工资为 561 500 元通过银行发放。A 公司应编制的会计分录为：

借：应付职工薪酬——工资　　　　　　　　　　　　　　　　　585 000
　　贷：应交税费——应交个人所得税　　　　　　　　　　　　23 500
　　　　银行存款　　　　　　　　　　　　　　　　　　　　　561 500

2. 职工福利费

企业发生的职工福利费，应当在实际发生时根据实际发生额计入相关资产成本或当期损益。借记"生产成本""制造费用""管理费用"等科目，贷记"应付职工薪酬——职工福利"科目。

【例 8-10】 2×17 年春节前夕，A 公司为本公司的困难职工送温暖，派代表深入困难职工家里，送去了慰问金。本次活动共看望职工 8 人，总计发放慰问金 30 000 元，其中基本生产工人 6 人，发放金额 24 000 元；行政管理人员 2 人，发放金额 6 000 元。则 A 公司应当作的会计处理如下。

(1) 确认职工福利费。

根据受益对象将生产工人的福利费记入"生产成本"，将行政管理人员的福利费记入"管理费用"。其会计分录如下：

借：生产成本——基本生产成本　　　　　　　　　　　　　　　24 000
　　管理费用　　　　　　　　　　　　　　　　　　　　　　　　6 000
　　贷：应付职工薪酬——职工福利　　　　　　　　　　　　　30 000

(2) 支付职工福利。

支付职工福利时，应借记"应付职工薪酬——职工福利"科目，贷记"银行存款"或"库存现金"科目。其会计分录如下：

借：应付职工薪酬——职工福利　　　　　　　　　　　　　　　30 000
　　贷：库存现金　　　　　　　　　　　　　　　　　　　　　　　30 000

3. 医疗保险费、工伤保险费、生育保险费和住房公积金等

企业为职工缴纳的医疗保险费、工伤保险费、生育保险费等社会保险费和住房公积金，以及按规定提取的工会经费和职工教育经费，应当在职工为其提供服务的会计期间，根据规定的计提基础和计提比例计算确定相应的职工薪酬金额，并确认相关负债，按照受益对象计入当期损益或相关资产成本，借记"生产成本""制造费用""管理费用"等科目，贷记"应付职工薪酬"科目。

【**例 8-11**】 2×17 年 5 月，A 公司当月应发工资 96 万元，其中：生产部门生产工人工资 58 万元，生产车间管理人员工资 16 万元，管理部门管理人员工资 22 万元。

根据 A 公司所在地政府规定，A 公司应当按照职工工资总额的 10%和 12%计提并缴存医疗保险费和住房公积金；分别按照职工工资总额的 2%和 1.5%计提工会经费和职工教育经费。

假定不考虑其他因素以及所得税的影响。

根据上述资料，A 公司计算其 2×17 年 5 月份的职工薪酬金额如下：
应当计入生产成本的职工薪酬金额=58+58×(10%+12%+2%+1.5%)=72.79(万元)
应当计入制造费用的职工薪酬金额=16+16×(10%+12%+2%+1.5%)=20.08(万元)
应当计入管理费用的职工薪酬金额=22+22×(10%+12%+2%+1.5%)=27.61(万元)
A 公司有关账务处理如下：

借：生产成本　　　　　　　　　　　　　　　　　　　　　　　727 900
　　制造费用　　　　　　　　　　　　　　　　　　　　　　　200 800
　　管理费用　　　　　　　　　　　　　　　　　　　　　　　276 100
　　贷：应付职工薪酬——工资　　　　　　　　　　　　　　　　960 000
　　　　　　　　　　——医疗保险　　　　　　　　　　　　　　96 000
　　　　　　　　　　——住房公积金　　　　　　　　　　　　　115 200
　　　　　　　　　　——工会经费　　　　　　　　　　　　　　19 200
　　　　　　　　　　——职工教育经费　　　　　　　　　　　　14 400

4. 短期带薪缺勤

短期带薪缺勤是指职工虽然缺勤但企业仍向其支付报酬的安排。带薪缺勤应当根据其性质及其职工享有的权利，分为累积带薪缺勤和非累积带薪缺勤两类。企业应当对累积带薪缺勤和非累积带薪缺勤分别进行会计处理。如果带薪缺勤属于长期带薪缺勤，企业应当作为其他长期职工福利处理。

1) 累积带薪缺勤

企业应当在职工提供服务从而增加了其未来享有的带薪缺勤权利时，确认与累积带薪缺勤相关的职工薪酬，并以累积未行使权利而增加的预期支付金额计量。

有些累积带薪缺勤在职工离开企业时，对于未行使的权利，职工有权获得现金支付。职工在离开企业时能够获得现金支付的，企业应当确认企业必须支付的、职工全部累积未使用权利的金额。企业应当根据资产负债表日因累积未使用权利而导致的预期支付的追加金额，作为累积带薪缺勤费用进行估计。

【例 8-12】 B 公司共有 500 名职工。从 2×17 年 1 月 1 日起，该公司实行累积带薪缺勤制度。该制度规定，每个职工每年可享受 5 个工作日的带薪年休假，未使用的年休假只能向后结转一个日历年度，超过 1 年未使用的权利作废；职工休年休假时，首先使用当年可享受的权利，不足部分再从上年结转的带薪年休假中扣除；职工离开公司时，对未使用的累积带薪年休假无权获得现金支付。

2×17 年 12 月 31 日，每个职工当年平均未使用带薪年休假为 2 天。B 公司预计 2×18 年有 480 名职工将享受不超过 5 天的带薪年休假，剩余 20 名职工每人将平均享受 6 天半年休假，假定这 20 名职工全部为总部管理人员，该公司平均每名职工每个工作日工资为 500 元。

根据上述资料，B 公司职工 2×17 年已休带薪年休假的，由于在休假期间照发工资，因此相应的薪酬已经计入公司每月确认的薪酬金额中。与此同时，公司还需要预计职工 2×17 年享有但尚未使用的、预期将在下一年度使用的累积带薪缺勤，并计入当期损益或者相关资产成本。

在本例中，B 公司在 2×17 年 12 月 31 日预计由于职工累积未使用的带薪年休假权利而导致预期将支付的工资负债为 30 天(20×1.5 天)的年休假工资金额 15 000 元(30×500)，并作如下账务处理：

借：管理费用　　　　　　　　　　　　　　　　　　　　　　　　　15 000
　　贷：应付职工薪酬——累积带薪缺勤　　　　　　　　　　　　　　15 000

2) 非累积带薪缺勤及其会计处理

我国企业职工休婚假、产假、丧假、探亲假、病假期间的工资通常属于非累积带薪缺勤。由于职工提供服务本身不能增加其能够享受的福利金额，企业在职工未缺勤时不应当计提相关费用和负债。为此，职工薪酬(第 9 号)准则规定，企业应当在职工实际发生缺勤的会计期间确认与非累积带薪缺勤相关的职工薪酬。企业确认职工享有的与非累积带薪缺勤权利相关的薪酬，视同职工出勤确认的当期损益或相关资产成本。通常情况下，与非累积带薪缺勤相关的职工薪酬已经包括在企业每期向职工发放的工资等薪酬中，因此，不必额外作相应的账务处理。

5. 非货币性职工薪酬

企业向职工提供非货币性福利的，应当按照公允价值计量。如企业以自产的产品作为非货币性福利提供给职工的，应当按照该产品的公允价值和相关税费确定职工薪酬金额，并计入当期损益或相关资产成本。相关收入的确认、销售成本的结转以及相关税费的处理，与企业正常商品销售的会计处理相同。企业以外购的商品作为非货币性福利提供给职工的，应当按照该商品的公允价值和相关税费确定职工薪酬的金额，并计入当期损益或相关资产成本。

【例 8-13】 C 公司是一家生产家电的企业,共有职工 200 人,其中生产工人 170 人,车间管理人员 10 人,行政管理人员 20 人。2×18 年 6 月 30 日,C 公司决定以其生产的电视机作为节日福利发放给公司每名职工。电视机的售价为 10 000 元/台,成本为 6 000 元/台。C 公司适用的增值税税率为 16%,已开具了增值税专用发票。假定 200 台电视机已于当日发放给各个职工。

根据上述资料,C 公司计算电视机的售价总额及其增值税销项税额如下:

电视机的售价总额=10 000×200=2 000 000(元)

增值税销项税额=10 000×200×16%=320 000(元)

应当计入生产成本的职工薪酬金额=10 000×170×(1+16%)=1 972 000(元)

应当计入制造费用的职工薪酬金额=10 000×10×(1+16%)=116 000(元)

应当计入管理费用的职工薪酬金额=10 000×20×(1+16%)=232 000(元)

C 公司有关账务处理如下:

借:生产成本　　　　　　　　　　　　　　　　　　　　1 972 000
　　制造费用　　　　　　　　　　　　　　　　　　　　　 116 000
　　管理费用　　　　　　　　　　　　　　　　　　　　　 232 000
　　　贷:应付职工薪酬——非货币性福利　　　　　　　　2 320 000
借:应付职工薪酬——非货币性福利　　　　　　　　　　 2 320 000
　　　贷:主营业务收入　　　　　　　　　　　　　　　　2 000 000
　　　　　应交税费——应交增值税(销项税额)　　　　　 320 000
借:主营业务成本　　　　　　　　　　　　　　　　　　 1 200 000
　　　贷:库存商品　　　　　　　　　　　　　　　　　　1 200 000

【例 8-14】 D 公司共有部门经理以上职工 20 名,副总裁以上高级管理人员 3 名。D 公司为各部门经理级别以上职工提供汽车免费使用,为副总裁以上高级管理人员每人租赁一套面积为 120 平方米带有家具和电器的公寓。假定每辆汽车每月计提折旧 1 000 元,每套公寓月租金为 5 000 元/套,以转账支票付讫。

本例中,D 公司为总部各部门经理级别以上的职工提供汽车免费使用,同时为副总裁以上高级管理人员租赁住房使用,均属于职工薪酬中的非货币性福利。根据受益对象,确认的应付职工薪酬应当计入管理费用。

D 公司的有关会计处理如下:

(1) 确认应付职工薪酬时:

应确认的应付职工薪酬=20×1 000+3×5 000=35 000(元)

应计提的折旧=20×1 000=20 000(元)

借:管理费用　　　　　　　　　　　　　　　　　　　　　 35 000
　　　贷:应付职工薪酬——非货币性福利　　　　　　　　　35 000

(2) 计提折旧时:

借:应付职工薪酬——非货币性福利　　　　　　　　　　　 20 000
　　　贷:累计折旧　　　　　　　　　　　　　　　　　　　20 000

(3) 支付公寓租金时：

借：应付职工薪酬——非货币性福利　　　　　　　　　　　　　　　　15 000
　　贷：银行存款　　　　　　　　　　　　　　　　　　　　　　　　　　15 000

6. 短期利润分享计划(或奖金计划)

企业制订有短期利润分享计划的，如当职工完成规定业绩指标，或者在企业工作特定期限后，能够享有按照企业净利润的一定比例计算的薪酬，企业应当按照职工薪酬准则的规定，进行有关会计处理。

职工薪酬准则规定，短期利润分享计划同时满足下列两个条件的，企业应当确认相关的应付职工薪酬，并计入当期损益或相关资产成本。

① 企业因过去事项导致现在具有支付职工薪酬的法定义务或推定义务。
② 企业因利润分享计划所产生的应付职工薪酬义务能够可靠估计。

属于下列三种情形之一的，视为义务金额能够可靠估计。
① 在财务报告批准报出之前企业已确定应支付的薪酬金额。
② 该利润分享计划的正式条款中包括确定薪酬金额的方式。
③ 过去的惯例为企业确定推定义务金额提供了明显证据。

企业在计量利润分享计划产生的应付职工薪酬时，应当反映职工因离职而没有得到利润分享计划支付的可能性。

如果企业预期在职工为其提供相关服务的年度报告期间结束后十二个月内，不需要全部支付利润分享计划产生的应付职工薪酬，该利润分享计划应当适用职工薪酬准则其他长期职工福利的有关规定。

企业根据经营业绩或职工贡献等情况提取的奖金，属于奖金计划，应当比照短期利润分享计划进行处理。

【例8-15】 D公司于2×17年初制订和实施了一项短期利润分享计划，用来对公司管理层进行激励。该计划规定：公司全年的净利润指标为2 000万元，如果在公司管理层的努力下完成的净利润超过2 000万元，公司管理层将分享超过2 000万元净利润部分的20%作为额外报酬。假定至2×17年12月31日，D公司全年实际净利润2 400万元。假定不考虑离职等其他因素，则D公司管理层按照利润分享计划可以分享利润80万元〔(2 400-2 000)×20%〕作为其额外的薪酬。

D公司2×17年12月31日的相关账务处理如下：
借：管理费用　　　　　　　　　　　　　　　　　　　　　　　　　　800 000
　　贷：应付职工薪酬——利润分享计划　　　　　　　　　　　　　　　800 000

(三)离职后福利的核算

离职后福利，是指企业为获得职工提供的服务而在职工退休或与企业解除劳动关系后，提供的各种形式的报酬和福利，属于短期薪酬和辞退福利的除外。离职后福利包括退休福利(如养老金和一次性的退休支付)及其他离职后福利(如离职后人寿保险和离职后医疗保障)。企业向职工提供了离职后福利的，无论是否设立了单独主体接受提存金并支付福利，均应当对离职后福利进行会计处理。职工正常退休时获得的养老金等离职后福利，是职工与企业签订的劳动合同到期或者职工达到了国家规定的退休年龄时，获得的离职后生活补偿金额。企业给予补偿的事项是职工在职时提供的服务而不是退休本身。因此，企业应当在职工提供服务的会计期间对离职后福利进行确认和计量。

离职后福利计划，是指企业与职工就离职后福利达成的协议，或者企业为向职工提供离职后福利制定的规章或办法等。企业应当按照企业承担的风险和义务情况，将离职后福利计划分为设定提存计划和设定受益计划两种类型。

1. 设定提存计划

设定提存计划是指企业向单独主体(如基金等)缴存固定费用后，不再承担进一步支付义务的离职后福利计划。

对于设定提存计划，企业应当根据在资产负债表日为换取职工在会计期间提供的服务而应向单独主体缴存的提存金，确认为职工薪酬负债，并计入当期损益或相关资产成本。

【例 8-16】甲公司根据所在地政府规定，按照职工工资总额的 12%计提基本养老保险费，缴存当地社会保险经办机构。2×17 年 1 月，甲公司应缴存的基本养老保险费总计 981 000 元，其中，应当为生产工人缴存的养老保险费 632 000 万元，应为车间管理人员缴存的养老保险费 164 000 万元，应为公司行政管理人员缴存的养老保险费 185 000 万元。

甲公司 2×17 年 1 月的账务处理如下：

借：生产成本　　　　　　　　　　　　　　　　632 000
　　制造费用　　　　　　　　　　　　　　　　164 000
　　管理费用　　　　　　　　　　　　　　　　185 000
　　贷：应付职工薪酬——设定提存计划　　　　　　　981 000

2. 设定受益计划

设定受益计划，是指除设定提存计划以外的离职后福利计划。设定提存计划和设定受益计划的区分，取决于离职后福利计划的主要条款和条件所包含的经济实质。在设定提存计划下，企业的义务以企业应向独立主体缴存的提存金金额为限，职工未来所能取得的离职后福利金额取决于向独立主体支付的提存金金额，以及提存金所产生的投资回报，因此精算风险和投资风险实质上要由职工来承担。在设定受益计划下，企业的义务是为现在及以前的职工提供约定的福利，并且精算风险和投资风险实质上由企业来承担。

当企业负有下列义务时，该计划就是一项设定受益计划：计划福利公式不仅仅与提存金金额相关，且要求企业在资产不足以满足该公式的福利时提供进一步的提存金；或者通过计划间接或直接地对提存金的特定回报作出担保。

设定受益计划可能是不注入资金的，或者可能全部或部分地由企业(有时由其职工)向独立主体以缴纳提存金形式注入资金的，并由该独立主体向职工支付福利。到期时已注资福利的支付不仅取决于独立主体的财务状况和投资业绩，而且取决于企业补偿独立主体资产不足的意愿和能力。企业实质上承担着与计划相关的精算风险和投资风险。因此，设定受益计划所确认的费用并不一定是本期应付的提存金金额。企业存在一项或多项设定受益计划的，对于每一项计划应当分别进行会计处理。

(四)辞退福利的核算

辞退福利,是指企业在职工劳动合同到期之前解除与职工的劳动关系,或者为鼓励职工自愿接受裁减而给予职工的补偿。由于导致义务产生的事项是终止雇佣而不是为获得职工的服务,企业应当将辞退福利作为单独一类的职工薪酬进行会计处理。

辞退福利主要包括以下内容。

(1) 在职工劳动合同尚未到期前,不论职工本人是否愿意,企业决定解除与职工的劳动关系而给予的补偿。

(2) 在职工劳动合同尚未到期前,为鼓励职工自愿接受裁减而给予的补偿,职工有权利选择继续在职或接受补偿离职。

辞退福利通常采取解除劳动关系时一次性支付补偿的方式,也采取在职工不再为企业带来经济利益后,将职工工资支付到辞退后未来某一期间的方式。

企业在确定提供的经济补偿是否为辞退福利时,应当区分辞退福利和正常退休养老金。辞退福利是在职工与企业签订的劳动合同到期前,企业根据法律与职工本人或职工代表(如工会)签订的协议,或者基于商业惯例,承诺当其提前终止对职工的雇佣关系时支付的补偿,引发补偿的事项是辞退。对于职工虽然没有与企业解除劳动合同,但未来不再为企业提供服务,不能为企业带来经济利益,企业承诺提供实质上具有辞退福利性质的经济补偿的,如发生"内退"的情况,在其正式退休日期之前应当按照辞退福利处理,在其正式退休日期之后,应当按照离职后福利处理。

企业向职工提供辞退福利的,应当在企业不能单方面撤回因解除劳动关系计划或裁减建议所提供的辞退福利时、企业确认涉及支付辞退福利的重组相关的成本或费用时两者孰早日,确认辞退福利产生的职工薪酬负债,并计入当期损益。

(五)其他长期职工福利的核算

其他长期职工福利,是指除短期薪酬、离职后福利和辞退福利以外的其他所有职工福利。其他长期职工福利包括长期带薪缺勤、其他长期服务福利、长期残疾福利、长期利润分享计划和长期奖金计划等。

企业向职工提供的其他长期职工福利,符合设定提存计划条件的,应当按照设定提存计划的有关规定进行会计处理。企业向职工提供的其他长期职工福利,符合设定受益计划条件的,企业应当按照设定受益计划的有关规定,确认和计量其他长期职工福利净负债或净资产。

在报告期末,企业应当将其他长期职工福利产生的职工薪酬成本确认为下列组成部分。

(1) 服务成本。
(2) 其他长期职工福利净负债或净资产的利息净额。
(3) 重新计量其他长期职工福利净负债或净资产所产生的变动。

为了简化相关会计处理,上述项目的总净额应计入当期损益或相关资产成本。

长期残疾福利水平取决于职工提供服务期间长短的,企业应在职工提供服务期间确认应付长期残疾福利义务,计量时应当考虑长期残疾福利支付的可能性和预期支付的期限;

与职工提供服务期间长短无关的,企业应当在导致职工长期残疾事件发生的当期确认应付长期残疾福利义务。

讨论与思考 8-1

兴业股份有限公司为公司的高级管理人员提供车辆免费使用,享受免费用车的人员共计 6 人。2×17 年 12 月,每辆车的折旧额为 2 000 元。该公司的会计人员在月末计提了 6 辆车的折旧,编制的会计分录如下:

借:管理费用　　　　　　　　　　　　　　　　　　　　　12 000
　　贷:累计折旧　　　　　　　　　　　　　　　　　　　　　12 000

【任务】

请用所学知识判断该公司的账务处理是否正确,为什么?

六、应交税费

企业根据税法规定应交纳的各种税费包括:增值税、消费税、营业税、城市维护建设税、资源税、所得税、土地增值税、房产税、车船使用税、土地使用税、教育费附加、矿产资源补偿费、印花税、耕地占用税等。

企业应通过"应交税费"科目,总括反映各种税费的交纳情况,并按照应交税费项目进行明细核算。该科目贷方登记应交纳的各种税费等,借方登记实际交纳的税费;期末余额一般在贷方,反映企业尚未交纳的税费;期末余额如在借方,反映企业多交或尚未抵扣的税费。企业缴纳的印花税、耕地占用税等不需要预计应交数的税金,不通过"应交税费"科目核算。

(一)应交增值税

增值税是对在我国境内销售货物、加工修理修配劳务、服务[①]、无形资产或者不动产以及进口货物的单位和个人,就其取得的货物、应税劳务、应税服务、无形资产或者不动产的销售额,以及进口货物的金额计算税款,并实行税款抵扣制的一种流转税。增值税是一种价外税。实际上,增值税是就货物、应税劳务、应税服务、无形资产或者不动产的增值部分征收的一种税,有增值才征税,没有增值不征税。制造业等行业增值税税率为 16%,交通运输、建筑、基础电信服务等行业及农产品等货物的增值税税率为 10%,其他应税行为的税率为 6%。

根据经营规模大小及会计核算水平的健全程度,增值税纳税人分为一般纳税人和小规模纳税人两种。我国现行的增值税暂行条例,对小规模纳税人采取简易的征收办法,对一般纳税人采用抵扣法计征。下面分别介绍增值税一般纳税人和小规模纳税人的增值税会计处理。

1. 会计科目及专栏设置

增值税一般纳税人应当在"应交税费"科目下设置"应交增值税""未交增值税""预缴增值税""待抵扣进项税额"等明细科目。

---

① 服务包括提供交通运输服务、建筑服务、邮政服务、电信服务、金融服务、现代服务、生活服务。

(1) 增值税一般纳税人应在"应交增值税"明细账内设置"进项税额""销项税额抵减""已交税金""转出未交增值税""减免税款""销项税额""出口退税""进项税额转出""转出多交增值税""简易计税"等专栏。其中：

"进项税额"专栏，记录一般纳税人购进货物、加工修理修配劳务、服务、无形资产或不动产而支付或负担的、准予从销项税额中抵扣的增值税额；

"销项税额抵减"专栏，记录一般纳税人按照现行增值税制度规定因扣减销售额而减少的销项税额；

"已交税金"专栏，记录一般纳税人已交纳的当月应交增值税额；

"转出未交增值税"和"转出多交增值税"专栏，分别记录一般纳税人月度终了转出当月应交未交或多交的增值税额；

"减免税款"专栏，记录一般纳税人按现行增值税制度规定准予减免的增值税额；

"销项税额"专栏，记录一般纳税人销售货物、加工修理修配劳务、服务、无形资产或不动产应收取的增值税额等；

"出口退税"专栏，记录一般纳税人出口产品按规定退回的增值税额；

"进项税额转出"专栏，记录一般纳税人购进货物、加工修理修配劳务、服务、无形资产或不动产等发生非正常损失以及其他原因而不应从销项税额中抵扣，按规定转出的进项税额；

"简易计税"专栏，记录一般纳税人采用简易计税方法应交纳的增值税额。

(2) "未交增值税"明细科目，核算一般纳税人月度终了从"应交增值税"或"预缴增值税"明细科目转入当月应交未交、多交或预缴的增值税额，以及当月交纳以前期间未交的增值税额。

(3) "预缴增值税"明细科目，核算一般纳税人转让不动产、提供不动产经营租赁服务、提供建筑服务、采用预收款方式销售自行开发的房地产项目等，按现行增值税制度规定应预缴的增值税额。

(4) "待抵扣进项税额"明细科目，核算一般纳税人已取得增值税扣税凭证并经税务机关认证，按照现行增值税制度规定准予以后期间从销项税额中抵扣的进项税额。包括：一般纳税人自2016年5月1日后取得并按固定资产核算的不动产或者2016年5月1日后取得的不动产在建工程，按现行增值税制度规定准予以后期间从销项税额中抵扣的进项税额；实行纳税辅导期管理的一般纳税人取得的尚未交叉稽核比对的增值税扣税凭证上注明或计算的进项税额。

小规模纳税人只需在"应交税费"科目下设置"应交增值税"明细科目，不需要设置上述专栏。

2. 取得资产或接受劳务等业务的账务处理

1) 采购等业务进项税额允许抵扣的账务处理

按照《中华人民共和国增值税暂行条例》规定，企业购入货物或接受应税劳务支付的增值税(即进项税额)，可从销售货物或提供劳务按规定收取的增值税(即销项税额)中抵扣。准予从销项税额抵扣的进项税额通常包括：

(1) 增值税专用发票(包括货物运输业增值税专用发票)。增值税专用发票记载了销售货物的售价(运费价)、税率以及税额等，购货方以增值税专用发票上记载的购进货物已支付的税额，作为扣税和记账的依据。

(2) 完税凭证。企业进口货物必须交纳增值税，其交纳的增值税在完税凭证上注明。企业以完税凭证上注明的增值税额，作为扣税和记账的依据。

(3) 收购凭证。一般纳税企业购进免税农产品，根据经主管税务机关批准使用的收购凭证上注明的买价和10%扣除率计算进项税额，按照计算出的进项税额作为扣税和记账的依据。

如果一般纳税企业不能按规定取得上述扣税凭证，则购进货物或接受应税劳务支付的增值税额不能作为进项税额抵扣，只能计入购进货物或接受应税劳务的成本。

一般纳税人购进货物、加工修理修配劳务、服务、无形资产，按应计入相关成本费用的金额，借记"在途物资"或"原材料""库存商品""生产成本""无形资产""固定资产""管理费用"等科目，按可抵扣的增值税额，借记"应交税费——应交增值税(进项税额)"科目，按应付或实际支付的金额，贷记"应付账款""应付票据""银行存款"等科目。发生退货的，应根据税务机关开具的红字增值税专用发票做相反的会计分录。

【例 8-17】甲公司购入原材料一批，增值税专用发票上注明货款 10 000 元，增值税额 1600 元，货物尚未到达，货款和进项税款已用银行存款支付。该企业采用实际成本对原材料进行核算。甲公司的有关会计分录如下：

借：在途物资　　　　　　　　　　　　　　　　　　　　10 000
　　应交税费——应交增值税(进项税额)　　　　　　　　 1 600
　　贷：银行存款　　　　　　　　　　　　　　　　　　　　　　11 600

按照增值税暂行条例，企业购入免征增值税货物，一般不能抵扣增值税销项税额。但是对于购入的免税农产品，可以按照买价和规定的扣除率计算进项税额，并准予从企业的销项税额中抵扣。企业购入免税农产品，按照买价和规定的扣除率计算进项税额，借记"应交税费——应交增值税(进项税额)"科目，按买价扣除按规定计算的进项税额后的差额，借记"材料采购""原材料""库存商品"等科目，按照应付或实际支付的价款，贷记"应付账款""银行存款"等科目。

【例 8-18】甲公司购入一批免税农产品作为原材料，买价 200 000 元，货款已用银行存款支付，材料已验收入库。假定免税农产品规定的扣除率为10%。

根据税法规定，甲公司应确认的增值税进项税额为：
进项税额=购买价款×扣除率=200 000×10%=20 000(元)
甲公司应编制的会计分录如下：

借：原材料　　　　　　　　　　　　　　　　　　　　　180 000
　　应交税费——应交增值税(进项税额)　　　　　　　　20 000
　　贷：银行存款　　　　　　　　　　　　　　　　　　　　　　200 000

2) 采购等业务进项税额不得抵扣的账务处理

一般纳税人购进货物、加工修理修配劳务、服务、无形资产或不动产，用于简易计税方法计税项目、免征增值税项目、集体福利或个人消费等，其进项税额按照现行增值税制度规定不得从销项税额中抵扣的，应计入相关成本费用，不通过"应交税费——应交增值税(进项税额)"科目核算。

3. 销售等业务的账务处理

1) 销售业务的账务处理

企业销售货物、加工修理修配劳务、服务、无形资产或不动产，应当按应收或已收的金额，借记"应收账款""应收票据""银行存款"等科目，按取得的收入金额，贷记"主营业务收入""其他业务收入""固定资产清理"等科目，按现行增值税制度规定计算的销项税额，贷记"应交税费——应交增值税(销项税额)"科目(小规模纳税人应贷记"应交税费——应交增值税"科目)。发生销售退回的，应根据税务机关开具的红字增值税专用发票做相反的会计分录。

【例 8-19】甲公司销售产品一批，价款 500 000 元，按规定应收取增值税额 80 000 元，提货单和增值税专用发票已交给买方，货款已收到。该公司的有关会计分录如下：

借：银行存款　　　　　　　　　　　　　　　　　　　　　　　580 000
　　贷：主营业务收入　　　　　　　　　　　　　　　　　　　500 000
　　　　应交税费——应交增值税(销项税额)　　　　　　　　　80 000

【例 8-20】甲公司 10 月 5 日发给 A 商场产品 1 000 件，增值税专用发票注明货款 500 000 元，增值税额 80 000 元，代垫运费 10 000 元，增值税额 1 000 元，已向银行办妥托收手续。甲公司的有关会计分录如下：

借：应收账款　　　　　　　　　　　　　　　　　　　　　　　591 000
　　贷：主营业务收入　　　　　　　　　　　　　　　　　　　500 000
　　　　应交税费——应交增值税(销项税额)　　　　　　　　　80 000
　　　　银行存款　　　　　　　　　　　　　　　　　　　　　11 000

2) 视同销售的账务处理

企业发生的有些交易或事项从会计角度看不属于销售业务，但税法规定应视同销售的行为，应当按照国家统一的会计制度进行相应的会计处理，并按照现行增值税制度规定计算的销项税额。例如，将自产的或委托加工的货物用于非应税项目、集体福利或个人消费，将自产的或委托加工的货物或购买的货物用于对外投资、利润分配或对外捐赠等。对于视同销售业务应当借记"应付职工薪酬""利润分配""营业外支出"等科目，贷记"应交税费——应交增值税(销项税额或简易计税)"等科目(小规模纳税人应记入"应交税费——应交增值税"科目)。

【例 8-21】乙公司将自己生产的产品用于对外投资，取得 B 公司 30%的股权。该批产品的成本为 260 万元，投资合同约定的价格(等于计税价格)为 300 万元。增值税税率为 16%。则该公司用于投资的自产产品的销项税额=3 000 000×16%=480 000(元)

乙公司的有关会计分录如下：

借：长期股权投资——B 公司(成本)　　　　　　　　　　　　3 480 000
　　贷：主营业务收入　　　　　　　　　　　　　　　　　　3 000 000
　　　　应交税费——应交增值税(销项税额)　　　　　　　　480 000

同时，结转产品的销售成本：

借：主营业务成本　　　　　　　　　　　　　　　　　　　　2 600 000

贷：库存商品　　　　　　　　　　　　　　　　　　　　　　　　　　2 600 000

4. 出口退税的账务处理

出口产品按规定退税的，借记"其他应收款"科目，贷记"应交税费——应交增值税(出口退税)"科目(小规模纳税人应贷记"应交税费——应交增值税"科目)。

5. 进项税额抵扣情况发生改变的账务处理

因发生非正常损失或改变用途等，原已计入进项税额但按现行增值税制度规定不得从销项税额中抵扣的，借记"待处理财产损益""应付职工薪酬"等科目，贷记"应交税费——应交增值税(进项税额转出)"等科目。

【例8-22】甲公司因管理不善毁损库存商品一批，其实际成本100 000元，经确认该批产品耗用原材料50 000元，增值税额8 000元。甲公司的有关会计分录如下：

　　借：待处理财产损益——待处理流动资产损益　　　　　　　　　　　　108 000
　　　　贷：库存商品　　　　　　　　　　　　　　　　　　　　　　　　100 000
　　　　　　应交税费——应交增值税(进项税额转出)　　　　　　　　　　 8 000

【例8-23】承例8-22，假定库存商品毁损的原因是自然灾害。税法规定，因自然灾害造成的非正常损失的进项税额不需要转出。则甲公司的有关会计分录如下：

　　借：待处理财产损益——待处理流动资产损益　　　　　　　　　　　　100 000
　　　　贷：库存商品　　　　　　　　　　　　　　　　　　　　　　　　100 000

【例8-24】甲公司所属的职工食堂维修房屋领用原材料2 000元，其购入时支付的增值税为320元。甲公司的有关会计分录如下：

　　借：应付职工薪酬——职工福利　　　　　　　　　　　　　　　　　　2 320
　　　　贷：原材料　　　　　　　　　　　　　　　　　　　　　　　　　2 000
　　　　　　应交税费——应交增值税(进项税额转出)　　　　　　　　　　　320

6. 月末转出多交增值税和未交增值税的账务处理

月度终了，企业应当将当月应交未交或多交的增值税自"应交增值税"明细科目转入"未交增值税"明细科目。对于当月应交未交的增值税，借记"应交税费——应交增值税(转出未交增值税)"科目，贷记"应交税费——未交增值税"科目；对于当月多交的增值税，借记"应交税费——未交增值税"科目，贷记"应交税费——应交增值税(转出多交增值税)"科目。

7. 交纳增值税的账务处理

(1) 交纳当月应交增值税的账务处理。企业交纳当月应交的增值税，借记"应交税费——应交增值税(已交税金)"科目，贷记"银行存款"科目。

(2) 交纳以前期间未交增值税的账务处理。企业交纳以前期间未交的增值税，借记"应交税费——未交增值税"科目，贷记"银行存款"科目。

(3) 预缴增值税的账务处理。企业预缴增值税，借记"应交税费——预缴增值税"科目，贷记"银行存款"科目。月末，企业应将"预缴增值税"明细科目余额转入"未交增值税"明细科目，借记"应交税费——未交增值税"科目，贷记"应交税费——预缴增值税"科目。

【例 8-25】 某企业以银行存款交纳本月增值税 100 000 元。该企业的有关会计分录如下：

借：应交税费——应交增值税(已交税金)　　　　　　　　　　　100 000
　　贷：银行存款　　　　　　　　　　　　　　　　　　　　　　　100 000

【例 8-26】 某企业本月发生销项税额合计 800 000 元，进项税额转出 32 000 元，进项税额 192 000 元，已交增值税 100 000 元。

该企业本月"应交税费——应交增值税"科目的余额为

800 000 + 32 000 - 192 000 - 100 000 = 540 000(元)

该金额在贷方，表示企业尚未交纳增值税 540 000 元。

借：应交税费——应交增值税(转出未交增值税)　　　　　　　　540 000
　　贷：应交税费——未交增值税　　　　　　　　　　　　　　　540 000

■ 知识链接 8-1

近期我国增值税税率的调整

2017 年 4 月 19 日，国务院常务会议决定，自 2017 年 7 月 1 日起，将增值税税率由四档减至 17%、11% 和 6% 三档，取消 13% 这一档税率。中国第一大税种增值税税率简化合并踏出第一步。

2017 年 11 月 19 日，修订的《中华人民共和国增值税暂行条例》规定，一般纳税人采用的税率分为 17%、11%、6% 和零税率。一般纳税人销售或者进口货物、提供加工修理修配劳务、提供有形动产租赁服务，税率为 17%；一般纳税人销售或者进口粮食、食用植物油、自来水、暖气、冷气、热水、煤气、石油液化气、天然气、沼气、居民用煤炭制品、图书、报纸、杂志、饲料、化肥、农药、农机、农膜以及国务院及其有关部门规定的其他货物，税率为 11%；提供交通运输、邮政、基础电信、建筑、不动产租赁服务，销售不动产、转让土地使用权，税率为 11%；其他应税行为，税率为 6%；一般纳税人出口货物，税率为零；国务院另有规定的除外。境内单位和个人发生的跨境应税行为税率为零，具体范围由财政部和国家税务总局另行规定。小规模纳税人增值税征收率为 3%，国务院另有规定的除外。

2018 年 3 月 28 日，国务院常务会议确定深化增值税改革措施，会议决定，从 2018 年 5 月 1 日起，一是将制造业等行业增值税税率从 17% 降至 16%，将交通运输、建筑、基础电信服务等行业及农产品等货物的增值税税率从 11% 降至 10%；二是统一增值税小规模纳税人标准，将工业企业和商业企业小规模纳税人的年销售额标准由 50 万元和 80 万元上调至 500 万元，并在一定期限内允许已登记为一般纳税人的企业转登记为小规模纳税人，让更多企业享受按较低征收率计税的优惠；三是对装备制造等先进制造业、研发等现代服务业符合条件的企业和电网企业在一定时期内未抵扣完的进项税额予以一次性退还。

8. 小规模纳税企业的核算

小规模纳税企业应当按照不含税销售额和规定的增值税征收率计算交纳增值税，销售货物或提供应税劳务时只能开具普通发票，不能开具增值税专用发票。小规模纳税企业不享有进项税额的抵扣权，其购进货物或接受应税劳务支付的增值税直接计入有关货物或劳务的成本。因此，小规模纳税企业只需在"应交税费"科目下设置"应交增值税"明细科目，不需要在"应交增值税"明细科目中设置专栏，"应交税费——应交增值税"科目贷方登记应交纳的增值税，借方登记已交纳的增值税；期末贷方余额为尚未交纳的增值税，借方余额为多交纳的增值税。

小规模纳税企业购进货物和接受应税劳务时支付的增值税，直接计入有关货物和劳务的成本，借记"材料采购""在途物资"等科目，贷记"银行存款"等科目。

【例 8-27】C 企业为小规模纳税企业，增值税的征收率为 3%。2×18 年 5 月发生下列业务。

(1) 购入原材料，取得的专用发票中注明货款 20 万元，增值税 3.2 万元，款项已经支付，材料已经验收入库；

(2) 销售一批产品，含税价格为 103 万元，货款收到存入银行。

根据上述经济业务，C 企业应作如下会计处理。

① 进货物时，有关账务处理如下：

借：原材料　　　　　　　　　　　　　　　　　　　　　　　232 000
　　贷：银行存款　　　　　　　　　　　　　　　　　　　　　232 000

② 销售货物时，有关账务处理如下：

不含税销售额=含税销售额÷(1+征收率)=103÷(1+3%)=100(万元)

应交增值税=不含税销售额×征收率=100×3%=3(万元)

借：银行存款　　　　　　　　　　　　　　　　　　　　　1 030 000
　　贷：主营业务收入　　　　　　　　　　　　　　　　　　1 000 000
　　　　应交税费——应交增值税　　　　　　　　　　　　　　30 000

③ 交纳本月应纳增值税时，有关财务处理如下：

借：应交税费——应交增值税　　　　　　　　　　　　　　　30 000
　　贷：银行存款　　　　　　　　　　　　　　　　　　　　　30 000

■知识链接 8-2

营业税改增值税

2011 年，经国务院批准，财政部、国家税务总局联合下发营业税改增值税试点方案。从 2012 年 1 月 1 日起，在上海交通运输业和部分现代服务业开展营业税改征增值税试点。至此，货物劳务税收制度的改革拉开序幕。自 2012 年 8 月 1 日起至年底，国务院将扩大营改增试点至 10 省市，北京在 9 月启动。截至 2013 年 8 月 1 日，"营改增"范围已推广到全国试行。国务院总理李克强 12 月 4 日主持召开国务院常务会议，决定从 2014 年 1 月 1 日起，将铁路运输和邮政服务业纳入营业税改征增值税试点，至此交通运输业已全部纳入营改增范围。自 2014 年 6 月 1 日起，将电信业纳入营业税改征增值税试点范围。自 2016 年 5 月 1 日起，中国全面实施营改增，营业税退出历史舞台，增值税制度更加规范，这是自 1994 年分税制改革以来，财税体制的又一次深刻变革。

(二)应交消费税

为了引导消费方向，调整产业结构，保证国家税收收入，我国在普遍征收增值税的基础上，对部分消费品再征收消费税。消费税是在我国境内生产、委托加工和进口应税消费品的单位和个人，按其流转额交纳的一种税。消费税有从价定率和从量定额两种征收方法。采取从价定率方法征收的消费税，以不含增值税的销售额为税基，按照税法规定的税率计算；采取从量定额计征的消费税，根据按税法确定的企业应税消费品的数量和单位应税消费品应缴纳的消费税计算确定。

企业应在"应交税费"科目下设置"应交消费税"明细科目，核算应交消费税的发生、缴纳情况。该科目的贷方登记应交纳的消费税，借方登记已交纳的消费税。期末贷方余额为尚未交纳的消费税，借方余额为多交纳的消费税。

1. 销售应税消费品

企业销售应税消费品，应当根据税法规定计算应交的消费税，借记"税金及附加"科目，贷记"应交税费——应交消费税"科目。

【例8-28】某化妆品生产企业(一般纳税人)当月销售化妆品套装1 000套，每套售价2 000元(不含增值税)，款项收到存入银行。该种化妆品每套成本800元。适用消费税税率为30%。

应向购买方收取的增值税额=2 000×1 000×16%=320 000(元)

应交消费税=2 000×1 000×30%=600 000(元)

根据这项经济业务，该企业应作如下会计分录。

(1) 销售产品，确认收入时，会计记录为

借：银行存款　　　　　　　　　　　　　　　　　　　2 320 000
　　贷：主营业务收入　　　　　　　　　　　　　　　　2 000 000
　　　　应交税费——应交增值税(销项税额)　　　　　　320 000

(2) 结转产品销售成本时，会计记录为

借：主营业务成本　　　　　　　　　　　　　　　　　　800 000
　　贷：库存商品　　　　　　　　　　　　　　　　　　800 000

(3) 计算应交纳消费税时，会计记录为

借：税金及附加　　　　　　　　　　　　　　　　　　　600 000
　　贷：应交税费——应交消费税　　　　　　　　　　　600 000

2. 视同销售应税消费品

将自产应税消费品用于非货币性资产交换、债务重组、在建工程、非应税项目、非生产机构、管理部门、提供劳务以及用于馈赠、赞助、集资、广告、样品、职工福利、奖励等方面时，属于消费税的视同销售行为，应当计算应交纳的消费税，借记"固定资产""在建工程""营业外支出""管理费用""应付职工薪酬""生产成本""销售费用"等科目，贷记"应交税费——应交消费税"科目。

【例8-29】某企业在建工程领用自制实木地板一批，账面成本500 000元，市场价格800 000元，增值税税率16%，消费税税率10%。

本例中，企业将自产的应税消费品用于在建工程等项目时，按规定应交纳的消费税80 000元应记入"在建工程"科目。其有关会计分录如下：

借：在建工程　　　　　　　　　　　　　　　　　　　　　580 000
　　贷：库存商品　　　　　　　　　　　　　　　　　　　　500 000
　　　　应交税费——应交消费税　　　　　　　　　　　　　 80 000

3. 委托加工应税消费品

企业如有应交消费税的委托加工物资，一般应由受托方代收代缴税款，受托方将按规定计算的应扣税款金额借记"应收账款""银行存款"等科目，贷记"应交税费——应交消费税"科目(受托加工或翻新改制金银首饰的企业除外)。委托方将委托加工应税消费品收回后，以不高于受托方计税价格直接用于对外销售或用于其他方面的，委托方应将代收代交的消费税计入委托加工的应税消费品成本，借记"委托加工物资"等科目，贷记"应付账款""银行存款"等科目；委托方以高于受托方的计税价格出售的，不属于直接出售，需按照规定申报缴纳消费税，在计税时准予扣除受托方已代收代缴的消费税；委托加工收回后用于连续生产应税消费品按规定准予抵扣的，委托方应按代收代缴的消费税款，借记"应交税费——应交消费税"科目，贷记"应付账款""银行存款"等科目。

委托加工收回的应税消费品在连续生产应税消费品的过程中，如改变用途，应将改变用途的部分所负担的消费税从"应交消费税"科目的借方转出。

【例8-30】 甲公司为增值税一般纳税人，原材料按实际成本核算。该公司委托外单位加工材料(非金银首饰)一批，原材料价款为20 000元，加工费用10 000元，增值税税额1 600元，由受托方代收代缴的消费税为3 000元，材料已经加工完毕入库，全部款项通过转账支票付讫。

根据上述资料，甲公司有关的会计分录如下：
(1) 如果委托方甲公司收回加工后的材料用于继续生产应税消费品。
① 发出原材料时：
借：委托加工物资　　　　　　　　　　　　　　　　　　　20 000
　　贷：原材料　　　　　　　　　　　　　　　　　　　　　20 000
② 支付加工费、增值税和由受托方代收代缴的消费税：
借：委托加工物资　　　　　　　　　　　　　　　　　　　10 000
　　应交税费——应交消费税　　　　　　　　　　　　　　 3 000
　　　　　　　——应交增值税(进项税额)　　　　　　　　 1 600
　　贷：银行存款　　　　　　　　　　　　　　　　　　　 14 600
③ 收回入库：
借：原材料　　　　　　　　　　　　　　　　　　　　　　30 000
　　贷：委托加工物资　　　　　　　　　　　　　　　　　 30 000
(2) 如果委托方甲公司收回加工后的材料直接对外销售且不高于受托方计税价格。
① 发出原材料时：
借：委托加工物资　　　　　　　　　　　　　　　　　　　20 000
　　贷：原材料　　　　　　　　　　　　　　　　　　　　　20 000
② 支付加工费、增值税和由受托方代收代缴的消费税：

借：委托加工物资	13 000	
应交税费——应交增值税(进项税额)	1 700	
贷：银行存款		14 600

③ 收回入库：

借：原材料	33 000	
贷：委托加工物资		33 000

4. 进口应税消费品

企业进口应税物资在进口环节应交的消费税，应计入该项物资的成本，借记"材料采购""固定资产"等科目，贷记"银行存款"科目。

【例 8-31】 乙企业从国外进口一批需要交纳消费税的商品，商品价款 100 万元，增值税 16 万元，进口环节需要交纳的消费税为 30 万元，采购的商品已经验收入库，全部款项已经用银行存款支付。

本例中，乙企业进口应税消费品在进口环节应交的消费税 300 000 元，应计入该商品的成本。乙企业的有关会计分录如下：

借：库存商品	1 300 000	
应交税费——应交增值税(进项税额)	160 000	
贷：银行存款		1 460 000

■ 知识链接 8-3

消费税的税目与税率

消费税是在对货物普遍征收增值税的基础上，选择少数消费品再征收的一个税种，主要是为了调节产品结构，引导消费方向，保证国家的财政收入。消费税是对在中国境内从事生产和进口税法规定的应税消费品的单位和个人征收的一种流转税，是对特定的消费品和消费行为在特定环节征收的一种间接税，其税目与税率如表 8-3 所示。

表 8-3　消费税税目与税率表

税　目	税　率
一、烟	
1. 卷烟	
(1) 甲类卷烟	56%加 0.003 元/支
(2) 乙类卷烟	36%加 0.003 元/支
(3) 批发环节	5%→11%，并按 0.005 元/支(2015)
2. 雪茄烟	36%
3. 烟丝	30%
二、酒及酒精	
1. 白酒	20%加 0.5 元/500 克(或者 500 毫升)
2. 黄酒	240 元/吨

续表

税　目	税　率
3.啤酒	
(1)甲类啤酒	250元/吨
(2)乙类啤酒	220元/吨
4.其他酒	10%
三、化妆品	30%
四、贵重首饰及珠宝玉石	
1.金银首饰、铂金首饰和钻石及钻石饰品	5%
2.其他贵重首饰和珠宝玉石	10%
五、鞭炮、焰火	15%
六、成品油	
1.汽油、石脑油、溶剂油、润滑油	1.52元/升
2.柴油、燃料油、航空煤油	1.2元/升
七、摩托车	
1.气缸容量250毫升的	3%
2.气缸容量在250毫升(不含)以上的	10%
八、小汽车	
1.乘坐用车	1%-40%
2.中轻型商用客车	5%
九、高尔夫球及球具	10%
十、高档手表	20%
十一、游艇	10%
十二、木制一次性筷子	5%
十三、实木地板	5%
十四、涂料	4%
十五、电池	4%

(三)其他税费的核算

对于企业应交纳的其他税费，如资源税、城市维护建设税等税费，企业应当在"应交税费"科目下设置相应的明细科目进行核算，贷方登记应交纳的有关税费，借方登记已交纳的有关税费，期末贷方余额表示尚未交纳的有关税费。

1. 资源税

资源税是对在我国境内开采矿产品或者生产盐的单位和个人征收的一种税。资源税按照应税产品的课税数量和规定的单位税额计算。开采或生产应税产品对外销售的，以销售数量或销售额为计税依据；开采或生产应税产品自用的，以自用数量或视同销售数量(或金额)为计税依据。

对外销售应税产品应交纳的资源税应记入"税金及附加"科目,借记"税金及附加"科目,贷记"应交税费——应交资源税"科目;自产自用应税产品应交纳的资源税应记入"生产成本""制造费用"等科目,借记"生产成本""制造费用"等科目,贷记"应交税费——应交资源税"科目。

【例 8-32】某油田企业生产原油,本月对外销售原油 20 万吨,取得不含增值税收入 80 万元。开采天然气,当月销售 90 万立方米,取得不含税收入 180 万元。按当地规定原油、天然气的资源税税率均为 5%。

本例中,该企业对外销售应税产品而应交的资源税=(80+180)×5%=13(万元)

该企业编制的会计分录如下:

借:税金及附加　　　　　　　　　　　　　　　　　　　　130 000
　　贷:应交税费——应交资源税　　　　　　　　　　　　　　　130 000

2. 城市维护建设税

城市维护建设税是我国为了加强城市的维护建设,扩大和稳定城市维护建设资金的来源,而对有经营收入的单位和个人征收的一种税。城市维护建设税以流转税为计税依据征收,其纳税人为交纳增值税、消费税的单位和个人,税率因纳税人所在地不同从 1% 到 7%不等。公式为:应纳税额=(应交增值税+应交消费税)×适用税率。企业应交的城市维护建设税,借记"税金及附加"等科目,贷记"应交税费——应交城市维护建设税"科目。

【例 8-33】甲企业 2×18 年 6 月份实际应上交增值税 500 000 元,消费税 240 000元。该企业适用的城市维护建设税税率为 7%。该企业的有关会计处理如下。

(1) 计算应交的城市维护建设税:

借:税金及附加　　　　　　　　　　　　　　　　　　　　51 800
　　贷:应交税费——应交城市维护建设税　　　　　　　　　　　51 800

应交的城市维护建设税=(500 000+240 000)×7%=51 800(元)

(2) 用银行存款上交城市维护建设税时:

借:应交税费——应交城市维护建设税　　　　　　　　　　51 800
　　贷:银行存款　　　　　　　　　　　　　　　　　　　　　51 800

3. 教育费附加

教育费附加是为了发展教育事业而向企业征收的附加费用,企业按应交流转税的一定比例计算交纳。公式为:应交教育费附加金额=(应交增值税+应交消费税)×3%。企业应交的教育费附加,借记"税金及附加"等科目,贷记"应交税费——应交教育费附加"科目。

【例 8-34】承例 8-33,甲企业按规定应交纳的教育费附加为 3%,则甲企业按税法规定计算 2×18 年 6 月应纳教育费附加为

应交的教育费附加=(500 000+240 000)×3%=22 200(元)

借:税金及附加　　　　　　　　　　　　　　　　　　　　22 200
　　贷:应交税费——应交教育费附加　　　　　　　　　　　　　22 200

用银行存款支付,该企业的有关会计处理如下:

借：应交税费——应交教育费附加 22 200
　　贷：银行存款 22 200

4. 应交土地增值税

土地增值税是指在我国境内有偿转让土地使用权及地上建筑物和其他附着物产权的单位和个人，就其土地增值额征收的一种税。土地增值额是指转让收入减去规定扣除项目金额后的余额。转让收入包括货币收入、实物收入和其他收入。扣除项目主要包括取得土地使用权所支付的金额、开发土地的费用、新建及配套设施的成本、旧房及建筑物的评估价格等。

企业应交的土地增值税视情况记入不同科目：企业转让的土地使用权连同地上建筑物及其附着物在"固定资产"等科目核算的，转让时应交的土地增值税，借记"固定资产清理"科目，贷记"应交税费——应交土地增值税"科目；土地使用权在"无形资产"科目核算的，按实际收到的金额，借记"银行存款"科目，按应交的土地增值税，贷记"应交税费——应交土地增值税"科目，同时冲销土地使用权的账面价值，借记"累计摊销"科目，贷记"无形资产"科目，按其差额，借记或贷记"处置资产损益"科目。

【例8-35】某企业对外出售一栋自用办公楼，根据税法规定计算的应交土地增值税为350 000元。该企业有关的会计处理如下。

① 计算应交纳的土地增值税时：
借：固定资产清理 350 000
　　贷：应交税费——应交土地增值税 350 000
② 用银行存款交纳应交土地增值税时：
借：应交税费——应交土地增值税 350 000
　　贷：银行存款 350 000

5. 房产税、城镇土地使用税、车船税和矿产资源补偿费

房产税是国家对在城市、县城、建制县和工矿区征收的由产权所有人缴纳的一种税。房产税依照房产原值一次减除10%～30%后的余额计算交纳。没有房产原值作为依据的，由房产所在地税务机关参考同类房产核定；房产出租的，以房产租金收入为房产税的计税依据。

城镇土地使用税是国家为了合理利用城镇土地，调节土地级差收入，提高土地使用效益，加强土地管理而开征的一种税，以纳税人实际占用的土地面积为计税依据，依照规定税额计算征收。

车船使用税由拥有并且使用车船的单位和个人交纳。车船使用税按照适用税额计算交纳。

矿产资源补偿费是企业在中华人民共和国领域和其他管辖海域开采矿产资源依法应当缴纳的费用。

企业应交的房产税、城镇土地使用税、车船使用税、矿产资源补偿费，借记"税金及附加"科目，贷记"应交税费——应交房产税(或应交城镇土地使用税、应交车船税、应交矿产资源补偿费)"科目。

七、应付利息

应付利息核算企业按照合同约定应支付的利息,包括短期借款利息和分期付息到期还本的长期借款、企业债券等应支付的利息。企业应当设置"应付利息"科目,按照债权人设置明细科目进行明细核算,该科目期末贷方余额反映企业按照合同约定应支付但尚未支付的利息。

企业采用合同约定的名义利率计算确定利息费用时,应按合同约定的名义利率计算确定的应付利息的金额,借记"财务费用"等科目,贷记"应付利息"科目;实际支付利息时,借记"应付利息"科目,贷记"银行存款"等科目。

【例 8-36】2×17 年 1 月 1 日,A 企业向银行借款 100 万元,年利率 5%,期限 3 年,利息每年末支付,到期还本。假定借款利息不符合资本化条件,该企业的有关借款利息的会计处理如下:

(1) 每年末计算确定利息费用时:

企业每年应支付的利息=1 000 000×5%=50 000(元)

借:财务费用　　　　　　　　　　　　　　　　　　　　　50 000
　　贷:应付利息　　　　　　　　　　　　　　　　　　　　　　50 000

(2) 每年实际支付利息时:

借:应付利息　　　　　　　　　　　　　　　　　　　　　50 000
　　贷:银行存款　　　　　　　　　　　　　　　　　　　　　　50 000

八、应付股利

应付股利是指企业根据股东大会或类似机构审议批准的利润分配方案确定分配给投资者的现金股利或利润。企业通过"应付股利"科目,核算企业确定或宣告支付但尚未实际支付的现金股利或利润。该科目贷方登记应支付的现金股利或利润,借方登记实际支付的现金股利或利润,期末贷方余额反映企业应付未付的现金股利或利润。该科目应按照投资者设置明细科目进行明细核算。

企业根据股东大会或类似机构审议批准的利润分配方案,确认应付给投资者的现金股利或利润时,借记"利润分配——应付现金股利或利润"科目,贷记"应付股利"科目;向投资者实际支付现金股利或利润时,借记"应付股利"科目,贷记"银行存款"等科目。

需要说明的是,企业董事会或类似机构通过的利润分配方案中拟分配的现金股利或利润,不作账务处理,不作应付股利核算,但应在附注中披露。企业分配的股票股利不通过"应付股利"科目核算。

【例 8-37】A 股份有限公司 2×17 年度实现净利润 5 000 000 元。2×18 年 3 月 5 日,经过股东大会批准,决定向普通股股东分配现金股利 2 000 000 元。4 月 15 日以银行存款支付现金股利。A 股份有限公司的有关会计分录如下:

(1) 3 月 5 日宣告分配现金股利时:

借:利润分配——应付现金股利　　　　　　　　　　　　　2 000 000
　　贷:应付股利　　　　　　　　　　　　　　　　　　　　　2 000 000

(2) 4月15日发放现金股利时：
借：应付股利　　　　　　　　　　　　　　　　　　　　　2 000 000
　　贷：银行存款　　　　　　　　　　　　　　　　　　　　　　2 000 000

■知识链接8-4

股利分派的有关日期

1. 宣布日 (Declaration Date)

股份公司董事会根据定期发放股利的周期举行董事会会议，讨论并提出股利分配方案，由公司股东大会讨论通过后，正式宣布股利发放方案，宣布股利发放方案的那一天即为宣布日。在宣布日，股份公司应登记有关股利负债(应付股利)。

2. 登记日 (Holder-of-record Date)

由于工作和实施方面的原因，自公司宣布发放股利至公司实际将股利发出要有一定的时间间隔。由于上市公司的股票在此期间处在不停的交易之中，公司股东会随股票交易而不断换人，为了明确股利的归属，公司确定有股权登记日，凡在股权登记日之前(含登记日当天)列于公司股东名单上的股东，都将获得此次发放的股利，而在这一天之后才列于公司股东名单上的股东，将得不到此次发放的股利，股利仍归原股东所有。

3. 除息日 (Ex-Dividend Date)

由于股票交易与过户之间需要一定的时间，只有在登记日之前一段时间前购买股票的投资者，才可能在登记日之前列于公司股东名单之上，并享有当期股利的分配权。一般规定登记日之前的第四个工作日为除息日(逢节假日顺延)，在除息日之前(含除息日)购买的股票可以得到将要发放的股利，在除息日之后购买的股票则无权得到股利，又称为除息股。除息日对股票的价格有明显的影响。在除息日之前进行的股票交易，股票价格中含有将要发放的股利价值，在除息日之后进行的股票交易，股票价格中不再包含股利收入，因此其价格应低于除息日之前的交易价格。

4. 发放日

在这一天，公司用各种方式支付股利，并冲销股利负债。上市公司的股份每日在交易市场上流通，上市公司在送股、派息或配股的时候，需要定出某一天，界定哪些股东可以参加分红或参与配股，定出的这一天就是股权登记日。也就是说，在股权登记日这一天仍持有或买进该公司股票的投资者是可以享有此次分红或参与此次配股的股东，这部分股东名册由证券登记公司统计在案，除息日将所应送的红股、现金红利或者配股权划到这部分股东的账上。这里请投资者注意，上交所规定，所获红股及配股需在股权登记日后第二个交易日上市流通。

九、其他应付款

其他应付款是指企业除应付票据、应付账款、预收账款、应付职工薪酬、应交税费、应付利息、应付股利等经营活动以外的其他各项应付、暂收的款项，如应付租入包装物租金、存入保证金等。企业应通过"其他应付款"科目，核算其他应付款的增减变动及其结存情况，并按照其他应付款的项目和对方单位(或个人)设置明细科目进行明细核算。该科目贷方登记发生的各种应付、暂收款项，借方登记偿还或转销的各种应付、暂收款项；该科目期末贷方余额，反映企业应付未付的其他应付款项。

企业发生其他各种应付、暂收款项时，借记"管理费用""银行存款"等科目，贷记"其他应付款"科目；支付或退回其他各种应付、暂收款项时，借记"其他应付款"科目，贷记"银行存款"等科目。

【例8-38】B公司出租包装物，收到押金1 000元，存入银行。出租期满，对方单位退回包装物，B公司退回押金。B公司的会计处理如下。

(1) B公司收到押金时：

借：银行存款　　　　　　　　　　　　　　　　　　　　　　　1 000
　　贷：其他应付款——存入保证金　　　　　　　　　　　　　　　1 000

(2) B公司退回押金时：

借：其他应付款——存入保证金　　　　　　　　　　　　　　　　1 000
　　贷：银行存款　　　　　　　　　　　　　　　　　　　　　　　1 000

第三节　非流动负债

非流动负债是指除了流动负债以外的各种负债，主要包括长期借款、应付债券和长期应付款等。

一、长期借款

长期借款是指企业向银行或其他金融机构借入的期限在一年以上(不含一年)的各种借款，一般用于固定资产的购建、改扩建工程、大修理工程、对外投资以及为了保持长期经营能力等方面。它是企业长期负债的重要组成部分，必须加强核算与管理。

企业应设置"长期借款"科目，核算长期借款的借入、归还等情况。该科目可按照贷款单位和贷款种类设置明细账，分别按"本金""利息调整"和"应计利息"等进行明细核算。该科目的贷方登记长期借款本息的增加额，借方登记本息的减少额，贷方余额表示企业尚未偿还的长期借款本息。

长期借款的核算主要包括取得借款、期末计息和到期还本三个环节。

(一)取得长期借款

企业借入长期借款，应按实际收到的借款金额，借记"银行存款"科目，贷记"长期借款——本金"科目；如果存在差额，还应借记"长期借款——利息调整"科目。

【例8-39】A企业于2×17年1月1日从银行借入资金500万元，借款期限为3年，年利率为6%(到期一次还本付息，不计复利)，所借款项已存入银行。甲企业的有关会计处理如下：

借：银行存款　　　　　　　　　　　　　　　　　　　　　　　5 000 000
　　贷：长期借款——本金　　　　　　　　　　　　　　　　　　　5 000 000

(二)长期借款的利息

长期借款计算确定的利息费用,应按以下原则计入有关成本、费用:属于筹建期间的,计入管理费用;属于生产经营期间的,如果长期借款用于购建符合资本化条件的资产,借款费用符合资本化条件的,应当计入有关资产的成本,不符合资本化条件的计入财务费用。

长期借款利息费用应当在资产负债表日按照实际利率法计算确定,实际利率与合同利率差异较小的,也可以采用合同利率计算确定利息费用。长期借款按合同利率计算确定的应付未付利息,对于分期付息到期还本的长期借款应计入"应付利息"科目;对于到期一次还本付息的长期借款应计入"长期借款——应计利息"科目。其会计处理是:按照实际利率计算的借款利息借记"在建工程""制造费用""研发支出""财务费用"等科目,按照借款本金与合同利率计算的应付利息贷记"应付利息"或"长期借款——应计利息"科目,其差额摊销利息调整。

【例8-40】承例8-39,A企业于2×17年12月31日计提长期借款利息。A企业的有关会计处理如下:

2×17年12月31日计提的长期借款利息＝5 000 000×6%＝300 000(元)

借:财务费用　　　　　　　　　　　　　　　　　　　　　　　　300 000
　　贷:长期借款——应计利息　　　　　　　　　　　　　　　　　　300 000

2×18年12月31日、2×19年12月31日计提长期借款利息的会计处理同上。

■知识链接8-5

借款费用的确认

借款费用是企业因借入资金所付出的代价,包括借款利息、折价或者溢价的摊销、辅助费用以及因外币借款而发生的汇兑差额等。借款费用确认的基本原则是:企业发生的借款费用,可直接归属于符合资本化条件的资产的购建或者生产的,应当予以资本化,计入相关资产成本;其他借款费用,应当在发生时根据其发生额确认为费用,计入当期损益。符合资本化条件的资产是指需要经过长时间的购建或者生产活动才能达到预定可使用或者可销售状态的固定资产、投资性房地产和存货等资产。

借款费用允许开始资本化必须同时满足三个条件,即资产支出已经发生、借款费用已经发生、为使资产达到预定可使用或可销售状态所需要的购建或者生产活动已经开始。符合资本化条件的资产在购建或者生产过程中发生非正常中断、且中断时间连续超过3个月的,应当暂停借款费用的资本化。购建或者生产符合资本化条件的资产达到预定可使用或者可销售状态时,借款费用应当停止资本化。

(三)归还长期借款

企业归还长期借款的本金时,应按归还本金的金额,借记"长期借款——本金"科目,贷记"银行存款"科目;按归还的利息,借记"应付利息"或"长期借款——应计利息"科目,贷记"银行存款"科目。

【例8-41】承例8-40,2×20年1月1日,A企业偿还该项长期借款的本息。甲企业的

有关会计处理如下:

借: 长期借款——本金 5 000 000
         ——应计利息 900 000
   贷: 银行存款 5 900 000

二、应付债券

(一)应付债券概述

应付债券是指企业为筹集(长期)资金而依照法定程序发行、约定在一定日期还本付息的有价证券。企业通过发行债券取得资金是以将来履行归还购买债券者的本金和利息的义务作为保证的。在实际工作中,企业发行债券的期限通常在一年以上,因而构成一项非流动负债。

企业应当设置"企业债券备查簿",详细登记每一企业债券的票面金额、债券票面利率、还本付息期限与方式、发行总额、发行日期和编号、委托代销单位、转换股份等资料。企业债券到期清算时,应当在备查簿内逐笔注销。

企业债券发行方式有三种,即面值发行、溢价发行和折价发行。三种发行方式主要取决于债券票面利率与实际市场利率的高低。当债券票面利率等于实际市场利率时,债券面值发行;当债券票面利率高于市场利率时,债券溢价发行;当债券票面利率低于市场利率时,债券折价发行。实际上,债券的溢价与折价是债券发行企业对利息费用的一种调整。

(二)应付债券的核算

1. 债券发行的账务处理

企业应设置"应付债券"科目,并在该科目下设置"面值""利息调整""应计利息"等明细科目,核算应付债券发行、计提利息、还本付息等情况。该科目贷方登记应付债券的本金和利息,借方登记归还的债券本金和利息,期末贷方余额表示企业尚未偿还的长期债券。

无论是按面值发行,还是溢价发行或折价发行,均按债券面值记入"应付债券"科目的"面值"明细科目,实际收到的款项与面值的差额,记入"利息调整"明细科目。企业发行债券时,按实际收到的款项,借记"银行存款""库存现金"等科目,按债券票面价值,贷记"应付债券——面值"科目,按实际收到的款项与票面价值之间的差额,贷记或借记"应付债券——利息调整"科目。

2. 期末债券利息的计提与利息调整的摊销

对于分期付息、到期还本的债券,应按摊余成本和实际利率计算确定的债券利息费用,借记"财务费用""在建工程""制造费用""研发支出"等科目,按票面利率计算确定的应付未付利息,贷记"应付利息"科目,按其差额,借记或贷记"应付债券——利息调整"科目。

对于到期一次还本付息的债券,应于资产负债表日按摊余成本和实际利率计算确定的债券利息费用，借记"财务费用""在建工程""制造费用""研发支出"等科目，按票面利率计算确定的应付未付利息，贷记"应付债券——应计利息"科目，按其差额，借记或贷记"应付债券——利息调整"科目。

实际利率与票面利率差异较小的，也可以采用票面利率计算确定利息费用。

3. 企业债券的偿还

采用一次还本付息方式的，企业应于债券到期支付债券本息时，借记"应付债券——面值""应付债券——应计利息"科目，贷记"银行存款"科目。采用分期付息、到期还本方式的，在每期支付利息时，借记"应付利息"科目，贷记"银行存款"科目；债券到期偿还本金并支付最后一期利息时，借记"应付债券——面值""在建工程""财务费用""制造费用"等科目，贷记"银行存款"科目，按借贷双方之间的差额，借记或贷记"应付债券——利息调整"科目。

【例 8-42】C 公司于 2×16 年 1 月 1 日发行了 5 年期公司债券，发行价格为 62 万元，该债券面值为 60 万元，票面利率为 5%，按年付息，到期一次还本。假定不考虑发行费用，该项资金用于企业的生产经营活动。则该公司有关的会计处理如下。

(1) 2×16 年 1 月 1 日发行债券时：

借：银行存款　　　　　　　　　　　　　　　　　　　620 000
　　贷：应付债券——面值　　　　　　　　　　　　　　600 000
　　　　　　　　——利息调整　　　　　　　　　　　　 20 000

(2) 计算利息费用：

公司每年应支付的票面利息为：600 000×5%=30 000(万元)

计算该公司债券实际利率 R：

$600\,000 = 30\,000 \times (1+R)^{-1} + 30\,000 \times (1+R)^{-2} + 30\,000 \times (1+R)^{-3}$
$\quad + 30\,000 \times (1+R)^{-4} + (30\,000 + 600\,000) \times (1+R)^{-5}$，

采用插值法计算，可计算得出 R=4.25%。

则每年利息费用与利息调整的摊销如表 8-4 所示。

表 8-4　应付债券利息费用计算表　　　　　　　　　　　　单位：万元

年份	期初债券余额(1)	应付利息(2)	实际利息(3)	利息调整摊销(4)=(2)-(3)	期末债券余额(5)=(1)-(4)
2×16	620 000	30 000	26 350	3 650	616 350
2×17	616 350	30 000	26 195	3 805	612 545
2×18	612 545	30 000	26 033	3 967	608 578
2×19	608 578	30 000	25 865	4 135	604 443
2×20	604 443	30 000	25 557	4 443	600 000
合计	—	150 000	130 000	20 000	—

2×16 年 12 月 31 日计提利息：

借：财务费用　　　　　　　　　　　　　　　　　　　 26 350

应付债券——利息调整	3 650
贷：应付利息	30 000
年末支付利息时：	
借：应付利息	30 000
贷：银行存款	30 000
2×16年12月31日计提利息：	
借：财务费用	26 195
应付债券——利息调整	3 805
贷：应付利息	30 000
年末支付利息时：	
借：应付利息	30 000
贷：银行存款	30 000
2×17年12月31日计提利息：	
借：财务费用	26 033
应付债券——利息调整	3 967
贷：应付利息	30 000
年末支付利息时：	
借：应付利息	30 000
贷：银行存款	30 000
2×18年12月31日计提利息：	
借：财务费用	25 865
应付债券——利息调整	4 135
贷：应付利息	30 000
年末支付利息时：	
借：应付利息	30 000
贷：银行存款	30 000
2×19年12月31日计提利息：	
借：财务费用	25 557
应付债券——利息调整	4 443
贷：应付利息	30 000
2×20年1月1日到期偿还本金及最后一年利息：	
借：应付债券——面值	600 000
应付利息	30 000
贷：银行存款	630 000

三、长期应付款

(一)长期应付款概述

　　长期应付款是指除长期借款和企业债券以外的其他各种长期应付款项，包括以分期付款方式购入固定资产和无形资产发生的应付账款、应付融资租入固定资产的租赁费等。为了核算企业各种长期应付款,应设置"长期应付款"科目,该科目应按其种类和债权人进行明细核算。该科目期末贷方余额,反映企业应付未付的长期应付款项。

(二)长期应付款的核算

企业购入有关资产超过正常信用条件延期支付价款,实质上具有融资性质的,应按购买价款的现值,借记"固定资产""在建工程""无形资产""研发支出"等科目,按应支付的金额,贷记"长期应付款"科目,按其差额,借记"未确认融资费用"科目。

按期支付价款时,借记"长期应付款"科目,贷记"银行存款"科目。同时,企业应当采用实际利率法计算确定当期的利息费用,借记"财务费用""在建工程""研发支出"科目,贷记"未确认融资费用"科目。

借:固定资产(或在建工程)(购买价款的现值)
　　未确认融资费用
　　贷:长期应付款(购买价款总额)

每期未确认融资费用摊销=期初应付本金余额×实际利率
=(期初长期应付款余额-期初未确认融资费用余额)×实际利率

【例 8-43】甲公司 2×17 年 1 月 1 日采用分期付款的方式从 A 公司购入一台不需要安装的设备作为固定资产使用。购货合同约定,该设备的总价款为 450 万元,每年末支付 150 万元,分 3 年付清。假定 3 年期银行借款年利率为 8%。已知 3 年期、8%年利率的年金现值系数为 2.577 1。假定不考虑其他相关税费。甲公司的有关会计处理如下:

① 购入时:
固定资产入账价值=1 500 000×2.577 1=3 865 650(元)
长期应付款入账价值为 4 500 000(元)
未确认融资费用=4 500 000-3 865 650 =634 350(元)。
借:固定资产　　　　　　　　　　　　　　　　　　　　　　　　　3 865 650
　　未确认融资费用　　　　　　　　　　　　　　　　　　　　　　　634 350
　　贷:长期应付款　　　　　　　　　　　　　　　　　　　　　　　　4 500 000

② 分期付款、分摊未确认融资费用:
2×17 年 12 月 31 日:
借:长期应付款　　　　　　　　　　　　　　　　　　　　　　　　1 500 000
　　贷:银行存款　　　　　　　　　　　　　　　　　　　　　　　　1 500 000
未确认融资费用摊销=3 865 650×8%=309 252(元)
借:财务费用　　　　　　　　　　　　　　　　　　　　　　　　　　309 252
　　贷:未确认融资费用　　　　　　　　　　　　　　　　　　　　　　309 252
2×18 年 12 月 31 日:
借:长期应付款　　　　　　　　　　　　　　　　　　　　　　　　1 500 000
　　贷:银行存款　　　　　　　　　　　　　　　　　　　　　　　　1 500 000
未确认融资费用摊销=(3 865 650-1 500 000+309 252)×8%≈213 992(元)
借:财务费用　　　　　　　　　　　　　　　　　　　　　　　　　　213 992
　　贷:未确认融资费用　　　　　　　　　　　　　　　　　　　　　　213 992
2×19 年 12 月 31 日

借：长期应付款	1 500 000	
贷：银行存款		1 500 000

未确认融资费用摊销=634 350-309 252-213 992=111 106

借：财务费用	111 106	
贷：未确认融资费用		111 106

▶ 讨论与思考 8-2

大昌股份有限公司 2×17 年拟扩大生产经营，预计筹资 3 000 万元，公司决定发行债券。具体操作如下：2×17 年 7 月 1 日发行了一批 5 年期、到期一次还本付息、年利率为 10%、面值发行 3 000 万元的债券，取得发行收入 3 000 万元，款项已存入银行。同日，所筹资金用于建造新厂房，工程于 2×18 年底完工。(金额以万元为单位)

下面是大昌股份有限公司截止到 2×19 年 12 月 31 日所做的账务处理。

① 2×17 年 7 月 1 日，发行债券取得发行收入：

借：银行存款	3 000	
贷：应付债券——面值		3 000

2×17 年 7 月 1 日，建造新厂房：

借：在建工程	3 000	
贷：银行存款		3 000

② 2×17 年 12 月 31 日：

借：财务费用	150	
贷：应付债券——应计利息		150

③ 2×18 年 12 月 31 日计息：

借：财务费用	300	
贷：应付债券——应计利息		300

④ 2×18 年 12 月 31 日结转完工的厂房建造成本：

借：固定资产	3 000	
贷：在建工程		3 000

⑤ 2×19 年 12 月 31 日计息：

借：财务费用	300	
贷：应付债券——应计利息		300

【任务】

1. 请用所学知识判断该公司的账务处理有哪些错误？
2. 上述错误对该公司的财务状况和经营成果有哪些影响？

本 章 小 结

本章从负债的定义与特征入手，全面论述了各项流动负债与非流动负债的核算内容与核算方法。负债分为流动负债与非流动负债，流动负债主要是指预计在一个正常营业周期中清偿的负债，主要包括短期借款、应付及预收款项、应付职工薪酬、应交税费以及其他应付款等。非流动负债是指流动负债以外的负债，主要包括长期借款、应付债券、长期应付款等。

短期借款是企业向银行等金融机构借入的期限在一年以内的各种借款，短期借款的利息应计入当期的财务费用；应付及预收款项主要包括应付票据、应付账款和预收款项等，它们是企业经营活动中形成的流动负债；应付职工薪酬是企业为获取职工服务而支付的各种形式的报酬和补偿，主要包括短期薪酬、离职后福利、辞退福利和其他长期职工福利；应交税费是企业根据税法规定应交纳的各种税费，主要包括增值税、消费税、资源税、所得税、土地增值税、城市维护建设税、教育费附加以及其他税费等，印花税等不需要预计应交数的税金不通过应交税费核算。

长期借款是企业向银行和其他金融机构借入的期限在一年以上的各种借款。其借款利息符合资本化条件的应当计入相关资产成本，不符合资本化条件的应计入当期的财务费用；应付债券是企业为筹集(长期)资金而发行的债券，债券的发行方式有面值发行、溢价发行和折价发行三种，企业应当按照实际利率法确认当期的利息费用；长期应付款是指除了长期借款和应付债券以外的其他各种长期应付款项，主要包括融资租入固定资产的租赁费以及分期付款购入各项资产实质上具有融资性质时应付的各种款项等。

复习思考题

1. 什么是负债？有何特征？
2. 什么是流动负债？具体包括哪些核算内容？
3. 什么是职工薪酬？其核算内容包括哪些？
4. 增值税一般纳税人应在"应交税费"下设置哪些明细科目核算增值税？
5. 附有现金折扣条件的应付账款应当如何核算？
6. 短期借款与长期借款的会计核算有何不同？
7. 如何核算消费税？
8. 什么是带薪缺勤？如何核算带薪缺勤？
9. 什么是非流动负债？具体包括哪些核算内容？
10. 债券的发行价格与应付债券的核算有何联系？

自测与技能训练

一、基础知识自测

(一)单项选择题

1. 预收货款业务不多的企业，可不单设"预收账款"账户；若发生预收货款业务，应计入( )账户贷方。

    A. 应付账款   B. 应收账款   C. 其他应付款   D. 其他应收款

2. 下列各项中，不属于流动负债的是( )。

　　　　A. 应交税费　　　B. 应付票据　　　C. 应付账款　　　D. 预付账款
3. 下列各项中，不通过"应交税费"科目核算的是(　　)。
　　　　A. 增值税　　　　B. 房产税　　　　C. 印花税　　　　D. 土地使用税
4. 附现金折扣的材料采购业务，购买方在折扣期内付款享受的现金折扣应当(　　)。
　　　　A. 冲减材料采购成本　　　　　　　B. 冲减管理费用
　　　　C. 冲减财务费用　　　　　　　　　D. 计入营业外收入
5. 企业对于向职工提供非货币性福利进行计量时，应当采用的计量属性是(　　)。
　　　　A. 公允价值　　　B. 现值　　　　　C. 历史成本　　　D. 重置成本

(二)多项选择题
1. 下列各项中，属于非流动负债的是(　　)。
　　　　A. 应付债券　　　　　　　　　　　B. 预计负债
　　　　C. 长期借款　　　　　　　　　　　D. 应付职工薪酬
2. 下列各项中，应当通过"应付职工薪酬"账户核算的是(　　)。
　　　　A. 出勤奖　　　　　　　　　　　　B. 企业为职工负担的住房公积金
　　　　C. 差旅费　　　　　　　　　　　　D. 辞退福利
3. 企业委托外单位加工应税消费品时，由受托方代收代缴的消费税，委托方可能借记的会计科目有(　　)。
　　　　A. 应交税费　　　　　　　　　　　B. 委托加工物资
　　　　C. 制造费用　　　　　　　　　　　D. 管理费用
4. 长期借款利息计提时可能借记的账户有(　　)。
　　　　A. 财务费用　　　　　　　　　　　B. 研发支出
　　　　C. 在建工程　　　　　　　　　　　D. 制造费用
5. 关于应付票据的核算，下列说法正确的是(　　)。
　　　　A. 应付票据只核算企业应付的商业汇票
　　　　B. 应付票据初始计量时一律按面值入账
　　　　C. 应付票据到期无力支付时应将其转入应付账款
　　　　D. 企业支付的银行承兑汇票手续费计入财务费用

(三)分析判断题
1. 短期借款的利息均应计入财务费用。(　　)
2. 长期借款利息符合资本化条件的计入在建工程，否则计入财务费用。(　　)
3. 增值税为价外税，所以本期应交增值税的多少不会影响当期损益。(　　)
4. 企业应当交纳的各项税金均应计入应交税费。(　　)
5. 委托加工应税消费品收回后直接用于销售的，委托方应将由受托方代收代缴的消费税计入应交税费借方。(　　)

二、实务技能训练

实务训练一

【目的】练习短期借款的核算。

【资料】辽东股份有限公司与银行签署的借款协议,于2×17年1月1日向银行借款500 000元,期限为6个月,年利率为6%。该项借款的利息按季度偿还,到期偿还本金。

【要求】根据上述经济业务编制相关会计分录。

实务训练二

【目的】练习应交增值税与应付职工薪酬的核算。

【资料】甲公司为一家食品生产企业,属于增值税一般纳税人,增值税税率为16%,共有职工200人,其中生产工人150人,车间管理人员20人,行政管理人员30人,原材料采用实际成本法核算,商品的销售成本随销售收入的确认逐笔结转。本期发生下列业务:

(1) 将自产的产品作为福利发放给每名职工,每人10箱。该产品每箱生产成本为80元,市场售价为150元。

(2) 购入一台不需要安装的设备,增值税发票上注明的价款为200 000元,增值税32 000元,款项尚未支付。

(3) 销售产品5 000箱,每箱售价150元,全部款项尚未收到,每箱产品单位成本为80元。

(4) 库存原材料因意外火灾毁损,有关增值税发票确认的成本为8 000元,增值税额1 280元。

(5) 购入一批免税农产品作为原材料,价款100 000元,规定的扣除率为10%,原材料已验收入库,货款通过银行支付。

(6) 计算并结转本期未交的增值税。

【要求】根据上述经济业务编制相关会计分录。

实务训练三

【目的】练习应付债券的核算。

【资料】2×17年1月1日,八达公司发行三年期的公司债券,每年1月1日付息,到期一次还本,债券面值200万元,票面年利率5%,债券发行价格194.65万元,假定实际利率为6%,该公司按实际利率法核算应付债券。

【要求】计算该债券各年的实际利息费用,并编制与上述业务相关的会计分录。

第九章 所有者权益

学习目标

通过本章的学习，了解企业的组织形式，熟悉所有者权益的概念及其构成内容；掌握所有者权益各组成项目的核算方法，包括实收资本(或股本)、资本公积、其他综合收益、盈余公积和未分配利润等。

第一节 所有者权益概述

一、企业组织形式

所有者权益会计是要反映和监督不同企业的所有者对企业应承担的风险和应享有的利益。与所有者权益会计密切相关的是企业的组织形式，企业的组织形式不同，所有者权益的核算也不相同。国际通行的做法是按企业资产经营的法律责任，将企业划分为公司型企业和非公司型企业两大类，下面分别介绍这两类企业。

(一)公司型企业

公司是一种企业组织形态，是依照法定条件和程序设立的、以盈利为目的的商事组织。公司通常是由两个或两个以上的股东出资组成，它以盈利为目的，通过产权的多元化实现股东间的利益制衡。公司具有法人资格，有独立的财产，能够独立承担民事责任。依照不同的标准，可以将公司划分为不同类型，我国《公司法》规定的公司形式包括有限责任公司和股份有限公司。

1. 有限责任公司

有限责任公司是指股东仅以其认缴的出资额为限对公司承担责任，公司以其全部资产对公司债务承担责任的公司。有限责任公司由50个以下的股东出资设立，其注册资本为在公司登记机关登记的全体股东认缴的出资额。股东必须以自己的名义出资，可以用货币出资，也可以将实物、知识产权、土地使用权等用货币估价，并依法转让的非货币性资产作价出资。公司按照投资份额给予投资者参与公司管理的权利，并按份额向股东分配利润，即红利。在公司破产时，股东依法享有破产份额和其他权利。公司股权的转让有严格的限制，向股东以外的人转让股权，应当经其他股东过半数同意。有限责任公司(有限公司)是我国企业实行公司制最重要的一种组织形式，包括国有独资公司以及其他有限责任公司。

2. 股份有限公司

股份有限公司是指公司全部资本分为等额股份,并通过发行股票筹集资本,股东以其所认购的股份对公司承担有限责任,公司以其全部资产对公司的债务承担责任的公司。设立股份有限公司,应当有2人以上200人以下为发起人,其中须有半数以上的发起人在中国境内有住所。公司可以采取发起方式设立,也可以采取募集方式设立。采取发起方式设立的股份有限公司,其注册资本为在公司登记机关登记的全体发起人认购的股本总额;采取募集方式设立股份有限公司的,其注册资本为在公司登记机关登记的实收股本总额。以发起设立方式设立股份有限公司的,发起人应当书面认足公司章程规定其认购的股份,并按照公司章程规定缴纳出资。以非货币财产出资的,应当依法办理其财产权的转移手续。在发起人认购的股份缴足前,不得向他人募集股份。股份有限公司的资本划分为股份,每一股的金额相等。股份发行,实行公平、公正的原则,同种类的每一股份具有同等权利。股票可以按面值发行,也可以溢价发行,但不可以折价发行。除另有特别规定外,股票可以交易或转让,但不能退股。

(二)非公司型企业

1. 独资企业

个人独资企业,简称独资企业,是指由一个自然人投资,全部资产为投资人所有的营利性经济组织。个人独资企业仅由一个自然人投资设立,尽管它有自己的名称或商号,但它是一个不具有法人资格的经营实体,它的全部财产为投资人个人所有,投资人以其个人财产对企业债务承担无限责任。投资人对企业的经营与管理事务享有绝对的控制权与支配权,不受任何其他人的干预,其典型特征是个人出资、个人经营。个人独资企业就财产方面的性质而言,属于私人财产所有权的客体。独资企业是一种古老的企业形式,至今仍广泛运用于商业经营中。

2. 合伙企业

合伙企业,是指自然人、法人和其他组织依照有关法律、法规在中国境内设立的,由两个或两个以上的合伙人订立合伙协议,为经营共同事业,共同出资、合伙经营、共享收益、共担风险的营利性组织。按照合伙人对合伙企业的责任,合伙企业可分为普通合伙和有限合伙。合伙企业的经营活动,由合伙人共同决定,合伙人有执行和监督的权利。合伙企业在生产经营活动中所取得、积累的财产,归合伙人共有。合伙组织作为一个整体对债权人承担无限责任。普通合伙人对合伙企业债务承担无限连带责任,有限合伙人以其认缴的出资额为限对合伙企业债务承担责任。

二、所有者权益的含义与构成

(一)所有者权益的含义

我国《企业会计准则——基本准则》规定:"所有者权益是指企业资产扣除负债后由

所有者享有的剩余权益。"公司的所有者权益又称为股东权益。所有者权益是所有者对企业资产的剩余索取权，是企业资产中扣除债权人权益后应由所有者享有的部分，其实质是企业从投资者手中所吸收的投入资本及其增值。

所有者权益与负债虽然同是企业的权益，都体现企业的资金来源，但两者之间却有着本质的不同，主要表现为：①负债是债权人权益，是企业对债权人所承担的经济责任，企业负有偿还义务；而所有者权益则是企业对投资者所承担的经济责任，除企业减资、破产清算、分配利润等，一般情况下是不需要归还投资者的。②债权人只享有按期收回债权本金和利息的权利，无权参与企业的利润分配和经营管理；投资者则既可以参与企业的利润分配，也可以凭借投资份额参与企业的经营管理。③在企业清算时，负债有优先求偿权；而所有者权益则只能在清偿所有负债后，才能返还投资者。

(二)所有者权益的构成

我国企业会计准则规定："所有者权益的来源包括所有者投入的资本、直接计入所有者权益的利得和损失、留存收益等。"具体说来，所有者权益主要由实收资本(或股本)、资本公积、其他综合收益、盈余公积和未分配利润组成。

第二节 实 收 资 本

一、实收资本(或股本)概述

实收资本是公司的全体股东或发起人实际交付并经公司登记机关依法登记的出资额或者股本总额。实收资本的构成比例或股东股份比例，是确定所有者在企业所有者权益中所占份额的基础，也是进行利润或股利分配的主要依据。

有限责任公司的投资者可以用货币出资，也可以用实物、知识产权、土地使用权等可以用货币估价并可以依法转让的非货币财产作价出资。但是，法律、行政法规规定不得作为出资的财产除外。对作为出资的非货币财产应当评估作价，核实财产，不得高估或者低估作价。股东应当按期足额缴纳公司章程中规定的各自所认缴的出资额。股东以货币出资的，应当将货币出资足额存入有限责任公司在银行开设的账户；以非货币财产出资的，应当依法办理其财产权的转移手续。股东不按照前款规定缴纳出资的，除应当向公司足额缴纳外，还应当向已按期足额缴纳出资的股东承担违约责任。股东认足公司章程规定的出资后，由全体股东指定的代表或者共同委托的代理人向公司登记机关报送公司登记申请书、公司章程等文件，申请设立登记。有限责任公司成立后，发现作为设立公司出资的非货币财产的实际价额显著低于公司章程所定价额的，应当由交付该出资的股东补足其差额，公司设立时的其他股东承担连带责任。

■知识链接 9-1

注册资本登记制度改革

2013 年 12 月 28 日，第十二届全国人民代表大会常务委员会第六次会议审议通过了关于修改《中华人民共和国公司法》(以下简称《公司法》)的决定。这次修改，将注册资本实缴登记制改为认缴登记制，取消了关于公司股东(发起人)应当自公司成立之日起两年内缴足出资，投资公司可以在五年内缴足出资的规定；取消了一人有限责任公司股东应当一次足额缴纳出资的规定；放宽注册资本登记条件。

二、实收资本的账务处理

企业收到所有者投入企业的资本后，应根据有关原始凭证(如投资清单、银行通知单等)，依据不同的出资方式进行会计处理。

(一)接受现金资产投资

1. 非股份有限公司接受现金资产投资

非股份有限公司接受投资应通过"实收资本"科目进行核算，在"实收资本"科目下，按投资人设明细账进行明细核算。

实收资本的构成比例即投资者的出资比例或股东的股份比例，通常是确定所有者在企业所有者权益中所占的份额和参与企业生产经营决策的基础，是企业进行利润分配或股利分配的依据，也是企业清算时确定所有者对净资产要求权的依据。

【例9-1】张某、李某和王某三人共同投资设立A有限责任公司，注册资本为1 000 000元，张、李、王的持股比例分别为50%、35%和15%。按照公司章程规定，张、李、王三人投入资本分别为500 000元、350 000元和150 000元。A公司已如期收到各投资者一次缴足的款项。

A公司进行会计处理时，应编制如下会计分录：

借：银行存款   1 000 000
　　贷：实收资本——张   500 000
　　　　　　——李   350 000
　　　　　　——王   150 000

2. 股份有限公司接受现金资产投资

股份有限公司将企业资本划分为等额股份，并通过发行股票的方式来筹集资本。股份有限公司发行股票时可以按面值发行，也可以溢价发行(我国目前不允许折价发行股票)。

股份有限公司发行股票主要是通过"股本"科目进行核算，在股本账户下，按股票种类及股东名称设置明细账，进行明细核算。

【例9-2】B股份有限公司发行普通股2 000万股，每股面值1元，每股发行价格4元。股票发行成功，股款8 000万元已全部收到存入银行。假定不考虑发行费用。

股份有限公司发行股票应在实际收到现金资产时进行会计处理，记入"股本"账户的金额应当是发行股票的数量与每股面值的乘积，超出面值部分应记入"资本公积——股本溢价"。

根据上述资料，B公司应作如下账务处理：

记入"股本"账户的金额=20 000 000×1=20 000 000(元)

记入"资本公积"科目的金额=80 000 000−20 000 000=60 000 000 (元)

B 公司应编制如下会计分录：
借：银行存款　　　　　　　　　　　　　　　　　　　　　　80 000 000
　　贷：股本　　　　　　　　　　　　　　　　　　　　　　20 000 000
　　　　资本公积——股本溢价　　　　　　　　　　　　　　60 000 000

(二)接受非现金资产投资

1. 接受固定资产投资

企业接受投资者作价投入的房屋、建筑物、机器设备等固定资产，应按投资合同或协议约定的价值确定固定资产价值(但投资合同或协议约定价值不公允的除外)和在注册资本中应享有的份额。固定资产转入时，借记"固定资产"等科目，符合增值税抵扣条件的应确认增值税进项税额，贷记"实收资本"或"股本"等科目。

【例 9-3】C 有限责任公司于设立时收到 A 公司作为资本投入的不需要安装的机器设备一台，合同约定该机器设备的价值为 1 000 000 元，增值税进项税额为 160 000 元。按照协议约定，C 公司接受 A 公司的投入资本为 1 160 000 元。合同约定的固定资产价值与公允价值相符，假定不考虑其他因素。

本例中，该项固定资产合同约定的价值与公允价值相符，C 公司接受 A 公司投入的固定资产按约定金额作为实收资本，因此，可按 1 160 000 元的金额贷记"实收资本"科目。

C 公司进行会计处理时，应编制如下会计分录：
借：固定资产　　　　　　　　　　　　　　　　　　　　　　1 000 000
　　应交税费——应交增值税(进项税额)　　　　　　　　　　　160 000
　　贷：实收资本——A 公司　　　　　　　　　　　　　　　　1 160 000

2. 接受材料物资投资

企业接受投资者作价投入的材料物资，应按投资合同或协议约定价值确定材料物资价值(投资合同或协议约定价值不公允的除外)和在注册资本中应享有的份额。材料物资转入时，借记"原材料"或"库存商品"等科目，贷记"实收资本"等科目，符合增值税抵扣条件的应确认增值税进项税额。

【例 9-4】D 有限责任公司于设立时收到 B 公司作为资本投入的商品一批，该批商品投资合同或协议约定价值(不含可抵扣的增值税进项税额部分)为 500 000 元，增值税进项税额为 80 000 元。B 公司已开具了增值税专用发票。假设合同约定的价值与公允价值相符，符合增值税抵扣条件，不考虑其他因素，D 公司库存商品按实际成本进行日常核算。

本例中，库存商品的合同约定价值与公允价值相符，因此可按照 500 000 元的金额借记"库存商品"科目；同时，该进项税额允许抵扣，因此增值税专用发票上注明的增值税税额 80 000 元，应借记"应交税费——应交增值税(进项税额)"科目。D 公司接受 B 公司投入的商品按合同约定金额作为实收资本，因此可按 580 000 元的金额贷记"实收资本"科目。

D 公司在进行会计处理时，应编制如下会计分录：

```
借：库存商品                                          500 000
    应交税费——应交增值税(进项税额)                    80 000
    贷：实收资本——B 公司                                      580 000
```

3. 接受无形资产投资

企业接受投资者投入的无形资产时，应按投资合同或协议约定价值确定无形资产价值(但投资合同或协议约定价值不公允的除外)和在注册资本中应享有的份额。企业应在按合同、协议或公司章程规定移交有关凭证时，借记"无形资产"科目，按其投入资本在注册资本或股本中所占的份额，贷记"实收资本"科目，按其差额，贷记"资本公积"科目。

【例 9-5】 E 有限责任公司于设立时收到 C 公司作为资本投入的一项专利权，该专利权投资合同约定价值为 500 000 元，假设该公司接受该专利权符合国家注册资本管理的有关规定，可按合同约定作实收资本入账，合同约定的价值与公允价值相符，不考虑其他因素。

本例中，专利权的合同约定价值与其公允价值相符，因此，可按照 500 000 元借记"无形资产"科目，同时贷记"实收资本"科目。

E 公司在进行会计处理时，应编制如下会计分录：

```
借：无形资产——专利权                                  500 000
    贷：实收资本——C 公司                                     500 000
```

■知识链接 9-2

注册资本与实收资本

注册资本是企业的法定资本，与股本总额相等；实收资本是企业已收缴入账的股本，只有足额缴入后，实收资本才能等于注册资本。如果法律规定注册资本可以分次缴足，则注册资本在缴足前就不等于实收资本。目前，我国大部分行业的公司在设立时都是采用注册资本认缴登记制，但是仍有一些行业实行注册资本实缴登记制。

(三)实收资本(或股本)的增减变动

按照《公司法》规定，对公司资本实行法定资本制，奉行"资本确定、资本维持和资本不变"三原则，所以公司资本总额一旦确定，非经法定程序，不得任意变更。一般情况下，企业的实收资本应相对固定，但在某些特定情况下，实收资本也可能发生增减变化。我国企业法人登记管理条例中规定，除国家另有规定外，企业的注册资金应当与实收资本相一致，当实收资本比原注册资金增加或减少的幅度超过 20%时，应持资金使用证明或者验资证明，向原登记主管机关申请变更登记。如擅自改变注册资本或抽逃资金，要受到工商行政管理部门的处罚。

1. 实收资本(或股本)的增加

一般企业增加资本主要有三个途径：接受投资者追加投资、资本公积转增资本和盈余公积转增资本。

经股东大会(或股东会)等类似机构的决议，企业可以用资本公积和盈余公积转增资本。由于资本公积和盈余公积均属于所有者权益，用资本公积和盈余公积转增资本时，应冲减资本公积和盈余公积，同时按照转增资本前的实收资本(或股本)的结构或比例，将转增的金额计入"实收资本(或股本)"科目下各所有者的明细分类账。

【例 9-6】甲、乙、丙三人共同投资设立了 F 有限责任公司，原注册资本为 1 000 000 元，甲、乙、丙三人分别出资 500 000 元、300 000 元和 200 000 元。为扩大经营规模，经批准，F 公司注册资本扩大为 1 500 000 元，甲、乙、丙按照原出资比例分别追加投资 250 000 元、150 000 元和 100 000 元。F 公司如期收到三人追加的现金投资。

本例中，甲、乙、丙三人按原出资比例追加实收资本，因此 F 公司应分别按照 250 000 元、150 000 元和 100 000 元的金额贷记"实收资本"科目中"甲""乙""丙"明细分类账。

F 公司应编制如下会计分录：

借：银行存款　　　　　　　　　　　　　　　　　　　　　　500 000
　　贷：实收资本——甲　　　　　　　　　　　　　　　　　　250 000
　　　　　　——乙　　　　　　　　　　　　　　　　　　150 000
　　　　　　——丙　　　　　　　　　　　　　　　　　　100 000

【例 9-7】承例 9-6，为扩大经营规模，经批准，F 公司按原出资比例将资本公积 200 000 元转增资本。

本例中，资本公积 200 000 元按原出资比例转增实收资本，因此，F 公司应分别按照 100 000 元、60 000 元和 40 000 元的金额贷记"实收资本"科目中"甲""乙""丙"明细分类账。

F 公司应编制如下会计分录：

借：资本公积——资本溢价　　　　　　　　　　　　　　　　200 000
　　贷：实收资本——甲　　　　　　　　　　　　　　　　　　100 000
　　　　　　——乙　　　　　　　　　　　　　　　　　　 60 000
　　　　　　——丙　　　　　　　　　　　　　　　　　　 40 000

【例 9-8】承例 9-6，为扩大经营规模，经批准，F 公司按原出资比例将盈余公积 500 000 元转增资本。

本例中，盈余公积 500 000 元按原出资比例转增实收资本，因此，F 公司应分别按照 250 000 元、150 000 元和 100 000 元的金额贷记"实收资本"科目中"甲""乙""丙"明细分类账。

F 公司应编制如下会计分录：

借：盈余公积　　　　　　　　　　　　　　　　　　　　　　500 000
　　贷：实收资本——甲　　　　　　　　　　　　　　　　　　250 000
　　　　　　——乙　　　　　　　　　　　　　　　　　　150 000
　　　　　　——丙　　　　　　　　　　　　　　　　　　100 000

2. 收资本(或股本)的减少

企业减资，应当由董事会制定减资方案，提交股东大会(或股东会)决议，减资后的注册资本不得低于法定最低限额。按法定程序报经批准后，股份有限公司采用收购本公司股票方式减资的,按股票面值和注销股数计算的股票面值总额冲减股本,按注销库存股的账面余额与所冲减股本的差额冲减股本溢价,股本溢价不足冲减的,应依次冲减"盈余公积""利润分配——未分配利润"等科目。购回股票支付的价款低于面值总额的,所注销库存股的账面余额与所冲减股本的差额作为增加资本或股本溢价处理。

【例 9-9】G 公司 2×17 年 12 月 31 日的股本为 10 000 000 股,面值为 1 元,资本公积(股本溢价)为 5 000 000 元,盈余公积为 8 000 000 元。经股东大会批准,G 公司以现金回购本公司股票 2 000 000 股并注销。G 公司按每股 3 元回购股票,假定不考虑其他因素。

G 公司应编制如下会计分录:

(1) 购本公司股份时:

库存股成本=2 000 000×3=6 000 000(元)

借:库存股   6 000 000

    贷:银行存款   6 000 000

(2) 销本公司股份时:

应冲减的资本公积=2 000 000×3-2 000 000×1=4 000 000(元)

借:股本   2 000 000

    资本公积——股本溢价   4 000 000

    贷:库存股   6 000 000

【例 9-10】承例 9-9,假如 G 公司按每股 5 元回购股票,其他条件不变。

G 公司应编制如下会计分录:

回购本公司股份时:

库存股成本=2 000 000×5=10 000 000(元)

借:库存股   10 000 000

    贷:银行存款   10 000 000

注销本公司股份时:

在本例中,应冲减的资本公积=2 000 000×5-2 000 000×1=8 000 000(元),由于应冲减的资本公积大于公司现有的资本公积,所以只能冲减资本公积 5 000 000 元,剩下的 3 000 000 元应冲减盈余公积。

借:股本   2 000 000

    资本公积   5 000 000

    盈余公积   3 000 000

    贷:库存股   10 000 000

【例 9-11】承例 9-9,假定 G 公司按每股 0.9 元回购股票,其他条件不变,G 公司应编制如下会计分录:

回购本公司股份时:

库存股成本=2 000 000×0.9=1 800 000(元)

借:库存股   1 800 000

    贷:银行存款   1 800 000

注销本公司股份时：

应增加的资本公积=2 000 000×1-2 000 000×0.9=200 000(元)

由于折价回购，股本与库存股成本的差额200 000元应作为增加资本公积处理。

借：股本　　　　　　　　　　　　　　　　　　　　　　　　　2 000 000
　　贷：库存股　　　　　　　　　　　　　　　　　　　　　　　　1 800 000
　　　　资金公积——股本溢价　　　　　　　　　　　　　　　　　　200 000

■知识链接9-3

公司减少注册资本的条件与程序

注册资本是公司对外承担责任的物质基础。公司注册资本的减少直接关系到债权人的利益和社会经济活动的安全，因此《公司法》对公司减少注册资本的程序和条件作了严格规定。按照资本不变的原则，原则上公司的资本是不允许减少的。考虑到一些具体情况，我国法律允许减少资本，但必须符合一定的条件。

从实际情况看，应具备下列条件之一。

(1) 公司资本过多。原有公司资本过多，形式资本过剩，再保持资本不变，会导致资本在公司中的闲置和浪费，不利于发挥资本效能，另外也增加了分红负担。

(2) 公司严重亏损。公司严重亏损，资本总额与其实有资产相差悬殊，公司资本已失去应有的证明公司资信状况的法律意义，股东也因公司连年亏损得不到应有的回报。

按照《公司法》规定，公司减少注册资本的程序如下。

(1) 股东(大)会做出减少注册资本的决议。

(2) 编制资产负债表及财产清单。

(3) 公司应当自作出减少注册资本决议之日起10日内通知债权人，并于30日内在报纸上至少公告3次。

(4) 债权人自接到通知书之日起30日内，未接到通知书的自第一次公告之日起90日内，有权要求公司清偿债务或者提供相应的担保。

(5) 依法向公司登记机关办理变更登记。

公司减少注册资本的条件是：减少资本后的注册资本不得低于法定的最低限额。这不仅为维护社会经济安全所必需，而且有助于防止利用公司减少资本的规定来规避设立公司必须具有法定最低限额的注册资本之规定的行为发生。

第三节　资本公积和其他综合收益

一、资本公积概述

(一)资本公积的来源

资本公积是企业收到投资者出资额超出注册资本(或股本)中所占份额的部分，以及直接计入所有者权益的利得和损失等。资本公积包括资本溢价(或股本溢价)和其他资本公积。

1. 资本溢价

资本溢价是企业投资者的出资额超出其在注册资本中所占份额的部分。除股份有限公司外的其他类型的企业在创立时，投资者认缴的出资额即为其注册资本，此时不会出现资本溢价。而当企业重组并有新投资者加入时，为了维护原有投资者的权益，新加入的投资者的出资额就不一定都能作为实收资本处理。因为与原投资者相比，资金投入的时间不同，风险不同，资金对企业的影响不同，而且新投资者加入后，会分享企业的资本公积和留存收益，所以为了补偿原投资者的权益损失，新投资者如果想获得与原投资者相等的投资比例，就需要付出比原投资者在获取该投资比例时所投入的资本更多的出资额，这样就产生了资本溢价。

2. 股本溢价

股本溢价是股份有限公司溢价发行股票时实际收到的款项超过股票面值总额的数额。股份有限公司通过发行股票筹集资金，股票是企业在筹集资本时向出资人发行的股份凭证，代表着其持有者(即股东)对股份公司的所有权。我国《公司法》规定：股票发行价格可以按票面金额，也可以超过票面金额，但不得低于票面金额。企业的股本总额应与注册资本相等，股本总额应等于每股股票面值与其数量的乘积。企业溢价发行股票时，股票发行价格高于面值，所筹集的资金会超出股本总额，超出部分则是股本溢价。

另外，同一控制下的企业合并取得长期股权投资时，也可能会产生资本溢价或股本溢价。

3. 直接计入所有者权益的利得和损失

利得是指由企业非日常活动所形成的、会导致所有者权益增加的、与所有者投入资本无关的经济利益的流入。损失是指由企业非日常活动所发生的、会导致所有者权益减少的、与向所有者分配利润无关的经济利益的流出。得利和损失中不应计入当期损益的部分，直接计入资本公积或其他综合收益。当企业的长期股权投资采用权益法核算时，因被投资单位除净损益以外的所有者权益的其他变动，投资企业按其应享有份额增加或减少资本公积。

(二)资本公积与实收资本(或股本)、留存收益的区别

1. 资本公积与实收资本(或股本)的区别

(1) 实收资本(或股本)是指投资者按照企业章程或合同、协议的约定，实际投入企业并依法进行注册的资本，它体现了企业所有者对企业的基本产权关系。资本公积是投资者的出资中超出其在注册资本中所占份额的部分，以及直接计入所有者权益的利得和损失，它不直接表明所有者对企业的基本产权关系。

(2) 实收资本(或股本)的构成比例是确定所有者参与企业财务经营决策的基础，也是企业进行利润分配或股利分配的依据，同时还是企业清算时确定所有者对净资产的要求权的依据。资本公积主要是用来转增资本(或股本)。资本公积不体现各所有者的占有比例，也不能作为所有者参与企业财务经营决策或进行利润分配(或股利分配)的依据。

2. 资本公积与留存收益的区别

留存收益是企业从历年实现的利润中提取或形成的留存于企业的内部积累，来源于企业生产经营活动中实现的利润，包括盈余公积和未分配利润。盈余公积不仅可以用于转增资本，而且可以用于弥补亏损或分配利润或股利等方面。资本公积主要来自资本溢价(或股本溢价)以及直接计入所有者权益的利得和损失等，其主要用途是转增资本(或股本)。

二、资本公积的账务处理

资本公积的核算包括资本溢价或股本溢价的核算以及其他资本公积的核算等内容。

(一)资本溢价

除股份有限公司外的其他类型的企业，需要在"资本公积"科目下设置"资本溢价"明细科目，用于核算企业投资者的出资额超出其在注册资本中所占份额的部分。

【例 9-12】H 有限责任公司由两位投资者投资 1 000 000 元设立，每人出资 500 000 元。一年后，为扩大经营规模，公司决定增资。经批准，H 有限责任公司注册资本增加到 1 500 000 元，并吸收第三位投资者加入。按照投资协议，新投资者要享有该公司股份的 1/3 的股份，需要缴入现金 600 000 元。新投资者按协议缴足投资款，假定不考虑其他因素。

本例中，H 公司收到第三位新投资者投资款 600 000 元时，其中 500 000 元属于第三位投资者在注册资本中享有的份额，应计入"实收资本"科目，另外的 100 000 元属于资本溢价，应计入"资本公积——资本溢价"科目。

H 公司应编制如下会计分录：

借：银行存款　　　　　　　　　　　　　　　　　　　　　　　　600 000
　　贷：实收资本　　　　　　　　　　　　　　　　　　　　　　500 000
　　　　资本公积——资本溢价　　　　　　　　　　　　　　　　100 000

(二)股本溢价

股本溢价的数额等于股份有限公司发行股票时实际收到的款项超过股票面值总额的部分。如果公司按面值发行股票，发行股票取得的款项，应全部作为股本处理；如果公司溢价发行股票，企业发行股票取得的款项，应按股票面值确认股本，超出股票面值的溢价收入应作为股本溢价处理。

发行股票相关的手续费、佣金等交易费用，如果是溢价发行股票的，应从溢价中抵扣，冲减资本公积(股本溢价)；无溢价发行股票或溢价金额不足以抵扣的，应将不足部分冲减盈余公积和未分配利润。

【例 9-13】J 股份有限公司委托证券代理商发行普通股 20 000 000 股，每股面值 1 元，每股发行价格为 5 元。J 公司与代理商约定，手续费为发行收入的 3%，从发行收入中扣除。假定股票发行成功，J 公司收到股款存入银行。

本例中，J 公司发行股票收到的款项=20 000 000×5×(1-3%)=97 000 000(元)

股本溢价=溢价收入-手续费=20 000 000×(5-1)-20 000 000×5×3%=77 000 000(元)

J 公司应编制如下会计分录：

```
借：银行存款                              97 000 000
    贷：股本                              20 000 000
        资本公积——股本溢价                77 000 000
```

(三)其他资本公积

其他资本公积，是指除资本溢价(或股本溢价)项目以外所形成的资本公积。例如，被投资单位除净损益、其他综合收益以及利润分配以外的所有者权益的其他变动，投资方应按所持股权比例计算应享有的份额，调整长期股权投资的账面价值，同时计入资本公积(其他资本公积)，投资方在后续处置股权投资但对剩余股权仍采用权益法核算时，应按处置比例将这部分资本公积转入当期投资收益，对剩余股权终止权益法核算时，将这部分资本公积全部转入当期投资收益。

【例 9-14】K 有限责任公司于 2×17 年 1 月 1 日向甲公司投资 1 000 000 元，拥有甲公司 25%的股份，并对该公司产生重大影响，因而对甲公司长期股权投资采用权益法核算。2×17 年 12 月 31 日，甲公司除净损益与其他综合收益之外的所有者权益增加了 2 000 000 元。假定除此之外，甲公司的所有者权益没有变化，K 公司的持股比例没有变化，甲公司资产的账面价值与公允价值一致，假定不考虑其他因素。

本例中，K 公司对甲公司的长期股权投资采用权益法核算，持股比例未发生变化，甲公司发生了除净损益和其他综合收益之外的所有者权益的其他变动，K 公司应按其持股比例计算应享有的甲公司权益的数额，作为增加资本公积处理。

K 有限责任公司增加的资本公积=2 000 000×25%=500 000(元)

```
借：长期股权投资——甲公司(其他权益变动)              500 000
    贷：资本公积——其他资本公积                        500 000
```

需要注意的是：K 公司在处置该项长期股权投资时，应转销与该笔投资相关的其他资本公积。

三、其他综合收益

其他综合收益，是指企业根据其他会计准则规定未在当期损益中确认的各项利得和损失。其他综合收益可以分为两大类：一类是以后会计期间不能重分类进损益的其他综合收益项目，主要包括重新计量设定受益计划净负债或净资产导致的变动和按照权益法核算的在被投资单位不能重分类进损益的其他综合收益变动中所享有的份额等；另一类是以后会计期间在满足规定条件时将重分类进损益的其他综合收益项目，如可供出售金融资产公允价值的变动、可供出售外币非货币性项目的汇兑差额、金融资产的重分类的利得和损失等。

【例 9-15】2×17 年 12 月 31 日，L 公司持有的乙公司 200 万股股票每股市价 6 元。该股票为 L 公司 2×17 年 11 月 6 日以 1 002 万元(含交易税费 2 万元)购入的，L 公司将其划分为可供出售金融资产。

可供出售金融资产公允价值变动形成的利得或损失，除减值损失和外币货币性金融资产形成的汇兑差额外，应当直接计入所有者权益(其他综合收益)，在该金融资产终止确认时转出，计入当期损益。其公允价值变动形成的利得会计分录为借记"可供出售金融资产

——公允价值变动"科目，贷记"其他综合收益"科目，可供出售金融资产公允价值变动形成的损失，作相反的会计分录。

本例中，L 公司的可供出售金融资产公允价值增加 6×200-1 002=198(万元)，L 公司应将其计入"其他综合收益"。

L 公司应编制的会计分录为

借：可供出售金融资产——公允价值变动　　　　　　　　　　　1 980 000
　　贷：其他综合收益　　　　　　　　　　　　　　　　　　　　　1 980 000

讨论与思考 9-1

利得是指由企业非日常活动形成的、会导致所有者权益增加的、与所有者投入资本无关的经济利益的流入。损失是指由企业非日常活动发生的、会导致所有者权益减少的、与向所有者分配利润无关的经济利益的流出。根据企业会计准则，一部分利得与损失直接计入了当期损益，另一部分利得与损失则直接计入了所有者权益。

【任务】

1. 根据企业会计准则，哪些利得与损失直接计入当期损益？通过什么会计科目核算？
2. 哪些利得与损失直接计入了所有者权益？是通过哪些科目核算的？有什么不同？
3. 利得和损失的会计处理对于会计报表会产生哪些影响？

第四节　留 存 收 益

一、留存收益概述

(一)留存收益的性质

留存收益是指企业从历年实现的利润中提取或形成的留存于企业的内部积累，又称累积收益。留存收益不是由投资者从外部投入的，而是企业经营所得的盈利累积而成的。

(二)留存收益的构成

留存收益包括盈余公积和未分配利润，盈余公积又包括法定盈余公积和任意盈余公积。

1. 盈余公积

盈余公积是指企业按照有关规定从净利润中提取的积累资金。提取盈余公积本身就属于利润分配的一部分，盈余公积的提取实际上是企业当期实现的净利润向投资者分配利润的一种限制。提取盈余公积相对应的资金，一经提取形成盈余公积后，在一般情况下不用于向投资者分配利润或股利。企业提取的盈余公积主要用于弥补亏损、扩大公司生产经营或者转为增加公司资本等。

公司制企业的盈余公积包括法定盈余公积和任意盈余公积。

(1) 法定盈余公积。

法定盈余公积是指企业按照公司法规定的比例从净利润中提取的盈余公积。我国《公司法》规定，公司制企业应按照净利润(减弥补以前年度亏损，下同)的 10%，提取法定盈余公积。非公司制企业法定盈余公积的提取比例可超过净利润的 10%。法定盈余公积累计额已达注册资本的 50%时，可以不再提取。提取法定盈余公积是国家法规的强制规定，目的在于确保企业不断积累资本，壮大企业实力，企业必须提取法定盈余公积。法定盈余公积转为资本时，所留存的该项公积金不得少于转增前公司注册资本的 25%。

(2) 任意盈余公积。

公司制企业可根据股东大会的决议提取任意盈余公积。非公司制企业经类似权力机构批准，也可提取任意盈余公积。但如果股份有限公司发行优先股，则必须在分配优先股利之后才能提取任意盈余公积。法定盈余公积和任意盈余公积的区别在于其各自计提的依据不同，前者以国家的法律法规为依据；后者由企业权力机构视企业情况自行决定。企业提取法定盈余公积后，公司出于实际需要或采取审慎的经营策略，按照股东会、股东大会决议或经类似权力机构批准，从税后净利润中提取的一部分任意盈余公积，提取数额视实际情况而定。

2. 未分配利润

未分配利润是指企业实现的净利润经过弥补亏损、提取盈余公积和向投资者分配利润后留存企业的、历年结存的利润。未分配利润有两层含义：一是留待以后年度分配的利润；二是未指明特定用途的利润。未分配利润是企业所有者权益的组成部分，相对于所有者权益的其他部分来说，企业对于未分配利润的使用有较大的自主权。

■知识链接 9-4

公司法关于利润分配的相关规定

公司分配当年税后利润时，应当提取利润的 10%列入公司法定公积金。公司法定公积金累计额为公司注册资本的 50%以上的，可以不再提取。公司的法定公积金不足以弥补以前年度亏损的，在依照前款规定提取法定公积金之前，应当先用当年利润弥补亏损。公司从税后利润中提取法定公积金后，经股东会或者股东大会决议，还可以从税后利润中提取任意公积金。

公司弥补亏损和提取公积金后所余税后利润，有限责任公司依照公司法的规定分配；股份有限公司按照股东持有的股份比例分配，但股份有限公司章程规定不按持股比例分配的除外。股东会、股东大会或者董事会违反前款规定，在公司弥补亏损和提取法定公积金之前向股东分配利润的，股东必须将违反规定分配的利润退还公司。公司持有的本公司股份不得分配利润。

公司的公积金用于弥补公司的亏损、扩大公司生产经营或者转为增加公司资本。但是，资本公积金不得用于弥补公司的亏损。法定公积金转为资本时，所留存的该项公积金不得少于转增前公司注册资本的 25%。

二、留存收益的账务处理

(一)利润分配

利润分配是指企业根据国家有关规定和企业章程、投资者协议等，对企业当年可供分配的利润进行的分配。

可供分配的利润=当年实现的净利润(或净亏损)+年初未分配利润(或-年初未弥补亏损)+其他转入

利润分配的顺序依次如下：

(1) 弥补亏损，即在公司已有的法定公积金不足以弥补上一年度的亏损时，先用当年利润弥补亏损。

(2) 提取法定盈余公积。应当提取当年净利润(减弥补以前年度亏损)的10%作为公司法定公积金。公司法定盈余公积累计额为公司注册资本的50%以上的，可以不再提取。

(3) 提取任意盈余公积，即经股东会或股东大会决定，可以从税后利润中提取任意公积金。

(4) 向投资者分配利润或股利。企业应通过"利润分配"科目，核算企业利润的分配(或亏损的弥补)和历年分配(或弥补)后的未分配利润(或未弥补亏损)。在该科目下应分别设置"提取法定盈余公积""提取任意盈余公积""应付现金股利或利润""盈余公积补亏""未分配利润"等明细科目，进行明细核算。

年度终了，企业应将全年实现的净利润或发生的净亏损，自"本年利润"科目转入"利润分配——未分配利润"科目，并将"利润分配"科目所属其他明细科目的余额，转入"未分配利润"明细科目。结转后，"利润分配——未分配利润"科目如为贷方余额，表示累积未分配的利润数额；如为借方余额，则表示累积未弥补的亏损数额。

【例9-16】N股份有限公司年初未分配利润为500 000元，本年实现净利润1 000 000元，本年提取的法定盈余公积100 000元，宣告发放现金股利800 000元，假定不考虑其他因素。

N股份有限公司应编制如下会计分录。

结转实现的净利润时：

借：本年利润　　　　　　　　　　　　　　　　　　　　　　1 000 000
　　贷：利润分配——未分配利润　　　　　　　　　　　　　　　　1 000 000

如企业当年发生亏损，则应借记"利润分配——未分配利润"科目，贷记"本年利润"科目。

提取法定盈余公积、宣告发放现金股利时：

借：利润分配——提取法定盈余公积　　　　　　　　　　　　　100 000
　　　　　　——应付现金股利　　　　　　　　　　　　　　　　800 000
　　贷：盈余公积　　　　　　　　　　　　　　　　　　　　　　100 000
　　　　应付股利　　　　　　　　　　　　　　　　　　　　　　800 000

结转利润分配明细科目时：

借：利润分配——未分配利润　　　　　　　　　　　　　　　　900 000
　　贷：利润分配——提取法定盈余公积　　　　　　　　　　　　100 000
　　　　　　　　——应付现金股利　　　　　　　　　　　　　　800 000

本例中，"利润分配——未分配利润"明细科目的余额在贷方，此贷方余额600 000元(年初未分配利润500 000+本年利润1 000 000-提取法定盈余公积100 000-应付现金股利800 000)即为N股份有限公司本年年末的累计未分配利润。

(二)盈余公积

按照《公司法》有关规定，公司制企业应按照净利润(减弥补以前年度亏损，下同)的10%，提取法定盈余公积。需要注意的是在计算提取法定盈余公积的基数时，不应包括年初的未分配利润。

企业提取的盈余公积经批准可用于弥补亏损、转增资本、发放现金股利或利润等。

1. 提取盈余公积

企业按规定提取盈余公积时，应通过"利润分配"和"盈余公积"等科目核算。

【例9-17】P股份有限公司年初未分配利润为200 000元，本年实现净利润为2 000 000元。经股东大会批准，P股份有限公司按当年净利润的10%提取法定盈余公积。

在本例中，P公司本年提取法定盈余公积金额=2 000 000×10%=200 000(元)

P公司应编制如下会计分录：

借：利润分配——提取法定盈余公积　　　　　　　　　　　　　200 000
　　贷：盈余公积——法定盈余公积　　　　　　　　　　　　　　　200 000

2. 盈余公积补亏

【例9-18】经股东大会批准，Q股份有限公司用以前年度提取的法定盈余公积弥补当年亏损，当年弥补亏损的数额为500 000元。

Q公司应编制如下会计分录：

借：盈余公积——法定盈余公积　　　　　　　　　　　　　　　500 000
　　贷：利润分配——盈余公积补亏　　　　　　　　　　　　　　　500 000

3. 盈余公积转增资本

【例9-19】R股份有限责任公司因扩大经营规模需要，经股东大会批准，将盈余公积1 000 000元转增股本，已办好增资手续，假定不考虑其他因素。

R公司应编制如下会计分录：

借：盈余公积　　　　　　　　　　　　　　　　　　　　　　1 000 000
　　贷：股本　　　　　　　　　　　　　　　　　　　　　　　　1 000 000

4. 用盈余公积发放现金股利或利润

【例9-20】S股份有限公司2×16年12月31日普通股股本为10 000 000股，每股面值1元，可供投资者分配的利润为1 500 000元，盈余公积为2 000 000元。2×17年3月20日，股东大会批准了2×16年度利润分配方案，以2×16年12月31日为登记日，按每股0.2元发放现金股利。S公司共需要分派现金股利2 000 000元，其中动用可供投资者分配的利润1 500 000元、盈余公积500 000元。

本例中，S公司经股东大会批准，以未分配利润和盈余公积发放现金股利，属于以未分配利润发放现金股利的部分1 500 000元应记入"利润分配——应付现金股利"科目，属于以盈余公积发放现金股利的部分500 000元应记入"盈余公积"科目。

宣告发放现金股利时：

借：利润分配——应付现金股利　　　　　　　　　　　　　　1 500 000
　　盈余公积　　　　　　　　　　　　　　　　　　　　　　　500 000

    贷：应付股利   2 000 000

  支付现金股利时：

    借：应付股利   2 000 000

    贷：银行存款   2 000 000

▶ 讨论与思考 9-2

  《公司法》规定：公司分配当年税后利润时，应当提取利润的 10% 列入公司法定公积金。公司法定公积金累计额为公司注册资本的 50% 以上的，可以不再提取。

【任务】

  1. 《公司法》为何要对公司型企业提取盈余公积作出上述规定？

  2. 请查阅《独资企业法》和《合伙企业法》，说明独资企业和合伙企业关于提取盈余公积是如何规定的。

本 章 小 结

  企业的组织形式不同，所有者权益的核算也不相同，本章从企业的组织形式入手，全面介绍了企业所有者权益的定义、构成以及各个组成部分的核算方法。所有者权益是指企业资产扣除负债后由所有者享有的剩余权益，其来源包括所有者投入的资本、直接计入所有者权益的利得和损失、留存收益等，具体项目包括实收资本(或股本)、资本公积、其他综合收益、盈余公积和未分配利润。

  实收资本是公司的全体股东或发起人实际交付并经公司登记机关依法登记的出资额或者股本总额。非股份有限公司接受投资应通过"实收资本"科目进行核算；股份有限公司发行股票主要通过"股本"科目进行核算。资本公积是企业收到投资者出资额超出注册资本(或股本)中所占份额的部分，以及直接计入所有者权益的利得和损失等。资本公积包括资本溢价(或股本溢价)和其他资本公积。其他综合收益是指企业根据其他会计准则规定未在当期损益中确认的各项利得和损失。留存收益是指企业从历年实现的利润中提取或形成的留存于企业的内部积累，包括盈余公积和未分配利润，盈余公积又包括法定盈余公积和任意盈余公积。

复习思考题

  1. 什么是所有者权益？与负债有何区别？

  2. 所有者权益的来源主要有哪些？

  3. 什么是实收资本？如何进行会计核算？

  4. 什么是资本公积？如何进行会计核算？

  5. 什么是其他综合收益？主要分为哪几类？

  6. 什么是留存收益？包括哪些核算内容？

  7. 企业利润分配的顺序是怎样的？

8. "利润分配"账户下一般开设哪些明细分类账户?
9. 哪些经济业务会使企业所有者权益总额发生增减变动?
10. 哪些经济业务会使留存收益总额发生增减变动?

自测与技能训练

一、基础知识自测

(一)单项选择题

1. 下列各项中,不属于所有者权益的是( )。
   A. 股本　　　B. 其他综合收益　　　C. 未分配利润　　　D. 应收股利
2. 下列各项中,会引起企业所有者权益总额发生增减变动的是( )。
   A. 接受无形资产投资　　　　　B. 提取盈余公积
   C. 盈余公积补亏　　　　　　　D. 资本公积转增资本
3. 下列各项中,不会使留存收益总额发生增减变动的是( )。
   A. 宣告分配现金股利　　　　　B. 盈余公积转增资本
   C. 提取盈余公积　　　　　　　D. 分配股票股利
4. 按照公司法规定:企业法定盈余公积累积达到注册资本的( )时,可以不提取法定盈余公积。
   A. 10%　　　B. 25%　　　C. 50%　　　D. 75%
5. 股份有限公司溢价发行股票支付的手续费等发行费用,应( )。
   A. 从溢价收入中扣除　　　　　B. 计入管理费用
   C. 计入销售费用　　　　　　　D. 计入财务费用

(二)多项选择题

1. 下列各项中,属于企业所有者权益的是( )。
   A. 实收资本　　　B. 资本公积　　　C. 盈余公积　　　D. 其他综合收益
2. 下列各项中,属于企业留存收益的是( )。
   A. 实收资本　　　B. 未分配利润　　　C. 资本公积　　　D. 盈余公积
3. 下列各项中,不会使所有者权益总额发生增减变动的是( )。
   A. 资本公积转增资本　　　　　B. 宣告分配现金股利
   C. 提取任意盈余公积　　　　　D. 盈余公积弥补亏损
4. 下列各项中,应当计入其他综合收益的是( )。
   A. 可供出售金融资产公允价值的变动
   B. 可供出售外币非货币性项目的汇兑差额
   C. 持有至到期投资溢价的摊销额
   D. 经营性租出固定资产的折旧额
5. 企业的盈余公积可用于( )。
   A. 转增资本　　　B. 弥补亏损　　　C. 分配股利　　　D. 集体福利

(三)分析判断题

1. 股份有限公司发行股票时可以按面值发行,也可以溢价发行或折价发行。( )

2. 发行股票相关的手续费、佣金等交易费用，如果是溢价发行股票，应从溢价中抵扣，冲减资本公积(股本溢价)；溢价金额不足以抵扣的，应将不足部分计入当期财务费用。（ ）

3. 按照《公司法》有关规定，公司制企业应按照净利润的 10%提取法定盈余公积。在计算提取法定盈余公积的基数时，不应包括年初未分配利润和未弥补的亏损。（ ）

4. 企业以当年实现的利润弥补以前年度亏损时，不需要进行专门的会计处理。（ ）

5. 留存收益包括法定盈余公积和任意盈余公积两部分。（ ）

二、实务技能训练

实务训练一

【目的】：练习股本和资本公积的核算。

【资料】：A 股份有限公司 2×17 年至 2×18 年发生下列业务：

(1) 2×17 年 1 月 1 日，A 公司委托证券代理商发行普通股 5 000 万股，每股面值 1 元，每股发行价格为 10 元。辽东股份有限公司与证券代理商约定，手续费为发行收入的 2%，从发行收入中扣除。假定股票发行成功，股款收妥，存入银行。

(2) 2×17 年 8 月 5 日，经股东大会决议，并报有关部门核准，以资本公积 600 万元转增股本。

(3) 2×18 年 5 月 1 日，经股东大会决议，并报有关部门核准，A 公司以银行存款回购本公司股票 200 万股，每股回购价 4 元。

(4) 2×18 年 5 月 10 日，经有关部门核准，股东大会决议，A 公司将回购的本公司股票 200 万股予以注销。

【要求】：根据上述经济业务编制相关的会计分录。

实务训练二

【目的】：练习利润分配业务的核算。

【资料】：辽东股份有限公司 2×16 年初有未弥补的亏损 20 万元。2×16 年度实现净利润为 500 万元。经股东大会批准，辽东股份有限公司按当年净利润的 10%提取法定盈余公积，宣告分配现金股利 200 万元。

【要求】：根据上述经济业务编制相关的会计分录。

第十章　收入、费用和利润

学习目标

通过本章的学习，应当了解收入与费用的概念、特征及分类；掌握收入的确认原则和前提条件，以及收入业务的会计处理方法；掌握期间费用的核算方法；掌握所得税费用的核算方法；掌握本年利润的计算与结转、净利润的分配及其会计处理方法。

第一节　收　入

一、收入的概念、特征与分类

(一)收入的概念与特征

收入是指企业在日常活动中形成的、会导致所有者权益增加的、与所有者投入资本无关的经济利益的总流入。收入主要具有以下特征：

(1) 收入是从企业日常活动中产生，偶发的交易和事项中产生的经济利益流入不属于收入的范畴。例如企业销售商品、提供劳务等获得的经济利益流入属于收入。但有些交易或事项虽然也能为企业带来经济利益，但不属于企业的日常活动，不应作为收入核算，例如企业处置固定资产、债务重组等经济活动产生的经济利益流入，则属于利得，应确认为营业外收入。

(2) 收入能导致企业所有者权益的增加，不会导致所有者权益增加的经济利益流入不属于收入。根据"资产=负债+所有者权益"的公式，企业收入的实现，会导致资产增加或负债减少，或者两者兼而有之，任何情况都会增加企业所有者权益。收入只包括企业经济利益的流入，不包括为第三方或客户代收的款项，如代收利息、增值税等。代收款项会形成企业的负债，不会导致所有者权益增加，所以不属于本企业的收入。

(3) 收入不包括所有者向企业投入资本导致的经济利益流入。虽然接受投资者投资会导致企业所有者权益增加，但这属于企业的筹资业务，不属于收入范畴。

(二)收入的分类

(1) 收入按企业从事日常活动的性质不同，可以分为商品销售收入、提供劳务收入和让渡资产使用权收入等。

商品销售收入是指企业通过销售商品实现的收入，如工业企业制造并销售产品等。提供劳务收入是指企业提供运输、服务、咨询、代理、培训、安装等劳务所取得的收入。让渡资产使用权收入是指企业通过让渡资产使用权所取得的收入，如出租固定资产取得的租金收入、转让无形资产使用权取得的使用费收入以及出借资金取得的利息收入等。

(2) 收入按经营业务的主次不同，可以分为主营业务收入和其他业务收入两类。

主营业务收入是指企业的主营业务活动所取得的收入，又称基本业务收入。不同的行

业，具有不同的主营业务。例如，工业企业的主营业务是制造和销售产成品及半成品，商业企业的主营业务是销售商品，安装公司的主营业务是提供安装服务，旅游服务企业的主营业务是提供景点服务以及客房、餐饮服务等。

其他业务收入是指企业为完成其经营目标所从事的与经常性活动相关的活动实现的收入。其他业务收入一般有以下特点：每笔业务金额较小，业务不经常发生，服务对象不太固定，在全部营业收入中所占比重较低。例如材料销售收入、包装物和固定资产出租收入、无形资产转让使用权收入等。

二、收入的确认和计量

收入的确认与计量大致分为五步：第一步，识别与客户订立的合同；第二步，识别合同中的单项履约义务；第三步，确定交易价格；第四步，将交易价格分摊至各单项履约义务；第五步，履行每一单项履约义务时确认收入。其中，第一步、第二步和第五步主要与收入确认有关，第三步和第四步主要与收入的计量有关。

(一)识别与客户订立的合同

所谓合同，是指双方或多方之间订立的有法律约束力的权利、义务的协议，包括书面形式、口头形式以及其他可验证的形式。

1. 收入确认的原则

企业应当在履行了合同中的履约义务，即在客户取得了相关商品控制权时确认收入。取得相关商品控制权，是指能够主导该商品的使用并从中获得几乎全部的经济利益，也包括有能力阻止其他方主导该商品的使用并从中获得经济利益。取得商品控制权包括以下三个要素。

(1) 能力，即客户必须拥有现时权利，能够主导该商品的使用并从中获得几乎全部经济利益。如果客户只能在未来某一期间主导该商品的使用并从中获益，则表明其未取得该商品的控制权。

(2) 主导该商品的使用。客户有能力主导该商品的使用，是指客户有权使用该商品，或者能够允许或阻止其他方使用该商品。

(3) 能获得几乎全部的经济利益。商品的经济利益是指该商品的潜在现金流量，既包括现金流入的增加，也包括现金流出的减少。客户可以通过很多方式直接或间接地获得商品的经济利益。例如，使用、消耗、出售或持有该商品，使用该商品提升其他资产的价值，以及将该商品用于清偿债务或支付费用等。

2. 收入确认的前提条件

当企业与客户之间的合同同时满足下列条件时，企业应当在客户取得相关商品控制权时确认收入。

(1) 合同各方已批准该合同并承诺将履行各自义务。

(2) 该合同明确了合同各方与所转让商品或提供劳务(以下简称"转让商品")相关的权利和义务。

(3) 该合同有明确的与所转让商品相关的支付条款。
(4) 该合同具有商业实质,即履行该合同将改变企业未来现金流量的风险、时间分布或金额。
(5) 企业因向客户转让商品而有权取得的对价很可能收回。

在进行上述判断时,应当注意以下三点。

(1) 合同约定的权利和义务是否具有法律约束力,需要根据企业所处的法律环境和实务操作进行判断,包括合同订立的方式和流程、具有法律约束力的权利和义务的时间等。对于合同各方均有权单方面终止完全未执行的合同,且无需对合同其他方作出补偿的,企业应当视为该合同不存在。

(2) 合同具有商业实质,是指履行该合同将改变企业未来现金流量的风险、时间分布或金额。

(3) 企业在评估其因向客户转让商品而有权取得的对价是否可能收回时,仅应考虑客户到期时支付对价的能力和意图(即客户的信用风险)。企业在进行判断时,应当考虑是否存在价格折让。

(二)识别合同中的单项履约义务

合同开始日,企业应当对合同进行评估,识别该合同所包含的各单项履约义务,并确定各单项履约义务是在某一时段内履行,还是在某一时点履行,然后在履行了各单项履约义务时分别确认收入。履约义务是指合同中企业向客户转让可明确区分商品的承诺。企业应当将下列向客户转让商品的承诺作为单项履约义务。

1. 企业向客户转让可明确区分商品的承诺

企业向客户承诺的商品同时满足下列条件的,应当作为可明确区分商品:一是客户能够从该商品本身或者从该商品与其他易于获得资源一起使用中受益,即该商品能够明确区分;二是企业向客户转让该商品的承诺与合同中其他承诺可单独区分,即转让该商品的承诺在合同中是可明确区分的,如企业通常单独销售该商品等。

2. 企业向客户转让一系列实质相同且转让模式相同的、可明确区分商品的承诺

企业应当将实质相同且转让模式相同的一系列商品作为单项履约义务,即使这些商品可明确区分。其中转让模式相同,是指每一项可明确区分商品均满足在某一时间段内履行履约义务的条件,且采用相同方法确定其履约进度。例如,每天为客户提供保洁服务的长期劳务合同。

(三)确定交易价格

交易价格是指因向客户转让商品而预期有权收取的对价金额。企业代第三方收取的款项(如增值税)以及企业预期将退还给客户的款项,应当作为负债进行会计处理,不计入交易价格。合同标价并不一定代表交易价格,企业应当根据合同条款,并结合以往的习惯做法等确定交易价格。企业在确定交易价格时,应当假定将按照现有合同的约定向客户转让商品,且该合同不会被取消、续约或变更。

(四)将交易价格分摊至各单项履约义务

合同中包含两项或多项履约义务时,为了使企业分摊至每一单项履约义务的交易价格能够反映其因向客户转让已承诺的相关商品(或已承诺的相关服务)而预期有权收取的对价金额,企业应当在合同开始日,按照各单项履约义务所承诺商品的单独售价的相对比例,将交易价格分摊至各单项履约义务。单独售价是指企业向客户单独销售商品的价格。单独售价无法直接观察的,企业应当综合考虑其能够合理取得的全部相关信息,采用市场调整法、成本加成法等方法合理估计单独售价。

(五)履行每一单项履约义务时确认收入

企业应当在履行了合同中的履约义务,即客户取得相关商品控制权时确认收入。

1. 在某一时段内履行的履约义务的收入确认条件

满足下列条件之一的,属于在某一时段内履行的履约义务,相关收入应当在该履约义务履行的期间内确认。

(1) 客户在企业履约的同时即取得并消耗企业履约所带来的经济利益。企业在履约过程中是持续地向客户转移该服务的控制权的,该履约义务属于在某一时段内履行的履约义务,企业应当在提供该服务的期间内确认收入。

(2) 客户能够控制企业履约过程中在建的商品。企业履约过程中在建的商品包括在产品、在建工程、尚未完成的研发项目和正在进行的服务等。如果客户在企业创建该商品的过程中就能控制这些商品,应当认为企业提供该商品的履约义务属于某一时段内履行的履约义务。

(3) 企业履约过程中所产生的商品具有不可替代的用途,且该企业在整个合同期间内有权就累计至今已完成的履约部分收取款项。

2. 在某一时段内履行的履约义务的收入确认方法

对于某一时段内履行的履约义务,企业应当在该段时间内按照履约进度确认收入,履约进度不能合理确定的除外。企业应当采用恰当的方法确定履约进度,以使其如实反映企业向客户转让商品的履约情况。企业应当考虑商品的性质,采用产出法或投入法确定恰当的履约进度,并且在确定履约进度时,应当扣除那些控制权尚未转移给客户的商品和服务。

(1) 产出法主要是根据已转移给客户的商品对于客户的价值确定履约进度,主要包括按照实际测量的完工进度、评估已实现的结果、已达到的里程碑、时间进度、已完工或交付的产品等确定履约进度的方法。产出法是直接计量已完成的产出,一般能够客观地反映履约进度。当产出法所需要的信息可能无法直接通过观察取得,或者为取得这些信息需要花费很高的成本时,可采用投入法。

(2) 投入法主要是根据企业履行履约义务的投入确定履约进度,主要包括以投入的材料数量、花费的人工工时或机器工时、发生的成本和时间进度等投入指标确定履约进度。当企业从事的工作或发生的投入是在整个履约期间内平均发生时,按照直线法确认收入是合适的。

■ 知识链接 10-1

《企业会计准则第 14 号——收入》的修订

2006 年 2 月，财政部发布《企业会计准则第 14 号——收入》和《企业会计准则第 15 号——建造合同》，规范了收入确认、计量和相关信息的披露。然而，随着市场经济的日益发展、交易事项的日趋复杂，实务中收入确认和计量面临越来越多的问题。2014 年 5 月，国际会计准则理事会和美国财务会计准则委员会联合发布了《国际财务报告准则第 15 号——与客户之间的合同产生的收入》，自 2018 年 1 月 1 日起生效。该准则的核心原则是，主体确认收入的方式应当反映其向客户转让商品和服务的模式，确认金额应当反映主体预计因交付该商品和服务而有权获得的金额。并设定了统一的收入确认计量的五步法模型，即识别与客户订立的合同、识别合同中的单项履约义务、确定交易价格、将交易价格分摊至各单项履约义务、履行每一单项履约义务时确认收入。收入准则修订的主要内容包括以下四项。

(1) 将现行收入和建造合同两项准则纳入统一的收入确认模型。修订后的收入准则采用统一的收入确认模型来规范所有与客户之间的合同产生的收入，并且就"在一段时间内"还是"在某一时点"确认收入提供具体指引。

(2) 以控制权转移替代风险报酬转移作为收入确认时点的判断标准。修订后的收入准则打破商品和劳务的界限，要求企业在履行合同中的履约义务，即客户取得相关商品(或服务)控制权时确认收入，从而能够更加科学合理地反映企业的收入确认过程。

(3) 对于包含多重交易安排的合同的会计处理提供更明确的指引。修订后的收入准则对包含多重交易安排的合同的会计处理提供了更明确的指引，要求企业在合同开始日对合同进行评估，识别合同所包含的各项履约义务，按照各项履约义务所承诺商品(或服务)的相对单独售价将交易价格分摊至各项履约义务，进而在履行各履约义务时确认相应的收入。

(4) 对于某些特定交易(或事项)的收入确认和计量给出了明确规定。修订后的收入准则对于某些特定交易(或事项)的收入确认和计量给出了明确规定。

三、收入业务的会计处理

企业发生销售商品业务，应当首先判断其是否同时满足收入的确认条件。在同时满足收入确认的五个条件时，按已收或应收的合同或协议价款和应收取的增值税销项税额，借记"银行存款""应收账款""应收票据"等科目，按确定的收入金额，贷记"主营业务收入""其他业务收入"等科目，按应收取的增值税销项税额，贷记"应交税费——应交增值税(销项税额)"科目；在销售商品的同时或在资产负债表日，按已销商品的账面价值结转销售成本，借记"主营业务成本""其他业务成本"等科目，贷记"库存商品""原材料"等科目。

【例 10-1】八达实业股份有限公司采用交款提货方式向甲公司销售一批 B 产品，增值税发票上注明的价款为 50 000 元，增值税额为 8 000 元。收到甲公司转账支票一张，金额 58 000 元。八达公司将产品交付给甲公司。该批商品的成本为 30 000 元。

八达公司应编制的会计分录如下。

(1) 销售商品，确认收入。

借：银行存款   58 000

贷：主营业务收入——B产品	50 000
应交税费——应交增值税(销项税额)	8 000

(2) 结转产品销售成本。

借：主营业务成本——B产品	30 000
贷：库存商品——B产品	30 000

如果企业在销售商品时，不能同时满足收入确认的五个条件，则不应该确认销售商品收入。已经发出的商品，应当通过"发出商品""委托代销商品"等科目进行核算，待同时满足收入确认的五个条件时再确认收入。期末，"发出商品""委托代销商品"等科目的余额，应列入资产负债表的"存货"项目中。

【例10-2】 2×18年1月2日，八达实业股份有限公司向乙公司销售一批A产品。A产品的生产成本为60 000元，销售价格为100 000元，增值税销项税额为16 000元。八达公司在销售时知悉乙公司资金周转发生困难，近期内难以收回货款，但为了减少存货积压以及考虑到与乙公司长期的业务往来关系，仍将A产品发运给乙公司并开出发票账单。2×18年10月1日，乙公司给八达公司开出一张面值116 000元、为期6个月的不带息银行承兑汇票。2×19年4月1日，八达公司收回票款。

在这项交易中，由于乙公司财务发生困难，八达公司因向客户转让商品而有权取得的对价近期内收回的可能性很小，存在重大不确定因素，因此，八达公司在发出商品时收入的确认条件尚不满足，所以不能确认销售收入，应等待乙公司将来承诺付款后再确认销售收入。

八达公司有关的会计处理如下。

(1) 2×18年1月2日，发出商品。

借：发出商品——A产品	60 000
贷：库存商品——A产品	60 000
借：应收账款——乙公司(应收销项税额)	16 000
贷：应交税费——应交增值税(销项税额)	16 000

(2) 2×18年10月1日，收到乙公司开来的不带息银行承兑汇票，八达公司据以确认A产品的销售收入。

借：应收票据	116 000
贷：主营业务收入——A产品	100 000
应收账款——乙公司(应收销项税额)	16 000
借：主营业务成本	60 000
贷：发出商品	60 000

(3) 2×19年4月1日，收回票款。

借：银行存款	116 000
贷：应收票据	116 000

对于不能同时满足上述收入确认的五个条件的合同，企业只有在不再负有向客户转让商品的剩余义务(例如，合同已完成或取消)，且已向客户收取的对价无需退回时，才能将已收取的对价确认为收入，否则应当将已收取的对价作为负债进行会计处理。其中，企业向客户收取无需退回的对价的，应当在已经将该部分对价所对应的商品的控制权转移给客

户,并且已不再向客户转让额外的商品且不再负有此类义务时,将该部分对价确认为收入,或者在相关合同已经终止时,将该部分对价确认为收入。

【例10-3】八达公司与E公司签订协议,采用预收款方式向E公司销售一批B产品。该批商品实际成本为600 000元。协议约定,该批商品销售价格为1 000 000元,增值税税额为160 000元;E公司应在协议签订时预付50%的货款(按销售价格计算),剩余货款于两个月后支付。八达公司的会计处理如下:

(1) 收到60%货款时:
借:银行存款   500 000
    贷:预收账款——E公司   500 000
(2)收到剩余货款及增值税税款并交付商品时:
借:预收账款——E公司   500 000
    银行存款   660 000
    贷:主营业务收入——B产品   1 000 000
        应交税费——应交增值税(销项税额)   160 000
借:主营业务成本——B产品   600 000
    贷:库存商品——B产品   600 000

▶ 讨论与思考10-1

委托代销是指委托方根据协议,委托受托方代销商品的一种销售方式,具体可分为视同买断方式和支付手续费方式两种。视同买断方式委托代销是指委托方和受托方签订合同或协议,委托方按合同协议价格收取代销商品的货款,实际售价可由受托方自定,实际售价与合同或协议价格之间的差额归受托方所有的销售方式;支付手续费方式委托代销是指委托方和受委托方签订合同或协议,委托方根据代销商品的数量向受委托方支付手续费的一种代销方式。

【任务】

1. 对于上述两种不同的委托代销方式,根据《企业会计准则第14号——收入》规定应何时确认收入?

2. 如果采用视同买断方式委托代销,但合同约定受托方如果不能将商品售出,可将商品退还委托方,则应当如何进行会计处理?

第二节 费 用

一、费用概述

(一)费用的概念与特征

费用是指企业在日常活动中发生的、会导致所有者权益减少的、与向所有者分配的利润无关的经济利益的总流出。费用一般具有以下特征:

(1) 费用是企业在日常活动中发生的。这些日常活动的界定与收入定义中涉及的日

活动的界定相一致。将费用界定为日常活动所形成的，是为了将其与损失相区分，非日常活动发生的经济利益流出应当确认为损失，不属于费用的范畴。

(2) 费用最终会减少企业的所有者权益。费用的发生会使企业所有者权益减少，不会导致所有者权益减少的经济利益流出不属于费用。企业在生产经营过程中发生的支出并非都会引起企业所有者权益的减少，例如企业偿债性支出，只是一项资产和一项负债的等额减少，对所有者权益的增减没有影响，因此不构成费用。

(3) 费用会导致企业经济利益流出企业，但与企业利润分配无关。费用会导致企业经济利益流出企业，最终会导致企业经济资源的减少。费用的发生会导致企业资产的减少或者负债的增加，主要表现为现金或现金等价物的流出或存货、固定资产等实物资产的消耗等。但费用不包括向所有者分配利润或股利，这一现金流出虽然减少了企业的净资产，但按照"所有权理论"，向所有者分配的利润或股利不是费用，它不是经营活动的结果，而是属于最终利润的分配。费用应当是企业在取得收入过程中所发生的各项支出。

(二)费用的分类

企业发生的各项费用根据其性质按照不同标准进行分类。其中最基本的是按照费用的经济用途分类。

费用按照经济用途分类，可分为直接材料、直接工资、其他直接支出、制造费用和期间费用。

(1) 直接材料，指构成产品实体，或有助于产品形成的各项原料及主要原料、辅助材料、燃料、备品备件、外购半成品和其他直接材料。

(2) 直接工资，指直接从事产品生产人员的工资、奖金、津贴和补贴。

(3) 其他直接支出，指直接从事产品生产人员的职工福利费。

(4) 制造费用，指企业各生产单位为组织和管理生产所发生的各项费用。

(5) 期间费用，指企业在生产经营过程中发生的不能计入特定核算对象的成本，而应计入发生当期损益的费用，主要包括销售费用、管理费用和财务费用。

■知识链接 10-2

费用与成本和损失的关系

费用与成本既有区别也有联系，虽然两者都是支付或消耗的各项资产，但是，严格来讲，成本并不等于费用。费用是相对于收入而言的，当这些支出和消耗与当期收入相配比时，即计入当期损益时，才成为当期的费用。费用与一定的期间相联系，而成本与一定的成本计算对象相联系。当期的成本不一定是当期的费用，生产产品的生产成本在产品没有销售之前，只是一种资产(在制品或产成品)，只有产品销售以后才能作为产品销售成本转作当期费用。

费用与损失也有区别。从广义上讲，费用包括损失。损失与费用一样都是经济利益的流出，都会减少企业的所有者权益，这一点和费用在性质上没有差别，但从狭义上讲，费用与损失是有区别的。费用是相对于收入而言的，两者存在着配比关系，而损失与利得是相对应的，但两者不存在配比关系。损失是某一个主体除了费用或分派给投资者利润之外的一些边缘性或偶发性支出。

二、费用的确认与计量

(一)费用的确认

我国的《企业会计准则——基本准则》规定：费用只有在经济利益很可能流出从而导致企业资产减少或者负债增加且经济利益的流出额能够可靠计量时才能予以确认。企业为生产产品、提供劳务等发生的可归属于产品成本、劳务成本等的费用，应当在确认产品销售收入、劳务收入等时，将已销售产品、已提供劳务的成本等计入当期损益。企业发生的支出不产生经济利益的，或者即使能够产生经济利益但不符合或者不再符合资产确认条件的，应当在发生时确认为费用，计入当期损益。企业发生的交易或者事项导致其承担了一项负债而又不确认为一项资产的，应当在发生时确认为费用，计入当期损益。

在费用的确认过程中，首先要为费用的确认划定一个时间上的总体界限，即按照支出的效益涉及的期间来确认费用。如果某项支出的效益仅涉及本会计年度(或一个营业周期)，就应将其作为收益性支出，在一个会计期间内确认为费用，否则应予以资本化，不能作为当期费用，而应在以后各期逐渐确认为费用。

在此基础上，再按照费用与收入的关系来确认费用的实现，也就是说，它是按照与其关联的收入实现的期间来确认费用实现的期间的。费用与收入之间配比不仅表现在经济性质上的因果性方面，也表现在时间方面。

(二)费用的计量

费用通常的计量标准是实际成本。费用采用实际成本计量属性来计量，是由于实际成本代表的企业获得商品或劳务时的交换价值，交易双方认可，具有客观性和可验证性，从而使会计信息具有足够的可靠性。

费用的实际成本是按企业为取得商品或劳务而放弃的资源的实际价值来计量的，即按交换价值或市场价格计量的。这种市场价格的确定取决于交易中具体采取的支付方式。费用的发生与资产支出在时间上有时是不一致的，一般有三种可能：一是资产支出与费用同时发生，如用现金支付管理部门的办公费和水电费等，此时费用的实际成本就代表了当时的市场价格；二是资产支出在先，费用发生在后，此时费用的实际成本与费用发生时的市场价格可能会出现一定的背离，例如计提固定资产折旧，固定资产折旧的计提基础是固定资产的历史成本，费用发生时，其实际成本并不一定是固定资产现实的市场价格；三是费用发生在先，资产支出在后，例如预提产品质量保证费用等，由于实际的交易尚未发生，没有市场价格可以计量，因而一般采用预计价值确认入账，这些费用只有在实际支付时才能确认其市场价格。因此，费用的实际成本不一定是费用发生时所支出或耗用资产的现行成本。完全采用现行成本来计量费用是难以操作的，这是因为在实际工作中，对于以前取得的同类商品或劳务可能没有现行成本，即使有现行成本，也会缺少可以验证的计量标准。

三、生产成本

(一)生产成本的概念

生产成本，是指一定期间生产产品所发生的直接费用和间接费用的总和。生产成本与费用是一个既有联系又有区别的概念。

首先，成本是对象化的费用，生产成本是相对于一定的产品而言所发生的费用，是按照产品品种等成本计算对象对当期发生的费用进行归集所形成的。在按照费用的经济用途分类中，企业一定期间发生的直接费用和间接费用总和则构成一定期间的产品的生产成本，费用的发生过程也就是产品成本的形成过程。

其次，成本与费用是相互转化的，企业在一定期间发生的直接费用按照成本计算对象进行归集，间接费用则通过分配计入各成本计算对象，是本期发生的费用予以对象化，转化为成本。

企业的产品成本项目可以根据企业的具体情况自行设定，一般为直接材料、燃料及动力、直接人工和制造费用等。

(1) 直接材料。直接材料指构成产品实体的原料、主要材料以及有助于产品形成的辅助材料、设备配件、外购半成品。

(2) 燃料及动力。燃料及动力指直接用于产品生产的外购和自制的燃料及动力。

(3) 直接人工。直接人工是直接参加生产的工人工资，即按生产工人工资和规定比例计提的职工福利费、住房公积金、工会经费、职工教育经费等。

(4) 制造费用。制造费用指直接用于产品生产，但不便于直接计入产品成本，因而没有专设成本项目的费用，以及间接用于产品生产的各项费用，比如生产单位管理人员的职工薪酬、生产单位固定资产的折旧费和修理费、物料消耗、办公费、水电费、保险费、劳动保护费等费用。

(二)生产成本核算应设置的账户

企业为了核算各种产品所发生的各项生产费用，应设置"生产成本"账户和"制造费用"账户。

"生产成本"账户是用来核算企业进行工业性生产所发生的各项生产费用(包括生产各种产成品、自制半成品、提供劳务、自制材料、自制工具，以及自制设备等所发生的各项费用)的账户。该账户借方反映企业发生的各项直接材料、直接人工和制造费用，贷方反映期末按实际成本计价的、生产完工入库的工业产品、自制材料、自制工具以及提供工业性劳务的成本结转，期末余额一般在借方，表示期末尚未加工完成的在产品制造成本。企业可以根据自身生产特点和管理要求，将"生产成本"账户分为"基本生产成本"和"辅助生产成本"两个明细账户。

"制造费用"账户是用来核算企业为生产产品或提供劳务而发生的各项间接费用，包括生产车间管理人员的职工薪酬、折旧费、修理费、办公费、水电费、机物料消耗、劳动保护费、租赁费、保险费、季节性或修理期间的停工损失等。该账户借方反映企业发生的各项制造费用，贷方反映期末按一定的分配方法和分配标准将制造费用在各成本计算对象间的分配结转，期末结转后本账户一般无余额。

(三) 生产费用的归集和分配

1. 材料费用的归集和分配

产品生产中消耗的各种材料物资的货币表现就是材料费。一般情况下，它包括产品生产消耗的原料、主要材料、辅助材料和外购半成品等。财会部门在月份终了时，按产品和用途归集、分配当月发生应计入成本的全部领料单、限额领料单、退料单等各种原始凭证，根据分配的结果，编制出"发出材料汇总表"，据此登记有关明细账和产品成本计算单。

【例 10-4】八达实业股份有限公司本月发生材料费用见表 10-1。

表 10-1　发出材料汇总表

2×17 年 7 月 31 日　　　　　　　　　　　　　单位：元

会计科目	领用单位与用途	原材料
生产成本	一车间：A 产品	560 000
	二车间：B 产品	852 000
	小计	1 412 000
制造费用	一车间	35 000
管理费用	厂部	45 600
合　计		1 492 600

八达公司根据上表的有关数字编制会计分录：

借：生产成本——A 产品　　　　　　　　　　　　　　560 000
　　　　　　——B 产品　　　　　　　　　　　　　　852 000
　　制造费用　　　　　　　　　　　　　　　　　　　35 000
　　管理费用　　　　　　　　　　　　　　　　　　　456 000
　贷：原材料　　　　　　　　　　　　　　　　　　　1 492 600

2. 工资费用的归集和分配

(1) 职工薪酬的构成内容。

职工薪酬是企业为获得职工提供的服务而给予各种形式的报酬以及其他相关支出，包括短期薪酬、离职后福利、辞退福利和其他长期职工福利四类。

(2) 职工薪酬的确认和计量。

职工薪酬作为企业的一项负债，除因解除与职工的劳动关系给予的补偿外，均应根据职工提供服务的受益对象分别进行处理。对于生产车间直接从事产品生产工人的工资，直接计入各种产品成本的，计入"生产成本"科目；车间管理人员的工资计入"制造费用"科目；企业管理部门的工资应计入"管理费用"科目；固定资产建造等工程人员的工资，应计入"在建工程"科目；企业专设销售机构人员的薪酬应计入"销售费用"科目；企业自行研发无形资产过程中的职工薪酬应计入"研发支出"科目。月末，企业应根据"工资结算汇总表"分配工资费用。其会计处理如下：

借：生产成本
　　制造费用
　　管理费用
　　在建工程
　　销售费用
　　研发支出
　贷：应付职工薪酬

3. 制造费用的归集和分配

制造费用是企业为组织和管理生产发生的各项费用。制造费用主要包括：企业各个生产单位(分厂、车间)为组织和管理生产所发生的生产单位管理人员薪酬，生产单位固定资产折旧费、机物料消耗、水电费、办公费、劳动保护费等。这些耗费虽然不是生产产品的直接费用，不能直接计入产品成本，但它们是为了管理和组织生产而发生的间接费用，所以需要通过"制造费用"科目进行归集，然后分配计入各种产品成本。在实际工作中，企业应设置"制造费用"明细账，按不同车间、部门和费用项目进行明细核算。

【例10-5】八达实业股份有限公司2×18年7月发生的制造费用如下。

(1) 计提本月车间使用的固定资产折旧，共计50 000元。

借：制造费用　　　　　　　　　　　　　　　　　　　　50 000
　贷：累计折旧　　　　　　　　　　　　　　　　　　　　50 000

(2) 支付本月生产设备租金2 000元，增值税税额120元，以银行存款支付。

借：制造费用　　　　　　　　　　　　　　　　　　　　2 000
　　应交税费——应交增值税(进项税额)　　　　　　　　120
　贷：银行存款　　　　　　　　　　　　　　　　　　　　2 120

(3) 以现金购买办公用品500元，增值税税额80元。

借：制造费用　　　　　　　　　　　　　　　　　　　　500
　　应交税费——应交增值税(进项税额)　　　　　　　　80
　贷：库存现金　　　　　　　　　　　　　　　　　　　　580

(4) 以银行存款支付车间电话费150元，增值税税额9元。

借：制造费用　　　　　　　　　　　　　　　　　　　　150
　　应交税费——应交增值税(进项税额)　　　　　　　　9
　贷：银行存款　　　　　　　　　　　　　　　　　　　　159

(5) 分配本期制造费用，总计52 650元，其中A产品负担31 590元，B产品负担21 060元。

借：生产成本——A产品　　　　　　　　　　　　　　　　31 590
　　　　　　——B产品　　　　　　　　　　　　　　　　21 060
　贷：制造费用　　　　　　　　　　　　　　　　　　　　52 650

(四)在生产成本的计算和完工产品成本的结转

工业企业生产过程中发生的各项生产费用，经过在各种产品之间的归集和分配，都已集中登记在"生产成本"明细账和"产品成本计算单"中。如果月初、月末都有在产品，本月发生的生产费用加上月初在产品成本之后的合计数额，还要在完工产品和在产品之间进行分配，计算完工产品成本。完工产品成本计算公式为

完工产品成本 = 月初在产品成本 + 本月发生费用 − 月末在产品成本

从上述公式可以看出，完工产品成本是在月初在产品成本加本期发生费用的合计数额的基础上，减去月末在产品成本后计算出来的，因此，正确计算在产品成本是正确计算完工产品成本的关键。

1. 在产品成本的计算

工业企业的在产品是指生产过程中尚未完工的产品。企业应根据生产特点、月末在产品数量的多少、各项费用比重的大小，以及定额管理基础的好坏等条件，采用适当的方法计算在产品成本。

如果在产品数量很少或各月之间变化不大，计算与不计算在产品成本对于完工产品成本的影响很小，可以不计算在产品成本。这就是说，某种产品每月发生的生产费用，全部作为当月完工产品的成本。如果在产品数量较多，而且各月之间变化也较大，应根据实际结存的产品数量，计算在产品成本。一般来说，在产品成本计算的方法通常有以下几种：在产品成本按其所耗用的原材料费用计算、按定额成本计算、按约当产量比例计算、按定额比例分配计算。

2. 完工产品成本的结转

计算出当期完工产品成本后，对验收入库的产成品，应结转成本。结转本期完工产品成本时，借记"产成品"或"库存商品"科目，贷记"生产成本"科目。通过在产品成本的计算，生产费用在完工产品和月末在产品之间进行分配之后，就可以确定完工产品的成本。

应编制如下会计分录：

借：库存商品
　　贷：生产成本

四、营业成本

(一)主营业务成本

主营业务成本是指企业为取得主营业务收入而发生的直接相关的营业成本(税金及附加除外)，如工业企业已销售商品成本等。企业应设置"主营业务成本"账户核算主营业务成本，该账户可按主营业务种类进行明细分类核算。主营业务成本的增加额记入该账户的借方，主营业务成本的减少记入该账户的贷方，期末将该账户的借方发生额减去贷方发生额后的净额转入本年利润账户，其会计处理为：借记"本年利润"账户，贷记"主营业务成本"账户，结转后该账户无余额。

(二)其他业务成本

其他业务成本是指企业为取得其他业务收入而发生的直接相关的营业成本(税金及附

加除外），包括销售的材料成本、出租的包装物成本、出租的固定资产折旧、出租的无形资产摊销额、处置的投资性房地产成本等。企业应设置"其他业务成本"账户核算其他业务成本，该账户可按其他业务支出的种类进行明细分类核算。其他业务成本的增加额记入该账户借方，其他业务成本的减少额记入该账户贷方，期末将该账户的借方发生额减去贷方发生额后的净额转入本年利润账户，其会计处理为：借记"本年利润"账户，贷记"其他业务成本"账户，结转后该账户无余额。

【例10-6】八达实业股份有限公司2×17年12月销售库存剩余材料一批，增值税发票注明的价款20 000元，增值税额3 200元，款项已经收到存入银行。该批材料的成本为15 000元。八达公司相关的会计处理如下：

(1) 销售材料，确认收入：
借：银行存款   23 200
　　贷：其他业务收入   20 000
　　　　应交税费——应交增值税(销项税额)   3 200
(2) 结转材料成本：
借：其他业务成本   15 000
　　贷：原材料   15 000

五、税金及附加

企业进行生产经营活动应当依照税法规定交纳各种税费，缴纳税费会导致企业经济利益的流出，构成企业的费用，如消费税、资源税、房产税、车船税、城镇土地使用税、城市维护建设税和教育费附加等。企业应设置"税金及附加"账户，对上述税费进行核算，该账户的借方登记增加数，贷方登记减少数(结转数)，在纳税期限内计算为取得营业收入而应交纳的上述税费时，借记"税金及附加"账户，贷记"应交税费"账户。期末将该账户的借方发生额减去贷方发生额后的净额转入本年利润账户，其会计处理为：借记"本年利润"账户，贷记"税金及附加"账户，结转后该账户无余额。

【例10-7】八达实业股份有限公司2×17年12月31日计算本月应交纳的城市维护建设税为87 920元，应交的教育费附加为37 680元。八达公司有关的会计处理如下：

借：税金及附加   125 600
　　贷：应交税费——应交城市维护建设税   87 920
　　　　　　　　——应交教育费附加   37 680

六、期间费用

期间费用是指企业当期发生的、不能直接归属于某个特定产品成本的费用，由于难以判定其所归属的产品，因而不能列入产品制造成本，而在发生当期直接计入当期损益，期间费用主要包括销售费用、管理费用、财务费用。

(一) 销售费用

销售费用是指企业在销售产品、自制半成品和提供劳务过程中发生的各项费用，以及专设销售机构的各项经费。销售费用的核算内容包括：企业销售产品的运输费、装卸费、包装费、保险费、委托代销手续费、广告费、展览费、商品维修费、预计产品质量保证损失以及专设销售机构的职工薪酬、差旅费、办公费、折旧费、修理费以及其他经费。

除金融行业外，一般企业应设置"销售费用"账户，用来核算企业发生的销售费用。该账户可按费用类别设置明细账户，进行明细分类核算。发生各项销售费用应登记在借方，期末将销售费用账户的全部发生额转入"本年利润"账户，结转后该账户应无余额。

【例10-8】 八达实业股份有限公司2×17年9月份发生的销售费用包括：以银行存款支付广告费30 000元，增值税税额1 800元；以现金支付应由公司负担的甲产品的运输费500元，增值税税额55元；本月专设销售机构的职工工资40 000元。

根据上述资料，应作账务处理如下。

(1) 支付广告费。

借：销售费用——广告费用	30 000
应交税费——应交增值税(进项税额)	1 800
贷：银行存款	31 800

(2) 支付运输费。

借：销售费用——运输费	500
应交税费——应交增值税(进项税额)	50
贷：库存现金	550

(3) 分配销售人员工资。

借：销售费用——工资	40 000
贷：应付职工薪酬——工资	40 000

(4) 月末结转销售费用。

借：本年利润	75 000
贷：销售费用	75 000

(二)管理费用

管理费用是企业为组织和管理生产经营活动而发生的各项费用。管理费用主要包括企业筹建期间的开办费、董事会和行政管理部门在企业的经营管理中发生的或者应由企业统一负担的公司经费(包括行政管理部门职工薪酬、物料消耗、折旧费、修理费、公办费和差旅费等)、董事会费、咨询费、聘请中介机构费、诉讼费、研究费用、无形资产摊销、排污费、业务招待费等其他费用。

企业应设置"管理费用"账户，核算发生的各项管理费用。该账户应按费用类别设置明细账户，进行明细分类核算。企业发生各项管理费用时登记在借方，冲减管理费用时记在贷方，期末将"管理费用"账户全部发生额转入"本年利润"账户，结转后该账户应无余额。

【例10-9】 八达实业股份有限公司2×17年5月份发生以下管理费用：以银行存款支付业务招待费16 500元；计提管理部门使用的固定资产折旧费20 600元；分配管理人员工资120 000元，以银行存款支付本月管理部门电话费1865元，增值税税额186.5元，月末结转管理费用。

根据上述资料，应作账务处理如下。

(1) 支付业务招待费。

借：管理费用——业务招待费　　　　　　　　　　　　　16 500
　　贷：银行存款　　　　　　　　　　　　　　　　　　　　　16 500

(2) 计提折旧费。

借：管理费用——折旧费　　　　　　　　　　　　　　　20 600
　　贷：累计折旧　　　　　　　　　　　　　　　　　　　　　20 600

(3) 分配工资及计提福利费。

借：管理费用——职工薪酬　　　　　　　　　　　　　120 000
　　贷：应付职工薪酬——工资　　　　　　　　　　　　　　120 000

(4) 支付电话费。

借：管理费用——办公费　　　　　　　　　　　　　　　1 865
　　应交税费——应交增值税(进项税额)　　　　　　　　　186.5
　　贷：银行存款　　　　　　　　　　　　　　　　　　　　　2 051.5

(5) 月末结转管理费用。

借：本年利润　　　　　　　　　　　　　　　　　　　158 965
　　贷：管理费用　　　　　　　　　　　　　　　　　　　　　158 965

(三)财务费用

财务费用是指企业为筹集生产经营所需资金而发生的各项费用，具体内容如下。

(1) 利息净支出，是指企业短期借款利息、长期借款利息、应付票据利息、票据贴现利息、应付债券利息、长期应付引进外国设备款利息等利息支出减去银行存款等利息收入后的净额。

(2) 汇兑净损失，是企业因向银行结售或购入外汇而产生的银行买入、卖出价与记账所采用的汇率之间的差额，以及月度终了，各种外币账户的外币期末余额，按照期末汇率折合的记账本位币金额与账面记账本位币金额之间的差额等。

(3) 金融机构手续费，是指发行债券所需支付的手续费、开出汇票的银行手续费、调剂外汇手续费等。

(4) 企业发生的现金折扣或收到的现金折扣。

(5) 其他财务费用，如融资租入固定资产发生的融资租赁费用，以及筹集生产经营资金发生的其他费用等。

企业应设置"财务费用"科目，核算企业发生的财务费用，该科目应按费用类别进行明细分类核算。企业发生各项财务费用时登记在借方，冲减财务费用时记在贷方，期末将"财务费用"借方发生额减去贷方发生额后的净额转入"本年利润"账户的借方，结转后该账户应无余额。

【例10-10】八达实业股份有限公司2×17年12月份发生以下经济业务：接到银行通知，已划拨本月银行借款利息2 000元，银行转来存款利息320元。月末结转财务费用。

根据上述资料，作账务处理如下。
  借：财务费用——利息支出   2 000
    贷：银行存款   2 000
  借：银行存款   320
    贷：财务费用——利息收入   320
  借：本年利润   1 680
    贷：财务费用   1 680

第三节 所得税费用

一、所得税费用概述

  我国企业利润表中列示的"所得税费用"包括应交所得税(实际的所税费)和递延所得税(预期的所得税)两部分。当期应交所得税是根据税法规定计算的应纳税所得额乘以所得税税率计算的；递延所得税是通过比较资产负债表上列示的资产、负债的账面价值与按照税法规定确定的计税基础，两者之间的差异为应纳税暂时性差异与可抵扣暂时性差异，确认相关的递延所得税负债与递延所得税资产，根据递延所得税负债的增加额与递延所得税资产的减少额确认递延所得税，并在此基础上确定每一会计期间利润表中的所得税费用，这种确认所得税费用的方法被称为"资产负债表债务法"。

二、所得税会计的一般程序

  采用资产负债表债务法核算所得税时，企业一般应于每一资产负债表日进行所得税的核算。企业进行所得税核算一般应遵循以下程序。
  (1) 按照相关会计准则规定确定资产负债表中除递延所得税资产和递延所得税负债以外的其他资产和负债项目的账面价值。资产、负债的账面价值，是指企业按照相关会计准则的规定进行核算后在资产负债表中列示的金额。对于计提了减值准备的各项资产，是指其账面余额减去已计提的减值准备后的金额。例如，企业持有的应收账款账面余额为1 000万元，企业对该应收账款计提了50万元的坏账准备，其账面价值为950万元。
  (2) 按照会计准则中对于资产和负债计税基础的确定方法，以适用的税收法规为基础，确定资产负债表中有关资产、负债项目的计税基础。
  (3) 比较资产、负债的账面价值与其计税基础，对于两者之间存在差异的，分析其性质，除准则中规定的特殊情况外，分为应纳税暂时性差异与可抵扣暂时性差异，确定资产负债表日递延所得税负债和递延所得税资产的应有金额，并与期初递延所得税资产和递延所得税负债的余额相比，确定当期应予确认的递延所得税资产和递延所得税负债金额或应予转销的金额，作为递延所得税。
  (4) 就企业当期发生的交易或事项，按照适用的税法规定计算确定当期应纳税所得额，将应纳税所得额与适用的所得税税率计算的结果确认为当期应交所得税，作为当期所得税。

(5) 确定利润表中的所得税费用。利润表中的所得税费用包括当期所得税(当期应交所得税)和递延所得税两个组成部分，企业在计算确定了当期所得税和递延所得税后，两者之和(或之差)，是利润表中的所得税费用。

三、资产、负债的计税基础与暂时性差异

所得税会计的关键在于确定资产、负债的计税基础。在确定资产、负债的计税基础时，应严格遵循税收法规中对于资产的税务处理以及可税前扣除的费用等规定。

(一)资产的计税基础

资产的计税基础，是指企业在收回资产账面价值的过程中，计算应纳税所得额时按照税法规定可以自应税经济利益中抵扣的金额，即某一项资产在未来期间计税时按照税法规定可以税前扣除的金额。

资产在初始确认时，其计税基础一般为取得成本，即企业为取得某项资产支付的成本在未来期间准予税前扣除。在资产持续持有的过程中，其计税基础是指资产的取得成本减去以前期间按照税法规定已经税前扣除的金额后的余额。如固定资产、无形资产等长期资产在某一资产负债表日的计税基础是指其成本扣除按照税法规定已在以前期间税前扣除的累计折旧额或累计摊销额后的金额。

【例10-11】甲公司于2×16年年末以750万元购入一项生产用固定资产，按照该项固定资产的预计使用情况，甲公司在会计核算时估计其使用寿命为5年。计税时，按照适用税法规定，其最低折旧年限为10年，该企业计税时按照10年计算确定可税前扣除的折旧额。假定会计与税法规定均按年限平均法计列折旧，净残值均为零。2×17年该项固定资产按照12个月计提折旧。本例中假定固定资产未发生减值。

该项固定资产在2×17年12月31日的账面价值=750−750÷5＝600(万元)

该项固定资产在2×17年12月31日的计税基础=750−750÷10＝675(万元)

该项固定资产的账面价值600万元与其计税基础675万元之间产生的75万元差额，在未来期间会减少企业的应纳税所得额。

以各种方式取得的固定资产，初始确认时按照会计准则规定确定的入账价值基本上是被税法认可的，即取得时其账面价值一般等于计税基础。固定资产在持有期间进行后续计量时，由于会计与税法规定就折旧方法、折旧年限以及固定资产减值准备的提取等处理的不同，可能造成固定资产的账面价值与计税基础之间的差异。

【例10-12】2×17年10月20日，甲公司自公开市场取得一项权益性投资，支付价款2 000万元，作为交易性金融资产核算。2×17年12月31日，该投资的市价为2 200万元。

该项交易性金融资产的期末市价为2 200万元，其按照会计准则规定进行核算的、在2×17年资产负债表日的账面价值为2 200万元。

因税法规定以公允价值计量的金融资产在持有期间公允价值的变动不计入应纳税所得额，其在2×17年资产负债表日的计税基础应维持原取得成本，为2 000万元。

该交易性金融资产的账面价值2 200万元与其计税基础2 000万元之间产生了200万

元的暂时性差异,该暂时性差异在未来期间转回时会增加未来期间的应纳税所得额。

(二)负债的计税基础

负债的计税基础,是指负债的账面价值减去未来期间计算应纳税所得额时按照税法规定可予抵扣的金额。用公式表示为:

负债的计税基础=账面价值-未来期间按照税法规定可予税前扣除的金额

负债的确认与偿还一般不会影响企业的损益,也不会影响其应纳税所得额,未来期间计算应纳税所得额时按照税法规定可予抵扣的金额为零,计税基础即为账面价值。但是,某些情况下,负债的确认可能会影响企业的损益,进而影响不同期间的应纳税所得额,使得其计税基础与账面价值之间产生差额,如按照会计规定确认的某些预计负债。

【例10-13】甲企业2×17年因销售产品承诺提供3年的保修服务,在当年度利润表中确认了50万元的销售费用,同时确认为预计负债,当年度未发生任何保修支出。假定按照税法规定,与产品售后服务相关的费用在实际发生时允许税前扣除。

分析:该项预计负债在甲企业2×17年12月31日资产负债表中的账面价值为50万元。该项预计负债的计税基础=账面价值-未来期间计算应纳税所得额时按照税法规定可予抵扣的金额= 50万元- 50万元=0

按照企业会计准则规定,企业对于预计提供售后服务将发生的支出在满足有关确认条件时,销售当期即应确认为费用,同时确认预计负债。如果税法规定,与销售产品相关的支出应于发生时税前扣除。因该类事项产生的预计负债在期末的计税基础为其账面价值与未来期间可税前扣除金额之间的差额,即为零。

其他交易或事项中确认的预计负债,应按照税法规定的计税原则确定其计税基础。某些情况下,因有些事项确认的预计负债,税法规定其支出无论是否实际发生均不允许税前扣除,即未来期间按照税法规定可予抵扣的金额为零,账面价值等于计税基础。

(三)暂时性差异

暂时性差异是指因资产、负债的账面价值与其计税基础不同产生的差额。因资产、负债的账面价值与其计税基础不同,产生了在未来收回资产或清偿负债的期间内,应纳税所得额增加或减少并导致未来期间应交所得税增加或减少的情况,形成企业的资产和负债,在有关暂时性差异发生当期,符合确认条件的情况下,应当确认相关的递延所得税负债或递延所得税资产。根据暂时性差异对未来期间应纳税所得额的影响,分为应纳税暂时性差异和可抵扣暂时性差异。

1. 应纳税暂时性差异

应纳税暂时性差异,是指在确定未来收回资产或清偿负债期间的应纳税所得额时,将导致产生应税金额的暂时性差异,即在未来期间不考虑该事项影响的应纳税所得额的基础上,由于该暂时性差异的转回,会增加转回期间的应纳税所得额和应交所得税金额,在其产生当期应当确认相关的递延所得税负债。应纳税暂时性差异通常产生于以下情况。

(1)资产的账面价值大于其计税基础。资产的账面价值代表的是企业在持续使用或最终出售该项资产时将取得的经济利益的总额,而计税基础代表的是资产在未来期间可予税前扣除的总金额。资产的账面价值大于其计税基础，该项资产未来期间产生的经济利益不能全部税前抵扣，两者之间的差额需要交税，产生应纳税暂时性差异。例如，一项资产的账面价值为500万元，计税基础为375万元，两者之间的差额会造成未来期间应纳税所得额和应交所得税的增加，在其产生当期，应确认相关的递延所得税负债。

(2) 负债的账面价值小于其计税基础。负债的账面价值为企业预计在未来期间清偿该项负债时的经济利益流出，而其计税基础代表的是账面价值在扣除税法规定未来期间允许税前扣除的金额之后的差额。负债的账面价值与其计税基础不同产生的暂时性差异，实质上是税法规定就该项负债在未来期间可以税前扣除的金额(即与该项负债相关的费用支出在未来期间可予税前扣除的金额)。负债的账面价值小于其计税基础，则意味着就该项负债在未来期间可以税前抵扣的金额为负数，即应在未来期间应纳税所得额的基础上调增，增加未来期间的应纳税所得额和应交所得税金额，产生应纳税暂时性差异，应确认相关的递延所得税负债。

2. 可抵扣暂时性差异

可抵扣暂时性差异是指在确定未来收回资产或清偿负债期间的应纳税所得额时，将产生的可抵扣金额的暂时性差异。该差异在未来期间转回时会减少转回期间的应纳税所得额，减少未来期间的应交所得税。在可抵扣暂时性差异产生当期，符合确认条件时，应当确认相关的递延所得税资产。

可抵扣暂时性差异一般产生于以下情况。

(1) 资产的账面价值小于其计税基础，意味着资产在未来期间产生的经济利益少，按照税法规定允许税前扣除的金额多，两者之间的差额可以减少企业在未来期间的应纳税所得额并减少应交所得税，符合有关条件时，应当确认相关的递延所得税资产。例如，一项资产的账面价值为500万元，计税基础为650万元，则企业在未来期间就该项资产可以在其自身取得经济利益的基础上多扣除150万元，未来期间应纳税所得额会减少，应交所得税也会减少，形成可抵扣暂时性差异。

(2) 负债的账面价值大于其计税基础，负债产生的暂时性差异实质上是税法规定就该项负债可以在未来期间税前扣除的金额。即：

负债产生的暂时性差异=账面价值-计税基础

=账面价值-账面价值未来期间计税时按照税法规定可予税前扣除的金额

=未来期间计税时按照税法规定可予税前扣除的金额

负债的账面价值大于其计税基础，意味着未来期间按照税法规定与负债相关的全部或部分支出可以自未来应税经济利益中扣除，减少未来期间的应纳税所得额和应交所得税。符合有关确认条件时，应确认相关的递延所得税资产。

四、递延所得税负债及递延所得税资产的确认

企业在计算确定应纳税暂时性差异与可抵扣暂时性差异后，应当按照所得税会计准则规定的原则确认相关的递延所得税负债以及递延所得税资产。

(一)递延所得税负债的确认和计量

1. 递延所得税负债的确认

企业在确认因应纳税暂时性差异产生的递延所得税负债时,除所得税准则中明确规定可不确认递延所得税负债的情况以外,企业对于所有应纳税暂时性差异均应确认相关的递延所得税负债。除与直接计入所有者权益的交易或事项以及企业合并中取得资产、负债相关的以外,在确认递延所得税负债的同时,应增加利润表中的所得税费用。

【例10-14】A企业于2×16年12月6日购入某项设备,取得成本为500万元,会计上采用年限平均法计提折旧,使用年限为10年,净残值为零,因该资产常年处于强震动状态,计税时按双倍余额递减法计列折旧,使用年限及净残值与会计相同。A企业适用的所得税税率为25%。假定该企业不存在其他会计与税收处理的差异。

2×17年资产负债表日,该项固定资产按照会计规定计提的折旧额为50万元,计税时允许扣除的折旧额为100万元,则该固定资产的账面价值450万元与其计税基础400万元的差额构成应纳税暂时性差异,企业应确认相关递延所得税负债。

2. 计量

所得税准则规定,资产负债表日,对于递延所得税负债,应当根据适用税法规定,按照预期收回该资产或清偿该负债期间的适用税率计量。即递延所得税负债应以相关应纳税暂时性差异转回期间按照税法规定适用的所得税税率计量。无论应纳税暂时性差异的转回期间如何,相关的递延所得税负债不要求折现。

(二)递延所得税资产的确认和计量

1. 递延所得税资产的确认

递延所得税资产产生于可抵扣暂时性差异。确认因可抵扣暂时性差异产生的递延所得税资产应以未来期间可能取得的应纳税所得额为限。在可抵扣暂时性差异转回的未来期间内,企业无法产生足够的应纳税所得额用以利用可抵扣暂时性差异的影响,使得与可抵扣暂时性差异相关的经济利益无法实现的,不应确认递延所得税资产;企业有明确的证据表明其于可抵扣暂时性差异转回的未来期间能够产生足够的应纳税所得额,进而利用可抵扣暂时性差异的,则应以可能取得的应纳税所得额为限,确认相关的递延所得税资产。

2. 递延所得税资产的计量

同递延所得税负债的计量原则相一致,确认递延所得税资产时,应当以预期收回该资产期间的适用所得税税率为基础计算确定。无论相关的可抵扣暂时性差异转回期间如何,递延所得税资产均不要求折现。

企业在确认了递延所得税资产以后,资产负债表日,应当对递延所得税资产的账面价值进行复核。如果未来期间很可能无法取得足够的应纳税所得额用以利用可抵扣暂时性差异带来的利益,应当减记递延所得税资产的账面价值。减记的递延所得税资产,除原确认时计入所有者权益的,其减记金额也应计入所有者权益外,其他的情况均应增加所得税费用。

五、所得税费用的确认和计量

所得税会计的主要目的之一是确定当期应交所得税以及利润表中的所得税费用。在按照资产负债表债务法核算所得税的情况下，利润表中的所得税费用包括当期所得税和递延所得税两部分。

(一)当期所得税

当期所得税是指企业按照税法规定计算确定的针对当期发生的交易和事项，应交纳给税务部门的所得税金额，即当期应交所得税。

企业在确定当期应交所得税时，对于当期发生的交易或事项，会计处理与税法处理不同的，应在会计利润的基础上，按照适用税收法规的规定进行调整，计算出当期应纳税所得额，按照应纳税所得额与适用所得税税率计算确定当期应交所得税。一般情况下，应纳税所得额可在会计利润的基础上，考虑会计与税收法规之间的差异，按照以下公式计算确定：

应纳税所得额＝会计利润＋纳税调整增加额-纳税调整减少额

1. 纳税调整增加额

(1) 税法规定允许扣除项目中，企业已计入当期费用但超过税法规定扣除标准的金额，例如超过税法规定的职工福利费、工会经费、职工教育经费、业务招待费、公益性捐赠支出、广告费和业务宣传费等。

(2) 企业已经计入当期损失但按税法规定不允许税前扣除的项目金额，如税收滞纳金、罚金、罚款、非公益性捐赠支出等。

(3) 税法规定本期不允许税前扣除，但会计上已经计入当期损益的各项资产的减值准备和公允价值变动损失等可抵扣暂时性差异的发生额等。

2. 纳税调整减少额

(1) 按税法规定允许税前弥补的亏损。

(2) 税法规定准予免税的项目，如国债的利息收益等。

(3) 税法规定本期不予征税，但会计上已经计入当期损益的公允价值变动收益等应纳税暂时性差异，如交易性金融资产的公允价值变动收益等。

企业当期应交所得税的计算公式为

应交所得税=应纳税所得额×所得税税率

【例 10-15】 A 公司 2×16 年度按企业会计准则计算的税前会计利润为 120 万元，所得税税率为 25%。A 公司当年国债的利息收益 8 万元，税收罚款支出 2 万元，当年业务招待费实际支出 10 万元，按规定允许税前扣除的业务招待费为 6 万元，当期非公益性捐赠支出 10 万元。假定除上述事项以外，该公司无其他纳税调整事项。

A 公司在计算应纳税所得额时，应当进行以下调整。

(1) 根据税法规定，国债的利息收益免征企业所得税。A 公司进行会计核算时已将 8 万元的国债利息收益计入了会计利润，所以在计算应纳税所得额时应当进行调减处理。

(2) 根据税法规定，税收罚款支出与非公益性捐赠支出不能税前扣除。A 公司在会计核算时已将税收罚款支出 2 万元与非公益性捐赠支出 10 万元计入了营业外支出,减少了当期利润,所以在计算应纳税所得额时应当进行调增处理。

(3) 根据税法规定,企业发生的与生产经营活动有关的业务招待费支出,按照发生额的 60%扣除,但最高不得超过当年销售(营业)收入的 0.5%。A 公司当期发生的业务招待费 10 万元在进行会计核算时经已全部计入当期损益,但允许税前扣除的业务招待费仅为 6 万元,所以超标的部分 4 万元不允许税前扣除,应当进行调增处理。

A 公司的应纳税所得额=120-8+(10-6)+2+10=128(万元)

A 公司当期应交所得税=128×25%=32(万元)

(二)递延所得税

递延所得税是指按照所得税准则规定当期应予确认的递延所得税资产和递延所得税负债金额,即递延所得税资产及递延所得税负债当期发生额的综合结果,但不包括计入所有者权益的交易或事项的所得税影响。用公式表示为

递延所得税＝(递延所得税负债的期末余额－递延所得税负债的期初余额)－(递延所得税资产的期末余额－递延所得税资产的期初余额)

应予说明的是,企业因确认递延所得税资产和递延所得税负债产生的递延所得税,一般应当计入所得税费用,但以下两种情况除外:

一是某项交易或事项按照会计准则规定应计入所有者权益的,由该交易或事项产生的递延所得税资产或递延所得税负债及其变化也应计入所有者权益,不构成利润表中的递延所得税费用(或收益);

二是企业合并中取得的资产、负债,其账面价值与计税基础不同,应确认相关递延所得税的,该递延所得税的确认影响合并中产生的商誉或是计入当期损益的金额,不影响所得税费用。

【例 10-16】甲企业持有的某项可供出售金融资产,成本为 500 万元,会计期末,其公允价值为 600 万元,该企业适用的所得税税率为 25%。除该事项外,该企业不存在其他会计与税收法规之间的差异,且递延所得税资产和递延所得税负债不存在期初余额。 会计期末在确认 100 万元的公允价值变动时,账务处理为

借:可供出售金融资产　　　　　　　　　　　　　　　　　1 000 000
　　贷:其他综合收益　　　　　　　　　　　　　　　　　　　　1 000 000

确认应纳税暂时性差异的所得税影响时,账务处理为

借:其他综合收益　　　　　　　　　　　　　　　　　　　　250 000
　　贷:递延所得税负债　　　　　　　　　　　　　　　　　　　250 000

(三)所得税费用

计算确定当期所得税及递延所得税以后,利润表中应予确认的所得税费用为两者之和,即:所得税费用=当期所得税+递延所得税。

【例 10-17】A 公司 2×17 年度利润表中利润总额为 3 000 万元,该公司适用的所得税税率为 25%。递延所得税资产及递延所得税负债不存在期初余额。与所得税核算有关的

情况如下。

2×17年发生的有关交易和事项中,会计处理与税收处理存在的差别如下:

(1) 2×17 年 1 月开始计提折旧的一项固定资产,成本为 1 500 万元,使用年限为 10 年,净残值为 0,会计处理按双倍余额递减法计提折旧,税收处理按直线法计提折旧。假定税法规定的使用年限及净残值与会计规定相同。

(2) 向关联企业捐赠现金 500 万元。假定按照税法规定,企业向关联方的捐赠不允许税前扣除。

(3) 当期取得作为交易性金融资产核算的股票投资成本为 800 万元,2×17 年 12 月 31 日的公允价值为 1 200 万元。税法规定,以公允价值计量的金融资产持有期间市价变动不计入应纳税所得额。

(4) 违反环保法规定应支付罚款 250 万元。

(5) 期末对持有的存货计提了 75 万元的存货跌价准备。

具体分析如下。

(1) 2×17 年度当期应交所得税:

应纳税所得额=3 000 +150 +500 − 400 +250 +75=3 575(万元)

应交所得税=3 575×25% =893.75(万元)

(2) 2×17 年度递延所得税:

递延所得税资产=225×25%=56.25(万元)

递延所得税负债= 400×25% =100(万元)

递延所得税= 100 − 56.25= 43.75(万元)

(3) 利润表中应确认的所得税费用:

所得税费用= 893.75 +43.75= 937.5(万元),确认所得税费用的账务处理如下:

借:所得税费用	9 375 000
递延所得税资产	562 500
贷:应交税费——应交所得税	8 937 500
递延所得税负债	1 000 000

第四节　利　　润

一、利润及其构成

(一)利润的概念

利润是指企业在一定会计期间的经营成果,包括收入减去费用的净额、直接计入当期利润的利得和损失等。其中,直接计入当期利润的利得和损失,是指应当计入当期损益、最终会引起所有者权益发生增减变动的、与所有者投入资本或者向所有者分配利润无关的利得或者损失。直接计入当期利润的利得和损失反映的是企业非日常活动的业绩。而收入减去费用后的净额反映的是企业日常活动的业绩。

(二)利润的构成

在利润表中,利润的金额分为营业利润、利润总额和净利润三个层次计算确定。

1. 营业利润

营业利润,是指企业一定期间的日常活动取得的利润。营业利润计算公式如下:

营业利润=营业收入-营业成本-税金及附加-销售费用-管理费用-财务费用-资产减值损失±公允值变动净损益±投资净损益±资产处置净损益

其中:营业收入包括主营业务收入和其他业务收入;营业成本包括主营业务成本和其他业务成本;税金及附加包括主营业务和其他业务应负担的消费税、城市维护建设税、资源税、房产税、车船税、城镇土地使用税、印花税、土地增值税和教育费附加等。

2. 利润总额

利润总额,是指企业一定期间的营业利润,加上营业外收入减去营业外支出后的所得税前利润总额,即:

利润总额=营业利润+营业外收入-营业外支出

营业外收入和营业外支出所包括的收支项目互不相关,不存在配比关系,因此,不得以营业外支出直接冲减营业外收入,也不得以营业外收入抵补营业外支出,二者的发生金额应当分别核算。

3. 净利润

净利润,是指企业一定期间的利润总额减去所得税费用后的净额,即:

净利润=利润总额-所得税费用

其中,所得税费用是指企业确认的应从当期利润总额中扣除的当期所得税费用和递延所得税费用。

二、直接计入当期利润的利得与损失

(一)营业外收入

营业外收入,是指企业取得的与日常生产经营活动没有直接关系的各项利得,主要包括非动资产处置利得、非货币性资产交换利得、债务重组利得、罚没利得、政府补助利得、无法支付的应付款项、捐赠利得、盘盈利得等。

企业应当设置"营业外收入"账户核算营业范围以外的法律事实所形成的偶然所得。该账户的贷方登记增加数,借方登记减少数(结转额)。期末,将营业外收入贷方发生额减去借方发生额后的净额转入"本年利润"账户的贷方,结转后该账户应无余额。

【例10-18】八达实业股份有限公司在2×16年年末进行财产清查时,发现2×13年欠A企业的材料款2 000元尚未偿还,经确认已经无法支付,予以注销。八达公司应进行的会计处理如下:

借:应付账款——A企业   2 000

贷：营业外收入　　　　　　　　　　　　　　　　　　　　　　　　　2 000

(二)营业外支出

　　营业外支出，是指企业发生的与日常生产经营活动没有直接关系的各项损失，主要包括非流动资产报废毁损损失、非货币性资产交换损失、债务重组损失、罚款支出、捐赠支出、非常损失、盘亏损失等。

　　企业应当设置"营业外支出"账户核算企业营业范围以外的各项偶然支出或偶然损失。该账户借方登记增加数，贷方登记减少数(结转数)，期末将营业外支出借方发生额减去贷方发生额后的净额转入"本年利润"账户的借方，结转后该账户应无余额。

　　【例 10-19】八达实业股份有限公司在 2×17 年 6 月 1 日向当地山区的希望小学捐赠 200 000 元，用于小学的校舍维修，款项以转账支票付讫。八达公司对这些业务应进行如下会计处理。

　　　借：营业外支出　　　　　　　　　　　　　　　　　　　　　　　200 000
　　　　贷：银行存款　　　　　　　　　　　　　　　　　　　　　　　　200 000

三、利润的结转与分配

(一)利润的结转

　　企业实现的净利润或净亏损，需要通过"本年利润"账户进行核算。期末将各损益类账户的余额转入"本年利润"账户，其中将收入类账户的余额转入"本年利润"账户的贷方，将支出类账户的余额转入"本年利润"账户的借方，以结平各损益类账户。结转后，"本年利润"账户如为贷方余额即为本期净利润额，如为借方余额即为本期净亏损额。

　　年末，企业应将收入和支出相抵后结出的本年实现的净利润，转入"利润分配——未分配利润"科目。结转后，"本年利润"科目应无余额。

　　【例 10-20】八达实业股份有限公司 2×17 年度取得主营业务收入 1 200 万元，其他业务收入 300 万元，投资净收益 200 万元，公允价值变动净收益 10 万元，营业外收入 50 万元，发生主营业务成本 800 万元，其他业务成本 160 万元，税金及附加 40 万元，销售费用 80 万元，管理费用 70 万元，财务费用 86 万元，营业外支出 56 万元，本年度确认的所得税费用为 95 万元。八达公司结转利润的会计处理如下。

　　(1) 2×17 年 12 月 31 日，结转本年损益类科目余额。

　　　借：主营业务收入　　　　　　　　　　　　　　　　　　　　12 000 000
　　　　　其他业务收入　　　　　　　　　　　　　　　　　　　　 3 000 000
　　　　　投资收益　　　　　　　　　　　　　　　　　　　　　　 2 000 000
　　　　　营业外收入　　　　　　　　　　　　　　　　　　　　　 　500 000
　　　　　公允价值变动损益　　　　　　　　　　　　　　　　　　 　100 000
　　　　贷：本年利润　　　　　　　　　　　　　　　　　　　　　17 600 000
　　　借：本年利润　　　　　　　　　　　　　　　　　　　　　　13 870 000
　　　　贷：主营业务成本　　　　　　　　　　　　　　　　　　　 8 000 000
　　　　　　其他成本业务　　　　　　　　　　　　　　　　　　　 1 600 000

税金及附加	400 000
销售费用	800 000
管理费用	700 000
财务费用	860 000
营业外支出	560 000
所得税费用	950 000

(2) 2×17年12月31日，结转本年净利润。

借：本年利润　　　　　　　　　　　　　　　　　3 730 000
　　贷：利润分配——未分配利润　　　　　　　　　　　　3 730 000

(二)利润的分配

企业当期实现的净利润，加上年初未分配利润(或减去年初未弥补亏损)后的余额为可供分配的利润。可供分配的利润，一般按下列顺序分配。

(1) 提取法定盈余公积，是指企业根据有关法律的规定，按照净利润的10%提取的盈余公积。法定盈余公积累计金额超过企业注册资本的50%以上时，可以不再提取。

(2) 提取任意盈余公积，是指企业按股东会或股东大会决议提取的盈余公积。

(3) 应付现金股利或利润，是指企业按照利润分配方案分配给股东的现金股利，也包括非股份有限公司分配给投资者的利润。

(4) 转作股本的股利，是指企业按照利润分配方案以分派股票股利的形式转作股本的股利，也包括非股份有限公司以利润转增的资本。

企业应当设置"利润分配"科目，核算利润的分配(或亏损的弥补)情况，以及历年积存的未分配利润(或未弥补亏损)。该科目还应当分别"提取法定盈余公积""提取任意盈余公积""应付现金股利(或利润)""转作股本的股利""盈余公积补亏"和"未分配利润"等进行明细核算。

企业按有关法律规定提取的法定盈余公积，借记"利润分配——提取法定盈余公积"科目，贷记"盈余公积——法定盈余公积"科目；按股东大会或类似机构决议提取的任意盈余公积，借记"利润分配——提取任意盈余公积"科目，贷记"盈余公积——任意盈余公积"科目；按股东大会或类似机构决议分配给股东的现金股利，借记"利润分配——应付现金股利(或利润)"科目，贷记"应付股利"科目；按股东大会或类似机构决议分配给股东的股票股利，在办理增资手续后，借记"利润分配——转作股本的股利"科目，贷记"股本"或"实收资本"科目，如有差额，贷记"资本公积——股本溢价(或资本溢价)"科目。企业用盈余公积弥补亏损，借记"盈余公积——法定盈余公积(或任意盈余公积)"科目，贷记"利润分配——盈余公积补亏"科目。

年度终了，企业应将"利润分配"科目所属其他明细科目余额转入"未分配利润"明细科目。结转后，除"未分配利润"明细科目外，其他明细科目应无余额。

【例10-21】八达实业股份有限公司2×17年度实现净利润373万元，公司股东大会通过决议，按净利润的10%提取法定盈余公积，按净利润的5%提取任意盈余公积，向股东分派现金股利200万元。

(1) 提取盈余公积：

借：利润分配——提取法定盈余公积　　　　　　　　　　　　373 000
　　　　　　——提取任意盈余公积　　　　　　　　　　　　186 500
　　贷：盈余公积——法定盈余公积　　　　　　　　　　　　373 000
　　　　　　　——任意盈余公积　　　　　　　　　　　　186 500

(2) 分配现金股利：

借：利润分配——应付现金股利　　　　　　　　　　　　2 000 000
　　贷：应付股利　　　　　　　　　　　　　　　　　　　2 000 000

(3) 结转"利润分配"其他明细科目余额：

借：利润分配——未分配利润　　　　　　　　　　　　　2 559 500
　　贷：利润分配——提取法定盈余公积　　　　　　　　　373 000
　　　　　　　——提取任意盈余公积　　　　　　　　　　186 500
　　　　　　　——应付现金股利　　　　　　　　　　　2 000 000

▶ **讨论与思考 10-2**

《企业会计准则》对收入与费用进行了严格的定义，将收入与利得、费用与损失进行了区分，同时又规定一部分利得与损失直接计入当期损益，如处置固定资产利得与损失、交易性公允价值变动损益等；将另一部分利得与损失直接计入所有者权益，如可供出售金融资产公允价值变动收益或损失等。

【任务】

1. 将收入与利得、费用与损失进行严格区分的目的是什么？
2. 利得与损失直接计入当期损益与直接计入所有者权益对企业的财务状况和经营成果有什么影响？

本 章 小 结

本章全面论述收入、费用、营业外收支、所得税费用和本年利润的核算方法。收入是指企业在日常活动中形成的、会导致所有者权益增加的、与所有者投入资本无关的经济利益的总流入，包括主营业务收入与其他业务收入。本章主要介绍了收入确认与计量的原则和方法。企业应当在履行了合同中的履约义务，即在客户取得相关商品控制权时确认收入。

费用是指企业在日常活动中发生的、会导致所有者权益减少的、与向所有者分配的利润无关的经济利益的总流出。本章主要介绍了营业成本、税金及附加和各项期间费用的核算内容与核算方法以及所得税费用的核算方法。期间费用主要包括管理费用、财务费用和销售费用，所得税费用的核算采用资产负债表债务法，所得税费用由当期所得税和递延所得税两部分构成，当期所得税等于应纳税所得额乘以税率，递延所得税等于递延所得税负债的增加额加上递延所得税资产的减少额。

利润是指企业在一定会计期间的经营成果，包括收入减去费用的净额以及营业外收支净额，企业应当按照一定的顺序进行利润分配，包括提取盈余公积和向投资者分配利润等。

复习思考题

1. 什么是收入？有什么特点？
2. 收入的确认条件是什么？
3. 企业的期间费用包括哪些？
4. 什么是当期所得税？什么是所得税费用？二者之间有何联系？
5. 资产负债表债务法下所得税费用是如何确定的？
6. 营业外收入和营业外支出主要包括哪些内容？
7. 什么是利润？由哪些内容构成？
8. 净利润按什么程序进行分配，如何进行会计处理？

自测与技能训练

一、基础知识自测

(一)单项选择题

1. 企业采用托收承付方式销售商品，( )确认收入。
   A. 发出商品时　　　　　　　　B. 办妥托收手续时
   C. 收到货款时　　　　　　　　D. 购货方承付货款时
2. A 企业赊销一批商品给 B 企业，商品标价 100 元/件(不含增值税)，B 企业购买 10 000 件，给予 B 企业商业折扣 20%，增值税率为 16%，现金折扣条件为 2/10，n/20。A 企业销售商品时代垫运费 2 000 元，则 A 企业应确认的商品销售收入为( )元。
   A. 1 000 000　　B. 800 000　　C. 798 000　　D. 936 000
3. 某企业本期主营业务收入 220 万元，主营业务成本为 120 万元，税金及附加 10 万元，其他业务成本 5 万元，投资收益 20 万元，管理费用 10 万元，资产减值损失 5 万元，销售费用 10 万元，营业外支出 5 万元。其本期的营业利润为( )万元。
   A. 80　　　　　B. 75　　　　　C. 65　　　　　D. 70
4. 下列各项中，应当计入管理费用的是( )。
   A. 业务招待费　　　　　　　　B. 办理银行汇票的手续费
   C. 外地采购材料的运杂费　　　D. 委托代销商品的手续费
5. 企业提取盈余公积的会计分录是( )。
   A. 借记"利润分配"科目，贷记"盈余公积"科目
   B. 借记"盈余公积"科目，贷记"利润分配"科目
   C. 借记"本年利润"科目，贷记"盈余公积"科目
   D. 借记"盈余公积"科目，贷记"本年利润"科目

(二)多项选择题
1. 下列各项经济利益流入中，属于收入范畴的是(   )。
   A. 销售剩余原材料   B. 销售固定资产
   C. 销售商品   D. 出租包装物
2. 下列各项中，应计入财务费用的有(   )。
   A. 企业发行股票时支付的手续费   B. 企业支付的银行承兑汇票手续费
   C. 企业购买商品时取得的现金折扣 D. 企业销售商品时发生的现金折扣
3. 企业发生的下列损失中，应列入营业外支出的有(   )。
   A. 捐赠支出   B. 出售无形资产净损失
   C. 非常损失   D. 坏账损失
4. 下列各项中，属于期间费用的是(   )。
   A. 管理费用   B. 财务费用   C. 制造费用   D. 销售费用
5. 所得税费用可由(   )构成。
   A. 当期所得税   B. 递延所得税
   C. 本期交纳所得税   D. 应纳税所得额

(三)分析判断题
1. 收入可以表现为资产的增加，也可以表现为资产的减少，或二者同时发生。(   )
2. 商品销售收入确认条件有五项，至少满足其中一项才能确认收入。(   )
3. 提供劳务收入的核算均应当采用完工百分比法。(   )
4. 暂时性差异分为应纳税暂时性差异和可抵扣暂时性差异。(   )
5. 企业的盈余公积是从净利润中提取的，只能用于弥补亏损或转增资本。(   )

二、实务技能训练

实务训练一

【目的】练习一般商品销售业务的核算。

【资料】2×18年6月10日，甲公司销售A商品50件，增值税发票上注明售价50 000元，增值税额8 000元。该批商品成本32 000元。商品已发出，货款已收妥存入银行。

【要求】根据上述经济业务编制相关会计分录。

实务训练二

【目的】练习商品销售业务的核算。

【资料】2×18年6月5日，甲公司赊销一批商品给乙公司，增值税发票上注明售价20 000元，增值税额3 200元，成本12 000元。该项销售符合收入确认条件。为了及时收回货款，在合同中承诺给予购货方如下折扣条件：2/10，n/30。2×18年6月15日，收到货款。

【要求】根据上述经济业务编制相关会计分录。

实务训练三

【目的】练习期间费用的核算。

第十章 收入、费用和利润

【资料】A 公司 2×17 年度发生下列业务：

(1) 以银行存款支付产品展览费 10 000 元；支付业务招待费 2 000 元；计提车间设备折旧 6 000 元，厂部设备折旧 1 000 元。

(2) 摊销管理用的无形资产 3 000 元。

(3) 预提短期借款利息 5 000 元。

(4) 结转上述期间的费用。

【要求】根据上述经济业务编制相关的会计分录。

实务训练四

【目的】练习利润分配的核算。

【资料】甲公司发生下列经济业务：

(1) 甲公司 2×17 年度实现净利润 200 万元，结转本年利润。

(2) 甲公司股东大会宣布 2×17 年的利润分配方案如下：按 10%提取法定盈余公积，按 5%提取任意盈余公积，向投资者分配现金股利 100 万元。

(3) 结转利润分配明细账户。

(4) 以银行存款 100 万元支付现金股利。

【要求】根据上述经济业务编制相关的会计分录。

第十一章 财务会计报告

学习目标

通过本章的学习，应掌握财务会计报告的含义、作用和构成；了解财务会计报告编制的基本要求；熟悉资产负债表、利润表、现金流量表、所有者权益变动表的内容和结构，并了解各主要报表的编制方法。

第一节 财务会计报告概述

一、财务会计报告的含义及意义

(一)财务会计报告的含义

财务会计报告是指企业对外提供的反映企业某一特定日期财务状况和某一会计期间经营成果、现金流量等会计信息的文件。在各企业的日常会计核算中，对于发生的各项经济业务，企业会计人员按照一定的核算程序和会计方法，在会计账簿中进行全面、连续、系统的登记。虽然账簿能够提供丰富的会计信息，对于反映企业的经济活动和财务状况起到了积极的作用，但是，由于账簿自身的特点，它只是从不同角度说明经济业务中各个会计要素发生变化及其结果的具体情况，企业的管理者、投资者、债权人、政府管理部门以及其他与该企业有利害关系的单位和个人并不能将分散的会计账簿记录有机地联系起来，也不便于综合地了解、分析、评价企业某一特定日期的财务状况和某一会计期间的经营成果、现金流量。为了使会计信息利用者能够全面、综合地了解企业的财务状况和经营成果，更好地为经营决策服务，各企业在日常会计核算的基础上，需要定期将日常会计核算资料进行归类、整理、汇总，并按照一定的形式，定期编制财务会计报告。

(二)编制财务会计报告的意义

编制财务会计报告是对会计核算工作的全面总结，是企业财务会计工作的重要内容，也是与企业相关各利益主体了解企业会计信息的重要途径。财务会计报告提供的会计信息具有以下方面的重要意义。

1. 有助于投资者和债权人信息使用者作出投资和贷款的决策

信息使用者是指与企业存在利害关系的单位或个人，包括潜在投资者、债权人及其他利益相关者。不同类型的信息使用者对企业的关注重点不同，企业提供的财务会计报告中包含有全面的会计信息，能够满足信息使用者的个体需求，并进一步帮助他们作出科学合理的决策。

2. 为实行企业会计控制和会计监督提供依据

财务会计报告是与企业有经济利益关系的外部单位和个人了解企业的财务状况、经营成果及现金流量,并据以作出决策的重要依据;企业的所有者可利用财务会计报告的有关信息实施对企业的控制及监督;经营者可利用财务会计报告检查单位各种经营成果是否达到了预期经营目标;债权人可利用财务会计报告来监督企业借入资金的使用情况,掌握企业的偿债能力;国家可利用财务会计报告进行宏观经济管理,制定合理的经济政策,对整个国民经济进行有效的宏观调控,以提高社会效益;企业会计部门更可利用财务会计报告参与企业的经营,并对企业的各项经济活动实施会计监督。可以说,财务会计报告为投资者、经营者、债权人、国家以及企业会计部门进行企业控制和监督提供了重要依据。

3. 财务会计报告提供的经济信息是企业内部加强和改善经营管理的重要依据

企业经营管理人员要通过本企业财务会计报告随时掌握企业的财务状况和经营成果以及现金的流动情况,以便发现问题,及时采取措施,加强和改善企业的经营管理,不断提高企业的经济效益。有利于企业所有者和管理者评价经营业绩,并在此基础上找出问题,分析原因,改善经营管理,寻找提高经济效益的途径和方法。通过财务会计报告所提供的指标,不仅有利于各方面进行科学合理的决策,同时也有利于评价企业经营的业绩,促进企业生产经营管理,寻找提高经济效益的途径和方法。

二、财务会计报告的构成

企业的财务会计报告由会计报表、会计报表附注和其他应当在财务会计报告中披露的相关信息和资料组成。可以概括为财务报表和其他财务报告两部分。

财务报表是对企业财务状况、经营成果和现金流量的结构性表述。企业对外提供的财务报表的内容、报表的种类和格式等,都由会计准则规定;企业内部管理需要的会计报表由企业自行规定。一套完整的财务报表至少应当包括"四表一注",即资产负债表、利润表、现金流量表、所有者权益(或股东权益)变动表以及报表附注。

资产负债表、利润表和现金流量表分别从不同角度反映企业的财务状况、经营成果和现金流量。资产负债表反映企业一定期间所拥有的资产、需要偿还的债务以及股东(投资者)拥有的净资产情况;利润表反映企业一定期间的经营成果即利润或亏损的情况,表明企业运用所拥有的资产获利能力;现金流量表反映企业在一定会计期间现金和现金等价物流入和流出的情况。所有者权益变动表反映构成所有者权益的各组成部分当期的增减变动情况。企业的净利润及其分配情况是所有者权益变动的组成部分,相关信息已经在所有者权益变动表及其附注中反映,企业不需要再单独编制利润分配表。

会计报表附注是财务报表不可或缺的组成部分,是对在资产负债表、利润表、现金流量表和所有者权益变动表等报表中列示项目的文字描述或明细资料,以及对未能在这些报表中列示项目的说明等。

其他财务报告是财务报表的辅助报告,其编制基础和方式可以不受会计准则的约束,它以灵活多样的形式提供各种相关信息,如社会责任报告等。

三、财务会计报告的种类

(一)按反映的经济内容分类

财务会计报告按其反映的经济内容不同,可分为财务状况报表、经营成果报表。

(1) 财务状况报表是用来反映企业财务状况及资金运用、变动情况的报表,主要包括资产负债表、现金流量表和所有者权益变动表。

(2) 经营成果报表主要是指利润表,主要提供有关企业经营成果方面的信息。

(二)按编报主体分类

按财务报表的编报主体不同,可以分为个别财务报表和合并财务报表。

(1) 个别财务报表是由企业在自身会计核算的基础上编制的财务报表,它主要用以提供企业自身的财务状况、经营成果和现金流量等信息。

(2) 合并财务报表是以母公司和子公司组成的企业集团为会计主体,根据母公司和所属子公司的财务报表,由母公司编制的综合反映企业集团财务状况、经营成果和现金流量的财务报表。

(三)按编制的时间分类

财务会计报告按编制的时间不同,可分为月报表、季报表、半年报表和年报表。

(1) 月报表,简称月报,是按月编报的财务会计报告,主要包括资产负债表和利润表。

(2) 季报表,简称季报,是每个季度编报一次的财务会计报告。

(3) 半年报表,简称半年报,是每半年度编报一次的财务会计报告。月报、季报、半年报又简称中期会计报告。

(4) 年报表,简称年报,是按会计年度编报的财务会计报告,包括资产负债表、利润表、现金流量表、所有者权益变动表、财务状况说明书等。

四、财务报告列报的基本要求

(一)遵循会计准则进行会计确认与计量

企业应当遵循各项会计准则对实际发生的交易或事项进行确认和计量,并在此基础上编制财务报表。企业应当在附注中对遵循的企业会计准则编制的财务报表做出说明,只有遵循了企业会计准则的所有规定,财务报表才能被称为"遵循了企业会计准则"。企业不应以在附注中披露代替对交易或事项的确认与计量,即企业采用不恰当的会计政策,不得通过在附注中披露等其他形式予以更正。企业应当对交易或事项依据会计准则进行正确的确认与计量。

(二)以持续经营作为列报基础

持续经营是会计核算的基本前提,是会计确认、计量和编制财务报表的基础。企业会计准则规范的是持续经营条件下企业所发生的交易或事项的确认、计量和报表列报。在编制财务报表的过程中，企业管理当局应当考虑市场经营风险、企业目前或长期的盈利能力、偿债能力、财务弹性以及管理当局改变经营政策的意向等因素，对企业持续经营的能力进行评价。评价后如果对企业持续经营的能力产生严重怀疑的，应当在附注中披露。

如果企业出现了非持续经营，以持续经营为基础编制财务报表不再合理，则应当采用其他基础编制财务报表，如破产企业的资产采用可变现净值计量，负债按其预计结算金额计量等。非持续经营是企业在极端情况下出现的一种状况，非持续经营往往取决于企业所处的环境以及企业管理部门的判断。一般而言，企业如果存在以下情况之一，则表明其处于非持续经营状态：①企业已在当期进行清算或停止营业；②企业已经正式决定在下一个会计期间进行清算或停止营业；③企业已确定在当期或下一个期间没有其他供选择的方案而将被迫进行清算或停止营业。

由于企业在持续经营和非持续经营环境下采用的会计计量基础不同，产生的经营成果和财务状况也不同，所以在财务报表附注中必须披露相关信息，这对于财务报表使用者非常重要。在非持续经营的情况下，企业应当在附注中声明财务报表未以持续经营为基础列报，并披露其原因以及财务报表的编制基础。

(三) 重要性和项目列报

企业会计准则对"重要性"进行了定义，即如果财务报表某项目的省略或错报会影响使用者据此作出经济决策的，则该项目就具有重要性。重要性是判断项目是否单独列报的标准。财务报表是通过对大量交易或事项进行处理而生成的，这些交易或事项按其性质或功能汇总归类而形成财务报表中的项目。企业应当依据重要性原则来判断项目是单独列报还是合并列报。一般来说，如果某项目单个看具有重要性，则应当单独列报；如果不具有重要性，则可将其与其他项目合并列报。具体说来，性质或功能不同的项目，一般应当单独列报，但不具有重要性的可以合并列报；性质或功能类似的项目，一般可以合并列报，但具有重要性的类别应单独列报。项目单独列报的原则不仅适用于报表，还适用于附注。

需要强调的是：无论是财务报表列报准则规定的单独列报项目，还是其他具体会计准则规定单独列报的项目，企业都应当予以单独列报。

(四) 列报的一致性

为了满足会计信息可比性的质量要求，财务报表项目的列报应当在各个会计期间保持一致，不得随意变更。这一要求不仅是针对财务报表中的项目名称，还包括财务报表项目的分类、排序等方面。当会计准则要求改变，或企业经营业务的性质发生重大变化，变更财务报表项目能够提供更可靠、更相关的会计信息时，财务报表项目的列报是可以改变的。

(五) 财务报表项目金额间的相互抵消

财务报表项目应当以总额列报，资产和负债、收入和费用不能相互抵消，即不得以净额列报，但企业会计准则另有规定的除外。其原因在于：如果相互抵消，所提供的信息就不完整，降低了信息的可比性，报表的使用者难以做出正确的判断。如企业的应付款项不得与企业应向其他客户收取的应收款项相抵消，否则就可能掩盖了交易的实质。再如收入和费用反映了企业投入与产出之间的关系，是企业经营成果的两个方面，为了更好地反映交易的实质，考核企业经营管理水平以及预测企业未来的现金流量，收入和费用不能相抵消。

以下两种情况不属于抵消，可以以净额列示：①资产计提的减值准备，实质上意味着资产的价值发生的减损，资产项目只有按扣除减值准备后的净额列示，才能反映资产的真实价值，不属于抵消。②非日常活动产生的损益以同一交易形成的收入扣减费用后的净额列示，不属于抵消。因为非日常活动并非企业主要业务，具有偶然性，从重要性来讲，非日常活动产生的损益以收入扣减费用后的净额列示，对公允地反映企业财务状况和经营成果影响不大，抵消后反而更有利于报表使用者理解。

(六)比较信息的列报

企业在列报当期财务报表时，至少应当提供所有列报项目上一可比会计期间的比较数据，以及与理解当期财务报表相关说明，目的在于向报表使用者提供对比数据，提高信息在会计期间上的可比性，以反映企业财务状况、经营成果和现金流量的发展趋势，提高报表使用者的判断与决策能力。

在财务报表项目列报的确需要变更的情况下，企业应当对上期比较数据按照当期的列报要求进行调整，并在附注中披露调整的原因、性质以及各调整项目的金额。如果对上期比较数据进行调整不切实可行，应当在附注中披露不能调整的原因。

(七)财务报表的报告期间与表首的列报要求

企业至少应当编制年度财务报表。《会计法》规定，会计年度自公历 1 月 1 日起至 12 月 31 日止。在编制财务报表时，可能存在年度财务报表涵盖的期间短于一年的情况，例如企业在年度中间(如 5 月 1 日)开始设立等，在这种情况下，企业应当披露年度财务报表的实际涵盖期间及其短于一年的原因，并应当说明由此引起财务报表项目与比较数据不具有可比性这一事实。

财务报表一般分为表首和正表两部分。表首应当概括说明下列基本信息：①编报企业的名称；②报表数据的所属日期或期间，对资产负债表来说，要披露资产负债表日，对于利润表、现金流量表和所有者权益动表来说，要披露报表涵盖的会计期间；③货币名称和单位，按照我国企业会计准则的规定，企业应当以人民币作为记账本位币列报，并标名金额单位；④财务报表是合并财务报表的，应当予以标明。

第二节 资产负债表

一、资产负债表的含义和作用

资产负债表是企业对外提供的主要财务报表之一，是反映企业在某一特定日期财务状况的会计报表。财务状况，是指企业在特定时点的资产、负债和所有者权益状况。

资产负债表是根据资产、负债、所有者权益之间的相互关系，根据"资产=负债+所有者权益"这一会计恒等式，按照一定的分类标准和顺序，将企业在特定时点上的资产、负债和所有者权益各项目之间予以适当排列,并对日常核算中形成的会计数据进行加工,整理后编制而成的。它揭示了资产、负债和所有者权益这三个会计要素间的内在联系和平衡关系。通过资产负债表,可以反映企业的经济资源及其分布情况,分析企业资产的构成及其状况;可以据以评价和预测企业的短期偿债能力;可据以评价和预测企业的长期偿债能力;可以反映企业所有者权益的情况,了解企业现有投资者各自所占的比重和份额;有助于评价、预测企业的经营绩效;为投资者和债权人的经济决策提供参考。

二、资产负债表的内容格式

资产负债表一般有表首、正表两部分。其中,表首概括说明报表名称、编制单位、编制日期、报表编号、货币名称、计量单位,正表则列示了用以说明企业财务状况的各个项目。

资产负债表格式一般有账户式和报告式两种格式。我国企业的资产负债表主要采用账户式。

账户式资产负债表是左右结构,左方为资产,全部项目按照资产的流动性或资产变现能力的大小分类分项列示,包括流动资产、长期股权投资、固定资产、无形资产及其他资产。右方为负债及所有者权益,负债在右方的上半部分,按流动性分类分项列示,包括流动负债、非流动负债等,而所有者权益项目排在右方的下半部分,按照实收资本(股本)、资本公积、盈余公积、未分配利润等项目分项列示。

企业一定期间的全部资产总额必定等于全部负债加所有者权益总额,因此资产负债表左右两方的总计金额永远相等。账户式资产负债表的格式及内容见表11-1。

表 11-1 资产负债表

编制单位:　　　　　　　　　　　　　年　　月　　日　　　　　　　　　　　　　单位:元

资产	期末余额	年初余额	负债及所有者权益	期末余额	年初余额
流动资产:			流动负债:		
货币资金			短期借款		
以公允价值计量且其变动计入当期损益的金融资产			以公允价值计量且其变动计入当期损益的金融负债		
应收票据			应付票据		
应收账款			应付账款		
预付款项			预收款项		
应收利息			应交税费		
应收股利			应付职工薪酬		
其他应收款			应付利息		
存货			应付股利		
持有待售资产			其他应付款		
一年内到期的非流动资产			持有待售负债		
其他流动资产			一年内到期的非流动负债		
流动资产合计			其他流动负债		

续表

资产	期末余额	年初余额	负债及所有者权益	期末余额	年初余额
非流动资产：			流动负债合计		
可供出售金融资产			非流动负债：		
持有至到期投资			长期借款		
长期应收款			应付债券		
长期股权投资			长期应付款		
投资性房地产			专项应付款		
固定资产			预计负债		
在建工程			递延收益		
工程物资			递延所得税负债		
固定资产清理			其他非流动资产负债		
无形资产			非流动负债合计		
开发支出			负债合计		
商誉			所有者权益：		
长期待摊费用			实收资本		
递延所得税资产			其他权益工具		
其他非流动资产			资本公积		
非流动资产合计			减：库存股		
			其他综合收益		
			盈余公积		
			未分配利润		
			所有者权益合计		
资产总计			负债及所有者权益总计		

三、资产负债表的列报方法

(一)资产负债表项目的填列方法

资产负债表各项目均需填列"年初余额"和"期末余额"两栏。其中"年初余额"栏内各项数字，通常应根据上年末资产负债表的"期末余额"栏内所列数字填列。如果本年度资产负债表规定的各个项目的名称和内容同上年度不一致，应对上年末资产负债表各项目的名称和数字按照本年度的规定进行调整，将调整后的金额填入本表"年初余额"栏内。"期末余额"栏主要有以下几种填列方法。

(1) 根据总账科目余额填列。可分为两种情况。一是根据总账科目余额直接填列，如"交易性金融资产""固定资产清理""短期借款""应付票据""应付职工薪酬""实收资本""库存股""以公允价值计量且其变动计入当期损益的金融资产""以公允价值计量且其变动计入当期损益的金融负债""专项应付款""预计负债""递延收益""资本公积""其他综合收益""专项储备""盈余公积"等项目。其中，有其他综合收益相关业务的企业，应当设置"其他综合收益"科目进行会计处理，该科目应当按照其他综合收益项目的具体内容设置明细科目。企业在对其他综合收益进行会计处理时，应当通过"其他综合收益"科目处理，并与"资本公积"科目相区分。

二是根据总账科目余额计算填列，如"货币资金"项目，根据"库存现金""银行存款"和"其他货币资金"总账科目余额的合计数填列。

(2) 根据明细账科目余额计算填列。例如，"开发支出"项目，应根据"研发支出"科目中所属的"资本化支出"明细科目期末余额填列；"应付账款"项目，应根据"应付账款"和"预付账款"科目所属的相关明细科目的期末贷方余额合计数填列。

(3) 根据总账科目和明细账科目余额分析计算填列。如"长期借款"项目，需根据"长期借款"总账科目余额扣除"长期借款"科目所属的明细科目中将在资产负债表日起一年内到期，且企业不能自主将清偿义务展期的长期借款后的金额填列；"长期待摊费用"项目，应根据"长期待摊费用"科目的期末余额减去将于一年内(含一年)摊销的数额后的金额填列。

(4) 根据有关科目余额减去其备抵科目余额后的净额填列。如资产负债表中"应收票据""应收账款""长期股权投资""在建工程"等项目，应当根据"应收票据""应收账款""长期股权投资""在建工程"等科目的期末余额减去"坏账准备""长期股权投资减值准备""在建工程减值准备"等科目余额后的净额填列。"投资性房地产""固定资产"项目，应当根据"投资性房地产""固定资产"科目的期末余额减去"投资性房地产累计折旧""累计折旧""投资性房地产减值准备""固定资产减值准备"备抵科目余额后的净额填列；"无形资产"项目，应当根据"无形资产"的期末余额，减去"累计摊销""无形资产减值准备"备抵科目余额后的净额填列。

(5) 综合运用上述填列方法分析填列。如资产负债表中的"存货"项目，需要根据"原材料""生产成本""委托加工物资""周转材料""材料采购""在途物资""发出商品""材料成本差异"等总账科目期末余额的分析汇总数，再减去"存货跌价准备"科目余额后的净额填列；"预付款项"项目，应根据"预付账款"和"应付账款"科目所属各明细科目的期末借方余额合计数，减去"坏账准备"科目中有关预付款项计提的坏账准备期末余额后的金额填列。

(二)资产负债表项目的填列说明

资产负债表中资产、负债和所有者权益主要项目的填列说明如下。

(1) "货币资金"项目，反映企业库存现金、银行存款、外埠存款、银行汇票存款、信用卡存款、银行本票存款、信用证保证金存款等的合计数。本项目应根据"库存现金""银行存款""其他货币资金"科目期末金额的合计数填列。

(2) "以公允价值计量且其变动计入当期损益的金融资产"项目，反映企业持有的以公允价值计量且其变动计入当期损益的为交易目的所持有的债券投资、股票投资、基金投资、权证投资等金融资产。本项目应当根据"交易性金融资产"科目的期末余额填列。

(3) 应收票据项目，反映企业因销售商品、提供劳务等而收到的商业汇票，包括银行承兑汇票和商业承兑汇票。本项目应根据"应收票据"科目的期末余额减去"坏账准备"

科目中有关应收票据计提的坏账准备期末余额后的金额填列。

(4)"应收账款"项目,反映企业因销售商品、提供劳务等经营活动应收取的款项。本项目应根据"应收账款"和"预收账款"科目所属各明细科目的期末借方余额合计数,减去"坏账准备"科目中有关应收账款计提的坏账准备期末余额后的金额填列。如"应收账款"科目所属明细科目期末有贷方余额的,应在资产负债表"预收款项"项目填列。

(5)"预付款项"项目,反映企业按照购货合同规定预付给供应单位的款项等。本项目应根据"预付账款"和"应付账款"科目所属各明细科目的期末借方余额合计数,减去"坏账准备"科目中有关预付款项计提的坏账准备期末余额后的金额填列。如"预付账款"科目所属明细科目期末有贷方余额的,应在资产负债表"应付账款"项目内填列。

(6)"应收利息"项目,反映企业应收取的债券投资等的利息。本项目应根据"应收利息"科目的期末余额,减去"坏账准备"科目中有关应收利息计提的坏账准备期末余额后的金额填列。

(7)"应收股利"项目,反映企业应收取的现金股利和应收取其他单位分配的利润。本项目应根据"应收股利"科目的期末余额,减去"坏账准备"科目中有关应收股利计提的坏账准备期末余额后的金额填列。

(8)"其他应收款"项目,反映企业除应收票据、应收账款、预付账款、应收股利、应收利息等经营活动以外的其他各种应收、暂付的款项。本项目应根据"其他应收款"科目的期末余额,减去"坏账准备"科目中有关其他应收款计提的坏账准备期末余额后的金额填列。

(9)"存货"项目,反映企业期末在库、在途和在加工中的各种存货的价值。存货包括各种材料、商品、在产品、半成品、包装物、低值易耗品、委托代销商品等。本项目应根据"材料采购""原材料""低值易耗品""库存商品""发出商品""周转材料""委托加工物资""委托代销商品""生产成本"等科目的期末余额合计,减去"受托代销商品款""存货跌价准备"科目期末余额后的金额填列。材料采用计划成本核算,以及库存商品采用计划成本核算或售价核算的企业,还应按加或减材料成本差异、商品进销差价后的金额填列。

(10)"持有待售资产"项目,反映资产负债表日划分为持有待售类别的非流动资产及划分为持有待售类别的处置组中的流动资产和非流动资产的期末账面价值。该项目应根据在资产类科目新设置的"持有待售资产"科目的期末余额,减去"持有待售资产减值准备"科目的期末余额后的金额填列。

(11)"一年内到期的非流动资产"项目,反映企业将于一年内到期的非流动资产项目金额。本项目应根据有关科目的期末余额计算填列。

(12)"其他流动资产"项目,反映企业除货币资金、交易性金融资产、应收票据、应收账款、存货等流动资产以外的其他流动资产。本项目应根据有关科目的期末余额计算填列。

(13)"可供出售金融资产"项目,反映企业持有的以公允价值计量的可供出售的股票投资、债券投资等金融资产。本项目应根据"可供出售金融资产"科目的期末余额填列。

(14)"持有至到期投资"项目,反映企业持有的以摊余成本计量的持有至到期投资。本项目应根据"持有至到期投资"科目的期末余额,减去"持有至到期投资减值准备"科目期末余额后的金额填列。

(15)"长期应收款"项目,反映企业融资租赁产生的应收款项、采用递延方式具有融资性质的销售商品和提供劳务等产生的长期应收款项等。本项目应根据"长期应收款"科目的期末余额,减去相应的"未实现融资收益"科目和"坏账准备"科目所属相关明细科目期末余额后的金额填列。

(16)"长期股权投资"项目,反映企业持有的对子公司、联营企业、合营企业和其他企业的长期股权投资。本项目应根据"长期股权投资"科目的期末余额,减去"长期股权投资减值准备"科目的期末余额后的金额填列。

(17)"投资性房地产"项目,反映企业持有的投资性房地产。企业采用成本模式计量投资性房地产的,本项目应根据"投资性房地产"科目的期末余额,减去"投资性房地产累计折旧(或摊销)"和"投资性房地产减值准备"科目期末余额后的金额填列;企业采用公允价值模式计量投资性房地产的,本项目应根据"投资性房地产"科目的期末余额填列。

(18)"固定资产"项目,反映企业各种固定资产原价减去累计折旧和固定资产减值准备后的净额。本项目应根据"固定资产"科目的期末余额,减去"累计折旧"和"固定资产减值准备"科目期末余额后的金额填列。

(19)"在建工程"项目,反映企业期末各项未完工程的实际支出,包括交付安装的设备价值、未完建筑安装工程已经耗用的材料、工资和费用支出、预付出包工程的价款等的可收回金额。本项目应根据"在建工程"科目的期末余额,减去"在建工程减值准备"科目期末余额后的金额填列。

(20)"工程物资"项目,反映企业尚未使用的各项工程物资的实际成本。本项目应根据"工程物资"科目的期末余额填列。

(21)"固定资产清理"项目,反映企业因出售、毁损、报废等原因转入清理但尚未清理完毕的固定资产的净值,以及固定资产清理过程中发生的清理费用和变价收入等各项金额的差额。本项目应根据"固定资产清理"科目的期末借方余额填列,如"固定资产清理"科目期末为贷方余额,以"-"号填列。

(22)"无形资产"项目,反映企业持有的无形资产,包括专利权、非专利技术、商标权、著作权、土地使用权等。本项目应根据"无形资产"科目的期末余额,减去"累计摊销"和"无形资产减值准备"科目期末余额后的金额填列。

(23)"开发支出"项目,反映企业开发无形资产过程中能够资本化形成无形资产的成本支出部分。本项目应当根据"研发支出"科目中所属的"资本化支出"明细科目期末余额填列。

(24)"商誉"项目,反映企业合并中形成的商誉的价值。本项目应根据"商誉"科目的期末余额,减去相应减值准备后的金额填列。

(25)"长期待摊费用"项目,反映企业已经支付但应由本期和以后各期负担的分摊期限在一年以上的各项费用。长期待摊费用中在一年内(含一年)摊销的部分,在资产负债表"一年内到期的非流动资产"项目填列。本项目应根据"长期待摊费用"科目的期末余额减去将于一年内(含一年)摊销的数额后的金额填列。

(26) "递延所得税资产"项目,反映企业确认的可抵扣暂时性差异产生的递延所得税资产。本项目应根据"递延所得税资产"科目的期末余额填列。

(27) "其他非流动资产"项目,反映企业除长期股权投资、固定资产、在建工程、工程物资、无形资产等以外的其他非流动资产。本项目应根据有关科目的期末余额计算填列。

(28) "短期借款"项目,反映企业向银行或其他金融机构等借入的期限在一年以下(含一年)的各种借款。本项目应根据"短期借款"科目的期末余额填列。

(29) "以公允价值计量且其变动计入当期损益的金融负债"项目,反映企业承担的以公允价值计量且其变动计入当期损益为交易目的所持有的金融负债。本项目应根据"交易性金融负债"科目的期末余额填列。

(30) "应付票据"项目,反映企业因购买材料、商品和接受劳务供应等开出、承兑的商业汇票,包括银行承兑汇票和商业承兑汇票。本项目应根据"应付票据"科目的期末余额填列。

(31) "应付账款"项目,反映企业因购买材料、商品和接受劳务供应等经营活动应支付的款项。本项目应根据"应付账款"和"预付账款"科目所属各明细科目的期末贷方余额合计数填列;如"应付账款"科目所属明细科目期末有借方余额的,应在资产负债表"预付款项"项目内填列。

(32) "预收款项"项目,反映企业按照购货合同规定预收购货单位的款项。本项目应根据"预收账款"和"应收账款"科目所属各明细科目的期末贷方余额合计数填列。如"预收账款"科目所属明细科目期末有借方余额的,应在资产负债表"应收账款"项目内填列。

(33) "应付职工薪酬"项目,反映企业为获得职工提供的服务或解除劳动关系而给予的各种形式的报酬或补偿,包括短期薪酬、离职后福利、辞退福利和其他长期职工福利。本项目应根据"应付职工薪酬"科目的期末余额分析填列。

(34) "应交税费"项目,反映企业按照税法规定计算应交纳的各种税费,包括增值税、消费税、营业税、所得税、资源税、土地增值税、城市维护建设税、房产税、土地使用税、车船税、教育费附加、矿产资源补偿费等。企业代扣代缴个人所得税,也通过本项目列示。企业所交纳的税金不需要预计应交数的,如印花税、耕地占用税等,不在本项目列示。本项目应根据"应交税费"科目的期末贷方余额填列;如"应交税费"科目为借方余额,应以"-"号填列。

(35) "应付利息"项目,反映企业按照规定应当支付的利息,包括分期付息到期还本的长期借款应支付的利息、企业发行的企业债券应支付的利息等。本项目应根据"应付利息"科目的期末余额填列。

(36) "应付股利"项目,反映企业分配的现金股利或利润。企业分配的股票股利不通过本项目列示。本项目应根据"应付股利"科目的期末余额填列。

(37) "其他应付款"项目,反映企业除应付票据、应付账款、预收款项、应付职工薪酬、应付股利、应付利息、应交税费等经营活动以外的其他各项应付、暂收的款项。本项目应根据"其他应付款"科目的期末余额填列。

(38) "持有待售负债"项目，反映资产负债表日处置组中与划分为持有待售类别的资产直接相关的负债的期末账面价值。该项目应根据在负债类科目新设置的"持有待售负债"科目的期末余额填列。

(39) "一年内到期的非流动负债"项目，反映企业非流动负债中将于资产负债日后一年内年到期部分的金额，如将于一年内偿还的长期借款等。本项目应根据有关科目的期末余额分析计算填列。

(40) "其他流动负债"项目，反映企业除短期借款、交易性金融负债、应付票据、应付账款、应付职工薪酬、应交税费等流动负债以外的其他流动负债。本项目应根据有关科目的期末余额填列。

(41) "长期借款"项目，反映企业向银行或其他金融机构借入的期限在一年以上(不含一年)的各项借款。本项目应根据"长期借款"科目的期末余额填列。

(42) "应付债券"项目，反映企业为筹集长期资金而发行的债券本金和利息。本项目应根据"应付债券"科目的期末余额填列。

(43) "长期应付款"项目，反映企业除长期借款和应付债券以外的其他各种长期应付款项。本项目应根据"长期应付款"科目的期末余额，减去相应的"未确认融资费用"科目期末余额后的金额填列。

(44) "专项应付款"项目，反映企业取得政府作为企业所有者投入的具有专项或特定用途的款项。本项目应根据"专项应付款"科目的期末余额填列。

(45) "预计负债"项目，反映企业确认的对外提供担保、未决诉讼、产品质量保证、重组义务、亏损性合同等形成的预计负债。本项目应根据"预计负债"科目的期末余额填列。

(46) "递延收益"项目，反映尚待确认的收入或收益。本项目核算包括企业根据政府补助准则确认的应在以后期间计入当期损益的政府补助金额、售后租回形成融资租赁的售价与资产账面价值差额等其他递延性收入。本项目应根据"递延收益"科目的期末余额填列。

(47) "递延所得税负债"项目，反映企业确认的应纳税暂时性差异产生的所得税负债。本项目应根据"递延所得税负债"科目的期末余额填列。

(48) "其他非流动负债"项目，反映企业除长期借款、应付债券等项目以外的其他非流动负债。本项目应根据有关科目的期末余额减去将于一年内(含一年)到期偿还数后的余额填列。非流动负债各项目中将于一年内(含一年)到期的非流动负债，应在"一年内到期的非流动负债"项目内反映。

(49) "实收资本(或股本)"项目，反映项目各投资者实际投入的资本(或股本)总额。本项目应根据"实收资本(或股本)"科目的期末余额填列。

(50) "其他权益工具"项目，反映企业发行的除普通股以外、分类为权益工具的金融工具的账面价值，并在"其他权益工具"项目下增设"其中：优先股"和"永续债"两个项目，分别反映企业发行的分类为权益工具的优先股和永续债的账面价值。

(51)"资本公积"项目,反映企业资本公积的期末余额。本项目应根据"资本公积"科目的期末余额填列。

(52)"库存股"项目,反映企业持有尚未转让或注销的本公司股份金额。本项目应根据"库存股"账户的期末余额填列。

(53)"其他综合收益"项目,反映企业其他综合收益的期末余额。本项目应根据"其他综合收益"科目的期末余额填列。

(54)"盈余公积"项目,反映企业盈余公积的期末余额。本项目应根据"盈余公积"科目的期末余额填列。

(55)"未分配利润"项目,反映企业尚未分配的利润。本项目应根据"本年利润"科目和"利润分配"科目的余额计算填列。未弥补的亏损在本项目内以"-"号填列。

【例 11-1】 新鸿公司 201×年 12 月 31 日全部总账和有关明细账户余额如表 11-2 所示。

表 11-2 总账和明细账余额表

账户名称	明细账户	借方余额	账户名称	明细账户	贷方余额
库存现金		2 000	短期借款		140 000
银行存款		286 000	应付票据		190 000
其他货币资金		30 000	应付账款		857 000
交易性金融资产		180 000		F 企业	900 000
应收账款		350 000		G 企业	-43 000
	A 企业	250 000	预收账款		76 000
	B 企业	180 000		H 企业	96 000
	C 企业	-80 000		I 企业	-20 000
坏账准备		-5 000	其他应付款		45 600
预付账款		40 000	应付职工薪酬		45 000
	D 企业	45 000	应交税费		23 400
	E 企业	-5 000			
其他应收款		80 000	长期借款		2 800 000
材料采购		210 000	其中:一年内到期		1 000 000
原材料		345 000	应付债券		2 000 000
材料成本差异		31 000	长期应付款		330 000
库存商品		130 000	实收资本		1 000 000
生产成本		77 000	资本公积		46 000
长期股权投资		800 000	盈余公积		178 000
固定资产		6 557 000	利润分配	未分配利润	1 500 700
累计折旧		-1 167 000			
在建工程		950 000			

续表

账户名称	明细账户	借方余额	账户名称	明细账户	贷方余额
无形资产		135 000			
累计摊销		-13 000			
长期待摊费用		213 700			

根据上述资料，编制新鸿公司201×年12月31日资产负债表，如表11-3所示。

表11-3 资产负债表

编制单位：新鸿公司　　　　　　201×年12月31日　　　　　　　　　　单位：元

资产	期末余额	年初余额	负债及所有者权益	期末余额	年初余额
流动资产：		（略）	流动负债：		（略）
货币资金	318 000		短期借款	140 000	
以公允价值计量且其变动计入当期损益的金融资产	180 000		以公允价值计量且其变动计入当期损益的金融负债		
应收票据			应付票据	190 000	
应收账款	445 000		应付账款	905 000	
预付款项	88 000		预收款项	176 000	
其他应收款	80 000		应交税费	23 400	
存货	793 000		应付职工薪酬	45 000	
一年内到期的非流动资产			应付利息		
其他流动资产			应付股利		
流动资产合计	1 904 000		其他应付款	45 600	
非流动资产：			一年内到期的非流动负债	1 000 000	
可供出售的金融资产			其他流动负债		
持有至到期投资			流动负债合计	2 525 000	
长期股权投资	800 000		非流动负债：		
固定资产	5 390 000		长期借款	1 800 000	
在建工程	950 000		应付债券	2 000 000	
工程物资			长期应付款	330 000	
固定资产清理			专项应付款		
无形资产	122 000		其他非流动负债		
长期待摊费用	213 700		非流动负债合计	4 130 000	
其他非流动资产			负债合计	6 655 000	
非流动资产合计	7 475 700		所有者权益：		

续表

资产	期末余额	年初余额	负债及所有者权益	期末余额	年初余额
			实收资本	1 000 000	
			资本公积	46 000	
			盈余公积	178 000	
			未分配利润	1 500 700	
			所有者权益合计	2 724 700	
资产总计	9 379 700		负债及所有者权益总计	9 379 700	

第三节 利 润 表

一、利润表的含义和作用

利润表是总括反映企业一定会计期间(月份、季度或年度)经营成果(利润或亏损)的会计报表。定义中强调的"一定会计期间"是指一个时间过程，如一个月份，而不是一个时间点如某一天。它是根据"收入-费用=利润"这一会计等式，依照一定的标准和顺序，把企业一定时期内的收入、费用和利润项目予以适当排列编制而成。

利润表主要是提供企业经营成果方面的信息。通过利润表，可以反映企业一定会计期间实现收入的类型和金额、一定会计期间费用的耗费情况、生产经营活动的成果即净利润的实现情况，为进一步具体分析企业资金周转能力和盈利能力提供基础资料，为企业内部业绩考核提供重要依据，为企业内部管理层的经营决策提供依据，为企业外部投资者以及信贷者作投资决策及贷款决策提供依据。

二、利润表的内容和格式

利润表由表头和正表两部分组成。表头部分应该标明报表名称、企业名称、编制时间以及货币单位等内容。正表部分是利润表反映的基本数据资料。利润表格式有单步式和多步式两种。单步式利润表是将当期所有收入列在一起，再将所有费用列在一起，两者相减得出当期净损益。《企业会计准则》规定我国的利润表应采用多步式。多步式利润表是通过对当期的收入、费用、支出项目按照性质加以归类，分步计算当期净损益。

我国企业的利润表包括四部分内容：一是构成营业收入的各项要素，营业收入即企业日常经营活动所取得的收入，它是由主营业务收入和其他业务收入组成的；二是构成营业利润的各项要素，即营业收入减去与其相关的营业成本、营业税金及附加、销售费用、管理费用、财务费用、资产减值损失后的余额，再加上公允价值变动收益、投资收益后得出营业利润；三是构成利润总额的各项要素，即营业利润加上营业外收入，减去营业外支出后得出利润总额，该利润也称税前利润；四是构成净利润的各项要素，即利润总额减去所得税费用后的利润，该利润也称税后利润。

多步式利润表格式，见表11-4。

第十一章 财务会计报告

表 11-4 利润表

编制单位：　　　　　　　　　　××年度　　　　　　　　　　单位：元

项　目	本期金额	上期金额
一、营业收入		
减：营业成本		
税金及附加		
销售费用		
管理费用		
财务费用		
资产减值损失		
加：公允价值变动收益(损失以"-"号填列)		
投资收益(损失以"-"号填列)		
其中：对联营企业和合营的投资收益		
资产处置收益(损失以"-"号填列)		
其他收益		
二、营业利润(亏损以"-"号填列)		
加：营业外收入		
减：营业外支出		
其中：非流动资产处置损失		
三、利润总额(亏损总额以"-"号填列)		
减：所得税费用		
四、净利润(净亏损以"-"号填列)		
(一)持续经营净利润(净亏损以"-"号填列)		
(二)终止经营净利润(净亏损以"-"号填列)		
五、其他综合收益税后净额		
(一)以后不能重分类进损益的其他综合收益		
(二)以后将重分类进损益的其他综合收益		
六、综合收益总额		
七、每股收益		
(一)基本每股收益		
(二)稀释每股收益		

三、利润表的列报方法

(一)利润表项目的列报方法

利润表各项目均需填列"本期金额"和"上期金额"两栏。其中"上期金额"栏内各项数字，应根据上年该期利润表的"本期金额"栏内所填列金额填列。如果上年该期利润表规定的各个项目的名称和内容同本期不一致,应当对上年该期利润表各项目的名称和数字按本期的规定进行调整,将调整后的金额填入"上期金额"栏内。"本期金额"栏内各项金额,除"基本每股收益""稀释每股收益""其他综合收益"等项目外,应当按照相关科目的发生额分析填列。如"营业收入"项目,根据"主营业务收入""其他业务收入"科目的发生额分析填列;"营业成本"项目,根据"主营业务成本""其他业务成本"科目的发生额分析计算填列。

(二)利润表项目的填列说明

(1) "营业收入"项目,反映企业经营活动所得的收入总额。本项目应根据"主营业务收入"和"其他业务收入"科目的发生额分析计算填列。

(2) "营业成本"项目,反映企业经营活动中所发生的实际成本总额。本项目应根据"主营业务成本"和"其他业务成本"科目的发生额分析计算填列。

(3) "税金及附加"项目,反映企业经营业务应负担的消费税、城市维护建设税、资源税、土地增值税、教育费附加、房产税、车船税、土地使用税和印花税等。本项目应根据"税金及附加"科目的发生额分析填列。

(4) "销售费用"项目,反映企业在销售商品过程中发生的包装费、广告费等费用和为销售本企业商品而专设的销售机构的职工薪酬、业务费等经营费用。本项目应根据"销售费用"科目的发生额分析填列。

(5) "管理费用"项目,反映企业为组织和管理生产经营发生的管理费用。本项目应根据"管理费用"科目的发生额分析填列。

(6) "财务费用"项目,反映企业筹集生产经营所需资金等发生的筹资费用。本项目应根据"财务费用"科目的发生额分析填列。

(7) "资产减值损失"项目,反映企业各项资产发生的减值损失。本项目应根据"资产减值损失"科目的发生额分析填列。

(8) "公允价值变动收益"项目,反映企业应当计入当期损益的资产或负债公允价值变动收益。本项目应根据"公允价值变动损益"科目的发生额分析填列,如为净损失,本项目以"-"号填列。

(9) "投资收益"项目,反映企业以各种方式对外投资所取得的收益。本项目应根据"投资收益"科目的发生额分析填列。如为投资损失,本项目以"-"号填列。

(10) "资产处置收益"项目,反映企业出售划分为持有待售的非流动资产(金融工具、长期股权投资和投资性房地产除外)或处置组时确认的处置利得或损失,以及处置未划分为持有待售的固定资产、在建工程、生产性生物资产及无形资产而产生的处置利得或损失。债务重组中因处置非流动资产产生的利得或损失和非货币性资产交换产生的利得或损失也包括在本项目内。该项目应根据在损益类科目新设置的"资产处置损益"科目的发生额分析填列;如为处置损失,以"-"号填列。

(11) "其他收益"项目,反映计入其他收益的政府补助等该项目应根据在损益类科目新设置的"其他收益"科目的发生额分析填列。

(12) "营业利润"项目,反映企业实现的营业利润。如为亏损,本项目以"-"号填列。

(13) "营业外收入"项目,反映企业发生的营业利润以外的收益,主要包括债务重组利得、与企业日常活动无关的政府补助、盘盈利得、捐赠利得等。该项目应根据"营业外收入"科目的发生额分析填列。

(14) "营业外支出"项目，反映企业发生的营业利润以外的支出，主要包括债务重组损失、公益性捐赠支出、非常损失、盘亏损失、非流动资产毁损报废损失等。该项目应根据"营业外支出"科目的发生额分析填列。

(15) "利润总额"项目，反映企业实现的利润。如为亏损，本项目以"-"号填列。

(16) "所得税费用"项目，反映企业应从当期利润总额中扣除的所得税费用。本项目应根据"所得税费用"科目的发生额分析填列。

(17) "净利润"项目，反映企业实现的净利润。如为亏损，本项目以"-"号填列。

(18) "持续经营净利润"和"终止经营净利润"项目，分别反映净利润中与持续经营相关的净利润和与终止经营相关的净利润；如为净亏损，以"-"号填列。这两个项目应按照《企业会计准则第 42 号——持有待售的非流动资产、处置组和终止经营》的相关规定分别列报。

(19) "其他综合收益税后净额"项目，反映企业根据《企业会计准则》规定未在损益中确认的各项利得和损失扣除所得税影响后的净额。

(20) "综合收益总额"项目，反映企业净利润与其他综合收益的合计金额，是指企业在某一期间与所有者之外的其他方面进行交易或发生其他事项所引起的净资产变动。

(21) "每股收益"项目，包括基本每股收益和稀释每股收益两项指标，它们是反映上市公司每一股普通股所创造的收益水平，是资本市场广大投资者投资决策最直观、最重要的参考依据，这两项指标应当按照《企业会计准则第 34 号——每股收益》的规定计算填列。

【例 11-2】新鸿公司 201×年度有关损益类科目本年累计发生净额如表 11-5 所示。

表 11-5 新鸿公司 2011 年度损益类账户累计发生净额　　　　　　　　　　单位：元

账户名称	借方发生额	贷方发生额
主营业务收入	3 600 000.00	3 600 000.00
其他业务收入	50 000.00	50 000.00
投资收益	5 000.00	5 000.00
营业外收入	200 000.00	200 000.00
主营业务成本	1 200 000.00	1 200 000.00
其他业务成本	40 000.00	40 000.00
税金及附加	1 224 550.00	1 224 550.00
销售费用	252 000.00	252 000.00
管理费用	151 000.00	151 000.00
财务费用	37 000.00	37 000.00
资产减值损失	50 000.00	50 000.00
营业外支出	90 920.00	90 920.00
所得税费用	207 382.50	207 382.50

根据新鸿公司 201×年度损益类科目的发生额，编制新鸿公司 201×年度的利润表，如表 11-6 所示。

表 11-6　利润表

编制单位：新鸿公司　　　　　　　　　　201×年度　　　　　　　　　　　　单位：元

项　目	本年金额	上年金额(略)
一、营业收入	3 650 000.00	
减：营业成本	1 240 000	
税金及附加	1 224 550	
销售费用	252 000	
管理费用	151 000	
财务费用	37 000	
资产减值损失	50 000	
加：公允价值变动收益(损失以"—"号填列)		
投资收益(损失以"—"号填列)	5000	
其中：对联营企业和合营企业的投资收益		
资产处置收益(损失以"—"号填列)		
其他收益		
二、营业利润(亏损以"—"号填列)	700 450.00	
加：营业外收入	200 000	
减：营业外支出	90 920	
其中：非流动资产处置损失	70 920	
三、利润总额(亏损总额以"—"号填列)	809 530.00	
减：所得税费用	207 382.5	
四、净利润(净亏损以"—"号填列)	602 147.50	
五、其他综合收益的税后净额	(略)	
六、综合收益总额	602 147.50	
七、每股收益	(略)	
(一)基本每股收益		
(二)稀释每股收益		

第四节　现金流量表

一、现金流量表的含义和作用

现金流量表是反映企业一定会计期间现金和现金等价物流入和流出情况的报表，属于动态报表。企业编制现金流量表的主要目的，是为会计报表使用者提供企业一定会计期间现金和现金等价物流入和流出的信息，以便会计报表使用者了解和评价企业获取现金和现金等价物的能力，并据以预测企业未来的现金流量。所以，现金流量表在评价企业经营业绩、衡量企业财务资源和财务风险以及预测企业未来前景等方面，有着十分重要的作用。现金流量表有助于评价企业支付能力、偿债能力和周转能力，有助于预测企业未来现金流量，有助于分析企业收益质量及影响现金净流量的因素。

二、现金流量表的编制基础

现金流量表是以现金及现金等价物为基础编制的，这里的现金包括库存现金、可以随时用于支付的存款。具体包括以下内容。

1. 库存现金

库存现金，是指企业持有的、可随时用于支付的现金。

2. 银行存款

银行存款，是指企业存在金融企业、随时可以用于支付的存款，它与银行存款账户核算的银行存款基本一致，主要区别是编制现金流量表所指的银行存款是可以随时用于支付的银行存款，如结算户存款、通知存款等。

3. 其他货币资金

其他货币资金，是指企业存在金融企业有特定用途的资金，如外埠存款、银行汇票存款、银行本票存款、信用证保证金存款、在途货币资金等。

4. 现金等价物

现金等价物，是指企业持有的期限短、流动性强、易于转换为已知金额的现金、价值变动风险很小的投资。其中，期限短、流动性强，强调了变现能力，而易于转换为已知金额的现金、价值变动风险较小，则强调了支付能力的大小。

三、现金流量的分类

现金流量是指企业一定时期的现金及现金等价物流入和流出的数量。现金有不同的来源，也有不同的支出用途，按照《企业会计准则》的规定，现金流量分为经营活动产生的现金流量、投资活动产生的现金流量和筹资活动产生的现金流量。现金净流量是指现金流出和流出的差额，反映了企业各类活动形成的现金流量的最终结果。

(一)经营活动产生的现金流量

经营活动是指企业投资活动和筹资活动以外的所有交易和事项。各类企业经营活动范围因其行业特点不同而有差异。对于工商企业而言，经营活动主要包括：销售商品、提供劳务、购买商品、接受劳务、支付税费等。经营活动产生的现金流入主要包括：销售商品、提供劳务收到的现金；收到的税费返还；收到的其他与经营活动有关的现金。经营活动产生的现金流出主要包括：购买商品、接受劳务支付的现金；支付给职工以及为职工支付的现金；支付的各项税费；支付的其他与经营活动有关的现金。

(二)投资活动产生的现金流量

投资活动是指企业长期资产的购建和不包括在现金等价物范围内的投资及其处置活动。这里的长期资产是指固定资产、无形资产、在建工程、其他资产等持有期限在一年或一个营业周期以上的资产。投资活动产生的现金流入主要包括：收回投资收到的现金；取得投资收益收到的现金；处置固定资产、无形资产和其他长期资产收回的现金净额；处置子公司及其他营业单位收到的现金净额；收到其他与投资活动有关的现金。投资活动产生的现金流出主要包括：购建固定资产、无形资产和其他长期资产支付的现金；投资支付的现金；取得子公司及其他营业单位支付的现金净额；支付其他与投资活动有关的现金。

(三)筹资活动产生的现金流量

筹资活动是指导致企业资本及债务规模和构成发生变化的活动。筹资活动产生的现金流入主要包括：吸收投资收到的现金、取得借款收到的现金、收到的其他与筹资活动有关的现金。筹资活动产生的现金流出主要包括：偿还债务支付的现金；分配股利、利润或偿付利息支付的现金；支付其他与筹资活动有关的现金。

四、现金流量表的格式

现金流量表分为两部分，第一部分为表首，第二部分为正表。表首概括地说明报表名称、编制单位、报表所属年度、报表编号、货币名称、计量单位等。正表反映现金流量表的各项内容。正表有六项：一是经营活动产生的现金流量；二是投资活动产生的现金流量；三是筹资活动产生的现金流量；四是汇率变动对现金及现金等价物的影响；五是现金及现金等价物净增加额。六是期末现金及现金等价物余额。现金流量表格式见表11-7。

表 11-7　现金流量表

编制单位：　　　　　　　　　　年度　　　　　　　　　　　　　单位：元

项　目	行次	本期金额	上期金额
一、经营活动产生的现金流量	1		
销售商品、提供劳务收到的现金	2		
收到的税费返还	3		
收到的其他与经营活动有关的资金	4		
经营活动现金流入小计	5		
购买商品、接受劳务支付的现金	6		
支付给职工以及为职工支付的现金	7		
支付的各项税费	8		
支付其他与经营活动有关的现金	9		
经营活动现金流出小计	10		
经营活动产生的现金流量净额	11		
二、投资活动产生的现金流量	12		

续表

项 目	行次	本期金额	上期金额
收回投资收到的现金	13		
取得投资收益收到的现金	14		
处置固定资产、无形资产和其他长期资产收回的现金净额	15		
处置子公司及其他营业单位收到的现金净额	16		
收到其他与投资活动有关的现金	17		
投资活动现金流入小计	18		
购建固定资产、无形资产和其他长期资产支付的现金	19		
投资支付的现金	20		
取得子公司及其他营业单位支付的现金净额	21		
支付其他与投资活动有关的现金	22		
投资活动现金流出小计	23		
投资活动产生的现金流量净额	24		
三、筹资活动产生的现金流量	25		
吸收投资收到的现金	26		
取得借款收到的现金	27		
收到其他与筹资活动有关的现金	28		
筹资活动现金流入小计	29		
偿还债务支付的现金	30		
分配股利、利润或偿付利息支付的现金	31		
支付其他与筹资活动有关的现金	32		
筹资活动现金流出小计	33		
筹资活动产生的现金流量净额	34		
四、汇率变动对现金及现金等价物的影响	35		
五、现金及现金等价物净增加额	36		
加：期初现金及现金等价物余额	37		
六、期末现金及现金等价物余额	38		

五、现金流量表主要项目填列说明

(一)经营活动产生的现金流量

(1) "销售商品、提供劳务收到的现金"项目，本项目反映企业销售商品、提供劳务实际收到的现金(包括增值税销项税额)。具体包括：本期销售商品、提供劳务收到的现金，以及前期销售商品、提供劳务本期收到的现金和本期预收的款项，减去本期销售本期退回的商品和前期销售本期退回的商品支付的现金。企业销售材料和代购代销业务收到的现金也在本项目中反映。本项目可以根据"库存现金""银行存款""应收票据""应收账款""预收账款""主营业务收入""其他业务收入"科目的记录分析填列。

(2) "收到的税费返还"项目,反映企业收到返还的所得税、增值税、营业税、消费税、关税和教育费附加等各种税费返还款。本项目可以根据有关科目的记录分析填列。

(3) "收到其他与经营活动有关的现金"项目,本项目反映企业除上述各项目外,收到的其他与经营活动有关的现金,如罚款收入、经营租赁固定资产收到的现金、投资性房地产收到的租金收入、流动资产损失中由个人赔偿的现金收入、除税费返还外的其他政府补助收入等。其他与经营活动有关的现金,如果价值较大的,应当单独列示。本项目应根据"库存现金""银行存款""管理费用""销售费用"等科目的记录分析填列。

(4) "购买商品、接受劳务支付的现金"项目,本项目反映企业购买材料、商品、接受劳务实际支付的现金(包括增值税进项税额),具体包括:本期购买商品、接受劳务支付的现金,以及本期支付前期购买商品、接受劳务的未付款项和本期预付款项,减去本期发生的购货退回收到的现金。本项目可以根据"库存现金""银行存款""应付票据""应付账款""预付账款""主营业务成本""其他业务支出"等科目的记录分析填列。

(5) "支付给职工以及为职工支付的现金"项目,本项目反映企业实际支付给职工的现金以及为职工支付的现金,包括企业为获得职工提供的服务,本期实际给予各种形式的报酬以及其他相关支出,如支付给职工的工资、奖金、各种津贴和补贴等,以及为职工支付的其他费用,但不包括支付给在建工程人员的工资。支付的在建工程人员的工资,在"购建固定资产、无形资产和其他长期资产所支付的现金"项目中反映。本项目可以根据"库存现金""银行存款""应付职工薪酬"等科目的记录分析填列。

(6) "支付的各项税费"项目,本项目反映企业按规定支付的各项税费,包括本期发生并支付的税费,以及本期支付以前各期发生的税费和预交的税金,如支付的营业税、增值税、消费税、所得税教育费附加、印花税、房产税、土地增值税、车船使用税等。不包括本期退回的增值税、所得税。本期退回的增值税、所得税等,在"收到的税费返还"项目中反映。本项目可以根据"应交税费""库存现金""银行存款"等科目分析填列。

(7) "支付其他与经营活动有关的现金"项目,本项目反映企业除上述各项目外,支付的其他与经营活动有关的现金,如罚款支出、支付的差旅费、业务招待费、保险费、经营租赁支付的现金等。其他与经营活动有关的现金,如果金额较大的,应单列项目反映。本项目可以根据有关科目的记录分析填列。

(二)投资活动产生的现金流量

(1) "收回投资收到的现金"项目,反映企业出售、转让或到期收回除现金等价物以外的交易性金融资产、持有至到期投资、可供出售金融资产、长期股权投资等收到的现金。本项目不包括债权性投资收回的利息、收回的非现金资产,以及处置子公司及其他营业单位收到的现金净额。但债权性投资收回的利息和处置子公司及其他营业单位收到的现金净额不在本项目反映。本项目可以根据"交易性金融资产""持有至到期投资""可供出售金融资产""长期股权投资""库存现金""银行存款"等科目的记录分析填列。

(2) "取得投资收益收到的现金"项目,反映企业因股权性投资而分得的现金股利,因债权性投资而取得的现金利息收入。包括在现金等价物范围内的债券性投资,其利息收入在本项目中反映,但股票股利由于不产生现金流量,不在本项目中反映。本项目可以根据"应收股利""应收利息""投资收益""库存现金""银行存款"等科目的记录分析填列。

(3)"处置固定资产、无形资产和其他长期资产收回的现金净额"项目,反映企业出售固定资产、无形资产和其他长期资产(如投资性房地产)所取得的现金,减去为处置这些资产而支付的有关税费用后的净额。处置固定资产、无形资产和其他长期资产所收到的现金,与处置活动支付的现金,两者在时间上比较接近,以净额更能准确反映处置活动对现金流量的影响。由于自然灾害等原因造成的固定资产等长期资产报废、毁损而收到的保险赔偿收入,在本项目中反映。如处置固定资产、无形资产和其他长期资产所收回的现金净额为负数,则应作为投资活动产生的现金流量,在"支付的其他与投资活动有关的现金"项目中反映。本项目可以根据"固定资产清理""库存现金""银行存款"等科目的记录分析填列。

(4)"处置子公司及其他营业单位收到的现金净额"项目,反映企业处置子公司及其他营业单位所取得的现金减去子公司或其他营业单位持有的现金和现金等价物以及相关处置费用后的净额。处置子公司及其他营业单位收到的现金净额如为负数,应将该金额填列至"支付其他与投资活动有关的现金"项目中。本项目可以根据有关科目的记录分析填列。

(5)收到的其他与投资活动有关的现金,反映企业除上述项目外,收到的其他与投资活动有关的现金。例如收回购买股票和债券时支付的已宣告但尚未领取的现金股利或已到付息期尚未领取的债券利息,应在本项目中反映。本项目可以根据有关科目的记录分析填列。收到其他与投资活动有关的现金,如果价值较大的,应单列项目反映。

(6)"购建固定资产、无形资产和其他长期资产支付的现金"项目,反映企业购买、建造固定资产,取得无形资产和其他长期资产(如投资性房地产)支付的现金,包括购买机器设备所支付的现金、建造工程支付的现金、支付在建工程人员的工资等现金支出,不包括为购建固定资产、无形资产和其他长期资产而发生的借款利息资本化部分,以及融资租入固定资产所支付的租赁费。本项目可以根据"固定资产""在建工程""工程物资""无形资产""库存现金""银行存款"等科目的记录分析填列。

(7)"投资支付的现金"项目,反映企业进行权益性投资和债权性投资所支付的现金,包括企业取得的除现金等价物以外的交易性金融资产、持有至到期投资、可供出售金融资产而支付的现金,以及支付的佣金、手续费等交易费用。本项目可以根据"交易性金融资产""持有至到期投资""可供出售金融资产""长期股权投资""库存现金""银行存款"等科目的记录分析填列。

企业购买股票和债券时,实际支付的价款中包含的已宣告但尚未领取的现金股利或已到付息期但尚未领取的债券利息,应在"支付的其他与投资活动有关的现金"项目中反映。

(8)"取得子公司及其他营业单位支付的现金净额"项目,反映企业取得子公司及其他营业单位购买出价中以现金支付的部分,减去子公司或其他营业单位持有的现金和现金等价物后的净额,如果为负数,应在"收到其他与投资活动有关的现金"项目中反映。本项目可以根据有关科目的记录分析填列。

(9)"支付其他与投资活动有关的现金"项目,反映企业除上述项目外,支付的其他与投资活动有关的现金。例如收回购买股票和债券时支付的已宣告但尚未领取的现金股利或已到付息期但尚未领取的债券利息,应在本项目中反映。本项目可以根据有关科目的记录分析填列。如果支付其他与投资活动有关的现金,如果价值较大的,应单列项目反映。

(三)筹资活动产生的现金流量

(1)"吸收投资收到的现金"项目,反映企业以发行股票等方式筹集资金实际收到的款项净额(发行收入减去支付的佣金等发行费用后的净额)。以发行股票等方式筹集资金而由企业直接支付的审计、咨询等费用,在"支付的其他与筹资活动有关的现金"项目中反映;本项目可以根据"实收资本(或股本)""资本公积""库存现金""银行存款"等科目的记录分析填列。

(2)"取得借款收到的现金"项目,反映企业取得各种短期、长期借款而收到的现金,以及发行债券实际收到的款项净额(发行收入减去直接支付的佣金等发行费用后的净额)。本项目可以根据"短期借款""长期借款""交易性金融负债""应付债券""库存现金""银行存款"等科目的记录分析填列。

(3)"收到的其他与筹资活动有关的现金"项目,反映企业除上述项目外,收到的其他与筹资活动有关的现金。其他与筹资活动有关的现金,价值较大的,应单列项目反映。本项目可根据有关科目的记录分析填列。

(4)"偿还债务支付的现金"项目,反映企业以现金偿还债务的本金,包括:归还金融企业的借款本金、偿付企业到期的债券本金等,但企业偿还的借款利息、债券利息不在本项目中反映。本项目可以根据"短期借款""长期借款""交易性金融负债""应付债券""库存现金""银行存款"等科目的记录分析填列。

(5)"分配股利、利润和偿付利息支付的现金"项目,反映企业实际支付的现金股利、支付给其他投资单位的利润或用现金支付的借款利息、债券利息。不同用途的借款,其利息的开支渠道不一样,如在建工程、财务费用等,均在本项目中反映。本项目可以根据"应付股利""应付利息""利润分配""财务费用""在建工程""制造费用""研发支出""库存现金""银行存款"等科目的记录分析填列。

(6)"支付的其他与筹资活动有关的现金"项目,反映企业除上述项目外,支付的其他与筹资活动有关的现金,如以发行股票、债券等方式筹集资金而由企业直接支付的审计、咨询等费用,融资租赁各期支付的现金、以分期付款方式构建固定资产、无形资产等各期支付的现金。其他与筹资活动有关的现金,如果价值较大,应单列项目反映。本项目可以根据有关科目的记录分析填列。

(四)汇率变动对现金及现金等价物的影响

(1)企业外币现金流量折算为记账本位币时,采用现金流量发生日的即期汇率或按照系统合理的方法确定的,与现金流量发生日即期汇率近似的汇率折算的金额(编制合并现金流量表时折算境外子公司的现金流量,应当比照处理)。

(2)企业外币现金及现金等价物净增加额按资产负债表日即期汇率折算的金额。

汇率变动对现金的影响，指企业外币现金流量及境外子公司的现金流量折算成记账本位币时，所采用的是现金流量发生日的汇率或即期汇率的近似汇率，而现金流量表"现金及现金等价物净增加额"项目中外币现金净增加额是按资产负债表日的即期汇率折算的。这两者的差额即为汇率变动对现金的影响。汇率变动对现金的影响额应当作为调节项目，在现金流量表中单独列报。

在编制现金流量表时，对当期发生的外币业务，也可不必逐笔计算汇率变动对现金的影响，可以通过现金流量表补充资料中"现金及现金等价物净增加额"数额与现金流量表中"经营活动产生的现金流量净额""投资活动产生的现金流量净额""筹资活动产生的现金流量净额"三项之和比较，其差额即为"汇率变动对现金的影响额"。

六、现金流量表的编制方法及程序

(一)直接法与间接法

编制现金流量表时，列报经营活动现金流量的方法有两种：一是直接法，二是间接法。这两种方法通常也称为编制现金流量表的方法。

直接法，是指按现金收入和现金支出的主要类别直接反映企业经营活动产生的现金流量，如销售商品、提供劳务收到的现金；购买商品、接受劳务支付的现金等就是按现金收入和支出的类别直接反映的。在直接法下，一般是以利润表中的营业收入为起算点，调节与经营活动有关项目的增减变动，然后计算出经营活动产生的现金流量。

间接法，是指以净利润为起算点，调整不涉及现金的收入、费用、营业外收支等有关项目，剔除投资活动、筹资活动对现金流量的影响，据此计算出经营活动产生的现金流量。由于净利润是按照权责发生制原则确定的，且包括与投资活动和筹资活动相关的收益和费用，将净利润调节为经营活动现金流量，实际上就是将按权责发生制原则确定的净利润调整为现金净流入，并剔除投资活动和筹资活动对现金流量的影响。

采用直接法编报的现金流量表，便于分析企业经营活动产生的现金流量的来源和用途，预测企业现金流量的未来前景；采用间接法编报现金流量表，便于将净利润与经营活动产生的现金流量净额进行比较，了解净利润与经营活动产生的现金流量存在差异的原因，从现金流量的角度分析净利润的质量。所以，现金流量表准则规定企业应当采用直接法编报现金流量表，同时要求在附注中提供以净利润为基础调节到经营活动现金流量的信息。

采用直接法具体编制现金流动量表时，可以采用工作底稿法或 T 形账户法，也可以根据有关科目记录分析填列。

(二)工作底稿法或 T 形账户法

在具体编制现金流量表时，可以采用工作底稿法或 T 形账户法，也可以根据有关科目记录分析填列。

1. 工作底稿法

采用工作底稿法编制现金流量表，是以工作底稿为手段，以资产负债表和利润表数据为基础，对每一项目进行分析并编制调整分录，从而编制现金流量表。工作底稿法的程序如下：

第一步,将资产负债表的期初数和期末数过入工作底稿的期初数栏和期末数栏。

第二步,对当期业务进行分析并编制调整分录。编制调整分录时,要以利润表项目为基础从"营业收入"开始,结合资产负债表项目逐一进行分析。在调整分录中,有关现金和现金等价物的事项,并不直接借记或贷记现金,而是分别计入"经营活动产生的现金流量""投资活动产生的现金流量""筹资活动产生的现金流量"有关项目。借记表示现金流入,贷记表示现金流出。

第三步,将调整分录过入工作底稿中的相应部分。

第四步,核对调整分录,借方、贷方合计数均已经相等,资产负债表项目期初数加减调整分录中的借贷金额以后,也等于期末数。

第五步,根据工作底稿中的现金流量表项目部分编制正式的现金流量表。

2. T形账户法

采用T形账户法编制现金流量表,是以T形账户为手段,以资产负债表和利润表数据为基础,对每一项目进行分析并编制调整分录,从而编制现金流量表。T形账户法的程序如下。

第一步,为所有非现金项目(包括资产负债表项目和利润表项目)分别开设T形账户,并将各自的期末期初变动数过入各相关账户。如果项目的期末数大于期初数,则将差额过入与项目余额相同的方向;反之,过入相反的方向。

第二步,开设一个大的"现金及现金等价物"T形账户,每边分为经营活动、投资活动和筹资活动三个部分,左边记现金流入,右边记现金流出。与其他账户一样,过入期末期初变动数。

第三步,以利润表项目为基础,结合资产负债表分析每一个非现金项目的增减变动,并据此编制调整分录。

第四步,将调整分录过入各T形账户,并进行核对,该账户借贷相抵后的余额与原先过入的期末期初变动数应当一致。

第五步,根据大的"现金及现金等价物"T形账户编制正式的现金流量表。

3. 分析填列法

分析填列法是根据资产负债表、利润表和有关会计科目明细账的记录,分析计算出现金流量表各项目的金额,并据以编制现金流量表的一种方法。

第五节 所有者权益变动表

一、所有者权益变动表的含义及作用

所有者权益(或股东权益)变动表是反映企业年末所有者权益(或股东权益)增减变动情况的会计报表。通过该表,可以了解企业某一会计年度所有者权益(或股东权益)的各项目实收资本(或股本)、资本公积、盈余公积和未分配利润等的增加、减少及其余额的情况,分析其变动原因及预测未来的变动趋势。

二、所有者权益变动表的格式

所有者权益变动表由表首和正表两部分组成。其中，表首包括报表名称、编制单位、编制日期、报表编号、货币名称、计量单位等。正表是所有者权益变动表的主体，反映了所有者权益的增减变动及年初、年末余额情况。

按照最新修订的《企业会计准则第 30 号——财务报表列报》规定，所有者权益(或股东权益)变动表至少应当单独列示反映下列信息项目：①综合收益总额；②会计政策变更和差错更正的累积影响金额；③所有者投入资本和向所有者分配利润等；④按照规定提取的盈余公积；⑤所有者权益各组成部分的期初和期末余额及其调节情况。

一般企业所有者权益变动表格式见表 11-8。

表 11-8　所有者权益(股东权益)变动表

编制单位：　　　　　　　　　　　　　　　年度　　　　　　　　　　　　单位：元

项　目	本年金额									上年金额								
	实收资本(或股本)	其他权益工具			资本公积	减:库存股	其他综合收益	盈余公积	未分配利润	所有者权益合计	实收资本(或股本)	其他权益工具			资本公积	减:库存股	其他综合收益	盈余公积	未分配利润	所有者权益合计
		优先股	永续债	其他								优先股	永续债	其他						
一、上年年末余额																				
加：会计政策变更																				
前期差错更改																				
其他																				
二、本年年初余额																				
三、本年增减变动金额(减少以"-"号填列)																				
(一)综合收益总额																				
(二)所有者投入和减少资本																				
1.所有者投入的普通股																				
2.其他权益工具持有者投入资本																				
3.股利支付计入所有者权益的金额																				
4.其他																				
(三)利润分配																				

续表

项目	本年金额									上年金额								
	实收资本(或股本)	其他权益工具			资本公积	减:库存股	其他综合收益	盈余公积	未分配利润	所有者权益合计	实收资本(或股本)	其他权益工具			资本公积	减:库存股	其他综合收益	盈余公积	未分配利润	所有者权益合计
		优先股	永续债	其他								优先股	永续债	其他						
1.提取盈余公积																				
2.对所有者(股东)的分配																				
3.其他																				
(四)所有者权益内部结转																				
1.资本公积转增资本(或股本)																				
2.盈余公积转增资本(或股本)																				
3.盈余公积弥补亏损																				
4.其他																				
四、本年年末余额																				

三、所有者权益变动表的列示方法

(一)所有者权益变动表项目的填列方法

所有者权益变动表各项目均需填列"本年金额"和"上年金额"两栏。

所有者权益变动表"上年金额"栏内各项数字,应根据上年度所有者权益变动表"本年金额"栏内所列数字填列。上年度所有者权益变动表各项目的名称和数字按照本年度的规定进行调整,填入所有者权益变动表的"上年金额"栏内。

所有者权益变动表"本年金额"栏内的各项数字,一般应根据"实收资本(或股本)""资本公积""盈余公积""利润分配""库存股""以前年度损益调整"科目的发生额分析填列。

(二)所有者权益变动表主要项目说明

(1)"上年年末金额"项目,反映企业上年资产负债表中实收资本(或股本)、资本公积、其他综合收益、盈余公积、未分配利润的年末余额。

(2)"会计政策变更""前期差错更正"项目,应根据"盈余公积""利润分配""以前年度损益调整"等科目的发生额分析填列,并在"上年年末余额"的基础上调整得出"本年年初金额"项目。

(3) "本年增减变动额"项目分别反映如下内容。

① "综合收益总额"项目,反映企业当年的综合收益总额,应根据当年利润表中"其他综合收益的税后净额"和"净利润"项目填列,并对应列在"其他综合收益"和"未分配利润"栏。

② "所有者投入和减少资本"项目,反映企业当年所有者投入的资本和减少的资本,其中:

"所有者投入资本"项目,反映企业接受投资者投入形成的实收资本(或股本)和资本公积,应根据"实收资本""资本公积"等科目的发生额分析填列,并对应列在"实收资本"和"资本公积"栏。

"股份支付计入所有者权益的金额"项目,反映企业处于等待期中的权益结算的股份支付当年计入资本公积的金额,应根据"资本公积"科目所属的"其他资本公积"二级科目的发生额分析填列,并对应列在"资本公积"栏。

③ "利润分配"下各项目,反映当年对所有者(或股东)分配的利润(或股利)金额和按照规定提取的盈余公积金额,并对应列在"未分配利润"和"盈余公积"栏。其中:

"提取盈余公积"项目,反映企业按照规定提取的盈余公积,应根据"盈余公积""利润分配"科目的发生额分析填列。

"对所有者(或股东)的分配"项目,反映对所有者(或股东)分配的利润(或股利)金额,应根据"利润分配"科目的发生额分析填列。

④ "所有者权益内部结转"下各项目,反映不影响当年所有者权益总额的所有者权益各组成部分之间当年的增减变动,包括资本公积转增资本(或股本)、盈余公积转增资本(或股本)、盈余公积弥补亏损等。其中:

"资本公积转增资本(或股本)"项目,反映企业以资本公积转增资本或股本的金额,应根据"实收资本""资本公积"等科目的发生额分析填列。

"盈余公积转增资本(或股本)"项目,反映企业以盈余公积转增资本或股本的金额,应根据"实收资本""盈余公积"等科目的发生额分析填列。

"盈余公积弥补亏损"项目,反映企业以盈余公积弥补亏损的金额,应根据"盈余公积""利润分配"等科目的发生额分析填列。

企业应当根据上年度所有者权益变动表"本年金额"栏内所列数字填列本年度"上年金额"栏内各项数字。如果上年度所有者权益变动表规定项目的名称和内容同本年度不一致,应对上年度所有者权益变动表相关项目的名称和金额按本年度的规定进行调整,填入所有者权益变动表"上年金额"栏内。

第六节　会计报表附注

一、会计报表附注的意义

附注是对在资产负债表、利润表、现金流量表和所有者权益变动表等报表中列示项目的文字描述或明细资料,以及对未能在这些报表中列示项目的说明等。

附注应当披露财务报表的编制基础，相关信息应当与资产负债表、利润表、现金流量表和所有者权益变动表等报表中列示的项目相互参照。

二、会计报表附注的内容

按照最新修订的《企业会计准则第 30 号——财务报表列报》的规定，附注一般应当按照下列顺序进行披露。

1. 企业的基本情况

(1) 企业注册地、组织形式和总部地址。
(2) 企业的业务性质和主要经营活动。
(3) 母公司以及集团最终母公司的名称。
(4) 财务报告的批准报出者和财务报告批准报出日，或者以签字人及其签字日期为准。
(5) 营业期限有限的企业，还应当披露有关其营业期限的信息。

2. 财务报表的编制基础

财务报表的编制基础为：企业持续经营。

3. 遵循企业会计准则的声明

企业应当声明编制的财务报表符合企业会计准则的要求，真实、完整地反映了企业的财务状况、经营成果和现金流量等有关信息。

4. 重要会计政策和会计估计

重要会计政策的说明，包括财务报表项目的计量基础和在运用会计政策过程中所做的重要判断等。重要会计估计的说明，包括可能导致下一个会计期间资产、负债账面价值重大调整的会计估计的确定依据等。

企业应当披露采用的重要会计政策和会计估计，并结合企业的具体实际披露其重要会计政策的确定依据和财务报表项目的计量基础，及其会计估计所采用的关键假设和不确定因素。

5. 会计政策和会计估计变更以及差错更正的说明

企业应当按照《企业会计准则第 28 号——会计政策、会计估计变更和差错更正》的规定，披露会计政策和会计估计变更以及差错更正的情况。

6. 报表重要项目的说明

企业应当按照资产负债表、利润表、现金流量表、所有者权益变动表及其项目列示的顺序，对报表重要项目的说明采用文字和数字描述相结合的方式进行披露。报表重要项目的明细金额合计，应当与报表项目金额相衔接。

企业应当在附注中披露费用按照性质分类的利润表补充资料，可将费用分为耗用的原材料、职工薪酬费用、折旧费用、摊销费用等。

7. 其他需要说明的重要事项

这主要包括或有和承诺事项、资产负债表日后非调整事项、关联方关系及其交易等，具体的披露须遵循相关准则的规定。

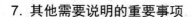

审计人员在审阅 M 公司 2×17 年的年度财务报表时，发现以下问题：

(1) 资产负债表中"固定资产"项目 2×17 年比 2×16 年增加 3 900 万元，增幅为 12%，然而资产负债表中"累计折旧"项目却比上年减少了 86 万元，减幅达到 9%。查其原因，是企业私自变更了固定资产的折旧方法。

(2) 利润表中，"营业收入"项目 2×17 年与 2×16 年变化不大，但"营业成本"项目 2×17 年比 2×16 年减少了 4 500 万元，减幅达到 42%。究其原因，企业在物价持续上涨的时期，对巨额的存货发出成本的计价方法由加权平均法私自变更为先进先出法。

(3) 该企业自 2×17 年起，将坏账准备的计提比率由 3%变更为 2%，但在年度报表中并未披露坏账准备计提率变更对当期利润的影响。

【任务】

1. M 公司上述行为的目的是什么？说出你认为其公司是如何实现该目的的？
2. M 公司如果需要做会计政策的变更，正确的途径是什么？

本 章 小 结

本章主要介绍财务会计报告的基本内容。财务会计报告是指企业对外提供的反映企业某一特定日期财务状况和某一会计期间经营成果、现金流量等会计信息的文件。一套完整的财务报表至少应当包括"四表一注"，即资产负债表、利润表、现金流量表、所有者权益(或股东权益)变动表以及报表附注。

资产负债表是企业对外提供的主要财务报表之一，是反映企业在某一特定日期财务状况的会计报表。以"资产=负债+所有者权益"作为编制基础。我国企业的资产负债表主要采用账户式。利润表是总括反映企业一定会计期间经营成果的会计报表。根据"收入-费用=利润"这一会计等式编制而成。《企业会计准则》规定我国的利润表应采用多步式。现金流量表是反映企业一定会计期间现金和现金等价物流入和流出情况的报表，属于动态报表。现金流量表是以现金及现金等价物为基础编制的，按照《企业会计准则》的规定，现金流量分为经营活动产生的现金流量、投资活动产生的现金流量和筹资活动产生的现金流量。所有者权益(或股东权益)变动表是反映企业年末所有者权益(或股东权益)增减变动情况的会计报表。附注是对在资产负债表、利润表、现金流量表和所有者权益变动表等报表中列示项目的文字描述或明细资料，以及对未能在这些报表中列示项目的说明等。

复习思考题

1. 什么是财务会计报告？财务会计报告的作用是什么？

2. 财务会计报告由哪些内容构成？
3. 财务会计报告列示的基本要求有哪些？
4. 什么是资产负债表？资产负债表有何作用？我国资产负债表的结构和内容如何？
5. 资产负债表项目的填列方法有哪几种？请举例说明。
6. 什么是利润表？利润表有何作用？我国利润表的结构和内容如何？
7. 利润表各项目填列的依据是什么？各项目如何填列？
8. 什么是现金流量表？其结构包括哪些内容？
9. 现金流量表中的现金及现金等价物都包括哪些内容？
10. 什么是所有者权益变动表？其作用是什么？
11. 附注主要包括哪些内容？

自测与技能训练

一、基础知识自测

(一)单项选择题

1. 在下列各项中，在年度终了由企业编报的包含一个完整会计年度情况的财务报表是( )。
   A. 中期财务报表　　　　　　　B. 个别财务报表
   C. 合并财务报表　　　　　　　D. 年度财务报表
2. 在资产负债表中的"未分配利润"项目，应根据( )填列。
   A. "利润分配"账户余额
   B. "本年利润"账户余额
   C. "本年利润"和"利润分配"账户余额计算后
   D. "盈余公积"账户余额
3. 某企业"应付账款"明细账期末余额情况如下：甲企业贷方余额为 200 000 元，乙企业借方余额为 180 000 元，丙企业贷方余额为 300 000 元。假如该企业"预付账款"明细账均为借方余额，则根据以上数据计算的、反映在资产负债表上"应付账款"项目的数额为( )元。
   A. 680 000　　B. 320 000　　C. 500 000　　D. 80 000
4. 编制会计报表时，以"收入-费用=利润"这一会计等式作为编制依据的会计报表是( )。
   A. 利润表　　　　　　　　　　B. 所有者权益变动表
   C. 资产负债表　　　　　　　　D. 现金流量表
5. 下列项目中，不符合现金流量表中现金概念的是( )。
   A. 企业银行本票存款　　　　　B. 不能随时用于支付的存款
   C. 企业购入的3个月内到期国债　D. 企业银行汇票存款

(二)多项选择题

1. 根据《企业会计准则》规定，企业应编制和对外报送的基本会计报表包括( )。
   A. 资产负债表　　B. 利润表　　C. 现金流量表　　D. 所有者权益变动表

2. 资产负债表的"存货"项目包括( )等内容。
　　A. "材料采购"账户的期末借方余额　B. "原材料"账户的期末借方余额
　　C. "生产成本"账户的期末借方余额　D. "库存商品"账户的期末借方余额
3. 在利润表中,应列入"税金及附加"项目中的税金有( )。
　　A. 增值税　　　　　　　　　　　　B. 消费税
　　C. 城市维护建设税　　　　　　　　D. 教育费附加
4. 下列各项中,属于筹资活动产生的现金流量的有( )。
　　A. 吸收投资所收到的现金　　　　　B. 偿还债务所支付的现金
　　C. 借款所收到的现金　　　　　　　D. 收回投资所收到的现金
5. 企业的年度财务报表附注至少应披露的内容包括( )。
　　A. 财务报表的编制基础　　　　　　B. 重要会计政策和会计估计的说明
　　C. 或有事项的说明　　　　　　　　D. 资产负债表日后事项的说明

(三)分析判断题

1. 财务报表根据编制主体的不同,可分为内部报表和外部报表。( )
2. 目前国际上运用较普遍的利润表的格式主要有多步式利润表和单步式利润表两种。为简便明晰起见,我国企业采用的是单步式利润表格式。( )
3. 所有者权益(或股东权益)变动表是反映企业在年末所有者权益(或股东权益)增减变动情况的会计报表。( )
4. 企业必须对外提供资产负债表、利润表和现金流量表,会计报表附注不属于企业必须对外提供资料。( )
5. 企业的利润表应提供的利润指标有主营业务利润、利润总额和净利润。( )

二、实务技能训练

【目的】练习利润表的编制

【资料】新鸿公司201×年5月31日有关账户发生额资料如下:

账户名称	1-4月份累计发生额		5月份发生额	
	借方	贷方	借方	贷方
主营业务收入		17 965 000.00		1 043 000.00
主营业务成本	8 153 000.00		523 000.00	
税金及附加	568 500.00		51 780.00	
销售费用	97 100.00		18 900.00	
管理费用	4 072 000.00		307 100.00	
财务费用	51 800.00		6 870.00	
资产减值损失			30 000.00	
其他业务收入		315 800.00		67 200.00
其他业务成本	141 200.00		17 000.00	
投资收益		108 000.00		45 000.00
公允价值变动损益				20 000.00

续表

账户名称	1-4月份累计发生额		5月份发生额	
	借方	贷方	借方	贷方
营业外收入		187 000.00		54 800.00
营业外支出	82 100.00		36 000.00	
所得税费用	1 785 333.00		72 385.50	

【要求】根据上述资料编制本期利润表。

第十二章 财务报表分析

学习目标

通过本章的学习,应理解财务报表分析的意义;理解财务报表分析的基本方法;掌握偿债能力分析、营运能力分析和盈利能力分析常用财务指标的计算方法;了解综合分析体系的设计理念。

第一节 财务报表分析概述

一、财务报表分析的意义

虽然企业编制的对外报送的财务报表可以从不同角度反映企业的财务状况、经营成果和现金流量的变动状况,但是它们显示的只是过去的历史资料,而且每一张报表只表明某一部分的事实,不能直接揭示各报表项目之间的内在联系,也很难使报表使用者充分了解企业的发展趋势及在同行业中处于何种地位,所以只有充分运用财务分析方法和相关技术,将财务报表的各个项目紧密联系起来,全面综合地进行分析,才能合理地利用财务报表并达到最佳效果。

所谓财务报表分析,就是以财务报表和其他相关资料为依据和起点,采用一系列专门方法和技术,对企业的基本财务状况和企业的偿债能力、盈利能力和营运能力进行分析,为企业的投资者、债权人和管理当局等会计信息使用者了解过去、分析现状、预测未来,作出正确决策而提供准确的会计信息的一种科学方法。

从企业经营管理的角度来看,财务报表可以帮助企业管理层分析自身的管理质量,还可以帮助其他的利益相关者分析企业的经营管理水平,具体而言:债权人(商业银行和债券投资者)可以利用财务报表作为其信用决策的参考;投资者(上市公司证券现有投资者及潜在投资者)可以通过财务报表分析从而修正其投资预期;供应商可以根据企业的财务指标来确定其赊销决策,等等。从国民经济管理的角度来看,财税、统计、计划、工商、物价等经济监管部门需要通过分析企业的财务报表来了解特定企业乃至该企业所属行业及产业的发展状况,从而制定有效的宏观经济调控政策。

财务报表分析对报表使用者具有以下重要意义。

(1) 有助于报表使用者评价企业财务状况和经营业绩。通过财务报表分析,可以了解企业的短期和长期偿债能力、盈利能力、营运能力、资本结构和现金净流量等信息,合理评价企业财务状况和经营业绩。

(2) 有助于报表使用者合理进行投资决策。企业所有者和债权人通过对报表的分析,可以预测投资后的获利水平和风险大小,为投资决策和信贷决策提供帮助。

(3) 有助于报表使用者评价和预测未来的现金流量。通过现金流量分析,可以对企业未来的经营活动产生现金流量的能力和支付股利能力进行合理的预期。

二、财务报表分析的程序

1. 确定财务报表分析的目标,制订分析工作计划

会计信息使用者希望依据财务报表分析作出不同决策,所以在进行报表分析之前,首要任务就是要确定分析的目标,并制订分析工作计划,以期提供公允、恰当的会计信息。

2. 收集财务报表分析所必备的信息数据

目标确定之后就应着手收集相关会计信息资料,以供分析使用。这些信息资料一般包括对外报送的财务报表主表及附表、财务报表附注、财务情况说明书等,以及来自审计人员的查账报告、资信部门、证券管理委员会、行业主管部门的信息数据。

3. 根据分析目的,运用科学的分析方法,深入比较、研究所收集的资料

在报表分析时,应首先选定适用的财务报表分析方法,并对分析资料数据进行深入比较、研究,并用简明的文字加以解释。

4. 作出分析结论,提出分析报告,为信息使用者提供决策参考

在深入比较、研究的基础上,将分析的结果形成书面报告,向会计报告的使用者提供财务信息,以满足其决策的需求。

■知识链接 12-1

如何获取财务信息

在我国,取得上市公司的财务信息比较容易。1999 年以后上市公司的定期报告全文可以在上海证券交易所网站和巨潮资讯网找到。投资者和社会公众还可以通过中国证监会指定的报刊和网站,找到自己所需要的信息。而取得一般公司的财务信息则相当困难。根据有关规定,股东可以到公司查阅财务会计报告。如果需要对不公开财务信息的企业进行分析,则实地调查、面谈和侧面调查是常用的方法,通过访问企业、与相关人员谈话可了解企业的实际经营状况。总之,在进行财务报表分析前,应尽可能地搜集相关资料,以保证分析资料充分且客观。具体资料一般包括以下内容:

(1) 财务报表、报表注释及管理层分析和讨论等。
(2) 注册会计师的审计报告。
(3) 该公司重要财务事项公告。
(4) 行业相关资料、国家相关政策等其他资料。

现将后面举例时需要用到的华夏股份有限公司的资产负债表(见表 12-1)、利润表(见表 12-2)列举如下。

第十二章 财务报表分析

表 12-1 资产负债表

编制单位：华夏股份有限公司　　　　2×17年12月31日　　　　　　　　　　单位：元

资产	期末余额	年初余额	负债和股东权益	期末余额	年初余额
流动资产：			流动负债：		
货币资金	1 496 980	1 221 500	短期借款	800 000	600 000
以公允价值计量且其变动计入当期损益的金融资产	0	0	以公允价值计量且其变动计入当期损益的金融负债	0	0
应收票据	0	0	应付票据	0	0
应收账款	1 569 600	299 100	应付账款	500 000	700 000
预付款项	0	20 000	预收款项	0	0
应收利息	0	0	应付职工薪酬	153 600	153 600
应收股利	0	0	应交税费	714 932.5	5 000
其他应收款	0	0	应付利息	39 000	2 000
存货	2 859 000	2 580 000	应付股利	200 000	0
一年内到期的非流动资产	0	0	其他应付款	0	0
其他流动资产	0	0	一年内到期的非流动负债	0	100 000
流动资产合计	5 925 580	4 120 600	其他流动负债	0	0
非流动资产：			流动负债合计	2 407 532.5	1 560 600
可供出售金融资产	0	0	非流动负债：		
持有至到期投资	0	0	长期借款	600 000	600 000
长期应收款	0	0	应付债券	0	0
长期股权投资	250 000	250 000	长期应付款	0	0
投资性房地产	0	0	专项应付款	0	0
固定资产	1 321 600	2 100 000	预计负债	0	0
在建工程	580 000	340 000	递延所得税负债	0	0
工程物资	0	0	其他非流动负债	0	0
固定资产清理	0	0	非流动负债合计	600 000	600 000
生产性生物资产	0	0	负债合计	3 007 532.5	1 760 600
油气资产	0	0	股东权益：		
无形资产	570 000	600 000	实收资本(或股本)	5 000 000	5 000 000
开发支出	0	0	资本公积	0	0
商誉	0	0	减：库存股	0	0
递延所得税资产	12 500	0	盈余公积	260 214.75	200 000
其他非流动资产	0	0	未分配利润	391 932.75	50 000
非流动资产合计	2 734 100	3 290 000	股东权益合计	5 652 147.5	5 250 000
资产总计	8 659 680	7 410 600	负债和股东权益总计	8 659 680	7 410 600

表 12-2　利润表

编制单位：华夏股份有限公司　　　2×17 年度　　　　　　　　单位：元

项　目	本年金额	上年金额(略)
一、营业收入	3 650 000	3 000 000
减：营业成本	1 240 000	1 020 000
税金及附加	1 224 550	1 003 000
销售费用	252 000	220 000
管理费用	151 000	148 000
财务费用	37 000	40 000
资产减值损失	50 000	20 000
加：公允价值变动收益(损失以"－"号填列)	0	0
投资收益(损失以"－"号填列)	5000	0
其中：对联营企业和合营企业的投资收益	0	
二、营业利润(亏损以"－"号填列)	700 450	549 000
加：营业外收入	200 000	12 000
减：营业外支出	90 920	50 000
其中：非流动资产处置损失	70 920	40 000
三、利润总额(亏损总额以"－"号填列)	809 530	511 000
减：所得税费用	207 382	130 750
四、净利润(净亏损以"－"号填列)	602 148	380 250

第二节　财务报表分析基本方法

　　为了使信息使用者掌握会计报告各种数据之间的重要关系，通常采用比较分析法、比率分析法、因素分析法、趋势分析法等财务报表分析方法进行分析。

一、比较分析法

　　比较分析法又称对比分析法，是通过对相关财务指标进行对比分析，计算出财务指标变动值的大小，了解财务指标存在的差距，以此来揭示和评价公司财务状况的一种方法。

　　该方法常常同其他分析方法相结合，用于查找差异产生的原因，为公司决策提供依据。比较分析法最主要的特点是区分差异，包括差异方向、差异性质与差异大小。

　　比较分析法是一贯性和可比性的集中体现，其主要形式有以下三种。

　　(1) 实际指标与计划指标进行对比，以便分析检查计划的完成情况；

　　(2) 本期实际指标与上期实际指标对比，其结果可以提示企业有关指标的变动情况；

　　(3) 本企业实际指标与同行业相应指标的平均水平或先进水平对比，从中可以分析企业的现状，以及其在行业中所处位置，并分析存在的差异及原因，以便采取相应的对策。

　　在运用比较分析法时，对比的指标可以是绝对数指标，如产品销售收入、利润总额

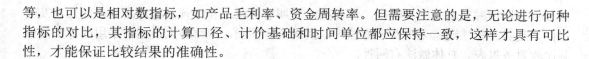

等,也可以是相对数指标,如产品毛利率、资金周转率。但需要注意的是,无论进行何种指标的对比,其指标的计算口径、计价基础和时间单位都应保持一致,这样才具有可比性,才能保证比较结果的准确性。

二、比率分析法

比率分析是指报表中具有内在联系的数据进行相对比较,通过比率来揭示和评价公司的财务状况。比率分析常用相关联的不同项目进行比较,以说明项目之间的关系,以此来解释和评价公司财务情况。

常用的比率分析法有三类。

1. 结构比率

结构比率是指经济指标中的各个组成部分与其总体之间的比率,反映部分与总体之间的关系,例如:资产负债率。利用比率分析可以分析经济指标中的组成部分安排是否合理,便于协调各项财务活动。

2. 效率比率

效率比率是指经济活动中所费与所得的比率,反映了投入与产出的关系,例如净资产报酬率、营业利润率、净利润率等。利用效率比率可以分析比较和考核公司的经营成果,评价其经济效益,从不同角度评价企业的获利能力。

3. 相关比率

相关比率是指以某项经济指标和与其有关但不同的财务指标进行对比所得的比率,以反映有关经济活动之间的相互关系,如流动比率、产权比率等。利用相关比率可以考察有联系的相关业务安排是否合理,是否可以保障公司营运活动顺利进行。

三、因素分析法

因素分析法是用来揭示经济指标变化的原因,测定各个因素对经济指标变动的影响程度的分析方法。它具体划分为:主次因素分析法、因果分析法及连环替代法等。下面主要介绍前两种。

1. 主次因素分析法

主次因素分析法是将影响经济指标的各因素区分为主要因素、次要因素,然后对主要因素进行深入分析,对其他因素则花费较少时间,以取得事半功倍的效果。

2. 因果分析法

因果分析法是将经济指标分解为若干因素,对每个因素再进一步分析,以揭示经济指标变化的原因。

四、趋势分析法

趋势分析法是根据一个企业连续数期的财务报表资料的各个项目进行比较,以求出金额和百分比增减变动方向和幅度,从而揭示当期财务状况和经营状况增减变化的性质及其趋向。趋势分析法通常采用图示方法,即做成统计图表,但财务人员通常采用的方法是编制比较财务报表。具体做法有两种。

(1) 编制绝对数比较财务报表,即将一般财务报表的"金额栏"划分为若干期的金额,以便进行比较,作进一步的了解与研究。

(2) 编制相对数比较财务报表,即将财务报表上的某一关键项目的金额当作100%,计算出其他项目对关键项目的百分比,以显示出各个项目的相对地位,然后把连续若干按相对数编制的财务报表合并为比较财务报表,以反映各个项目结构上的变化。

第三节 偿债能力分析

一、短期偿债能力分析

短期偿债能力是指企业以流动资产偿还流动负债的能力,它反映企业偿付到期短期债务的能力。企业的流动资产与流动负债的关系以及资产的变现速度是影响短期偿债能力的主要因素。短期债务一般需要以现金偿还,所以,企业短期偿债能力更注重一定时期的流动资产变现能力的分析。

企业短期偿债能力分析主要采用比率分析法,有关指标包括流动比率、速动比率和现金比率。

(一)流动比率

流动比率是流动资产与流动负债的比率,反映了企业的流动资产偿还流动负债的能力。计算公式为

$$流动比率 = \frac{流动资产}{流动负债}$$

根据华夏股份有限公司资产负债表资料(见表 12-1),其年初流动资产为 4 120 600 元,流动负债为 1 560 600 元;年末流动资产为 5 925 580 元,流动负债为 2 407 532.50 元。则流动比率为

年初流动比率= 4 120 600÷1 560 600=2.64

年末流动比率=5 925 580÷2 407 532.50=2.46

一般情况下,流动比率越高,企业短期偿债能力越强。因为该比率越高,不仅反映企业拥有较多的营运资金抵偿短期债务,而且表明企业可以变现的资产数额较大,债权人的风险越小。但是,对高流动比率要具体分析:流动比率过高,可能表明企业流动资产上占用的资金过多,或许是变现能力较差的存货资金过多,或应收账款过多,这些都反映了企业资产使用效率较低。所以,在分析流动比率时,还须注意流动资产的结构、流动资金的周转情况、流动负债的数量与结构以及现金流量的情况。该公司的流动比率近两年一直保持在 2 以上,比较合适。

由于行业性质不同,流动比率的实际标准也不同。一般而言,商业和流通领域的企业的流动性较强,而生产制造业的流动性则较差。所以,在分析流动比率时,应将其与同行

业平均流动比率以及本企业历史的流动比率进行比较,以便得出更合理的结论。

(二)速动比率

速动比率又称酸性实验比率,是指速动资产同流动负债的比率,反映企业短期内可变现资产偿还短期内到期债务的能力。速动比率是对流动比率的补充。其计算公式如下:

$$速动比率 = \frac{速动资产}{流动负债}$$

速动资产包括现金、交易性金融资产和应收账款等项目,这些都属于能尽快换成现金的流动资产,通常以流动资产减去存货的数额作为速动资产的数额。速动比率在衡量拥有流动性较差的存货或存货数量较大公司的资产流动性时尤为有用。国际上通常认为,在不考虑行业差别的条件下,速动比率为1较为合适,低于该标准说明公司缺乏一定的短期偿债能力,面临很大的偿债风险;如果速动比率大于1,尽管偿债安全性比较高,但因公司现金、应收账款占用资金过多大大增加了公司的机会成本。

根据华夏股份有限公司资产负债表资料(见表12-1),该公司的速动比率为

年初速动比率= (4 120 600-2 580 000)÷1 560 600=0.99

年末速动比率=(5 925 580-2 859 000)÷2 407532.50=1.27

该公司2×17年比2×16年速动比率有所提高,并达到了1以上,说明该公司的短期偿债能力基本正常。

此外,在实际工作中,还应考虑到企业的行业性质,例如商品零售行业,由于采用大量现金销售,几乎没有应收账款,速动比率大大低于1,也是合理的。相反,有些企业虽然速动比率大于1,但速动资产中大部分是账龄很久的应收账款,并不代表企业的偿债能力强,所以,在评价速动比率时,还应分析应收账款的质量等。

(三)现金比率

现金比率是企业现金类资产与流动负债的比率,是衡量企业短期偿债能力的一项参考性指标。其计算公式为

$$现金比率 = \frac{现金}{流动负债}$$

现金类资产包括企业拥有的货币资金和持有的有价证券,是速动资产扣除应收账款后的余额;因为应收账款存在着坏账及延期收回的可能性,所以,剔除应收账款项目得到的现金比率最能反映企业直接偿付流动负债的能力。现金比率越高,表明企业直接偿付债务的能力越强。但是,在正常情况下,企业不可能也不必要始终保持过多的现金类资产,否则将失去某些获利机会和投资机会。

根据华夏股份有限公司资产负债表资料(见表12-1),该公司的现金比率为

年初现金比率= 1 221 500÷1 560 600=0.78

年末现金比率= 1 496 980÷2 407532.50=0.62

该公司的现金比率在2×17年有少量下滑,主要是因为公司2×17年存货和应收账款的增量较大,但该公司的短期偿债能力在同期同行业中还是基本处于中游水平。

二、长期偿债能力分析

长期偿债能力,是指企业偿还全部负债的能力。在评价长期偿债能力时,常用的财务比率是资产负债率、利息保障倍数。

(一)资产负债率

资产负债率,也叫负债比率、举债经营比率。它是指负债总额对全部资产总额之比,用来衡量企业利用债权人提供资金进行经营活动的能力,反映债权人发放贷款的安全程度。其计算公式为

$$资产负债率 = \frac{负债总额}{资产总额} \times 100\%$$

资产负债率不是衡量短期资产流动性的尺度,而是衡量债权人长期信用风险的尺度。借款金额占总资产的比率越小,企业不能偿还到期债务的风险也就越小。从债权人的观点来看,资产负债率越低,他们的资金就越安全。大多数财务结构合理的公司一般将资产负债率维持在 50% 以下。但是,财务分析人员应结合行业特点作出具体分析,如银行业的资产负债率一般较高,常常超过 90%。

根据华夏股份有限公司资产负债表资料(见表12-1),该公司的资产负债率为

$$2\times16\ 年资产负债率 = \frac{1\ 560\ 600}{7\ 410\ 600} \times 100\% = 21.06\%$$

$$2\times17\ 年资产负债率 = \frac{3\ 007\ 532.50}{8\ 659\ 680} \times 100\% = 34.73\%$$

该公司 2×17 年年初和年末的资产负债率都不高,说明该公司长期偿债能力较强,这样有助于增强债权人对公司出借资金的信心。

(二)利息保障倍数

利息保障倍数,又称已获利息倍数,是企业经营的息税前利润与利息费用的比率,是衡量企业偿付负债利息能力的指标。这个指标是从欧美教材中翻译过来的,由于我国的会计报表格式中并未单列息税前利润,因此,就需要间接用"净利润+利息费用+所得税费用"计算得到。利息保障倍数的计算公式如下:

$$利息保障倍数 = \frac{息税前利润}{利息费用}$$
$$= \frac{净利润 + 利息费用 + 所得税费用}{利息费用}$$

利息保障倍数越高,企业支付利息费用的能力越强;该比率越低,说明企业难以保证用经营所得及时足额地支付负债利息。因此,它是衡量企业是否举债经营,以及其偿债能力强弱的主要指标。

根据表 12-2 资料,计算华夏股份有限公司利息保障倍数为

年初利息保障倍数=(380 250+40 000+130 750)÷40 000=14

年末利息保障倍数=(602 148+37 000+207 382)÷37 000=23

该公司 2×17 年年初和年末的利息保障倍数都较高,说明公司有较强的偿付负债利息的能力。

第四节　营运能力分析

公司营运能力是指公司管理者经营管理资产、合理运用资金的能力，资产营运能力分析可以通过各种资产的周转率来反映。营运能力分析，是指通过计算企业资金周转的有关指标分析其资产利用的效率，是对主要管理水平和资产运用能力的分析。营运能力大小是影响企业偿债能力和盈利能力大小的因素之一。营运能力强，资金周转速度就快，企业就会有足够的现金来偿付流动负债，则短期偿债能力就强。营运能力强，企业就会取得更多的收入和利润，用足够的资金偿还本金和利息，则长期偿债能力就强。

一、总资产周转率

反映总资产周转情况的主要指标是总资产周转率，它是公司一定时期营业收入与总资产平均余额的比值，可以用来衡量公司全部资产的运营效率。该值越大，说明公司全部资产周转速度越快，从而公司盈利能力增强。而该值过低，则说明管理当局不能有效利用资产从事经营，从而削弱了公司的盈利能力。其计算公式如下：

$$总资产周转率 = \frac{营业收入}{总资产平均余额}$$

$$总资产平均余额 = \frac{期初资产总额 + 期末资产总额}{2}$$

根据表 12-1 和表 12-2 的资料，计算华夏股份有限公司的总资产周转率为
总资产平均余额=(7 410 600+8 659 680)÷2= 8 035 140
总资产周转率=3 650 000÷8 035 140 = 0.45
公司的总资产周转率较低，说明管理当局没有有效利用资产从事经营。

二、应收账款周转率

应收账款周转率是公司一定时期内营业收入与应收账款平均余额的比率，表示公司从销售产品到收回现金所需要的时间，或者在一定期间完成从销售产品到收回现金的循环次数。通常应收账款周转率越高，说明应收账款收回速度越快，发生坏账损失的可能性就越小，因而会增强企业的短期偿债能力。应收账款周转率过低表明企业信用政策过松，或者应收账款回收缺乏效率；相反，应收账款周转率过高，表明企业信用政策过严。其计算公式如下：

$$应收账款周转率 = \frac{营业收入}{应收账款平均余额}$$

$$应收账款平均余额 = \frac{期初应收账款余额 + 期末应收账款余额}{2}$$

根据应收账款周转率可以推算出应收账款周转天数。应收账款周转天数，也称为应收账款的收现期，表明催收应收账款平均需要的天数。其计算公式如下：

$$应收账款周转天数 = \frac{360}{应收账款周转率}$$

根据表 12-1 和表 12-2 资料，计算华夏股份有限公司的应收账款周转率为

$$2×16 年应收账款周转率 = \frac{3\ 600\ 000}{(275\ 900 + 299\ 100)/2} = 12.52$$

$$2×17 年应收账款周转率 = \frac{3\ 650\ 000}{(299\ 100 + 1\ 569\ 600)/2} = 3.91$$

该公司应收账款周转率降低幅度较大，主要是公司 2×16 年采用了较为宽松的信用政策，扩大了赊销范围，严重影响了公司应收账款的周转速度，运营能力明显下降。

三、存货周转率

存货周转率表示公司从取得存货到出售存货(产品)所需要的时间，或者在一定期间内完成从取得存货到出售存货(产品)的循环次数。该比率可用于分析公司存货变现速度和管理效率。该比率越高，表明企业存货周转得越快。但是，存货周转率过高，也可能说明企业管理方面存在一些问题，如存货数量过少，甚至经常缺货，或者采购次数过于频繁，批量太小等。存货周转率过低，通常表明原材料、在产品或产成品积压严重，说明企业管理当局缺乏对存货的有效管理，或产品在市场竞争中处于不利地位。其计算公式如下：

$$存货周转率 = \frac{营业成本}{存货平均余额}$$

$$存货平均余额 = \frac{期初存货余额 + 期末存货余额}{2}$$

根据存货周转率可以推算出存货周转天数。存货周转天数表示存货周转一次所需要的时间，天数越短，说明存货周转得越快。其计算公式如下：

$$存货周转天数 = \frac{360}{存货周转率}$$

根据表 12-1 和表 12-2 资料，计算华夏股份有限公司的存货周转率为

$$2×16 年存货周转率 = \frac{1\ 020\ 000}{(2\ 354\ 000 + 2\ 580\ 000)/2} = 0.413$$

$$2×17 年存货周转率 = \frac{1\ 240\ 000}{(2\ 580\ 000 + 2\ 859\ 000)/2} = 0.46$$

该公司存货周转率虽有所提高，但总的来说存货周转速度仍然较慢，究其原因，是公司储备材料过多，产品积压所致。因此，公司应充分重视存货管理，尽量减少积压，提高存货的流动性和使用效率。

第五节 盈利能力分析

盈利能力是企业资金增值的能力，它通常体现为公司收益数额的大小与水平的高低，通过销售毛利率、销售净利率、资产报酬率、净资产报酬率等指标，评价企业各要素的盈利能力及资本保值增值情况。

一、销售毛利率

销售毛利率是销售毛利与销售收入的比率。其计算公式为

$$销售毛利率 = \frac{销售毛利}{销售收入} \times 100\%$$

销售毛利 = 销售收入 - 销售成本

根据表 12-2 资料,计算华夏股份有限公司的销售毛利率为

$$2\times16\ 年销售毛利率 = \frac{3\ 000\ 000 - 1\ 020\ 000}{3\ 000\ 000} \times 100\% = 66\%$$

$$2\times17\ 年销售毛利率 = \frac{3\ 650\ 000 - 1\ 240\ 000}{3\ 650\ 000} \times 100\% = 66\%$$

销售毛利率指标反映了产品或商品销售的初始获利能力,该指标越高,表示取得同样销售收入的销售成本越低,销售利润越高,该公司的毛利率尚佳。

二、销售净利率

销售净利率,又称销售贡献率,是企业净利润与销售收入的比率。其计算公式如下:

$$销售净利率 = \frac{净利润}{销售收入} \times 100\%$$

销售净利率越高,说明企业通过扩大销售获得收益的能力越强。

根据表 12-2 资料,计算华夏股份有限公司的销售净利率为

$$2\times16\ 年销售净利率 = \frac{380\ 250}{3\ 000\ 000} \times 100\% = 12.68\%$$

$$2\times17\ 年销售净利率 = \frac{602\ 148}{3\ 650\ 000} \times 100\% = 16.5\%$$

销售净利率指标反映了每一元销售收入净额给企业带来的利润。该公司 2×17 年销售净利率比 2×16 年有所提高,但总体来看,公司的销售净利率远远低于销售毛利率,说明销售收入净额给企业带来利润的能力不佳。

三、资产报酬率

资产报酬率,又称总资产收益率,是企业在一定时期内的净利润与平均资产总额的比率。该比率是企业从投资规模角度分析盈利水平的一类财务指标。其计算公式为

$$资产报酬率 = \frac{净利润}{平均资产总额} \times 100\%$$

$$平均资产总额 = \frac{期初资产总额 + 期末资产总额}{2}$$

根据表 12-1 和表 12-2 资料,计算华夏股份有限公司的资产报酬率为

$$2\times17\ 年资产报酬率 = \frac{602\ 148}{(7\ 410\ 600 + 8\ 659\ 680)/2} = 7.5\%$$

资产报酬率越高,表明企业资产利用的效率越高,盈利能力越强。

四、净资产报酬率

净资产报酬率，又称为股东权益报酬率、净资产收益率，是企业在一定时期内的净利润与平均净资产的比率。其计算公式为

$$资产报酬率 = \frac{净利润}{平均净资产} \times 100\%$$

$$平均净资产 = \frac{期初净资产 + 期末净资产}{2}$$

净资产收益率是从企业所有者角度分析企业盈利水平大小。该指标越高，说明所有者投资带来的收益越高。该指标是上市公司必须公开披露的重要信息之一，同时还是企业综合分析的起点。

根据表 12-1 和表 12-2 的资料，计算华夏股份有限公司的净资产报酬率为

$$2 \times 17 \text{ 年净资产报酬率} = \frac{602\,148}{(5\,250\,000 + 5\,652\,147.50)/2} = 11.05\%$$

该公司的净资产报酬率尚可。

第六节 综 合 分 析

一、综合分析的意义

企业财务报表的综合分析是为了全面了解企业经营成果和财务状况，将揭示偿债能力、营运能力和盈利能力的指标纳入一个有机的分析体系中，全面地分析、解剖企业的财务状况和经营成果，对企业的经济效益作出客观的评价和判断。

这里主要介绍一下杜邦财务分析法。

二、杜邦财务分析法

杜邦财务分析体系又称杜邦分析法，因美国杜邦公司创立并成功运用而得名。它是利用各个主要财务比率之间的内在联系，综合地分析和评价公司财务状况的经营成果的方法。净资产报酬率可以分解为净利润率、总资产周转率以及权益乘数三者的乘积，这一关系式是杜邦分析体系的核心。

$$净资产报酬率 = 总资产净利润率 \times 权益乘数$$
$$= 净利润率 \times 总资产周转率 \times 权益乘数$$

其中：

$$净利润率 = \frac{净利润}{营业收入} \times 100\%$$

$$总资产周转率 = \frac{营业收入}{总资产平均余额}$$

$$权益乘数 = \frac{资产总额}{所有者权益总额} = \frac{1}{1 - 资产负债率}$$

该体系中主要指标的相关关系如下。

(1) 净资产报酬率是一个综合性最强的财务指标，是整个分析系统的起点。该指标的

高低反映了投资者净资产获利能力的大小,其高低变化是由总资产报酬率和反映企业所有者权益结构比重的权益乘数两个因素决定的,而总资产报酬率又受销售净利率和总资产周转率大小的影响,所以,净资产收益率是由销售净利率、总资产周转率及权益乘数共同决定的。

(2) 权益乘数表明企业的负债程度,该指标越大,企业的负债程度越高,是资产权益率的倒数。

(3) 总资产收益率是销售净利率与总资产周转率的乘积,是企业销售成果和资产运营的综合反映。要提高总资产收益率,必须增加销售收入,降低资金占用额。

(4) 销售净利率反映了企业净利润与销售净收入的关系。要提高销售净利率,必须增加销售收入,降低成本费用。因此,一方面可以提高销售净利率,另一方面可以提高总资产周转率,最终提高净资产收益率。

(5) 总资产周转率反映企业资产实现销售收入的综合能力,分析时必须结合销售收入来分析企业资产结构比例,即流动资产与长期资产的结构比率关系。同时还要分析流动资产周转率、存货周转率、应收账款周转率等有关资产使用效率的指标,找出总资产周转率高低变化的确切原因。

企业在利用杜邦财务分析体系进行指标分析时,可利用连续几年的资料,找出某一指标变动的原因和变动趋势,并与本行业平均指标或同类企业进行对比,进而可解释变动的趋势。该体系可为企业管理人员优化经营理财状况、提高经济效益提供帮助。

本 章 小 结

本章主要介绍财务报表分析的内容。财务报表分析,是以财务报表和其他相关资料为依据和起点的,采用一系列专门方法和技术,对企业的基本财务状况和企业的偿债能力、盈利能力和营运能力进行分析,为企业的投资者、债权人和管理当局等会计信息使用者了解过去、分析现状、预测未来,作出正确决策而提供准确的会计信息的一种科学方法。

为了使信息使用者掌握会计报告各种数据之间的重要关系,通常采用比较分析法、比率分析法、因素分析法、趋势分析法等财务报表分析方法进行分析。

企业短期偿债能力分析主要采用比率分析法,有关指标包括流动比率、速动比率和现金比率。长期偿债能力分析常用的财务比率是资产负债率、利息保障倍数。

营运能力分析,是指通过计算企业资金周转的有关指标分析其资产利用的效率,是对主管理水平和资产运用能力的分析。常用的营运能力分析指标包括总资产周转率、应收账款周转率和存货周转率。

盈利能力是企业资金增值的能力,它通常体现为公司收益数额的大小与水平的高低,通过销售毛利率、销售净利率、资产报酬率、净资产报酬率等指标,评价企业各要素的盈利能力及资本保值增值情况。

企业财务报表的综合分析是为了全面了解企业经营成果和财务状况,将揭示偿债能力、营运能力和盈利能力的指标纳入一个有机的分析体系中,全面地分析、解剖企业的财务状况和经营成果,对企业的经济效益作出客观的评价和判断。

复习思考题

1. 什么是财务报表分析？财务报表分析有何意义？
2. 财务报表分析的基本方法有哪些？
3. 反映公司偿债能力的指标有哪些？如何计算？
4. 反映公司营运能力的指标有哪些？如何计算？
5. 反映公司盈利能力的指标有哪些？如何计算？
6. 杜邦分析方法涉及哪些重要财务比率？这些比率之间的关系如何？

自测与技能训练

一、基础知识自测

(一)单项选择题

1. 在企业速动比率是 0.8 的情况下，会引起该比率提高的经济业务是(　　)。
   A. 收回应收账款　　　　　　　　B. 从银行提取现金
   C. 借入短期借款存入银行　　　　D. 赊购商品
2. 应收账款周转率越高，表明(　　)。
   A. 资金占用越大　　　　　　　　B. 坏账风险越大
   C. 偿债能力越差　　　　　　　　D. 应收账款的平均收回期越短
3. 通常情况下，被认为是较正常的流动比率是(　　)。
   A. 2　　　　　　B. 1　　　　　　C. 0.5　　　　　　D. 5
4. 某企业 2×17 年平均资产总额为 4 000 万元，实现营业收入 1 400 万元，净利润 224 万元，平均资产负债率是 60%，则该企业的净资产报酬率是(　　)。
   A. 5.6%　　　　B. 9.3%　　　　C. 14%　　　　D. 16%
5. 杜邦分析体系的核心指标是(　　)。
   A. 资产负债率　　B. 净资产报酬率　　C. 资产周转率　　D. 销售净利率

(二)多项选择题

1. 财务分析的基本方法有(　　)。
   A. 比较分析法　　B. 比率分析法　　C. 趋势分析法　　D. 因素分析法
2. 下列比率越高，反映企业偿债能力越强的有(　　)。
   A. 流动比率　　B. 速动比率　　C. 利息保障倍数　　D. 总资产周转率
3. 存货周转率偏低的原因可能有(　　)。
   A. 产品滞销　　B. 原材料储备过多　　C. 大量赊销　　D. 产品生产量过大
4. 反映获利能力的评价指标有(　　)。
   A. 销售净利率　　　　　　　　B. 应收账款周转率
   C. 资产报酬率　　　　　　　　D. 资产负债率
5. 下列各项属于杜邦财务分析系统的指标有(　　)。
   A. 净利润率　　B. 总资产周转率　　C. 权益乘数　　D. 速动比率

(三)分析判断题

1. 从投资者的观点看，资产负债率越低，说明他们的资金越安全，就越能分得丰厚的利润。( )
2. 对企业来说，存货周转率越高越好。( )
3. 某企业年初流动比率为 2.2，速动比率为 1.2；年末流动比率为 2.5，速动比率为 0.9，发生这种情况的原因可能是存货增加。( )
4. 在运用比较分析法时，对比的指标职能采用绝对数指标。( )
5. 净资产报酬率，又称为股东权益报酬率、净资产收益率，是企业在一定时期内的净利润与平均净资产的比率。( )

二、实务技能训练

实务训练一

【资料】华商公司为增值税一般纳税人，2×16 年营业收入为 1 500 万元，销售净利润为 12.3%，净资产报酬率为 5.6%。

2×17 年 1~11 月，华商公司损益类账户累计发生额如下。(单位：万元)

账户名称	贷方	账户名称	借方
主营业务收入	1 650	主营业务成本	1 320
其他业务收入	160	其他业务成本	85
营业外收入	90	税金及附加	26
		销售费用	42
		管理费用	38
		财务费用	19
		营业外支出	78

2×17 年 12 月份，公司发生下列经济业务。

(1) 12 月 5 日，向 W 公司赊销一批商品，增值税专用发票注明价款 60 万元，增值税额 10.2 万元，销售商品实际成本为 45 万元。提货单和增值税专用发票已交给购货方。

(2) 12 月 8 日，以电汇方式向希望小学捐款 15 万元。

(3) 12 月 15 日，以银行存款支付广告费 5 万元。

(4) 12 月 20 日，销售一批原材料，价款 10 万元，增值税额 1.7 万元，收到对方单位开出并承兑的商业汇票一张，面额为 11.7 万元。上述材料成本为 8 万元。

(5) 12 月 31 日，计提本月行政管理部门固定资产折旧 4 万元。

(6) 12 月 31 日，支付到期的短期借款本息 10.6 万元(其中本金 10 万，前期已计提的利息 0.5 万元)。

(7) 12 月 31 日，确认本月城建税 2 万元，教育费附加 1 万元。

(8) 12 月 31 日，确认本年所得税费用 72 万元。

假定不考虑其他相关因素，2×17 年平均净资产为 3 000 万元。

【要求】

(1) 根据上述经济业务，编制相应的会计分录。

(2) 编制华商公司 2×17 年利润表。

(3) 计算华商公司 2×17 年度下列财务指标：销售净利率、销售毛利率、净资产报酬率。

(4) 比较华商公司 2×16 年度和 2×17 年度销售净利率、净资产报酬率等指标的变化，简要评述该企业的获利能力。

实务训练二

【资料】 XYZ 公司 2×17 年度财务报表主要资料如下。

(1) 公司资产负债表数据资料如下表所示。

资产负债表

2×17 年 12 月 31 日   单位：千元

资产	金额	负债和所有者权益	金额
流动资产：		流动负债：	
货币资金	310	短期借款	100
应收账款	1 144	应付账款	616
应收票据	200	应付职工薪酬	136
存货	966	其他流动负债	468
流动资产合计	2 620	负债合计	1 320
固定资产	1 000	长期借款	1 000
无形资产	170	长期应付款	26
非流动资产合计	1 170	非流动负债合计	1 026
		实收资本	1 144
		未分配利润	300
		所有者权益合计	1 444
资产合计	3 790	负债与所有者权益合计	3 790

(2) XYZ 公司 2×17 年度利润表显示，净利润为 229 200 元。

【要求】

(1) 计算该公司有关财务比率指标：流动比率、速动比率、资产负债率、资产报酬率、净资产报酬率。

(2) 假定该企业所在行业的平均水平如下表，请简要评价该公司的财务状况和获利能力。

比率指标	流动比率	速动比率	资产负债率	资产报酬率	净资产报酬率
行业平均水平	2	1	50%	5%	10%

参 考 文 献

1. 阎达五,于玉林.会计学[M]. 5 版. 北京：中国人民大学出版社，2014.
2. 徐经长,孙蔓莉等.会计学[M]. 3 版.北京：中国人民大学出版社，2016.
3. 刘永泽,陈文铭.会计学[M]. 5 版.大连：东北财经大学出版社，2016.
4. 陈信元.会计学[M]. 4 版.上海：上海财经大学出版社，2013.
5. 赵盟.基础会计[M]. 大连：东北财经大学出版社，2015.
6. 中华人民共和国财政部.企业会计准则 2006[M].北京：经济科学出版社，2006.
7. 中华人民共和国财政部.企业会计准则——应用指南 2006[M]. 北京：中国财政经济出版社，2006.
8. 财政部会计司编写组.企业会计准则讲解 2010[M].北京：人民出版社，2010.
9. 企业会计准则编审委员会.企业会计准则案例讲解[M]. 上海：立信会计出版社，2017.
10. 企业会计准则实务讲解委员会.企业会计准则实务讲解[M]. 北京：地震出版社，2015.
11. 陈文铭.会计学习题与案例[M]. 5 版. 大连：东北财经大学出版社，2016.
12. 财政部会计资格评价中心.初级会计实务[M].北京：中国财政经济出版社，2017.
13. 宋丽萍.财务会计[M].沈阳：辽宁大学出版社，2015.